凯程 教育硕士考研精品教程

333教育综合应试题库

徐影 ◎ 主编　高歌 ◎ 副主编

北京理工大学出版社
BEIJING INSTITUTE OF TECHNOLOGY PRESS

版权专有 侵权必究

图书在版编目（CIP）数据

333教育综合应试题库/徐影主编. —北京：北京理工大学出版社，2019.4
ISBN 978-7-5640-9711-0

Ⅰ.①3… Ⅱ.①徐… Ⅲ.①教育学-研究生-入学考试-习题集 Ⅳ.① G40-44

中国版本图书馆 CIP 数据核字（2019）第 061606 号

出版发行 / 北京理工大学出版社有限责任公司	
社　　址 / 北京市海淀区中关村南大街5号	
邮　　编 / 100081	
电　　话 /（010）68914775（总编室）	
（010）82562903（教材售后服务热线）	
（010）68948351（其他图书服务热线）	
网　　址 / http://www.bitpress.com.cn	
经　　销 / 全国各地新华书店	
印　　刷 / 山东省东营市新华印刷厂	
开　　本 / 787毫米×1092毫米　1/16	
印　　张 / 21.25	责任编辑 / 多海鹏
字　　数 / 530千字	文案编辑 / 多海鹏
版　　次 / 2019年4月第1版　2019年4月第1次印刷	责任校对 / 周瑞红
定　　价 / 59.80元	责任印制 / 李志强

图书出现印装质量问题，请拨打售后服务热线，本社负责调换

前　言

亲爱的教育学研友：

感谢您翻开凯程教育出品的《333教育综合应试题库》（以下简称《题库》），它多年来受到考研小伙伴的认可和支持。这本《题库》与《333教育综合应试解析》（以下简称《解析》）是姊妹篇。广大研友之所以推荐这本《题库》，是因为这本《题库》题量大，覆盖的知识面广，紧扣大纲，能够帮助考生强化知识体系，加强应试功能。强烈建议考生把《解析》与《题库》配合使用，同步辅导。

每一年凯程教育都会针对研友们的建议不断修改《题库》，今年凯程教育对《题库》又做了一些调整。本书主要有以下特点：

1. 本书在往年基础上，新增20%的题目。

为了让知识点涵盖得更为全面、系统，今年，本书紧扣最新考试动态、紧密贴合大纲，新增了一部分题目，尤其是增加了名词解释和材料分析题，帮助考生与时俱进、有的放矢。相信考生只要合理使用，就会受益匪浅。

2. 题目与答案分开编写，考生可以拥有充分的时间梳理、回忆教材内容。

建议考生在练习主观题时，不必完整地写出每道题的答案，这样比较浪费时间。而应该在练习时写下或者复述答案要点，核对、思考和完善答案才是重点，而且比较节约时间。

3. 全面修改超长答案，让每一个答案都更加精炼、完善。

旧版《题库》中的一些答案写得过多过长，不符合考生的实际备考需求，这次我们对这类答案进行了精修，以方便考生使用。

为了方便与教育硕士考研学生沟通交流，凯程教育将定期举行教育类专业考研免费直播活动，这里是教育类专业考研人共同交流的平台，由徐影老师主播，考生可以联系凯程教育企业QQ：800016820，关注新浪微博@教育学徐影，获取直播入口。凯程直播欢迎大家！在这里，学习方法、学习规划、学习困惑、学业激励等内容应有尽有，老师亲自为各位考生答疑解惑，为考生顺利考研保驾护航。就让我们相约直播，不见不散！

主编：徐影老师

目 录

第一部分　教育学原理 ... 1
- 第一章　教育学概述 ... 2
- 第二章　教育的概念 ... 8
- 第三章　教育与人的发展 ... 14
- 第四章　教育与社会发展 ... 21
- 第五章　教育目的 ... 29
- 第六章　教育制度 ... 38
- 第七章　课程 ... 46
- 第八章　教学（上）... 61
- 第九章　教学（下）... 69
- 第十章　德育 ... 80
- 第十一章　班主任 ... 90
- 第十二章　教师 ... 96
- 第十三章　学校管理 ... 102

第二部分　中国教育史 ... 107
- 第一章　西周官学制度的建立与"六艺"教育的形成 ... 108
- 第二章　私人讲学的兴起与传统教育思想的奠基 ... 110
- 第三章　儒学独尊与读经做官教育模式的形成 ... 125
- 第四章　封建国家教育体制的完备 ... 130
- 第五章　理学教育思想和学校的改革与发展 ... 139
- 第六章　早期启蒙教育思想 ... 152
- 第七章　中国教育的近代转折 ... 156
- 第八章　近代教育体系的建立 ... 161
- 第九章　近代教育体制的变革 ... 168
- 第十章　南京国民政府时期教育 ... 177
- 第十一章　中国共产党领导下的教育 ... 181
- 第十二章　现代教育家的教育探索 ... 186

第三部分　外国教育史 ... 197
- 第一章　古希腊的教育 ... 198
- 第二章　古罗马的教育 ... 207
- 第三章　西欧中世纪教育 ... 210
- 第四章　文艺复兴时期的教育 ... 216

第五章　宗教改革时期的教育 ………………………………………………… 220
第六章　欧美主要国家和日本的教育发展 …………………………………… 222
第七章　欧美教育思想的发展——夸美纽斯、洛克、卢梭与裴斯泰洛齐的思想 …… 234
第八章　欧美教育思想的发展——赫尔巴特、福禄培尔、斯宾塞与马克思、恩格斯的教育思想 ………………………………………………………… 243
第九章　欧美教育思想的发展——19世纪末至20世纪前期的教育思潮和教育实验 ……………………………………………………………… 248
第十章　欧美教育思想的发展——杜威的教育思想 ………………………… 254
第十一章　欧美教育思想的发展——现代欧美教育思潮 …………………… 260
第十二章　欧美教育思想的发展——苏联教育思想 ………………………… 263

第四部分　教育心理学 ……………………………………………………… 267
第一章　教育心理学概述 ……………………………………………………… 268
第二章　心理发展与教育 ……………………………………………………… 271
第三章　学习及其理论 ………………………………………………………… 280
第四章　学习动机 ……………………………………………………………… 295
第五章　知识的学习 …………………………………………………………… 303
第六章　技能的形成 …………………………………………………………… 310
第七章　学习策略及其教学 …………………………………………………… 314
第八章　问题解决能力与创造性的培养 ……………………………………… 319
第九章　社会规范学习与品德发展 …………………………………………… 326
第十章　心理健康及其教育 …………………………………………………… 332

附录 ……………………………………………………………………………… 334

第一部分　教育学原理

复习提示

从考试大纲的要求来看，教育学原理是教育学专业基础综合考试的科目之一，在教育学考试大纲必答题中所占的分值约为 60。考查题型有名词解释、简答题和分析论述题。333 教育综合考试大纲对本科目的基本要求是：系统掌握教育学原理的基础知识、基本概念、基本理论和现代教育观念；理解教学、德育、管理等教育活动的任务、过程、原则和方法；能运用教育的基本理论和现代教育理念来分析和解决教育的现实问题。教育学原理可划分为三个部分，即教育基础理论、教育实践、教育与人及社会的关系。教育学原理在诸多考查科目中所占分量最重，知识最为庞杂，对考生运用知识的能力有很高的要求。

第一章 教育学概述

◇ 应试题库 ◇

一、名词解释

1. 教育学
2. 实用主义教育学
3. 批判教育学
4. 实验教育学

二、简答题

1. 请联系实际,评述马克思主义教育学的基本观点。
2. 试述教育学的未来发展趋势主要表现在哪些方面。
3. 简述并评价文化教育学。
4. 简述教育学的研究任务。
5. 教育学独立形态时期的特点是什么?
6. 教育学的产生和发展经历了哪些阶段?

三、分析论述题

1. 论述实验教育学的产生及其主要观点。
2. 孔子没有学过教育学,也是一位公认的伟大教育家。所以说,对一位教师而言,学不学教育学无所谓。请分析这一观点是否正确并说明理由。
3. 根据以下材料回答问题。

材料:党的十八大报告指出,"教育是民族振兴的基石,教育公平是社会公平的重要基础"。这就表明,促进教育公平在我们党领导人民全面建设小康社会、构建社会主义和谐社会的进程中,是一项具有全局性、战略性的任务,也是我国教育改革和发展要坚定不移追求的目标。

问题:如何理解教育公平是社会公平的基础?

◇ 应试解析 ◇

一、名词解释

1. 教育学

答:教育学顾名思义就是关于"教育"的学问,即通过对教育现象和教育问题的研究，揭示教育规律的一门科学。教育学的研究对象是教育问题和教育现象，但又并非所有的教育问题和教育现象都能成为教育学的研究对象，只有那些有价值的、能够引起社会普遍关注的教育问题和教育现象才能成为教育学的研究对象。教育学的研究任务是揭示教育规律、探讨教育价值观念和教育艺术、指导教育实践。

2. 实用主义教育学

答：19世纪末20世纪初，杜威的实用主义教育学说是在批判脱离儿童生活、以教师传授书本知识为主的"传统教育"的基础上提出来的。杜威认为，人的经验的获得遵循相互作用原则和连续性原则。他提出了"教育即生活""教育即生长""教育即经验的持续不断的改组或改造""从做中学""学校即社会"等新的教育思想。自此，便形成了以杜威为代表的现代教育和以赫尔巴特为代表的传统教育的对立。

3. 批判教育学

答：批判教育学兴起于20世纪70年代，代表人物有美国的鲍尔斯、金蒂斯、阿普尔等。基本观点：①当代资本主义的学校教育不能实现社会公平，而是造成社会差别和对立的根源；②学校教育的功能就是生产出占主导地位的社会政治意识形态、文化关系和经济结构；③批判教育学的目的就是要帮助教师和学生意识"解放"；④教育理论研究要采用实践批判的态度和方法，揭示具体教育生活中的利益关系。这一理论加深了人们对资本主义教育的认识，但只关注了教育的文化功能，忽视了教育的其他功能。

4. 实验教育学

答：实验教育学是19世纪末20世纪初在欧美兴起的用自然科学的实验法研究儿童及其与教育的关系的理论。主要代表人物是梅伊曼和拉伊。基本观点：反对以赫尔巴特为代表的思辨教育学；提倡把实验心理学的研究成果和方法应用于教育研究；将教育实验划分为提出假设、进行实验、论证三个基本阶段；主张用实验、统计和比较的方法探索儿童心理发展过程的特点及其智力发展水平，用实验数据作为改革学制、课程和教学方法的依据。其提倡定量的研究方法，推进了教育科学的发展，但把定量研究作为教育科学研究的唯一方法，走上了唯科学主义的道路。

二、简答题

1. 请联系实际，评述马克思主义教育学的基本观点。

答：马克思主义教育学的基本观点主要包括以下六个方面：

第一，教育是一种社会历史现象，在阶级社会里具有鲜明的阶级性，不存在脱离社会影响的教育。

第二，教育起源于生产劳动，劳动方式和性质的变化必然引起教育形式和内容的改变。

第三，教育的根本目的在于促进学生的全面发展。

第四，教育与生产劳动相结合，这不仅是促进生产力发展的重要方法，也是培养全面发展的人的唯一方法。

第五，在与政治、经济、文化等的关系上，教育一方面受它们的制约，另一方面又具有相对独立性，并反作用于它们，对于促进社会政治、经济、文化等的发展具有巨大作用。

第六，坚持运用马克思主义方法论研究教育问题。

从马克思主义教育学的基本观点可以看出，马克思主义的产生为教育学的发展奠定了科学的方法论基础，但由于种种原因，在现实运用中往往容易被简单化、机械化和过度政治化，这是我们在学习和发展马克思主义教育理论时应当特别注意的。

2. 试述教育学的未来发展趋势主要表现在哪些方面。

答：（1）教育学研究的问题领域扩大。从微观到宏观的教育规划，教育关系从内部到外部，从基础教育到高等教育，从正规教育到非正规教育，从学校教育到社会教育，从正常儿童的教育到一些特殊儿童的教育，从儿童、青少年的教育到成人教育、老年教育等。

（2）教育学研究学科基础的扩展。当代教育学基础包括更加广阔的学科领域，如生理学、脑科学、社会学、经济学、政治学、法学、人类学、管理学等。

（3）教育学研究范式的多样化。出现了科学主义、人文主义等研究角度；也出现了基础研究、应用研究、咨询研究、开发研究等多种研究层次类型，它们相互依赖、相互渗透、相互推动，构成教育学研究的完整体系。

（4）教育学的进一步分化与综合。教育学发生了细密的分化，形成了初步的教育学学科体系，同时也出现了各种层次与类型的综合。

（5）教育学与教育改革的关系日益密切。当代教育学实践推动着教育理论的发展、教育学的发展，研究者们所关心的是教育实践中存在的问题、问题成因和解决对策等。

（6）教育学的学术交流与合作日益广泛。只有不断地开展、加强不同国家和地区教育学之间的交流与合作，才能促成教育学的健康、快速发展。

3. 简述并评价文化教育学。

答：文化教育学，又称精神科学教育学，是19世纪末出现在德国的一种教育学说，代表人物有狄尔泰、斯普朗格、利特等人，代表著作有狄尔泰的《关于普遍妥当的教育学的可能》（1888年）、斯普朗格的《教育与文化》（1919年）、利特的《职业陶冶与一般陶冶》（1947年）等。

基本观点：

第一，人是一种文化的存在，人类历史是一种文化的历史。

第二，教育过程是一种历史文化过程。

第三，教育研究必须采用精神科学或文化科学的方法进行。

第四，教育的目的就是要促使社会历史的客观文化向个体的主观文化转变，并将个体的主观文化世界引向博大的客观文化世界，培养完整的人格。

第五，培养完整的人格的主要途径就是"陶冶"与"唤醒"，建构和谐的师生关系。

文化教育学深刻影响了德国乃至世界20世纪的教育学发展，在教育的本质等问题上给人许多启发。不足之处是思辨气息很浓，在解决现实的教育问题时很难提出有针对性和可操作性的建议。另外，文化教育学过分夸大了社会文化现象的价值相对性，忽视了教育中客观规律的存在。

4. 简述教育学的研究任务。

答：教育学是教育实践的高度概括和科学抽象，是在人类长期的教学实践活动中形成并发展起来的一门科学。它既是理论科学，又是实践科学。教育学的研究任务是揭示教育规律，探讨教育价值观念和教育艺术，指导教育实践。

（1）所谓教育规律，就是教育内部诸因素之间、教育与其他事物之间具有的本质性联系，以及教育发展变化的必然趋势。人们需要对它进行研究，以便有效地进行教育工作，总结教育经验。

（2）所谓教育价值观念，就是人们在建构和参与教育活动时会自觉或不自觉地把自己对生活的理解、态度和对人生意义、社会理想的选择与追求作为出发点，形成教育价值观念，引领和规范人的发展和人的教育。

（3）所谓教育艺术，是指教育者有自己的经历、经验、人生体验、教育风格，受教育者也是社会生活中的人，他们在教育活动中不仅有自己的现实基础和主观意愿、当下心态，而且他们的成长还要经过自身的自我建构和自我努力。这样，教育活动就可能是而且也应该是充满灵性、情感、自由创造的活动。在这一意义上，也可以说教育是一种艺术。

综上所述，教育学的研究任务有多种选择，可以是教育规律、教育价值观念或教育艺术中的单个任务，也可以兼顾多个任务。

5. 教育学独立形态时期的特点是什么？

答：教育学是研究人类教育现象和问题、揭示教育一般规律的一门社会科学，其独立形态时期的特点有以下五点。

（1）从研究的对象方面而言，教育问题成为一个专门的研究领域，这方面的标志是1623年英国哲学家培根首次在科学分类中将教育学划分出来，教育学从此成为独立的学科，也意味着教育问题已经成为一个专门的研究领域。

（2）从研究的概念和范畴方面而言，形成了专门的反映教育本质和规律的教育概念、范畴以及概念和范畴体系。

（3）从研究的方法方面而言，有了科学的研究方法。

（4）从研究的结果方面而言，产生了一些重要的教育学家，出现了一些专门的、系统的教育学著作。

（5）从组织机构方面而言，出现了专门的教育研究机构。

6. 教育学的产生和发展经历了哪些阶段？

答：教育学是随着社会的发展和人类教育经验的丰富而逐渐形成和发展起来的一门科学，经历了四个阶段。

（1）教育学的萌芽。中国先秦时期的《学记》是中国乃至世界上最早的一部教育专著，西方最早的教育著作被认为是古罗马帝国教育家昆体良的《论演说家的教育》（又译为《演说术原理》《雄辩术原理》）。此时教育学的特点是，古代的思想家、教育学家们总结和概括出不少符合教育发展的客观规律和人的认识规律，这些内容散落在政治或哲学著作中；教育学思想还没有从哲学体系中分化出来，缺乏科学理论分析，尚未形成完整的理论体系；关于教育的论述停留在描述经验的层次上，抽象概括的层次比较低，多以论文的形式出现。

（2）教育学的独立形态阶段。教育学的独立形态阶段是指教育学开始从庞大的哲学体系中分化出来，初步成为一门相对独立的学科。夸美纽斯所写的《大教学论》（1632年）是近代最早的一部教育学著作，标志着独立形态教育学的产生；德国著名教育家赫尔巴特写的《普通教育学》，是现代第一部系统的教育学著作，它的出现标志着教育学已成为一门独立的学科。此时教育学的特点是，教育问题成为一个专门的研究领域，有了专门的教育概念，有了教育学专门的研究方法，有了专门的教育学著作，有了专门的教育研究机构。

（3）教育学的多样化阶段。20世纪是教育学活跃和发展的阶段，这一阶段教育理论呈现出多样化的特点，出现了众多的教育流派，并逐步科学化。如批判教育学、马克思主义教育学、实用主义教育学、实验教育学等。

（4）教育学的理论深化阶段。近几十年来，各国的教育学在不同的思想体系指导下，都有了新的发展。如布鲁姆的教育目标分类学，制订出了教育目标的分类系统，他把教育目标分为认知目标、情感目标、动作技能目标三大类。再如，布鲁纳的知识结构说，他主张不论我们教什么学科，都务必使学生理解该学科的基本结构。

三、分析论述题

1. 论述实验教育学的产生及其主要观点。

答：实验教育学是19世纪末20世纪初在欧美兴起的用自然科学的实验方法研究儿童及其与教育关系的理论。1901年，德国教育家梅伊曼首先将实验教育思想称为"实验教育学"。1907年教育家拉伊又出版了《实验教育学》一书，系统地阐述实验教育思想。

基本观点：第一，反对以赫尔巴特为代表的思辨教育学；第二，提倡把实验心理学的研究成果和方法应用于教育研究；第三，将教育实验划分为提出假设、进行实验、论证三个基本阶段；第四，主张用实验、统计和比较的方法探索儿童心理发展过程的特点及其智力发展水平，用实验数据作为改革学制、课程和教学方法的依据。

基本评价：第一，提倡定量的研究方法，推进了教育科学的发展；第二，由于受实证主义和自然科学研究方法的影响，其提倡的实验科学方法具有很大的局限性，其不足之处在于，当他们把科学的定量方法夸大为教育科学研究的唯一有效方法时，就走上了"唯科学主义"的迷途，受到文化教育学的批判。

2. 孔子没有学过教育学，也是一位公认的伟大教育家。所以说，对一位教师而言，学不学教育学无所谓。请分析这一观点是否正确并说明理由。

答：这一观点错误。这一观点忽略了理论与实践的密切联系。历史经验告诉我们，没有实践依据的理论是空洞的理论；没有理论指导的实践是盲目的实践。教育工作者应该在正确理论的指导下进行实践。这样才能避免盲目摸索，更有效率地实现教育目的。

教育理论对于每一位教育工作者的意义都很重大。从理论功能上讲，掌握教育原理有助于解释教育实践、指导教育实践、推动教育改革。从实践意义上讲，掌握教育原理有助于树立科学的教育观、提高教学质量、总结经验、探索规律，还可以为学习其他相关学科提供理论根基。缺少理论的指导，教育实践就难以取得成就。

孔子是一位实践经验非常丰富的教师，他不仅拥有经验，还有丰富的教育理论。"不愤不启，不悱不发""学而时习之""温故知新"等，都是孔子总结教育经验而提出来的教育理论。这些理论反过来直接指导了他的教育教学实践。因此，真正重视教育实践的人，是不应该也不会轻视教育理论的。

3. 如何理解教育公平是社会公平的基础？

答：教育公平是社会公平的重要表现，是社会公平的重要议题。社会公平是实现教育公平的大环境。

第一，教育涉及千家万户，惠及子孙后代。教育公平是人的全面发展和社会公平正义的客观要求。促进人的全面发展，促进社会公平正义，说到底，就是以人为本，这是我们党的根本宗旨和社会主义制度的本质属性所决定的。党的教育方针明确规定，坚持教育为社会主义现代化建设服务、为人民服务，实际上，就是要通过大力发展教育，促进教育公平，保障每个人都有受教育的机会，最终促进人的全面发展和社会公平。

第二，教育公平面临的突出问题，主要是社会公平方面存在的问题在教育领域中的反映，也与教育体制改革滞后有关。虽然我国教育公平的整体状况在不断改善，但目前在城乡之间、区域之间、学校之间，义务教育的师资和设施的差距不小，部分公共教育资源的配置和使用也缺乏有效的监管。

第三，把促进教育公平作为国家基本教育政策，是社会主义初级阶段促进社会公平的重要战略选择。我国的基本国情是仍处于并将长期处于社会主义初级阶段，促进社会公平牵涉面特别广，只能尽力而为、量力而行，促进教育公平也是这样。必须按照国家基本教育政策，"办好人民满意的教育"。

第二章 教育的概念

◆ 应试题库 ◆

一、名词解释

1. 教育 2. 广义的教育 3. 狭义的教育
4. 教育的生物起源说 5. 受教育者 6. 社会教育

二、简答题

1. 教育历史发展的各个时期的特点是什么？
2. 教育是由哪几个基本要素构成的？
3. 简述学校教育产生的条件。
4. 传统教育派和现代教育派的"三中心"主张分别是什么？
5. 素质教育的构成是什么？

三、分析论述题

1. 教育的质的规定性体现在哪些方面？
2. 根据以下材料回答问题。

材料：仅从数量上满足对教育的那种无止境的需求（不断地加重课业负担）既不可能也不合适。每个人在人生之初积累知识，尔后就可无限期地加以利用，这实际上已经不够了。他必须有能力在自己的一生中抓住和利用各种机会，去更新、深化和进一步充实最初获得的知识，使自己适应不断变革的世界。

问题：分析材料中蕴含的教育思想，并围绕这种思想论述教育应如何主动回应现代社会发展与个人成长需求的挑战。（311教育学统考2007年真题）

3. 根据以下材料回答问题。

材料：13岁的小蕊在长沙某中学读初中，前天，也就是星期五，她在下午三点左右离开了家，家人寻找一夜未果。没有想到第二天她的家人接到了警察打来的电话，说孩子已经坠楼身亡了，并且在她身上发现了便签条，上面表达了她对这个世界的别无眷恋，但留给父母的却是无尽的绝望和崩溃。

问题：
（1）谈谈你对生命教育的理解和生命教育的意义。
（2）生命教育意义重大。针对当前青少年自杀事件频发的问题，我国更要重视生命教育。我们可以采取哪些措施对青少年进行生命教育？

◇ 应试解析 ◇

一、名词解释

1. 教育

答：广义上讲，凡是增进人们的知识和技能，影响人们的思想品德，增强人的体质的活动，不论是有组织的或是无组织的，系统的或是零碎的，都是教育。狭义上是指专门的、有组织的教育，主要指学校教育，是教育者根据一定的社会或阶级要求，有目的、有计划、有组织地对受教育者的身心施加影响，把他们培养成一定社会或阶级所需要的人的活动。

2. 广义的教育

答：凡是有目的地增进人的知识技能，影响人的思想品德，增强人的体质的活动，不论是有组织的或是无组织的，系统的或是零碎的，都是教育。它包括人们在家庭中、学校里、亲友间、社会上所受到的各种有目的的影响。每个人的发展普遍受到广义的教育的影响。

3. 狭义的教育

答：狭义的教育主要指专门的、有组织的教育。即教育者根据一定社会（或阶级）的要求，有目的、有计划、有组织地对受教育者的身心施加影响，把他们培养成为一定社会（或阶级）所需要的人的活动。它不仅包括全日制的学校教育，还包括半日制的、业余的学校教育、函授教育、广播电视教育和网络教育等。

4. 教育的生物起源说

答：此学说的主要代表人物是法国的勒图尔诺和英国的沛西·能。主要观点是：教育活动存在于人类社会之外，甚至存在于动物界；生物的冲动是教育的主要动力，人类社会的教育是对动物界教育的继承、改善和发展；教育的产生完全来自动物的本能，是种族发展的本能需要。教育的生物起源说以达尔文生物进化论为指导，是教育学史上第一个正式提出的有关教育起源的学说。但其根本错误在于没有把握人类教育的目的性和社会性，把教育的起源问题生物学化。

5. 受教育者

答：教育包括教育者、受教育者以及教育影响三个因素。其中受教育者是指在各种教育活动中从事学习的人，既包括学校中学习的儿童、少年和青年，也包括各种形式教育中的成人学生。

6. 社会教育

答：社会教育是指在广泛的社会生活和生产过程中所进行的教育活动。社会教育是一种非正规教育，具有随机性和偶然性的特点，从其外延上说，主要包括"社会传统的教育""社会制度的教育""社会活动或事件的教育"等不同类型。社会教育是教育类型中不可或缺的一部分，它与家庭教育和学校教育形成合力，对人的发展和教育历史发展起到了重要作用。

二、简答题

1. 教育历史发展的各个时期的特点是什么？

答：我们可以将教育已有的历史发展分为两大时期：一是古代教育，包括原始社会、奴隶社会和封建社会的教育；二是现代教育，包括资本主义社会和社会主义社会的教育。

（1）古代教育的特点：

① 原始的教育主要是在社会生产和生活的过程中进行的。

② 古代学校的出现和发展。学校的出现意味着人类正规教育制度的诞生，是人类教育文明发展的一个质的飞跃。学校自产生以后，便曲折地向前发展，到了封建社会，学校的教育对象、规模和种类都在逐步扩大和增多。

③ 教育阶级性的出现和强化。原始社会没有阶级，因而原始社会的教育是没有阶级性的。到了奴隶社会，教育便具有了阶级性，成为统治阶级统治人民的工具。在封建社会，教育的阶级性得到了进一步的强化。

④ 学校教育与生产劳动相脱离。奴隶社会中体力劳动与脑力劳动分离与对立的状况，反映在教育上就表现为学校教育与生产劳动的脱离。

（2）现代教育的特点：

① 学校教育逐步普及。19世纪中叶以后，各个先进资本主义国家通过了有关普及义务教育的法律，这些法律大多具有强制性。

② 教育的公共性日益突出。教育逐渐成为社会的公共事业，成为社会的公共话题，也成为政治家们优先考虑的社会问题。

③ 教育的生产性不断增强。在现代社会，随着机器大工业生产的发展和科学技术的进步，从事生产的劳动者需要有一定的科学知识和技术。学校教育与生产劳动日益结合。

④ 教育制度逐步完善。教育系统的形成、教育事业的普及，推动了教育"制度化"的进程。教育研究和教育改革的进展、教育经验的积累，使"制度化教育"趋于成熟。

2. 教育是由哪几个基本要素构成的？

答：（1）教育者。凡是对受教育者在知识、技能、思想、品德等方面起到教育影响作用的人，都可以称为教育者。但是，自学校教育产生以后，教育者主要是指学校中的教师和其他教育工作人员。教育者是教育活动的实施者、学生的主要影响者和引导者，作为一种意向性活动的教育离不开教育者，教育者是构成教育活动的一个基本要素。

（2）受教育者。受教育者是指在各种教育活动中从事学习的人，既包括学校中学习的儿童、青少年，也包括各种形式的成人教育中的学生。受教育者是教育的对象，是学习的主体，也是构成教育活动的基本要素，缺少了这一要素，就无法构成教育活动。

（3）教育中介系统。这是为了实现教育目的所采取的办法，包括教育内容和教育活动方式。教育内容是教育者用来作用于受教育者的影响物，它是根据教育目的，经过选择和加工的影响物。教育活动方式是教育者和受教育者在教育活动中所采用的教与学的方式和方法。

构成教育的三个基本要素相互联系。其中，教育者是整个教育活动的组织者和领导者，掌握着教育目的，采用适当的教育内容和手段，创设必要的教育环境，调控着受教育者和整个教育过程，从而使受教育者的身心发生预期的变化，实现教育目的，所以说教育者是主导性的要素。

3. 简述学校教育产生的条件。

答：第一，社会生产水平的提高，为学校的产生提供了必要的物质基础。

第二，脑力劳动与体力劳动的分离，为学校的产生提供了专门从事教育活动的知识分子。

第三，文字的产生和知识的记载与整理达到了一定程度，使人类的间接经验传递成为可能。

第四，国家机器的产生，需要专门的教育机构来培养官吏和知识分子。

4. 传统教育派和现代教育派的"三中心"主张分别是什么？

答：（1）传统教育派的"三中心"主张：第一，教师中心，即教师是教学过程中的绝对主导；第二，教材中心，即以学科课程为中心，注重书本知识的传授；第三，课堂中心，即以班级授课为主要的教学形式。

（2）现代教育派的"三中心"主张：第一，学生中心，即一切教学活动围绕学生进行，符合学生的需要和兴趣；第二，从做中学，即强调学生在实践活动中学习；第三，活动课程中心，即根据学生的兴趣和需要设计课程。

5. 素质教育的构成是什么？

答：第一，政治素质教育。我国目前德育中进行的"四项基本原则"、国史国情教育、党的基本路线教育等都属于政治素质教育的内容。

第二，思想素质教育。主要通过马克思主义的辩证唯物论和历史唯物论的教育，培养和发展学生正确观察、分析与解决问题的能力。

第三，道德素质教育。主要是让学生养成良好的基本道德修养和文明的行为习惯，包括道德思维能力的培养和道德判断能力的训练。

第四，科学文化素质教育。着重解决基础学科、基本知识与技能的教育和训练。

第五，身体素质教育。一方面运用各种适当的方式锻炼学生的体魄、增强体质，使其掌握基本的体育锻炼方法；另一方面对他们进行健康教育并普及各种防病知识，使其健康成长。

第六，心理素质教育。使学生形成健康的心理和获得控制自我、调整心理冲突的能力。

三、分析论述题

1. 教育的质的规定性体现在哪些方面？

答：（1）教育是有目的地培养人的社会活动。教育的社会职能，就是传递生产经验和社会生活经验，促进新生一代的成长。教育是新生一代的成长和社会生活的延续与发展不可缺少的手段，为一切人、一切社会所必需。随着社会的发展，人类积累的经验和知识越来越丰富，教育对人的发展和社会发展的作用也就越来越显著。

（2）教育的目的性。古今中外的学者，有的从社会发展的需要出发来解释教育，有的从人的发展需要角度来探讨教育的含义，有的则着重表述教育中教育者与受教育者的关系。虽然他们各持己见，从不同的角度强调了教育的不同作用，但亦有其共同点，即教育是有目的地培养人的活动。

（3）教育与其他社会现象的根本区别。教育是一种有目的地培养人的社会活动，它的目的在于影响和促进人的发展。是否有目的地培养人是教育活动与其他社会活动的根本区别。教育的根本问题是人的发展问题。有目的地培养人，是教育这一社会现象与其他社会现象的根本区别，是教育的本质特点。教育之所以为教育，全依据于此。培养人是教育的立足点，是教育价值的根本所在，是教育的本体功能。任何教育，只有通过培养人才能服务于社会。如果否定了教育的育人价值，也就否定了教育的社会价值。离开了对人的培养，教育对社会便无所作为。

2. 分析材料中蕴含的教育思想，并围绕这种思想论述教育应如何主动回应现代社会发展与个人成长需求的挑战。（311教育学统考2007年真题）

答：（1）材料所蕴含的是终身教育思想。终身教育思想主张教育在时间上贯穿人的一生，在空间上拓展到全社会。

（2）现代社会发展与个人成长对教育的挑战，如：社会变革的加速、大众传媒的迅速发展带来的社会信息化、科学知识和技术的进步等对教育的挑战；人口增长及人的寿命的延长、人们拥有越来越多的闲暇时间、个人需要和生活方式的多样化等对教育的挑战。

（3）应对挑战的教育变革：

① 教育观念的改变：树立大教育观，同等重视正规教育与非正规教育。

② 教育体系的改变：构建终身教育体系，使教育贯穿人的一生。

③ 教育目标的改变：培养和提升人的终身学习的意识和能力，建设学习化社会，为所有人提供合适的教育。

④ 教育方式的改变：实施多样化的教育，促使学习者更加主动地学习。

3.（1）谈谈你对生命教育的理解和生命教育的意义。

答：我对生命教育的内涵理解如下。

① 让学生感悟到生命的美好，尊重生命的诞生与价值。

② 领悟到生命的唯一性和有限性，能够忍受生命中的挫折，珍惜生命、敬畏生命。

③ 思考生命的意义，热爱并发展每个人独特的生命，在个人努力中实现生命价值。

④ 将自己的生命融入社会之中，从而使学生树立起积极、健康、正确的生命观。

（2）生命教育意义重大。针对当前青少年自杀事件频发的问题，我国更要重视生命教育。我们可以采取哪些措施对青少年进行生命教育？

答：在教育中对学生进行生命教育，可以做好以下几个方面。

① 运用启发式教育法，启发学生发展自我生命的独特性。

多数情况下，教育者容易忽视被教育者的主体性和独特性，而只是按照教师、家长所认为的标准对孩子进行刻板的教育。如果我们善于利用启发式教育法，引发学生对生命的思考，正确看到生活中的幸福与挫折，就会启发孩子的自我意识，并去构成自我个性与生命的个性特征。

② 运用陶冶与榜样法，树立伟大生命的参照标准。

说教是不可能让学生体会到生命的美好与价值的。但教师可以利用优秀电影、真实榜样、故事情节、名人名事等各种办法对学生进行人格陶冶，让学生领悟到人人皆有困难，正是困难让生命焕发光彩，这样会对学生起到更直观的榜样作用。

③ 教师要顺应学生的已有经验，引导学生自然天性的发展。

根据建构主义学生观，学生不是空着脑袋进教室的，外在的要求要转化为学生内在的需要才能产生教育效果。因此，教师真正的作用在于激发学生的天赋本性，为学生的发展提供有价值的指导。

④ 教师自身要树立正确的生命观，激发学生对生命的热爱。

教师本人表现的生命观体现在两个方面。一是教师要尊重学生，发挥其主体性；二是使学生树立生命意识。教师在教学过程中，要有意识地培养学生的生命意识，培养学生积极的生命情感，让学生的心灵向他人打开，向世界敞开，并引导学生求真、持善、爱美。

第三章 教育与人的发展

◆ 应试题库 ◆

一、名词解释

1. 人的发展　　2. 关键期　　3. 内发论　　4. 外铄论
5. 不平衡性　　6. 遗传决定论

二、简答题

1. 为什么说环境在儿童身心发展中具有重要作用但不是决定作用？（简述环境决定论。）
2. 简述个体主观能动性在人的身心发展中的作用，并说明对此我们应采取的教育策略。
3. 简述遗传素质在人的身心发展中的作用。
4. 简述人的身心发展的主要特点及其对教育的制约。
5. 简述教育发挥主导作用所需的条件。
6. 影响人身心发展的因素有哪些？其各自的作用是什么？

三、分析论述题

1. 为什么说学校教育在人的发展中，尤其是在年轻一代的发展中起主导作用？
2. 试论述人的发展的规律性及其教学意义。（华中师范大学 2011 年真题）
3. 根据以下材料回答问题。

材料：

金溪民方仲永，世隶耕。仲永生五年，未尝识书具，忽啼求之。父异焉，借旁近与之，即书诗四句，并自为其名。其诗以养父母、收族为意，传一乡秀才观之。自是指物作诗立就，其文理皆有可观者。邑人奇之，稍稍宾客其父，或以钱币乞之。父利其然也，日扳仲永环谒于邑人，不使学。余闻之也久。明道中，从先人还家，于舅家见之，十二三矣。令作诗，不能称前时之闻。又七年，还自扬州，复到舅家问焉。曰："泯然众人矣。"

——《伤仲永》（节选）

问题：试用相关教育理论分析材料中的事例。

4. 根据以下材料回答问题。

材料：多年前，泸州市一位父亲的举动轰动一时。泸州市纳溪区居民李铁军以"娃娃到学校学不到东西"为由，将女儿李婧磁带回家自己教。随着李婧磁一天天长大，李铁军父女越来越以独来独往的形象出现在邻居面前。如今，许多年过去了，父亲李铁军的教学成果如何呢？对此，李婧磁大方坦承，自己连初中试卷都考不及格。

问题：谈谈你对材料中事件的理解。

◇ 应试解析 ◇

一、名词解释

1. 人的发展

答:"人的发展"在教育心理学上,主要讨论的是个体发展问题。广义的个体发展是指个人从胚胎到死亡的变化过程,其发展持续于人的一生。狭义的个体发展则是指个人从出生到成人的变化过程,主要是指儿童的发展。人的发展是整体性的发展,大体上可以分为三个方面:生理发展、心理发展和社会性发展。人的发展的特点是未完成性和能动性,并呈现出自身的一些规律,如顺序性、阶段性、差异性和不平衡性。

2. 关键期

答:个体在发育的某一时期对特定的环境影响特别敏感,并容易获得某种行为或技能,该时期就被称为关键期。如果此时缺乏适宜的环境影响,就会阻碍日后的正常发展,甚至永远不能弥补。例如,在儿童早期教育中,2~3岁被认为是儿童学习语言的关键期,而狼孩在语言发展关键期缺乏语言训练,致使其永远无法或者很难再次获得语言能力。

3. 内发论

答:该理论认为人的身心发展的力量主要源于人自身的内在需要,身心发展的顺序也是由身心的成熟机制决定的,代表思想如孟子的性善论、卢梭的自然主义思想、格赛尔的成熟论等。人的本能是最基本的自然本能,它是推动人发展的潜在的、无意识的、最根本的动因。人的发展基因决定特定的发展顺序,完成一系列发展顺序后机体达到成熟,教育要想通过外部训练抢在成熟的时间表之前形成某项能力是低效的甚至是徒劳的。格赛尔认为人的机体机能的发展顺序受到成长规律的制约,而且"所有其他能力,包括道德都受到成长规律支配"。

4. 外铄论

答:外铄论认为人的发展主要依靠外在的力量,诸如环境的刺激和要求、他人的影响和学校的教育等,代表人物如墨子。由于外铄论强调外部因素对身心发展的作用,一般都强调教育的价值和作用,因此,对教育改造人的本性、形成社会发展所需要的知识、能力、态度等方面持积极乐观的态度。外铄论关心的重点是人的学习,即学习什么以及如何有效地学习。

5. 不平衡性

答:不平衡性指在人的发展过程中,身心的发展不是同步进行的,这主要表现在两个方面。一方面,在不同的年龄阶段,其身心发展是不均衡的;另一方面,在同一时期,青少年身心不同方面的发展也是不均衡的,有的方面在较低的年龄阶段就达到了较高的水平,有的方面要在较高的年龄阶段才能达到成熟水平。如个体的身高、体重有两个发展高峰,第一个高峰出现在出生后的第一年,第二个高峰出现在青春发育期。此外,人的语言、思维、记忆等都有不同的发展期。

青少年身心发展的不平衡性要求教育要抓住关键期,这样才能使教育在学生发展过程中处于主动地位。

6. 遗传决定论

答：遗传决定论主要以英国的高尔顿为代表。遗传决定论认为认知发展由先天的遗传基因决定，人的发展过程只不过是这些内在的遗传因素自我展开的过程，环境的作用仅在于引发、促进或延缓这种过程的实现。遗传决定论过分强调先天的遗传因素在儿童认知发展中的作用，而忽视了人的能动性、环境和教育对儿童认知发展的重要作用。

二、简答题

1. 为什么说环境在儿童身心发展中具有重要作用但不是决定作用？（简述环境决定论。）

答：环境，特别是社会环境，是影响人的身心发展的重要因素，它提供人发展所需的物质和社会条件，构成了人发展的巨大动力，影响人发展的价值方向，影响人的发展内容，对人的发展本身具有一种广义的教育作用。由于环境的复杂性及其影响是自发的、分散的和偶然的，导致其影响也是有限的。主要表现：①环境因素对儿童的影响是广泛的，但常常是偶然的、片断的、分散的，它没有既定的目标，也不能按照一定的方向持续、系统地产生影响；②环境因素对儿童的影响是自发的、盲目的，既有有利的、积极的影响，也有不利的、消极的影响；③随着儿童个体主观能动性的增强，其接受环境的影响不是被动的、消极的，而常常是积极的、能动的过程。

通过以上分析可知，环境在儿童身心发展中具有重要作用但不是决定作用。环境决定论是错误的观点。

2. 简述个体主观能动性在人的身心发展中的作用，并说明对此我们应采取的教育策略。

答：（1）个体的主观能动性在个体发展中起着最终的决定作用。

个体的能动性是在人的发展活动中产生和表现出来的。学校、环境和遗传素质只是为个体提供了发展条件，这些条件能否发挥作用以及能在多大程度上发挥作用，最终完全取决于个体自己。

（2）个体的主观能动性制约着环境影响的内化与主体的自我建构。

人在同环境的相互作用中，人改造着环境，也在改造环境的过程中提升了个人的能力与素质，这是主体的自我建构过程。这个过程中，不同主体对同一个环境的内化是不同的，如同样是一个班、同一个老师的学生，有的学生上课认真，学业成绩显著；有的学生学业困难；有的学生完全对教学环境视而不见、充耳不闻。可见，每个学生发展的特点和成就，主要取决于他的态度和能动性的发挥状况。

（3）个体通过能动的活动选择、建构着自我的发展。

人在发展中，自我意识和自我控制能力也发展起来，个体就能够逐步有目的地、自觉地影响自己的发展。它意味着人不仅能把握自己与外部世界的关系，而且能把自身的发展当作自己认识的对象和自觉实践的对象，能进行自我设计和自我奋斗。

3. 简述遗传素质在人的身心发展中的作用。

答：遗传是指人从上代继承下来的外在的和内隐的生理解剖上的特点，如机体的结构、形态、感官和神经系统的特点等。这些遗传的生理特点，也叫遗传素质。遗传素质在人的身心发展中的作用主要表现在：

（1）遗传素质是人的身心发展的物质基础和前提条件，为人的身心发展提供了可能性。

（2）遗传素质的成熟程度制约着人的身心发展过程及其阶段。

（3）遗传素质的差异性对人的身心发展有一定的影响作用。

（4）遗传素质具有可塑性。

（5）遗传素质在个体发展的不同阶段作用的大小不同，随着个体不断地发展，遗传素质的作用日益减弱。

总之，遗传素质对人的发展有重要作用，但也不能因此夸大了遗传素质的作用。

4. 简述人的身心发展的主要特点及其对教育的制约。

答：人的身心发展的主要特点表现在：（1）人的身心发展具有顺序性和阶段性；（2）人的身心发展具有差异性；（3）人的身心发展具有不平衡性；（4）人的身心发展具有稳定性和可变性；（5）人的身心发展具有互补性。

人的身心发展特点对教育的制约主要表现在：

（1）人的身心发展的顺序性和阶段性要求我们的教育必须循序渐进地促进青少年的发展，不能"揠苗助长""陵节而施"，否则，"欲速则不达"。

（2）人的身心发展具有差异性这一特点要求教育工作者必须深入学生实际，了解他们各自的发展背景和水平，了解他们的兴趣、爱好、特长等，做到因材施教、有的放矢。

（3）人的身心发展的不均衡性是由生物个体的成熟规律造成的。

（4）人的身心发展具有整体性这一特点要求教育者把学生看作是复杂的整体，促进学生在德、智、体、美等方面和谐地发展，把学生培养成为完整和完善的人。

（5）人的身心发展的互补性要求教育者首先要面对全体学生，特别是要对生理或心理技能方面有障碍、学业成绩落后的学生树立起信心，相信他们可以通过某方面的补偿发展达到一般正常人的水平；其次，要引导学生善于发挥优势，长善救失，通过自己精神力量的发展达到身心的协调。

5. 简述教育发挥主导作用所需的条件。

答：（1）受教育者自身的主观能动性。人与动物不同，人是一个能动的个体，具有主观能动性。环境和教育对人的影响作用的大小与人的主观能动性有着直接的关系。人的主观能动性是人的一种内在需要和动力，是一种积极的学习动机和渴望。当受教育者具备了积极的求教动机时，环境和教育这些外因才能发挥相应的作用。学习者的学习积极性越高，教育的作用就越大。教育中的"教学相长"只在教育者和受教育者两者的积极性发生共鸣时才会产生。

（2）教育的自身状况。教育主导作用发挥的程度和能力的大小，与教育自身的条件也有很大的关系。这些条件包括教育的物质条件、教师的素质、教育管理水平以及相关的精神条件。

（3）家庭环境的因素。包括适当的家庭经济条件、父母的文化水平以及良好的家庭氛围。

（4）社会发展状况。包括社会生产力发展水平、社会政治经济制度的进步程度、整体的社会环境、民族心态、文化传统、科学技术发展状况等。

（5）学校、家庭与社会教育之间的合力。

总之，教育的主导作用不是无条件产生的，它受多方因素的制约。教育如果能得到社会各方面的积极配合，它就能充分发挥促进人的发展和社会发展的独特作用。

6. 影响人身心发展的因素有哪些？其各自的作用是什么？

答：影响人身心发展的因素有遗传素质、环境、个体的主观能动性和教育。

（1）遗传素质在人身心发展中的作用。遗传素质是人的身心发展的物质基础和前提条件。遗传素质的成熟程度制约着人的身心发展过程及其阶段；遗传素质的差异性对人的身心发展有一定的影响作用；遗传素质具有可塑性；遗传素质在个体发展的不同阶段作用的大小不同，随着个体不断地发展，遗传素质的作用日益减弱。

（2）环境在人的身心发展中的作用。环境是人的发展的外部条件。环境具有给定性，主体具有能动性：环境的给定性指由自然、历史，以及由前人、他人为儿童个体所创设的环境，它对于儿童来说是客观的、先在的、给定的；人具有能动性，可以去选择环境、适应环境，还可以去创造环境。环境对人的发展的作用离不开人对环境的能动活动。一个人发展到什么程度，都与他所处的环境有关，"近朱者赤，近墨者黑"就是这个道理，即环境的作用可能是积极的，也可能是消极的，但是我们不能过分地夸大环境的作用。

（3）个体的主观能动性在人的发展中的作用。个体的主观能动性是人的发展的一个决定因素。个体的主观能动性是在人的活动中产生和表现出来的，是人的发展的内在动力，影响人的自我设计和自我奋斗。

（4）教育对人的发展的重大作用。教育对人的发展起主导作用，教育是一种有目的地培养人的社会活动。教育主要通过文化知识的传递来培养人，因为知识有认识价值、能力价值、陶冶价值和实践价值。学生通过学习获取知识，认识事物特性，也就获得了通过社会实践改造事物的可能性。

总之，这些因素都要发挥它们的作用，才能充分促进人的发展，即马克思主义关于内外因交互作用的观点，并且，教育在人的发展中发挥的作用是越来越大的。

三、分析论述题

1. 为什么说学校教育在人的发展中，尤其是在年轻一代的发展中起主导作用？

答：（1）教育是一种有目的地培养人的活动，它规定着人的发展方向。

（2）教育，特别是学校教育给人的影响比较全面、系统和深刻。

（3）学校有专门负责教育工作的老师，他们明确教育目的，熟悉教育内容，懂得教育转化活动的规律和方法。

（4）学校教育是制度化、规范化、规律化、专门化的教育，具有无可比拟的优越性。

（5）现代社会的竞争是知识的竞争，而学校是传播和创造知识的主要场所，学校教育有利于青少年掌握必要的理论知识，是一个人踏上社会所必不可少的。

（6）当今的劳动和社会分工，无不是以一个人的能力、技能来分配的，而学校就是专门提供这种人才的场所。

综上所述，学校教育在人的发展，尤其是在年轻一代的发展中起主导作用。

2. 试论述人的发展的规律性及其教学意义。（华中师范大学 2011 年真题）

答：① 人的身心发展具有顺序性。不仅整个身心发展表现出一定的顺序性，身心发展的个别过程也是如此。例如，人的认知的发展总是从无意注意到有意注意，从具体形象思维到抽象逻辑思维。

② 人的身心发展具有阶段性。不同的年龄阶段表现出不同的特征，前后相邻的阶段

有规律地更替着，在前一阶段准备好向后一阶段的过渡，每一发展阶段都需要一定的时间。每个阶段，心理的发展都表现出一般的、典型的、本质的特征。

③ 人的身心发展具有差异性。由于受遗传、环境及教育等不同因素的影响，即使在同一年龄阶段，不同个体之间的身心发展也存在着个别差异性，这种差异主要表现在两个方面：一是不同个体身心发展的速度不同；二是不同个体身心发展的质量也可能不同。比如有的人早慧，有的人大器晚成。

④ 人的身心发展具有不平衡性。在人的发展过程中，身心的发展不是同步进行的，这主要表现在两个方面：一方面，在不同的年龄阶段，其身心发展是不均衡的；另一方面，在同一时期，青少年身心不同方面的发展也是不均衡的。有的方面（如感知觉）在较低的年龄阶段就达到了较高的水平，有的方面如思维、情感则要在较高的年龄阶段才能达到成熟水平。

⑤ 人的身心发展具有整体性。教育面对的是一个个活生生的、整体的人，他们既具有生物性和社会性，也具有个体的独特性。不从整体上把握教育对象的特征，就无法教育人。人的发展的整体性要求教育把学生看作复杂的整体，促进学生在体、智、德、美等方面全面和谐地发展，把学生培养成为完整和完善的人。

3. 试用相关教育理论分析材料中的事例。

答：（1）《伤仲永》是宋代王安石的一篇关于青少年教育问题的文章。它讲述了"神童"方仲永因家长"不使学"而最终没有成才的故事。

（2）从方仲永的成长经历可知，良好的禀赋即遗传素质是人发展的基础，它为人的发展提供了便利条件，加速人的发展，但遗传素质也只是为人的发展提供了一种可能，离开了环境的影响和良好的教育，这种可能就无法转变为现实。方仲永五岁时，已能"指物作诗立就，其文理皆有可观者"。可谓天资聪慧，但因其父只知"日扳仲永环谒于邑人"却"不使学"，致使方仲永十二三岁时已"不能称前时之闻"，二十岁左右时，已"泯然众人矣"。

（3）方仲永由神童到"泯然众人"的经历说明，良好的先天素质是儿童超常发展的前提，优良的环境与精心的教育则是儿童超常发展的主要原因。

4. 谈谈你对材料中事件的理解。

答：该材料体现的是西方"在家上学"思想对我国的影响，西方的"在家上学"思想是指一个家庭或者几个家庭的家长联合起来对孩子们进行非学校的教育。

（1）有些家长会像材料中的父亲一样选择在家上学，源于学校教育存在的弊端：①应试教育；②忽视学生个性化、创造力和想象力的发展；③无法培养出社会所需要的人才。

（2）但在家上学也存在一些缺点：①教育质量堪忧，比如材料中李婧磁的初中试卷不及格；②同伴环境的缺失，比如父女俩都以独来独往的形象出现在人前。

（3）学校教育在人的发展中，尤其是在年轻一代的发展中起主导作用。

① 教育是一种有目的地培养人的活动，它规定着人的发展方向。

② 教育，特别是学校教育给人的影响比较全面、系统和深刻。

③ 学校有专门负责教育工作的老师，他们明确教育目的，熟悉教育内容，懂得教育转化活动的规律和方法。

④ 学校教育是制度化、规范化、规律化、专门化的教育，具有无可比拟的优越性。

⑤ 现代社会的竞争是知识的竞争，而学校是传播和创造知识的主要场所，学校教育

有利于青少年掌握必要的理论知识，是一个人踏上社会所必不可少的。

⑥ 当今的劳动和社会分工，无不是以一个人的能力、技能来分配的，而学校就是专门提供这种人才的场所。

（4）我认为大多数家长应该把孩子送到学校里进行教育，学校教育具有无可比拟的优越性。但如果少部分家长选择让孩子在家上学也是无可厚非的，这样的家长应具备高学历或者高教育水平，能够把孩子教育成为社会所需要的人才，同时，国家应该出台相关政策法律，规定在家上学的孩子的教育成果应达到某种水平，方可允许在家上学。

第四章　教育与社会发展

◆ 应试题库 ◆

一、名词解释

1. 教育的社会变迁功能　　2. 教育的社会流动功能　　3. 科教兴国
4. 国兴科教　　　　　　　5. 人力资本理论　　　　　6. 教育先行
7. 教育的相对独立性

二、简答题

1. 试分析教育与政治之间的相互关系。
2. 简述教育对社会文化的选择功能。
3. 教育的社会流动功能在当代的重要意义有哪些？
4. 谈谈教育的社会变迁功能与社会流动功能的关系。

三、分析论述题

1. 运用现代教育功能的原理说明教育在社会主义现代化建设中的作用。
2. 运用所学知识分析现代教育的经济基础和经济功能。
3. 什么是教育的相对独立性？它表现在哪几个方面？再说说认识教育相对独立性的意义。
4. 根据以下材料回答问题。

材料：中青报一篇名为《这块屏幕可能改变命运》的文章刷屏——通过直播教学，贫困地区的学生和成都七中的学生同步上课，很多人考上了本科，还有人考上了清华北大，改变了命运。报道很感人，一些人觉得直播教学是解决教育不公的良药，但也有人质疑它的作用有多大。但是毋庸置疑的是教育信息化的趋势不可逆转。

问题：谈谈你对在线教育的看法。

5. 根据以下材料回答问题。

材料：英国历史上50多位首相中毕业于牛津、剑桥两校的就有30位以上。而且，牛津、剑桥两校作为国际名校还为其他国家培养出了杰出的政治领导人，如美国总统克林顿、菲律宾总统阿罗约等。有一份资料显示，英国当年399位保守党议员中就有94人毕业于牛津大学，75位毕业于剑桥大学。在美国，高级政治人才大多毕业于诸如哈佛、耶鲁大学、普林斯顿大学等少数名牌大学。在日本，70%的高级文职人员毕业于东京大学。

问题：请用教育学原理的知识对材料进行分析。

◇ 应试解析 ◇

一、名词解释

1. 教育的社会变迁功能

答：教育的社会变迁功能是指教育通过开发人的潜能、提高人的素质、促进人的社会化、引导人的社会实践，不仅使人适应社会的发展，还能够推动社会的改革与发展。教育的社会变迁功能表现在社会生活的各个领域，如教育的经济功能、政治功能、文化功能和生态功能。教育的社会变迁功能随着社会的发展而变化，社会进步越来越要求充分认识和全面发挥教育的多种社会变迁功能。

2. 教育的社会流动功能

答：教育的社会流动功能是指社会成员通过教育的培养、筛选与提高，能够在不同的社会区域、社会层次、职业岗位、科层组织之间转换、调整和变动，以充分发挥其个性特长，展现其智慧才能，实现其人生抱负。

3. 科教兴国

答：科教兴国是指全面落实科学技术是第一生产力的思想，坚持教育为本，把科技和教育摆在经济、社会发展的重要位置，增强国家的科技实力及向现实生产力转化的能力，提高全民族的科技文化素质，把经济建设转移到依靠科技进步和提高劳动者素质的轨道上来，加速实现国家的繁荣强盛。

4. 国兴科教

答：国兴科教主要表现在国家在科教上的大量投入，国家每年至少要从 GDP 中拿出 4% 投入在教育上（20 世纪 90 年代，世界各国公共教育经费平均占各自 GDP 的 4.9%～5.2%），才能适应时代的潮流，并应对来自各方的竞争。只有先通过"国兴科教"，方能实现"科教兴国"。

5. 人力资本理论

答：该理论主要代表人物是美国的舒尔茨。人力资本理论的主要观点是，重视教育投资的作用，认为教育不但是一种消费活动，也是一种投资活动；教育投资是人力资本的核心，是一种可以带来丰厚利润的生产性投资。这种理论极大地促进了人们对于教育与经济关系的认识，尤其促进了高等教育的发展，但是忽视了教育的相对独立性。

6. 教育先行

答：教育先行是一种发展战略，即教育先于其他行业或者经济发展的现有状态而发展。主要是因为人的素质在社会主义现代化建设中起基础性作用，而教育又在于培养人的素质。教育的发展对社会主义现代化建设具有引领作用，同时，教育的发展关乎社会主义现代化建设的方方面面，对社会主义现代化建设具有全局性的影响。因此，很多国家采取了教育先行的发展模式。但是这里的发展不是教育过度地超前发展，也不是教育的盲目发展，而是一种适度发展。

7. 教育的相对独立性

答：教育的相对独立性是指教育作为社会的一个重要的子系统，它对社会的能动作用具有自身的特点与规律性，它的发展也有其连续性与继承性。主要表现为以下几个方面：教育是培养人的活动，主要通过所培养的人作用于社会；教育具有自身的活动特点、规律与原理；教育具有自身发展的继承性与连续性。

二、简答题

1. 试分析教育与政治之间的相互关系。

答：社会政治经济制度对教育有制约作用，主要表现在：

（1）社会政治经济制度的性质决定着教育的性质。教育具有什么样的性质是由所在社会的经济政治制度的性质决定的，而教育的发展变革也受制于社会经济政治制度的发展变革。就是说政治经济制度决定着教育的思想政治方向和"为谁服务"的问题，但并非决定着教育的一切。

（2）政治经济制度决定着教育的领导权。

（3）政治经济制度决定着受教育的权利和机会。

（4）政治经济制度决定着教育宗旨和教育目的的性质。

（5）政治经济制度制约部分教育内容、教育结构和教育管理体制。

教育对政治有一定的功能，主要体现在：

（1）教育通过培养人才为社会政治服务。

（2）教育可以促进政治民主化。

（3）教育通过宣传统治阶级的思想意识，创造一定的社会舆论来为政治服务。

（4）教育通过传播一定的社会政治意识形态，完成年轻一代的政治社会化。

2. 简述教育对社会文化的选择功能。

答：对文化进行选择是教育的重要功能之一，该功能主要表现在：

第一，教育根据培养人的规律进行文化选择。受教育者自身有其身心发展的规律，教育作为一种培养人的活动也有其自身的规律，其中之一就是必须遵循人的身心发展规律，因此教育不能简单地用现成的文化对青少年进行文化传递，而必须对文化进行选择和提炼，把教育内容加工成青少年易于接受的、符合青少年身心发展规律的形式。

第二，教育按照严格的标准进行文化选择。文化本身是不断发展着的，其中既包含着精华，也包含着糟粕，既包含着有利于社会发展及青少年身心发展的因素，也包含着不利于社会发展及青少年身心发展的因素，我们的教育必须依据科学的、时代的、民族的、辩证的要求进行文化选择。

第三，教育通过多种途径进行文化选择。教育可以通过培养目标、教育过程、课程标准、教师群体等途径进行文化的选择。

第四，教育在动态发展中进行文化选择。教育对文化的选择不是静止的，而是随着社会的发展、文化水平的提高而不断变化的，一些新的文化因子总会被不断地充实到教育当中，而那些旧的不再适合社会或青少年发展的因子则会被淘汰。

3. 教育的社会流动功能在当代的重要意义有哪些？

答：首先，教育已成为现代社会中个人进行社会流动的基础。因为在今天，无论是参军、打工还是经商，要在社会上生存、发展、流动，就必须具有一定的文化、技术与品质，也就是说必须接受基础教育或义务教育。我们须认识到："基础教育"是必不可少的

"走向生活的通行证",它使享受这一教育的人能够选择自己将来要从事的职业、参与建设集体的未来和继续学习。

其次,教育是社会流动的主要通道。在今天的我国农村,年轻一代要成功地进行社会流动,尤其是纵向流动,只有通过教育,甚至只有通过优质的高等教育才能实现。在中国工业化、信息化、城市化建设的过程中,高等教育大众化的加速,正充分展现其主要的社会流动功能,保证了人口与人才的调整、转换与供应。

最后,教育的社会流动功能关乎人的发展权利的教育资源分配问题。若做更深入的探讨,我们将看到,教育的社会流动功能对社会成员来说,实质上是一种关乎发展权利和生存方式的教育资源分配问题,是一种关乎自我实现的教育资源的获得与利用的问题。由此也就产生了教育机会均等的问题。世界各国纷纷实行普及义务教育制度的实践表明,普及义务教育更多的是一种基本的生存权利的实现。在当今世界,如果连优质的义务教育也未能得到,人便无法生存,更不要说参与平等竞争和实现人生价值了。

4. 谈谈教育的社会变迁功能与社会流动功能的关系。

答:教育的社会变迁功能与社会流动功能是性质不同的两种功能。

二者有严格的区别。教育的社会变迁功能是就教育所培养的社会实践主体在生产、科技、经济、政治与文化等社会生活各个领域发挥的作用而言的,它指向的主要是社会整体的存在、延续、演变与发展。在社会变迁过程中,人主要是作为社会的工具来审视、设计、培养和训练的,以期切实地为社会的变迁服务,为民族或群体的生存与发展条件的改善而努力奋斗。教育的社会流动功能则是就教育所培养的社会实践主体,通过教育的培养与提高以及在此基础上的个人能动性、创造性的弘扬,以实现在职业岗位和社会层次之间的流动和转换而言的,它指向的主要是社会个体的生存与发展境遇的改善。在社会流动过程中,人通过对自身的生存方式和自我实现方式做出自由选择来实现自己的目的,即有意识地使环境变化与社会改革为个人的生存和发展的理想服务。

但是,教育的社会变迁功能与社会流动功能之间又有内在的联系,二者相互促进、相辅相成。教育的社会变迁功能为社会流动功能的产生奠定了客观基础,并为其实现开拓了可能的空间;而教育的社会流动功能的实现程度,既是衡量社会变迁的价值尺度,又是推进社会变迁的动力。二者的相互作用是社会发展和进步的必要条件,体现了教育对促进社会发展的能动作用。

三、分析论述题

1. 运用现代教育功能的原理说明教育在社会主义现代化建设中的作用。

答:现代教育具有政治功能,是建设社会主义精神文明的重要内容和手段;现代教育具有经济功能,是提高劳动生产率的重要因素;现代教育具有人口功能,是提高人口质量的重要途径;现代教育还具有文化功能、科学技术功能,科学技术是第一生产力,而教育的发展和人才的培养是科技进步的重要保证。正是通过这些重要职能的发挥,教育对社会产生了一系列功效,包括促进社会政治变革、经济发展、科技进步以及人口质量的提高等。这些社会及本体功能也决定了教育在我国社会主义现代化建设中具有十分重要的战略地位。"百年大计,教育为本",教育在我国社会主义现代化建设中具有突出的促进作用。

（1）教育对于我国科学技术的发展具有重要意义。科技是第一生产力，科技进步要靠人才，而人才培养要靠教育。要使国家立于不败之地，必须重视教育的发展和人才的培养。

（2）教育是提高人口质量的重要途径。人口质量是现代社会质量的一个重要指标，有高质量的人口才有高质量的社会、高质量的物质文明和精神文明。而改善人口质量的重要途径正是教育。

（3）教育是提高劳动生产率的重要因素。教育不仅能提高劳动者的质量，还可以传播科技、发展科技，从而促进高效率的社会生产发展，给现代化建设带来巨大的经济价值。

（4）教育是建设社会主义精神文明的重要内容和手段。发展文化离不开教育，教育的实施与普及是提高全民族文化水平的重要条件。思想品德的形成，也必须依靠教育培养。

综上可知，教育必须也必然是我国社会主义现代化建设的战略重点。

2. 运用所学知识分析现代教育的经济基础和经济功能。

答：现代教育的经济基础包含了两个方面：一是教育以经济发展为基础，生产力的发展对教育的发展起决定作用；二是教育自身具有经济功能，对社会经济发展产生重要影响。

（1）教育发展以生产力的发展为基础。

① 生产力的发展水平制约着教育目标的设定。

生产力的发展水平之所以制约着教育目标的设定，是因为社会生产力的水平、方式决定着劳动力的规格，进而也决定着教育所培养的人的规格，尤其是人的知识、技能和态度的规格。

当代科学技术和生产力水平有了更为迅猛的提高，生产力发展对教育所培养的人的要求也更为明显地表现出来。因此，当考虑教育所培养的人才规格时，必须深刻把握当代生产力发展水平的要求。

② 社会生产力的发展水平制约着教育事业发展的速度、规模和学校的结构。

主要表现在两个方面：第一，教育经费的支付能力直接影响着校舍建设、仪器设备配置、教材建设、教师待遇和师资培养等方面的条件，成为决定教育事业发展速度和规模的主要因素；第二，社会生产力的发展水平决定了社会对教育事业的需求程度。生产力的发展水平不仅决定了社会为教育发展提供的物质基础，也决定着社会对劳动力的需求水平，进而决定着对教育事业的需求水平。社会要求教育事业能够适应生产力的发展，保证提供足够数量的、适当比例的、各种规格的劳动力。不断适应社会生产力发展的要求，是教育事业发展的重要动力。

③ 社会生产力的发展水平制约着课程的设置和教育内容的沿革。

生产力发展一方面促进科学技术的发展，另一方面又对学校教育内容提出要求，要求学校培养的人必须掌握与生产力发展水平相适应的科学技术知识和生产技能。因此，学校教育内容总是随着社会生产力的发展而不断充实和更新。

④ 生产力的发展促进了教学组织形式、教育教学手段和方法的沿革。

学校的物资设备、教学实验仪器、组织管理所使用的某些工具和技术手段，都随着社会生产力发展水平的提高而逐步地获得改善和提高。

(2) 教育对经济发展有一定的影响和制约作用。

① 教育可以促进经济增长。

教育担负着培养劳动力的任务，是社会再生产的必要条件，也是经济增长的必要条件。教育与社会再生产的关系主要体现在通过教育培养、训练生产所需要的熟练劳动者和各级各类专业人才。教育正是通过向各种生产部门输送经过培训的、更加熟练的劳动力和专门人才以促进经济发展，实现经济的增长。

② 教育可以促进科技发展，进而影响经济发展的速度。

科技革命深刻影响着社会，同时也将继续深刻地影响着未来社会。从"科技是第一生产力"的观点来看，现代科学技术的迅猛发展首先促进现代经济的迅猛发展，同时也有力地促进现代社会各领域和各层面的变化，而这些都依赖于教育的贡献。

③ 教育是科学知识再生产的手段。

教育以极为简约的方式同时也以极为广泛的形式传递人类已有的科学知识。教育能高效地扩大科学知识的再生产，从而提高劳动生产效率、促进生产力的发展。

④ 教育是促进科技与发展的重要手段。

现代科技革命和科技发展与现代教育革命和教育发展是相互促进的。不只是有科技革命才有教育革命，教育革命也推动科技革命。

3. 什么是教育的相对独立性？它表现在哪几个方面？再说说认识教育相对独立性的意义。

答：(1) 教育的相对独立性的含义。

教育的相对独立性是教育的基本属性之一，是指作为社会一个子系统的教育，它对社会的能动作用具有自身的特点与规律性，它的发展也有其连续性与继承性。

(2) 教育的相对独立性的表现。

① 教育是有目的地培养人的活动，主要通过所培养的人作用于社会。

教育，尤其是学校教育是一种有意识地影响人、培育人、塑造人的社会活动。通过培养人来适应并推进社会向前发展是教育特有的重要社会功能。这一社会功能将随着社会的加速发展，个人的能动性、创造性的增长而迅速增强。我们必须坚持并弘扬教育的这一特性，以便有效地推进现代社会的发展。

② 教育具有自身的活动特点、规律与原理。

教育是培养人的活动，而人具有天生的能动性、可塑性和创造潜能等特点，具有特殊的身心发展和成熟的规律。教育、教学及其相关活动，不仅必须认识、遵循和创造性地运用这些基本特点与规律，才能卓有成效地培养人才；而且应当重视和遵循前人在这一方面总结的宝贵经验以及形成的科学原理，诸如因势利导、因材施教、循序渐进、启发诱导、尊师爱生等，才能便捷地达到前人已达到的水平，并在此基础上继续发展、前进。

③ 教育具有自身发展的传统性与连续性。

由于教育有自身的特点、规律与特有的社会功能，它一经产生、发展便将形成和强化其相对独立性，包括形成由教育者、受教育者、教育中介系统组成的特定教育结构；形成由一定教育理念、师生关系、文化内容与方法组合的活动模式；逐步建立形式化、班级化、制度化、系统化的教育组织形式；逐步构建不断分化与综合的学科课程，以及按专业、系、院、校运行的学科规则与专业规范等方面整合的教育系统。这是教育发展积累的珍贵智慧、资源和财富，它具有发展的连续性、继承性和连贯性。我们无论是办学校、发展教育事业，还是进行教育改革，都要重视与借鉴教育的历史经验，都应在原有的基础上积极改进、稳步向前，切不可轻率地否定教育的连续性而企图另搞一套。

（3）认识教育的相对独立性的意义。

认识教育的相对独立性，对理解教育的作用和发展规律有着重要的意义。在分析研究教育问题时，不能仅仅从社会的政治、经济等方面去考察，还必须从教育内在的、特有的规律性方面去考察；更不能简单地照搬解决政治、经济等方面问题的方法去解决教育问题，这不仅不利于教育的发展，也不利于社会政治、经济等的发展。当然，教育的独立性毕竟是相对的，我们既反对抹杀教育相对独立性的形而上学的机械论，也反对把这种独立性绝对夸大化的历史唯心主义。

① 教育必须坚持自己独立的品格。

教育就是教育，不能混同于其他社会活动，要坚持、坚守教育的质的规定性，即培养人。教育适应社会不等于盲目顺应社会，教育不能完全依附于政治或经济。

② 教育要对社会有所批判。

社会是复杂的，社会的发展不可避免地夹杂着偏差、错误乃至倒退，这就要求教育对社会要有敏锐的判断力和独立的批判性，充分发挥教育对社会的引导、教化作用。

③ 教育对社会的适应要有所选择。

教育是要服务社会的，但由于社会构成和社会组织的复杂性以及社会阶层的多样性，社会对教育的需求是多元和多变的，其中有合理的与不合理的、正确的与错误的、短期的与长远的、高层次的与低层次的。这要求教育对社会的适应要有所选择，有所为、有所不为，要自主地选择，适应合理的社会需要，并发挥教育的综合功能，以促进社会健康、全面、持久地发展。

4. 谈谈你对在线教育的看法。

答：现如今，在线教育在我国较为发达，任何人在任何地方，只要有网络，就可以在网上找到相关领域的知识进行学习。很多学习内容均已免费，或者付费即可学习，其中在线教育的直播教学更是在最近两年非常火爆。在线教育已经成为今天中国教育新的教学组织形式的重要体现，目前还出现了更多的在线教育形式，如慕课、翻转课堂等。

依据上述材料，直播教学为乡村地区的孩子带来了优质的教育资源，并提升了他们的成绩，使他们当中有更多的人考入优秀大学。材料体现了在线教育的很多优点。

（1）在线教育能够促进教育公平。

在线教育带来了教育形式和学习方式的重大变革，对传统教育产生了巨大冲击，直接推动了教育的现代化，原本优质师资不能到达的乡村地区，因为有了网络，也可以通过屏幕看到优秀教师的授课，这有利于提升乡村教育的教学质量。在线教育就成为促进教育公平的工具。

（2）在线教育能够促进教育资源共享。

之所以我国乡村和城市教学质量差异越来越大，主要是乡村的优质教育资源过少，体现为教师"下不去、留不住、教不好"。乡村的图书、教具、教学设备，还有更多与教育相关的资源没有城市丰富、发达。现在通过在线教育，优秀教师的课程就可以被乡村孩子看到；教师用镜头就可以为乡村孩子展示优质资源。因此，在线教育是共享教育资源的有效方式。

　　但是，我们不能盲目夸大在线教育的优势。学习是一个体系性的过程，需要知识的输入，也需要知识的输出。学生听面授课和在线课还是有区别的，学生听课后还需要课后辅导与巩固知识、查漏补缺等各个环节。不是说有了好课，学生的学业就一定会有进步，这同时还需要乡村教育在教学质量上全面提升。

　　总之，我们要适当利用在线教育的优势，促进教育资源共享。

5. 请用教育学原理的知识对材料进行分析。

　　答：该材料体现了教育的政治功能，教育可以培养优秀的政治人才，且知名高校是政治人才的摇篮，原因主要有：

　　（1）知名高校的教师更关注国家发展、人类命运，更突出对学生社会责任感的培养。知名高校提供了前瞻性的格局和平台，这里的师生更能深刻理解政治与人人皆相关的道理，这对于培养出优秀的政治人才起到了推动和促进作用。

　　（2）知名高校具备优秀的教育资源。优质的教育资源是稀缺的，全世界都一样。好学校聚集了最优质的教育资源，这无疑是培养出优秀政治人才的前提条件。知名高校关于各国当前政治、经济发展的学术研究最多，使学生最能了解本国的发展状况和未来前景。这些研究也最能感染学生，使学生具有强烈的社会责任感。

　　（3）知名高校最能形成名人人际圈，尤其是政治家人际圈，这会带领学生参与政治、投身政治。好学校聚集了最优秀的人才。你选择的不只是学校，更是与你具有同一频率的人际圈子，而这个圈子，在很大程度上决定了你的未来人生走向。

　　（4）知名大学的毕业生本身学习素养和实践能力就很卓越，因此，他们从事政治活动更容易脱颖而出。

第五章 教育目的

◇ 应试题库 ◇

一、名词解释

1. 教育目的
2. 社会本位论
3. 智育
4. 综合实践活动
5. 美育
6. 素质教育
7. 教学适应生活说（陕西师范大学 2012 年真题）

二、简答题

1. 简述制定教育目的的依据。
2. 简述全面发展和个性发展的关系。
3. 什么是个人本位论？
4. 简述我国教育目的的精神实质和基本特征。
5. 我国教育目的的基本内容结构是什么？
6. 为什么说教育与生产劳动相结合是培养全面发展的人的根本途径？
7. 简述我国的教育方针。（陕西师范大学 2012 年真题）

三、分析论述题

1. 试述马克思主义关于人的全面发展学说的基本观点。
2. 试根据中华人民共和国成立以来我国公布的教育目的，说明我国教育目的的精神实质是什么，以及应如何实现教育目的。
3. 试述全面发展教育的组成部分，并阐明各组成部分之间的关系。
4. 素质教育的内涵是什么？如何实施素质教育？
5. 根据以下材料回答问题。

材料：很多学生都开始将手机带到课堂，有的学校持支持态度，有的学校认为学生带手机太耽误上课，甚至有学校坚决反对学生带手机进课堂。

问题：请谈谈你对手机等终端设备进课堂的利与弊的看法。

6. 根据以下材料回答问题。

材料：2018 年，中国教育大会提出："坚持教育为社会主义现代化建设服务、为人民服务，把立德树人作为教育的根本任务，全面实施素质教育，推进教育公平，培养德智体美劳全面发展的社会主义建设者和接班人，加快推进教育现代化、建设教育强国、努力办好人民满意的教育。"

问题：新教育方针新在哪里？比旧教育方针更强调什么内容？

◇ 应试解析 ◇

一、名词解释

1. 教育目的

答：广义的教育目的就是指培养人的质量规格，亦指教育要达到的预期结果，反映教育在人的培养规格标准、努力方向和社会倾向性等方面的要求，狭义的教育目的一般指国家对培养的人才要达到什么样的质量和规格的总要求，是各级各类学校都必须遵守的总要求。教育目的的内容结构包含"为谁培养人"和"培养什么样的人"。其结构层次自上而下依次为：教育目的→培养目标→课程目标→教学目标等。我国的教育目的是培养德智体美全面发展的社会主义事业的建设者和接班人。

2. 社会本位论

答：社会本位论也称国家本位论，其主要代表人物有柏拉图、凯兴斯泰纳、涂尔干等。社会本位论者主张教育目的要根据社会需要来确定。

主要观点：第一，教育目的不应从人的本位出发，而应该从社会需要出发，根据社会需要来确定；第二，个人只是教育加工的原料，人的发展只为服从社会需要；第三，教育的最高目的在于使个人成为国家的合格公民；第四，人的本性是社会性；第五，社会价值高于个人价值。

社会本位论在当代有助于动员国家和社会资源来发展教育事业。但是忽视了个体的价值，否认了个体在社会和国家生活中的积极能动作用，完全将受教育者当成是等待被加工的"原料"，违背了教育的人道主义原则。

3. 智育

答：智育是传授给学生系统的文化知识和技能，发展他们的智力与非智力因素的教育。智育是全面发展教育的基础，也为其他各育提供认识基础。在教学中，我们应该处理好智育与其他各育的关系，既不放松智育，也不局限于智育。

4. 综合实践活动

答：综合实践活动指在教师引导下，密切联系学生自身生活和社会实际，让学生自主地进行实践活动，包括研究性学习、社区服务、社会实践、劳动技术和信息技术等活动，积累解决实际问题的经验，提高综合应用知识于实践的能力的教育。因此，综合实践活动同样是全面发展教育的重要组成部分。

5. 美育

答：美育是全面发展教育必要的组成部分。美育又称审美教育，是运用艺术美、自然美和社会生活美培养受教育者正确的审美观和感受美、鉴赏美、创造美的能力的教育。（也可以加上美育的作用使答案更详细）

6. 素质教育

答：素质教育是指一种以提高受教育者诸方面素质为目标的教育模式，它重视人的思想道德素质、能力培养、个性发展、身体健康和心理健康教育，与应试教育相对不同。

7. 教学适应生活说（陕西师范大学 2012 年真题）

答：杜威对"准备生活说"进行了批判，他提出了"教育即生活"，主张教育应当是生活本身的一个过程而不是未来生活的准备，要求学校把教育和儿童眼前的生活联系在一起，教会儿童适应眼前的生活环境。杜威提出这个思想是为了改变传统教育过分重视前人知识的传授，忽视让儿童参加社会实践的弊端。杜威在他的教育的概念上，强调了社会现实生活和教育的联系，注重培养儿童的实际生活技能和能力，使儿童能完全适应眼前的社会生活。

二、简答题

1. 简述制定教育目的的依据。

答：一般来说，教育目的总是由人提出来的，它在形式上是主观的；但人们提出的教育目的却有其现实的社会根源，它的内容是客观的。社会对其成员质量规格的客观需求在人们意识中得以反映，这就是教育目的的社会制约性。

（1）教育目的受一定的生产力和生产关系及以此为基础的政治观点与制度的制约。

无论任何社会形态，在培养什么样人的问题上都大体反映着生产力的发展水平。随着现代科学技术的迅猛发展，要求社会在培养人才时注重能力与智力的开发。注重个性、开拓性和创造性成了当代社会对人才培养的普遍要求。教育目的的性质和方向是由政治经济决定的。在阶级社会里，教育目的反映统治阶级的利益，集中体现统治阶级对人才培养的根本要求。

（2）教育目的的制定要考虑受教育者的身心特点，但它不影响教育目的的性质和方向。

教育目的的确立要根据学生的身心发展程度和特点，使学生得到更全面的发展，也要符合教育对象在不同阶段的身心需要。不考虑这些因素，就会导致实际教育活动脱离学生的身心发展水平，难以有效地促进学生的发展，也就不能达到我们的教育目的。

2. 简述全面发展和个性发展的关系。

答：教育目的规定我国教育要培养的"劳动者"和"建设人才"是全面发展的，并且具有独立个性，二者并不排斥。

（1）所谓"全面发展"，说的是受教育者个体必须在德、智、体、美诸方面都得到发展，即个性的全面发展。

（2）所谓"独立个性"，说的是德、智、体、美等素质因素在受教育者个体身上的特殊组合，不可一律化，即全面发展的个性。平均发展是不可取的。

（3）二者的关系是辩证统一的：全面发展是个人的全面发展，也是个体的个性形成过程；独立个性是全面发展的独立个性。所说的个性化是与社会同向的个性化，所说的自由发展是与社会同向的自由发展。我们并不赞成与社会利益和社会秩序背道而驰、为所欲为的个性。对于损害社会利益和破坏社会秩序的极端自私自利的个性化或自由发展必须加以教育、约束，使其回到教育目的所要求的轨道上来。

3. 什么是个人本位论？

答：个人本位论于 18 世纪和 19 世纪上半叶广泛流行于西方资本主义国家，代表人物有卢梭、裴斯泰洛齐、洛克等，个人本位论者主张教育目的的制定应该依据个人需要。

（1）主要观点：第一，教育目的应当从受教育者的本性出发，而不是从社会出发，充分发展受教育者的个性，增进受教育者的个人价值；第二，教育的目的在于帮助人们充分地实现他们的自然潜能，以便在此基础上建立理想的社会和国家；第三，重视人的价值、个性发展和需要；第四，人的本性在于"自然性"，个人价值高于社会价值，人性具有内在的、自我实现的趋向。

（2）评价：

① 积极方面：个人本位论在教育和社会上都有一种革命性的作用，其有助于新兴资产阶级实现自己在教育和社会政治层面上的权利，倡导人的自由与个性，提升人的价值与地位，这对人性有一种解放的作用。

② 不足之处：将"自然性"与"社会性"、"个性"与"共性"对立起来；将个人利益凌驾于社会利益和国家利益之上，最终毁坏了教育的社会基础或前提。

在某种意义上，个人本位论一般是针对社会现实损害了个人发展而强调个人自身发展需要；社会本位论是针对个人发展脱离或违背了社会规范而强调社会发展需要。要认识到社会需要与个人发展的辩证关系，从而把两种理论辩证地统一起来，二者在价值取向上的统一最终要落在人的发展上。

4. 简述我国教育目的的精神实质和基本特征。

答：（1）我国教育目的的精神实质。

①《中华人民共和国教育法》规定："教育必须为社会主义现代化建设服务，为人民服务，必须与生产劳动和社会实践相结合，培养德、智、体、美等方面全面发展的社会主义事业的建设者和接班人。"

② 培养"劳动者"或"社会主义事业的建设者和接班人"，是社会主义教育目的的总要求。

③ 使受教育者德、智、体、美等方面全面发展，是社会主义教育目的的教育质量标准。

④ 坚持教育目的的社会主义方向，是社会主义教育目的的根本特点。

⑤ 坚持个性发展，培养独立的个性，要求教育体现学生的主体性、独立性和创造性。

（2）我国教育目的的基本特征。

① 我国教育目的以马克思主义关于人的全面发展学说为指导思想。

② 我国教育目的有鲜明的政治方向。

③ 坚持全面发展与个性发展的统一。

5. 我国教育目的的基本内容结构是什么？

答：（1）我国教育目的有两个组成部分。

①教育要为社会培养什么人的问题；②教育所培养的人应具备的身心素质及其相互关系。

（2）我国教育目的两个组成部分之间的关系。

①教育目的的两个组成部分是有机、和谐地结合在一起的；②我国教育目的的两个组成部分基本上统一地表达了对教育工作的基本要求。二者互为条件、互为因果，统一地规定了我国当前历史条件下的个体发展的方向和水平，因此是缺一不可的。

（3）我国教育目的的规定性。

① 培养社会主义的劳动者：培养有社会主义觉悟的、有文化的劳动者，这是从1958年正式提出教育方针以来一直坚持的一个基本点。正确理解"劳动者"这一概念是正确理解教育目的的前提。作为社会主义教育培养目标的劳动者应当体现社会主义社会全体成员的

基本的共同特征，应当在反映他们的阶级属性的同时，反映他们在社会不同领域内所发挥的社会功能。

② 全面发展：教育目的中的全面发展要求实际上是对受教育者素质结构的一种基本规定，包括生理、心理、思想和文化等几个方面。以上几个方面都是社会主义人才素质中不可或缺的要素，它们的发展有各自的特点，同时又相互联系，起着一种互动的作用。这些要素综合起来，就构成了个体完整的素质结构。

③ 全面发展教育的组成部分：德、智、体、美、劳"五育"的内涵及其任务。"五育"是我国教育目的规定的全面发展教育的有机组成部分，是对人类在长期教育实践中积累起来的培养人的经验的抽象和概括。"五育"各有自己的特殊任务、内容和方法，对人的发展起着不同的作用，同时又相互依存、相互渗透、相互促进。把"五育"作为一个统一的整体，才能使受教育者形成合理的素质结构，培养出符合社会要求的全面发展的人才。

6. 为什么说教育与生产劳动相结合是培养全面发展的人的根本途径？

答：①因为实现教育与生产劳动相结合，才能把体力和脑力劳动结合起来，使人的体力与智力协调地统一起来，所以马克思说这是"造就全面发展的人的唯一方法"；②教育与生产劳动相结合是现代生产和现代教育相互制约、协调发展的一个普遍原理。可见，教育与生产劳动相结合是培养全面发展的人的基本原则，是必由之路。

7. 简述我国的教育方针。（陕西师范大学 2012 年真题）

答：教育方针是国家或政党根据一定的政治、经济发展的总路线、总任务规定的教育工作的发展思路和发展方向，教育方针是教育工作的总方向和根本指针，是教育政策的总概括。

我国现阶段的教育方针是："坚持教育为社会主义现代化建设服务、为人民服务，把立德树人作为教育的根本任务，全面实施素质教育，推进教育公平，培养德智体美劳全面发展的社会主义建设者和接班人，加快推进教育现代化、建设教育强国、努力办好人民满意的教育。"（根据十八大、十九大、中国教育大会对教育方针的要点表述总结而成）

三、分析论述题

1. 试述马克思主义关于人的全面发展学说的基本观点。

答：(1) 马克思主义关于人的全面发展的科学含义。

首先，人的全面发展是指人的劳动能力的全面发展。在马克思看来，人的全面发展，就其最基本的意义而言，指人能够适应不同的劳动需求。没有劳动，社会和个人都不可能存在，更谈不上发展。

其次，人的全面发展是指个人智力和体力的全面发展。马克思分析了资本主义劳动分工中，劳动者智力与体力相分离的片面发展。全面发展的人将是体力与智力劳动相结合，在体力与智力上得到协调发展的人。

最后，人的全面发展是人的先天和后天的各种才能、志趣、道德和审美能力的充分发展，即人的个性的自由发展。马克思认为人的个性领域的发展是"真正自由的王国"，个人从事自由活动的时间不断扩大，人的个性因此得到自由发展。

(2) 马克思主义关于人的全面发展学说的基本思想。

① 人的发展是与社会的发展相一致的。

人的发展不是由人的意志和愿望决定的，也不是人性的自我发展，人的发展是由整个社会的发展所决定的。

② 旧式劳动分工造成人的片面发展。

马克思关于人的全面发展学说是直接针对人的片面发展的事实提出来的。马克思和恩格斯在全面研究人类社会发展历史的基础上指出了个人片面发展的根本原因在于社会分工。

劳动的分工是生产发展的必然要求，是一种进步的现象，它对生产力和科学文化的发展起着积极作用。然而，随着社会分工的日趋精细，人的片面发展的程度也愈益加深，劳动成了一种毫无内容的机械运动，加之工人又被长期固定在某一操作上，因而这种劳动不仅造成了工人智力的荒废，同时也造成了工人身体的畸形。马克思在《哲学的贫困》里指出过："它产生了特长和专业，同时也产生职业的痴呆。"

③ 大工业机器生产要求人的全面发展，并为人的全面发展提供了物质基础。

现代大工业生产不仅提出了个人全面发展的必要性，而且也为个人的全面发展提供了可能性。首先，大工业生产依靠的是先进的科学技术，使劳动者通过学习掌握生产过程的基本原理和基本技能，从而使劳动者了解整个生产系统成为可能；其次，大工业的发展，促进了劳动生产率的提高，从而为缩短劳动时间、减轻劳动强度，使劳动者学技术、学文化、发展自己的兴趣和特长成为可能。

④ 实现全面发展的人的根本途径是教育与生产劳动相结合。

根据马克思关于人的全面发展的论述可以看出，一个全面发展的人的基本特征是体力和智力都得到充分的、自由的发展，把体力劳动和脑力劳动相结合。实现这一理想唯一的方法是实行教育与生产劳动相结合。

教育与生产劳动相结合，不是机械的教育与劳动的相加，它的内涵很丰富，包括理论与实践的结合、学与用的结合、知识分子与劳动人民的结合等。

2. 试根据中华人民共和国成立以来我国公布的教育目的，说明我国教育目的的精神实质是什么，以及应如何实现教育目的。

答：（1）中华人民共和国成立以来，我国对于教育目的的表述虽然在字面上有所不同，具体内容也不完全一样，但它们却有着共同的精神实质，主要表现在：

① 培养"劳动者"是社会主义教育目的的总要求。我国社会主义教育目的的根本标志和总要求就是要把每个人都培养成为劳动者。但这里所说的劳动者既包括以体力劳动为主的劳动者，也包括以脑力劳动为主的劳动者。在社会主义条件下，体力劳动者和脑力劳动者都是劳动者。把劳动者仅仅理解为体力劳动者是一种片面的理解。

② 要求德、智、体等方面的全面发展是社会主义教育目的的教育质量标准。教育目的的另一构成部分是培养规格问题，即人才的素质结构和质量标准。社会主义的教育目的是培养全面发展的新型劳动者。

③ 坚持教育目的的社会主义方向，是我国教育目的的根本特点。按什么方向培养人，这是教育目的的又一个构成要素。教育目的的方向性是教育性质的根本体现。社会主义教育是为社会主义服务的，因此社会主义教育目的也必须坚持社会主义方向。

④ 培养独立个性。培养受教育者的独立个性，就是要使受教育者的个性自由发展，增强受教育者的主体意识，形成受教育者的开拓精神、创造才能，提高受教育者的个人价值。

（2）实现教育目的应该从几个方面着手：

① 实现教育目的，应当特别注意人才素质几个方面的培养。

第一，创造精神。即具有良好的知识基础和科学素养、敏锐的观察力和准确的判断力，面对庞杂的信息世界，能够进行有效的筛选，迅速捕捉到有价值的信息，独立分析和决策，取得最优效益的能力。

第二，实践能力。学以致用不仅是巩固知识学习的需要，更是学习的根本目的。参加适度的生产劳动和社会实践是培养一代新人的重要途径。

第三，开放思维。即要改变单一的思维参照标准，扩大思维的空间范围，具备高度的宽容精神、开放胸怀，敢于接纳新生事物，特别是在国际视野中要具有对问题进行比较和分析的能力。

第四，崇高理想。未来对青年一代的要求不仅要有知识、有能力、有创造精神和开放的思想，还必须有科学的世界观、人生观、价值观，优良的道德品质，以及具有为国家、社会的美好前途奋斗的精神。

② 教育目的的实现还必须正确处理几个关系。

第一，教育目的与教育目标的关系。教育目标是根据教育目的来制定的，除了考虑落实教育目的之外，教育目标还应结合各级各类学校教育的性质和任务，以及特定教育对象的身心发展特点及规律来确立。从教育目的到教育目标的转化过程就是教育目的由一般到具体的过程。

第二，德、智、体、美、劳诸育的关系。"五育"各有自己的特殊任务、内容和方法，对人的发展起着不同的作用，均有相对独立性，应该根据不同的教育内容或领域的特点来实施合乎规律的教育，有重点地完成整体教育目标。同时，"五育"之间又相互依存、相互渗透、相互促进。

第三，全面发展与因材施教的关系。这实际上是我国教育目的的全面发展和个性发展相统一的一个具体要求。全面发展不等于平均发展或平面发展，必须根据每一个学生的特点对学生因材施教，在充分发挥每一个学生的长处的同时求得他的全面发展。

第四，全面发展与职业定向。全面发展的人才终究要在一定的社会中生活，要满足社会发展的需要，教育就必须为不同的社会岗位培养人。如果忽视不同教育的性质和实际，片面强调统一的全面发展，反而会断送全面发展的教育目的。

3. 试述全面发展教育的组成部分，并阐明各组成部分之间的关系。

答：（1）全面发展的教育由德育、智育、体育、美育、综合实践活动等部分组成。

德育即培养人思想道德的教育，向学生传授一定社会思想准则、行为规范，并培养其相应的思想品德的教育活动，是思想教育、政治教育、道德教育、法制教育、健康心理品质教育等的总称。

智育是指向学生传授系统科学知识和技能，培养和发展学生智力才能的教育活动。

体育是指向学生传授身体运动及其保健知识，增强他们的体质，发展他们的身体素质和运动能力的教育。

美育又称审美教育或美感教育。它是一种培养学生形成正确的审美观和鉴赏美、表达美、创造美的能力的教育活动。

综合实践活动指在教师引导下，密切联系学生自身生活和社会实际，让学生自主进行综合实践活动，包括研究性学习、社区服务、社会实践、劳动技术和信息技术等活动，积累解决实际问题的经验，提高综合应用知识于实践的能力的教育。因此，综合实践活动同样是全面发展教育的重要组成部分。

（2）德育、智育、体育、美育、综合实践活动是我国教育目的规定的全面发展教育的有机组成部分，是对人类在长期教育实践中积累起来的培养人的经验的抽象概括。"五育"各有自己的特殊任务、内容和方法，对人的发展起着不同的作用，均有相对独立性，应该根据不同的教育内容或领域的特点实施合乎规律的教育，有重点地完成整体教育目标。同时"五育"之间又是相互依存、相互渗透、相互促进的关系。把"五育"作为一个统一的整体，才能使受教育者形成合理的素质结构，培养出符合社会要求的全面发展的人才。在实际工作中虽然有所分工，但所有从事教育工作的人，都兼有完成德育、智育、体育、美育、综合实践活动诸方面的任务，都应是德育兼智育、体育、美育以及综合实践活动的教育者。

4. 素质教育的内涵是什么？如何实施素质教育？

答：素质教育是指依据人的发展和社会发展的实际需要，以全面提高全体学生的基本素质为根本目的，以尊重学生主体性和主动精神，注重开发人的智慧潜能，注重形成人的健全个性为根本特征的教育。

素质教育注重在教育过程中把人的全面发展放在中心地位，注重人的整体素质的全面提高、个性发展以及创新精神和能力的提高，发挥人的潜力和能力，为人的发展提供条件，并使人有能力掌握自身的发展，将个体的发展与社会发展统一起来。素质教育的内涵可从多个角度来理解。

从教育目标的角度看，素质教育以全面培育和提高受教育者综合素质为目的，以培养学生的创新精神和实践能力为重点，造就德、智、体、美、劳全面发展的合格公民；从教育的功能看，素质教育是依据人的发展和社会发展的需要，以全面提高全体学生的基本素质为根本目的，以尊重学生的主体地位和主动精神、注重形成人的健全个性为根本特征的教育。

此外，素质教育有四个特点：①主体性，素质教育以充分尊重学生的主体和主动精神为前提；②全体性，素质教育面向全体；③全面性，素质教育要求全面发展学生的心理素质、生理素质、文化素质；④长效性，素质教育强调培养学生的基本能力和终身学习的能力，促进学生可持续地自主发展。

实施素质教育的方法：①切实加强党和政府的领导作用；②调整教育体系结构，扩大高中教育和高等教育的规模；③构建不同类型教育相互沟通衔接的教育体制；④加快改革招生考试和评价制度；⑤调整和改革课程体系、结构及内容；⑥大力提高教育技术手段的现代化水平和教育信息化程度；⑦建设高质量的教师队伍。

5. 请谈谈你对手机等终端设备进课堂的利与弊的看法。

答：当下，科技迅速发展，电子设备逐渐普及，移动设备与教育的结合成为大势所趋，移动设备进课堂也存在着诸多利与弊。

（1）利：

① 激发学生的学习兴趣和学习的积极性，让学生能够"游戏化学习"。将移动设备应用于课堂实践，有助于进一步推进现代化课堂教学改革。

② 丰富课堂交互方式，提高学生对知识的理解和应用能力。借用移动设备，培养学生信息加工处理、问题解决和表达交流能力。

③ 移动设备有利于取得好的小组协作效果，培养合作学习精神，获得及时反馈和利用设备进行质性评价，使课堂讨论过程和结果效度最大化。

④ 无限拓展课堂外的学习空间，实现自主性、个性化的学习方式。它满足了不同的学习习惯和学习喜好，必然会对师生产生一定的辐射作用和积极影响。

（2）弊：

① 公平问题。不是每一个学生都拥有或买得起电子终端设备，应避免由此产生的教育均衡问题。虽然可以依靠学校提供，但需耗费大量财力。

② 需要不断增强网络基础设施，在人手一台移动设备同时上网的情况下，对网络宽带尤其是无线网提出了更高的要求，还可能会造成一系列的网络安全问题。

③ 学校鼓励学生自带移动设备进课堂，需要有丰富的教学资源做基础。在海量的互联网资源中，教师选择合适的资源，学生找到适合的应用，都不轻松。

④ 学生缺乏自制力，无法抗拒上网玩游戏、聊天的诱惑，容易分散学习精力。从教育角度来说，如何在移动互联网时代培养学生良好的学习习惯，是学校和教师过去从未遇到的问题。

6. 新教育方针新在哪里？比旧教育方针更强调什么内容？

答：（1）相较之前提出的教育方针，新的教育方针增添了"把立德树人作为教育的根本任务，全面实施素质教育"以及"办好人民满意的教育"和"德智体美劳全面发展"。

（2）新的教育方针更强调：

① 把德育看作学校教育的中心任务。青少年时期是人的道德观念建立和形成的关键时期，要把立德树人作为这一时期教育的根本任务；针对当下我国德育问题频发、品德不良等事件迭出，应当把思想道德教育作为学校德育工作的中心任务，纳入思想道德教育、文化知识教育、社会实践教育各个环节。

② 素质教育是提高教育质量的阀门。素质教育工作的重点应当放到着力提高教育质量，推进教育教学内容和方法、课程教材、考试招生和评价制度改革上，切实探索减轻中小学生课业负担，推进素质教育的有效途径和方法。把提高质量作为管理体制机制改革和资源配置方式改革的根本导向。

③ 办好人民满意的教育才是回归以人为本的价值体现。学生满意了，家长就会满意；家长满意了，社会就会满意；社会满意了，人民自然就满意了。全面贯彻党的教育方针，坚持中国特色社会主义教育发展道路，我们就一定能办好人民满意的教育，不断培养德智体美劳全面发展的社会主义建设者和接班人，为实现中华民族伟大复兴奠定坚实基础、提供有力支撑。

④ 教育方针中加入劳动教育，主张德智体美劳全面发展。这是中国教育大会上习总书记非常重视的"五育"并举教育，是"五育"并举从理论走向实践的重要步骤。

第六章 教育制度

◇ 应试题库 ◇

一、名词解释

1. 教育制度 2. 学制 3. 双轨学制
4. 终身教育 5. 高等教育大众化 6. 义务教育

二、简答题

1. 试述我国现行学校制度改革的主要趋势。
2. 简述教育制度的历史发展。
3. 简述我国现代教育制度的形态。
4. 学制制定的依据有哪些?
5. 什么是学制?学制的类型有哪些?

三、分析论述题

1. 试论述你对终身教育思想的理解。
2. 根据以下材料回答问题。

材料:"近日,从河南、四川、山西、黑龙江、吉林、内蒙古、江西、贵州、西藏这九个省传出消息称:目前已明确推迟一年实施新高考改革。本来定于从 2018 年秋季新高一学生入学开始实施'新高考改革'的 18 个省市中,因阻力较大,只有江苏、河北、重庆、辽宁、福建、湖南、湖北以及广东这八个省市按原计划启动了新高考改革。"

问题:谈谈你对高考改革的评价。

3. 根据以下材料回答问题。

材料:前几年,小郑的大女儿还没有上幼儿园时,她就经常发愁,担心她看中的幼儿园孩子进不去。如今,小郑家又添了第二个宝宝,她不再担心孩子没有幼儿园上了,但却开始担心二胎宝宝能不能有好园入,能不能遇到好老师。而且,还希望幼儿园的学费便宜点。其实,学前教育问题一直是很多家长特别关心的话题。近几年,也是两会上代表委员关心的重点。今年两会上也不例外,不止一个代表委员提出要把"学前教育纳入义务教育"。

问题:谈谈你对材料中所述问题的看法。

4. 根据以下材料回答问题。

材料:从我国整体来看,大体上高中可以分为三种类型,一种是普通高中,一种是综合高中，一种是职业高中。普通高中主要的课程为国家课程，像北京二中、五中，学校选修课程达到50多门。另外，还有一种学校叫综合高中，这种学校比较有特点，它是普通高中和职业高中融合的学校，属于普通高中的范畴，但是在学校里面开设了职业教育专业课程，既培养了职业教育的人才，也为学生升学、升入高等职业学校奠定基础。再就是职业高中，职业高中主要有职业教育文化课程和专业课程，培养方向是升入高等职业学校和参加工作必备的专业技能。

问题：根据材料，谈谈你对当前高中办学的看法。

◇ 应试解析 ◇

一、名词解释

1. 教育制度

答：教育制度是一个国家或地区各级各类教育机构与组织系统及其管理规则的总称。教育机构系统包括两个基本方面：一是教育的施教机构系统；二是教育的管理机构系统。管理规则指的是教育机构与组织体系赖以存在和运行的一整套规则。教育制度有客观性、规范性、历史性和强制性的特点。

2. 学制

答：学制是指一个国家或地区各级各类学校的系统及其管理规则，它规定各级各类学校的性质、任务、入学条件、修业年限以及它们之间的关系。学制是现代教育制度的核心内容。目前，学制主要有双轨学制、单轨学制和分支型学制三种类型。

3. 双轨学制

答：在18—19世纪的西欧，如英国、法国、德国等，在社会政治、经济发展及特定的历史文化条件影响下，由古代学校演变而来的带有等级特权痕迹的学术性现代学校和新产生的供劳动人民子女入学的群众性现代学校，都同时得到了比较充分的发展，于是就形成了欧洲现代教育的双轨学制，简称双轨制。一轨自上而下，其结构是大学（后来也包括其他高等学校）、中学（包括中学预备班）；另一轨自下而上，其结构是小学（后来是小学和初中）及其后的职业学校（先是与小学相连的初等职业教育，后发展为和初中联结的中等职业教育）。双轨制向单轨制或者分支型学制的方向变革。

4. 终身教育

答：终身教育思想始于20世纪20年代，特别是《终身教育引论》（保罗·朗格朗）、《学会生存——教育世界的今天和明天》和《教育——财富蕴藏其中》出版后，终身教育成为指导未来教育的时代理念。此后出现的"学习化社会""回归教育"思潮与实践，都是在这种指导思想的影响下产生的。

终身教育的含义是人在一生各阶段中所受的各种教育的总和，是人所受不同类型教育的统一，包括教育体系的各个阶段和各种方式，既有学校教育，又有社会教育；既有正规教育，也有非正规教育。

5. 高等教育大众化

答：高等教育大众化是指一个国家或地区高等教育入学机会所达到的一种程度，一般是以接受高等教育的人数与18～22岁适龄青年人数的比率,即高等教育毛入学率为指标。这一概念出自于马丁·特罗的高等教育大众化三阶段论,高等教育毛入学率在15%～50%的,为大众化教育阶段,超过50%的则为普及化教育阶段。2002年我国高等教育毛入学率达到15%,进入大众化阶段。

6. 义务教育

答:义务教育又称强迫教育或免费义务教育,是根据法律规定,适龄儿童和青少年都必须接受,国家、社会、家庭必须予以保障的国民教育,其具有强制性、免费性、普及性特点。对个人而言,义务教育是人一生发展的基础;对国家而言,义务教育是整个教育的基础,处于基础性、全局性、先导性的地位。我国义务教育法规定的义务教育年限为九年,这一规定符合我国的国情,是适当的。

二、简答题

1. 试述我国现行学校制度改革的主要趋势。

答:(1)基本普及学前教育。现代学前教育的发展十分迅速。发达国家是在普及小学、初中甚至高中之后,才使学前教育由高班向低班逐渐普及。随着我国义务教育和高中阶段教育的逐渐普及,学前教育也将普及。

(2)均衡发展义务教育。义务教育是依照法律规定,适龄儿童与青少年必须接受,家庭、学校和社会必须予以保证的国民教育。目前,我国实现了免费普及义务教育,这是我国教育取得的伟大成就。但我国的义务教育也存在着发展不平衡的问题,促进义务教育均衡发展已成为我国现阶段教育改革和发展的重大任务。目前我国正倡导要实行"公平而有质量的教育"。

(3)努力普及高中阶段教育。在普及九年义务教育后,普及高中阶段教育就成为教育发展的重要趋势。为了适应青少年的升学和就业的选择,并满足社会的需要,高中阶段的学制应该多样化,应有普通高中、职业高中、中等专业学校和技术学校等不同类型的学校供学生选择。

(4)职业教育与普通教育综合化。普通教育是以升学为主要目标,以基础知识为主要内容的教育。职业教育是以就业为主要目标,以从事某种现代职业所需的知识和技能为主要教学内容的教育。职业教育普通化和普通教育职业化,使普通教育和职业教育正朝着综合统一的方向发展。

(5)大力发展高等教育。我国高等教育处于大众化阶段。我国高等教育不仅要办本科的教育,还要有大专、硕士、博士多个层次。高等教育多类型。除了综合性大学之外,还应有多种专门大学和院系。高等教育向在职人员开放。

(6)终身教育体系的建构。终身教育是"人们在一生中所受到的各种教育的总和",它指开始于人的生命之初、终止于人的生命之末,包括人发展的各个阶段及各个方面的教育活动,其最终目的在于"维持和改善个人社会生活的质量"。

2. 简述教育制度的历史发展。

答:教育制度随着社会的发展变化而发展变化,在不同的历史发展阶段表现出不同的发展状况。

(1)在原始社会,社会处于混沌的未分化状态,教育还没有从社会生产和社会生活中分离出来，没有产生专门的教育，因而也就不可能有教育制度。

（2）在古代阶级社会之初，由于社会的分化，教育由此时起也从社会生产和社会生活中分离出来，于是就产生了古代学校，后来出现了简单的学校系统，逐渐形成了古代教育制度。古代教育制度有简略性、非群众性和不完善性。

（3）现代教育制度是随着现代学校的发展、分化和扩充而发展起来的。现代教育制度不但有阶级性和等级性，而且具有生产性和科学性，它要为生产服务，并与生产劳动相结合。这就决定了现代学校规模上的群众性和普及性，结构上的多类型和多层次的特点。

（4）在当代，教育制度还在不断地发展。它已由过去的现代学校教育系统，发展为当代的以现代学校教育系统为主体，包括幼儿教育系统、校外儿童教育系统和成人教育系统的庞大体系，它的发展方向是终身教育。

3. 简述我国现代教育制度的形态。

答：经过一个世纪的发展，我国已建立了比较完整的学制，这个学制在1995年颁布的《中华人民共和国教育法》里得到了确认。它包括以下几个层次的教育：

（1）学前教育（幼儿园）：招收3至6、7岁的幼儿。

（2）初等教育：主要指全日制小学教育，招收6、7岁儿童入学。学制为5～6年。在成人教育方面，是成人业余初等教育。

（3）中等教育：指全日制普通中学、各类中等职业学校和业余中学。全日制中学修业年限为6年，初中3年，高中3年。职业高中2～3年，中等专业学校3～4年，技工学校2～3年。属成人教育的各类业余中学，修业年限适当延长。

（4）高等教育：指全日制大学、专门学院、专科学校、研究生院和各种形式的业余大学。高等学校招收高中毕业生和同等学力者。专科学校为2～3年，大学和专门学院为4～5年，毕业考试合格者，授予学士学位。业余大学修业年限适当延长，学完规定课程经考核达到全日制高等学校同类专业水平者，授予学历，享受全日制高校同等待遇。条件较好的大学、专门学院和科学研究机关设立研究生教育机构。硕士研究生修业年限为2～3年，招收获学士学位和同等学力者，完成学业授予硕士学位。博士研究生修业年限为3～5年，招收获硕士学位者和同等学力者，完成学业授予博士学位。在职研究生修业年限适当延长，完成学业者也可获相应学位。

4. 学制制定的依据有哪些？

答：（1）社会依据：①学制的制定受生产力发展水平与科技发展状况的制约。②学制是社会政治经济制度和国家教育方针政策的要求。③一个国家的文化传统也制约着学制的制定。任何教育活动都是在一定的社会文化背景下进行的，同时也承担着一定的文化功能，如文化选择、文化传承、文化整合和文化创造等。不同的民族传统和文化传统会对教育类型和学校教育制度产生一定的影响。④学制的制定必须考虑人口状况。

（2）人的依据：学制的制定受学生身心发展规律和年龄特征的制约。青少年身心发展具有一定的规律性，成长中经历的不同年龄阶段，各有其年龄特征。在制定学制时必须适应这种特征。

（3）学制本身的因素：学制的制定既受国内学制的历史发展的影响，也要合理地参照国外的学制经验。任何一个国家的学制，都有它建立和发展的过程，既不能脱离本国学制发展的历史，也不能忽视外国学制中的有益经验。

5. 什么是学制？学制的类型有哪些？

答：(1) 学制的概念。学校教育制度简称学制，是指一个国家或地区各级各类学校的系统和管理规则，它规定着各级各类学校的性质、任务、入学条件、修业年限以及它们之间的相互关系。学制是现代教育制度的核心内容。

(2) 学制的类型。现代学校教育制度在发展过程中逐渐形成了三种主要类型：一是双轨学制；二是单轨学制；三是分支型学制。原来的西欧学制属双轨学制，美国学制属单轨学制，苏联学制则是分支型学制。

双轨学制是在18—19世纪的西欧，带有等级特权痕迹的学术性现代学校和新产生的供劳动人民子女入学的群众性现代学校，都同时得到了比较充分的发展，于是形成了欧洲现代教育的双轨学制，简称双轨制。一轨自上而下，其结构是大学、中学；另一轨从下而上，其结构是小学及其后的职业学校。

单轨学制是美国发展起来的群众性小学、中学和大学的形式，不论贫富，所有国民的子女上同样的小学、中学和大学，从而形成了美国的单轨学制，简称单轨制。美国单轨制自下而上的结构是：小学、中学、大学。其特点是一个系列、多种分段。单轨制对现代生产和现代科技的发展具有更强的适应能力。

分支型学制是苏联创造的一种学制形式，既有单轨制的特点又有双轨制的某些因素。它一开始并不分轨，而且职业学校的毕业生也有权进入对口的高等学校学习。苏联学制前段（小学、初中阶段）是单轨，后段分叉，是介于双轨制和单轨制之间的分支型学制。苏联学制的中学，上通（高等学校）下达（初等学校），左（中等专业学校）右（中等职业技术学校）畅通，这是苏联学制的优点和特点。

目前世界学制变革的趋势是双轨学制向分支型学制和单轨学制方向发展。义务教育延长到哪里，双轨学制并轨就要并到哪里，单轨学制是机会均等地普及教育的好形式。综合中学是双轨学制并轨的一种理想形式，因而综合中学化就成了现代中等教育发展的一种趋势。

三、分析论述题

1. 试论述你对终身教育思想的理解。

答：(1) 终身教育的含义。

终身教育思想始于20世纪20年代，在国际上流行于20世纪60年代，特别是《终身教育引论》（保罗·朗格朗）和《学会生存——教育世界的今天和明天》出版后，成为指导未来教育的时代理念。此后出现的"学习化社会""回归教育"思潮与实践，正是在这种指导思想的影响下产生的。所谓终身教育，就是主张教育应该贯穿人的一生中的各个年龄阶段，而非仅在儿童时期和青少年时期。终身教育不仅包括学前教育、青少年教育，还包括社会、家庭、学校各方面的教育。终身教育既是一个贯穿一切教育的理念，更是构建未来教育体系的一种制度实践。总结终身教育的含义就是人的一生所受的各种教育的总和。终身教育不仅要向学生传授走向社会所需的知识和技能，而且要培养他们继续学习的自学本领，以便能够走出校门继续获得新的知识和技能，适应不同的新的工作要求。终身教育具有终身性、全民性、广泛性、灵活性、实用性的特点。

(2) 终身教育的意义。

终身教育的提出和实施，对于当代世界教育改革和发展具有十分重要的意义。

第一，终身教育使教育获得全新的诠释，主张教育应该贯穿人的一生，彻底改变了过去将人的一生截然划分为学习期和工作期两个阶段的观念。

第二，终身教育促进了教育社会化和学习型社会的建立。改变将学校视为唯一教育机构的陈旧思想，使教育超越了学校教育的局限，从而扩展到人类社会生活的整个空间。

第三，它引发了教育内容和师生关系的革新。教育不是单纯的知识传递，而应贯彻人的全面发展精神，学习者不仅要学习已有的文化，更要培养个人对环境变化的主动适应性。传统的师生关系也将发生根本变化，代之以一种新型的、民主的、开放式的关系。

第四，它的多元化价值标准，为学习者指出了一条自我发展、自我完善的崭新之路。

第五，终身教育的发展是必将实现教育平等的制度基础。

(3) 终身教育的实践。

法国于1971年制定了"使终身教育成为一项全国性的义务"的法案，其他国家也竞相仿效，制定终身教育的法令，着手建立终身教育制度；还提出了与终身教育相联系的"回归教育""继续教育"的构想，并正在实施。瑞典的一些著名大学不直接招收高中毕业生，而招收那些中学毕业后工作过一两年的青年，还可以在进入大学以后，休学一个时期去参加社会工作，然后再回来上大学。美国每年有12%~15%的工程师接受继续教育。当前，世界上许多国家的开放大学、老年大学、多种形式的业余大学以及利用无线电、电视、计算机网络进行的远距离教学，都是实施终身教育、回归教育的有效形式。

我国也在积极建立学习型社会，实践终身教育思想，我们也要有极强的终身学习的理念，因为它是我们生存发展的需要，也是我们提高自身精神境界的方式。终身教育思想的提出，无论是对个人的发展，还是对国家、社会而言，都具有划时代的意义。

2. 谈谈你对高考改革的评价。

答：(1) 新高考制度的内涵：为了进一步推进新课程改革和素质教育的发展，也为了减轻学生的学习负担，改变之前高考政策一考定终身、考试负担重等弊病，我国实行了新高考制度。新高考制度规定，高中不再分文理科，高考改为两大部分的考试，一部分是全国统一高考的语文、数学、外语3个科目，每个科目150分的分值不变。其中，外语科目提供两次考试机会，可选其一计入总分。另一部分是高中学业水平考试，这其中包括思想政治、历史、地理、物理、化学、生物等14个科目，且每门都是"学完即考""一门一清"，在高考中不必重新再考。考生在报考时，只需根据报考高校提前发布的招生报考要求和自身特长，从思想政治、历史、地理、物理、化学、生物六科中自主选择3个科目的成绩，计入高考总分。此外，大学录取学生时还可以参考综合素质评价。将之前的单一方式的高考制度改为多元录取机制。

(2) 材料反映的问题：材料中所反映的情况是新高考制度在各省的落实并不顺利，很多省份推迟高考改革，大众对新高考评价不一。下面将对新高考的意义与实行中的困难分别做论述。

① 新高考设计的意义：在传统考试的基础上构建一个更加科学和更加公平的高考招生制度体系，实现从单一考试到多元评价的跃升，这是当前高考招生制度改革面临的核心问题，也是我国人才培养模式改革面临的关键环节。

② 有些省份推迟改革的原因：

a. 已经实行高考改革的省份出现了一些问题，其他省份不想重蹈覆辙。

b. 很多地区的学校的软硬件配套资源还不完善，没有做好迎接新高考的准备，比如说改革以后某些科目可能会出现教师不足的情况。

c. 高中新课程新教材的实施与高校考试招生制度的综合改革，虽有密切联系，但毕竟是两个领域的事情。多项改革交替叠加，可能会给高中学校教育教学带来困难和挑战。

（3）新高考制度未来发展的对策：

① 必须坚持统一高考，绝不能盲目废止或变动高考。

② 改革高考管理体制，实行"教""考""录"三者相对分离。

③ 稳步推进，避免激进改革。

④ 充分考虑考生、教师的适应性以及多部门的协调性，要避免否定式的改革方式，更不能推倒重来。

3. 谈谈你对材料中所述问题的看法。

答：（1）材料中反映的问题是：就我国学前教育现状来看，学前教育的投资少、资源总量不足、师资短缺、办园水平参差不齐、"入园难、入园贵"问题突出。但老百姓对普及学前教育的呼声越来越高，国家需要将学前教育义务化纳入规划之中。

（2）"学前教育义务化"的提议意义重大，将学前三年教育纳入义务教育，有助于促进学前教育健康发展，具体来看，表现在以下几方面：

① 有助于改善办学条件。将学前教育纳入义务教育，加强学前教育办学条件标准化建设，改变幼儿教育办园条件不达标的现状。

② 有助于均衡教师资源。将学前教育纳入义务教育，有助于统一编制，统一配备师资，统一开展师资培训，不断提高教师业务技能，提升保教水平。

③ 有助于强化学前幼儿教育管理。将学前幼儿教育纳入义务教育范畴，便于统一各类标准，让儿童接受科学、系统、规范的教育，促进幼儿按照自身年龄和身心发展规律健康成长，有效克服幼儿教育抢跑的现象。

④ 有助于促进学前教育公平、公正、平等。将学前教育纳入义务教育，人人有园可以入，有效解决了部分经济困难家庭教育的投资经费问题。

总之，将学前三年教育纳入义务教育，的确很有必要。我们要加快普惠型幼儿园建设，形成一套完整、长效的补贴机制，切实解决学前教育面临的突出问题，促进学前幼儿教育健康和谐发展。

4. 根据材料，谈谈你对当前高中办学的看法。

答：通过上述材料，体现了我国高中办学多样化和特色化的特点。材料中提到我国的高中类型有普通高中、职业高中和综合高中，各种高中在课程上尽可能多样化、选修化、特色化。实际上，只有高中办学多样化、特色化，类型上分类多样，每一类都突出特色，才能满足社会对各种人才的需要。

高中办学多样化和特色化影响很大：

（1）高中办学多样化。

① 从培养目标上来看，可以培养出社会所需要的各种各样的人才，有些是培养职业人才，有些是培养学术人才，有些是培养综合性人才。

② 满足社会上对不同类型生源的需要。有些优秀生源能够进入普通高中或者综合中学就读；有些生源学业薄弱，更适合进入职业高中就读，为今后的工作做准备。

③ 有利于维护社会稳定。高中生普遍是青年学生，青年学生有学上，社会躁动不安的因素就会相对减少，这样一来就较好地保证了社会的和谐稳定。

④ 具有职业内容，体现出为职业服务的目的。不论哪种类型的高中，都传授职业教育的内容，这也符合当下择业、就业，以投身社会实践的最终目的。

（2）高中办学特色化。

① 高中办学特色化能够体现高中的办学水平。各种办学理念和办学特色均能特别体现高中的办学水平和办学能力。

② 高中办学特色化能让每一个高级中学具备自己应有的个性，培养的人才也带有该高中的文化气质和类型。具体可以体现在方方面面，例如，管理的特色化、班级组织的特色化、培养人才的特色化、创建活动的特色化，等等。

③ 高中办学特色化是我国因校制宜和因地制宜办学的重要特点，特色化和多样化相辅相成，共同提高高中办学的水平和层次。

④ 高中办学特色化最重要的是体现在以人为本，以学生为本，能够更好地满足本地或者本校学生的需要，为学生服务，办学生满意的教育。

第七章 课 程

◇ 应试题库 ◇

一、名词解释

1. 课程
2. 课程标准（原来的"教学大纲"）
3. 课程方案
4. 综合课程
5. 学科课程
6. 活动课程
7. 课程设计
8. 隐性课程
9. 校本课程
10. 教科书
11. 国家课程（首都师范大学 2011 年真题）
12. 研究性学习（陕西师范大学 2012 年真题）

二、简答题

1. 什么是课程？谈谈自己的理解。
2. 课程方案、课程标准、教科书三者与课程是何种关系？它们在课程中各起着何种作用？与当前的课程改革有何种关系？
3. 教科书的编写应注意什么？
4. 简述课程理论的发展过程。
5. 如何处理课程的一元化与多元化的关系问题？
6. 简述课程目标、培养目标与教学目标的关系。
7. 课程目标陈述的基本方式是什么？
8. 简述课程设计的主要依据。（陕西师范大学 2012 年真题）
9. 我国新一轮基础教育课程改革具体表现在哪几个方面？
10. 简述课程目标的主要来源。
11. 简述分科课程和综合课程的类型、特点及其适用性。
12. 试分析课程目标的主要特征。
13. 简述布卢姆教育目标分类学。
14. 活动课程的特点是什么？
15. 简述综合课程的优缺点。
16. 简述课程的多样性。（北京师范大学 2012 年真题）
17. 简述中小学研究性学习的目标。（东北师范大学 2012 年真题）

三、分析论述题

1. 当代国外课程改革的发展趋势是什么？

2. 试谈一下你对泰勒原理的认识与评价。
3. 论述当前关于学科课程和活动课程的大讨论。
4. 联系实际,论述分科课程和综合课程的关系及其对我国基础教育课程改革的启示。
5. 根据以下材料回答问题。

材料:

学生发展核心素养,主要指学生应具备的,能够适应终身发展和社会发展需要的必备品格和关键能力。研究学生发展核心素养是落实立德树人根本任务的一项重要举措,也是适应世界教育改革发展趋势、提升我国教育国际竞争力的迫切需要。中国学生发展核心素养,以科学性、时代性和民族性为基本原则,以培养"全面发展的人"为核心,分为文化基础、自主发展、社会参与三个方面。核心素养课题组历时三年集中攻关,并经教育部基础教育课程教材专家工作委员会审议,最终形成研究成果,确立了学生的核心素养。

——选自《中国教师》(有删改)

问题:

(1) 结合材料,谈谈你对"核心素养"内涵的理解,并简述学生素养的内容。
(2) 请选择其中一项核心素养,说说其在教学实践中是如何落实的。
(3) 谈谈学生发展核心素养与全面发展教育的关系。

6. 根据以下材料回答问题。

材料:

从学习教育史来看,任何时候的小学教育都是以整体、综合的方式输入的。可是今天的教育却背道而驰。现阶段,我国规定小学课程共有9门学科。如果加上地方课程和校本课程,一共有11门学科。由于学科分得过细、过深,学习就变成了负担与厌烦。这时,小学急需古人那样"整合输入"的方法。针对以往语文教学中,一本语文教材就能涉及所有教学内容,并能很好地让学生理解掌握的情况,我们试图探索这样一种方式——整合。

整合一共凸显三个特色。第一个特色是学习现代世界儿童经典,凸显阅读经典这样一个理念。第二个特色就是体育健康。清华附小的家长都非常清楚,在清华附小的每周课程里面都有一门体育课,每天有一个体育项目可选择。第三个特色是个性化课程的设置,特别呈现了种子课程和对儿童个体的关注,这类似于古人那样的私塾和个性化的学校。综合来说,通过确定素养的价值观,通过探索整合实践,"清华附小人"一直在努力尝试着改变与探索,但不抱怨。

今天这样的活动好在哪儿?我认为就是穿越了一个边界,让家长们参与其中。我特别想说一句话,其实小学的基础教育,包括中学和在座的教育家,都是做得蛮好的。其实现在,我总觉得我是被家长逼迫的,如果说得夸张一点,有的时候也是被家长们绑架着的。你在做一些事情的时候,家长可能会想,窦校长,你们学校的这些课程考试也不考,你们在做的体育耽误我们家孩子学习的时间。我们怎么办?这个时候,我就会想尽各种办法。

这里,我想和大家分享一个小例子,我们有一个小朋友,他吃饭的时候,夏天有两只苍蝇就正好落在了吃饭的桌子上。这个孩子看两只苍蝇看得津津有味,他爸爸和妈妈就非常生气,拿起苍蝇拍要把这两只苍蝇打掉。孩子说千万别,你快看这两只苍蝇,有的腿上有毛,有的没有,肯定一个是爸爸,一个是妈妈。他说完之后,爸爸就认为这个孩子不正常,为什么对一只苍蝇这么感兴趣呢?然后他就找到了班主任,跟班主任何老师进行沟通。当时,何老师想尽各种办法,提议说不是还有一个法布尔的昆虫记吗?我们就让他记日记,今天写一篇,明天写一篇。这个家长最后就尊重了儿子的选择,现在这个儿子被爸爸妈妈带着走遍了五大洲,把所有能看到的昆虫都看到了,他们家里已经变成了昆虫的养殖地,班级和学校也为他提供了这样的一个观察。如果说没有何老师适时地顺应他的天性,帮他一下,如果没有我们学校能够给这个家长提供一个平台,让杨振宁给他题词"发展自己的兴趣",让他跟俞敏洪谈话,他很难改变。

我一直这样认为:小学教育就是要适材扬性。当种子播种之前,我们从来不知道是否会芳草萋萋,或者成为参天大树,而重要的是我们学会探索一种可能性,提供一种选择性。家长和教育者一定要认清一点,那就是大树要长起来依靠的是每一年的年轮一次一次地印刻,只有这样不断积累才能成为一棵参天大树。

——节选自清华附小窦桂梅《小学教育不能"转基因",教育要顺从天性》

问题:

(1) 结合材料,谈谈我国目前课程设置存在的问题;清华附小是如何解决的?

(2) 材料中的小例子突出体现了什么教育原理,谈谈你的理解和给你的启示。

(3) 结合我国基础教育课程改革现状,谈谈应该如何进行课程评价。

◇ 应试解析 ◇

一、名词解释

1. 课程

答:学界对课程没有统一的定论,说法较多,有人认为课程即教学科目;有人认为,课程即学习经验;有人认为课程即文化再生产;还有人认为,课程即社会改造的过程。

总的来讲,课程是由一定的育人目标、特定的知识经验和预期的学习活动方式构成的一种动态的教育存在。从育人目标的角度讲,课程是培养人的蓝图;从课程内容的角度讲,课程是一种适合学生身心发展规律的,联结学生直接经验和间接经验的,引导学生个性全面发展的知识体系及其获取的途径。

2. 课程标准(原来的"教学大纲")

答:课程标准是依照课程计划的要求,每门学科以纲要的形式编定的、有关学科教学内容的指导文件,它规定学科的性质与地位,是教材编写、教学、评估与考试命题的依据,是国家管理与评价课程的基础。编写课程标准是课程开发的重要步骤。课程标准的结构包括:说明部分、课程目标部分、内容标准部分、课程实施建议部分。

3. 课程方案

答:课程方案也称课程计划,是指教育机构或学校为了实现教育目的而制定的有关课程设置的文件。普通小学与中学的课程方案,是指在国家的教育目的与方针的指导下,为实现各级基础教育的目标,由国家教育主管部门制定的有关课程设置、顺序、学时分配以及课程管理等方面的政策性文件。

4. 综合课程

答：综合课程是与分科课程对应的一类课程，它打破传统的从一门学科中选取特定内容构成课程的做法，根据一定的目的，从相邻、相近的几门学科中选取内容并将这些内容相互融合，构成课程。

5. 学科课程

答：学科课程也叫分科课程，是根据各级各类学校培养目标和学生发展水平，从各学科中选择适合一定年龄阶段学生发展水平的知识，组成各种不同的科目的课程。各科目都有特定的内容、一定的学习时数、一定的学习期限和各自的逻辑系统。学科课程是一种基本的课程形式，具有结构性、系统性、简约性等优点，非常有助于学生学习和巩固基础知识，也易于教师教授。学科课程的缺点是不重视学科之间的相互联系，与学生的生活实际相脱离，忽视学生的兴趣和需要等。

6. 活动课程

答：开展活动课程的代表人物是杜威。活动课程是以儿童的兴趣或需要为基础，根据心理逻辑而编排的课程，具有生活性、实用性、开放性等特点。各种形式的活动作业是居于课程中心地位的，通过活动，把学生校内外的生活联系在一起。活动课程可以是课堂教学的一部分，也可以是课堂教学的一种补充。活动课程种类繁多、灵活多样。但是活动课程夸大了儿童个人的经验，忽视了知识本身的逻辑顺序，影响了系统的知识学习，导致教育质量低下。

7. 课程设计

答：课程设计是以一定的课程观为指导，制定课程标准、选择和组织课程内容、预设学习活动方式的活动，是对课程目标、教育经验和预设学习活动方式的具体化过程。课程设计的过程中要注重课程目标的设计和课程内容的设计。

8. 隐性课程

答：隐性课程（又称潜在课程）是以内隐、间接的方式呈现课程，是学生在显性课程以外所获得的所有学校教育的经验，不作为获得特定的教育学历或资格证书的必备条件。隐性课程的表现形式有：观念性隐性课程、物质性隐性课程、制度性隐性课程、心理性隐性课程。隐性课程是学生思想意识形成的主要诱因，是进行道德教育的主要手段，是学生主体成长发展的重要精神食粮。

9. 校本课程

答：校本课程是指以学校为编制主体并由学校实施的带有本校特色的课程，由学生所在学校的教师编制、实施和评价，它是与国家课程和地方课程相对的一种课程。它有利于体现学校的办学特色，增强学校的办学自主性和教师的积极性，而且能更好地适应本校学生的学习特点；缺点是对学校、师资的要求较高。

10. 教科书

答：教科书亦称课本，它是依据课程标准和学生的接受能力编写的教学用书，它是教程和学程的共同依据。教科书必须体现教法与学法的一致性，它的广度和深度必须体现为课程标准与学生的可接受能力的一致性。

11. 国家课程（首都师范大学 2011 年真题）

答：国家课程是由中央政府负责编写、实施和评价的课程。它具有合法性、权威性和强制性，也具有多样性，即国家可以要求任何一个地区来学习国家课程，国家也可以专门为一个地区编写国家课程。其中，国家课程编制出的产品主要包括课程计划、课程标准、教材、教师指导用书和习题等。

12. 研究性学习（陕西师范大学 2012 年真题）

答：研究性学习是指学生基于自身兴趣，在教师的指导下，从学习生活、社会生活和自然中选择和确定研究专题，用类似科学研究的方式，主动地获取知识并应用知识去解决问题的学习活动。研究性学习是指学习者以问题解决为主要内容，以发展研究能力为主要目的的一种新型学习方式。

二、简答题

1. 什么是课程？谈谈自己的理解。

答：由于现在学界里对课程没有统一的说法，教育家们都提出了自己的观点，主要观点有四个：课程即教学科目，课程即学习经验，课程即文化再生产，课程即社会改造的过程。

总的来讲，课程是由一定的育人目标、特定的知识经验和预期的学习活动方式构成的一种动态的教育存在。从育人目标的角度讲，课程是培养人的蓝图；从课程内容的角度讲，课程是一种适合学生身心发展规律的，连接学生直接经验和间接经验的，引导学生个性全面发展的知识体系及其获取途径。

可见，课程是一个发展的概念，它是以实现各级各类学校教育目标而规定的学科及它的目的、内容、范围与进程的总和，包括为学生全面发展而营造的全部内容。

2. 课程方案、课程标准、教科书三者与课程是何种关系？它们在课程中各起着何种作用？与当前的课程改革有何种关系？

答：（1）为了充分发挥课程在学校教育活动中应有的育人资源与蓝图的作用，以及对育人活动的引导与规范作用，国家需要编制好三个相互联系、相互制约的文本，即课程方案、课程标准和教科书。这三者是课程的实施文本，没有它们，课程就没有办法呈现在纸上，那么也就没有相关的文件来指导课程实施。

（2）课程方案也称课程计划，是指教育机构或学校为了实现教育目的而制定的有关课程设置的文件。普通小学与中学的课程方案，是指在国家的教育目的与方针的指导下，为实现各级基础教育的目标，由国家教育主管部门制定的有关课程设置、顺序、学时分配以及课程管理等方面的政策性文件，是课程实施最具有统领性的文件。

课程标准是依照课程计划的要求，每门学科以纲要的形式编定的、有关学科教学内容的指导性文件。它规定着某门学科的性质与地位，是教材编写、教学、评估与考试命题的依据，是国家管理与评价课程的基础。编写课程标准是课程开发的重要步骤。

教科书是根据课程计划、课程标准和学生接受能力编写的教学用书。教科书是课程标准的具体化，是学生学习的主要材料，是教师进行教学的主要依据。

（3）当前的课程改革，就是从改革课程方案和课程标准以及教科书做起的，主要是对各科课程标准进行改革，并且实行一纲多本，即各个出版社可以编订教材，教材的内容要依据课程方案和课程标准进行。

3. 教科书的编写应注意什么？

答：教科书（又称教材）是根据课程计划、课程标准和学生接受能力编写的教学用书。教科书是课程标准的具体化，是学生学习的主要材料，是教师进行教学的主要依据。

教科书的编写应注意：①根据本学科的特点，体现科学性与思想性；②强调内容的基础性；③在保证科学性的前提下，教科书还要考虑到我国社会发展现实水平和教育现状，必须注意到基本教材对大多数学生和大多数学校的实用性；④教科书的编写要同时兼顾学科知识的逻辑顺序和受教育者学习的心理顺序；⑤各年级教材的衔接性。

4. 简述课程理论的发展过程。

答：课程理论的发展主要体现了人们对课程有了越来越深刻和广泛的认识。我们主要了解以下几位代表人物和他们的课程理论，以此说明课程理论的发展过程。

（1）斯宾塞的知识价值论：第一个进入人类视野的真正课程问题，是由斯宾塞提出的"什么知识最有价值"的问题。应该说它是课程问题明确化的开端。他讲究知识的价值，注重人的社会生活对于科学知识的需求，是非常有意义的。但是，他把课程仅仅看成是科学知识，则有所偏颇。

（2）杜威的经验课程：杜威主张抛弃把教材当作某些固定的和现成的东西，而当作在儿童的经验之外的见解；不再把儿童的经验当作一成不变的东西，而把它当作某些变化的、在形成中的、有生命力的东西。杜威用动态的知识观来阐释儿童现有经验与课程之间的联系是儿童经验改组的过程，这一观点值得肯定，但他并未明确解决课程设置的目的的要求，也未阐明课程与教学的联系与区别，致使课程和教材具有极大的不确定性，给教材的选编带来了难度，并严重地削弱了教材在教学中的作用。

（3）博比特的活动分析法：博比特出版了《课程》一书，可以被看成教育史上第一本课程论专著。他认为应当运用科学的方法来确定教育目标。他将社会生活活动分为10大类，这10大类的活动便构成了教育的主要目标，并据此来确定教育应当使儿童获得知识、技能、能力、态度与品行等方面的要求，并作为课程的基础。这种方法叫"活动分析法"，为后来盛行的课程目标的确定提供了方法论基础。博比特的方法论注重适应社会生活发展的需要，有其积极的一面，但过于烦琐、具体，既忽视与排斥了社会教育总的价值取向与教育目的，也未突出儿童身心发展的特点及需求。

（4）泰勒的目标模式：泰勒提出了目标模式，他认为课程原理是围绕四个基本问题组成和运作的——学校应该达到哪些教育目标；提供哪些教育经验才能实现这些目标；怎样才能有效地组织这些教育经验；我们怎样才能确定这些目标正在得到实现。他的课程原理系统、完整并且重点突出，其中，确定目标是主要而基础的一环。泰勒的课程原理被称为"目标模式"，对课程理论的发展有很大影响，至今仍在西方课程领域中占有主要的地位。

5. 如何处理课程的一元化与多元化的关系问题？

答：课程的一元化主要是指课程的编制应当反映国家的根本利益、政治方向、核心价值，反映社会的主流文化、基本道德以及发展水平，体现国家的信仰、理想与意志。它有助于各民族的融合，全国人民的凝聚，国民素质的提高，国家的统一、强盛与进步。课程的多样化主要是指课程也应当广泛反映不同地区的不同经济社会发展的要求；反映不同民族、阶级、阶层、群体的不同文化、利益与需求；反映不同学生个人的个性发展的选择与诉求。简言之，要反映各个方面的多样化需求。它有助于实事求是、以人为本，尊重不同地区、群体与个人的差异、特色及其对教育与课程的追求，有助于肯定各方面的独特价值，调动每个人的积极性，增进社会的民主、公平，促使社会与个人都能更加丰富多彩、生动活泼地得到发展。

但是，我们今天也不能一味地只讲课程的一元化，而否定或排斥课程的多样化，认识到课程的多样化也至关重要。当然，也不能盲目追求多样化，一味照顾各方面的局部利益，那样不仅会造成课程的繁杂，加重学生的课业负担，而且会扰乱教育的正确政治方向，严重影响教学的质量。在我国，坚持基础教育课程的一元化方向，体现了国家对青少年学生的基本要求，是贯彻教育目的与方针的重要举措，是提高教育质量的基本保障。此外，注重课程的多样化发展，要求一纲多本，增加选修课程、民族课程、地方课程和校本课程，以此来确保课程的多样化。

6. 简述课程目标、培养目标与教学目标的关系。

答：培养目标是指各级各类学校培养人才的具体要求。课程目标是课程计划中各个学习领域或这些领域之下的一些具体的科目所规定的，学生经过一段时间的学习之后应达到的要求或标准。从某种意义上来说，所有教育目的都要以课程为中介才能实现。教学目标是教育者在教育教学的过程中，在完成某一阶段（一节课、一个教学单元、一个学期）的教学任务时，希望受教育者达到的要求或产生的变化结果。

学校教育目标体系由教育目的、培养目标、课程目标、教学目标等层次构成，教育目的是制定培养目标的依据，培养目标是制定课程目标的依据，课程目标是制定教学目标的依据，培养目标、课程目标与教学目标是实现教育目的的逐级具体化的目标。它们是一般与个别的关系。

7. 课程目标陈述的基本方式是什么？

答：一般来说，完整的课程目标体系包括三类：结果性目标、体验性目标与表现性目标。因此，目标的陈述也有相应的三种基本的方式。

（1）结果性目标的陈述方式。所谓结果性目标，即明确告诉人们学生的学习结果是什么。对设计时所采用的行为动词，要求具体明确、可观测、可量化。这种指向结果性的课程目标陈述方式，主要应用于"知识"领域。

（2）体验性目标的陈述方式。所谓体验性目标，即描述学生自己的心理感受、情绪体验应达成的标准。它在设计中所采用的行为动词往往是历时性的、过程性的。这种指向体验性的课程目标陈述方式，主要应用于各种"过程"领域。

（3）表现性目标的陈述方式。所谓表现性目标，即明确安排学生各种各样的个性化的发展机会和发展程度。它在设计中所采用的行为动词通常是与学生表现什么有关的或者结果是开放性的。这种指向表现性的课程目标陈述方式，主要适用于各种"制作"领域。

8. 简述课程设计的主要依据。（陕西师范大学 2012 年真题）

答：（1）社会因素：经济、政治和文化的发展程度。

（2）人的因素：人的身心发展规律和特点。

（3）教育内部因素：课程理论和课程类型，教育目的、培养目标和课程目标，以前课程设计的经验、学制、课程内容与学科知识，组织课程内容的原则等。

9. 我国新一轮基础教育课程改革具体表现在哪几个方面？

答：我国新一轮基础教育课程改革具体表现在以下六个方面。

（1）在具体课程目标方面，改变传统过于注重知识传授的倾向，强调形成积极主动的学习态度，使学生在获得基础知识和基本技能的同时，能够学会学习和形成正确的价值观。

（2）在课程结构方面，改变传统过于注重学科本位、科目过多和缺乏整合的状况，开设综合课程，从小学到高中，设置综合实践活动课作为必修课，其形式包括信息技术教育、研究性学习、社区服务与社会实践和劳动与技术教育。

（3）在课程内容选择方面，改变传统课程内容"繁、难、偏、旧"和注重书本知识的现状，加强课程内容与学生生活、现代社会和现代技术发展的联系，关注学生的学习兴趣和经验，精选终身学习必备的基础知识和技能。

（4）在课程实施方面，改变传统教学强调接受学习、死记硬背和机械训练的状况，倡导学生主动参与、勤于动手，培养学生收集和处理信息的能力、获取新知识的能力、分析和解决问题的能力及交流与合作的能力。

（5）在课程评价方面，改变传统课程评价过于强调甄别与选拔的功能，发挥课程评价在促进学生发展、教师发展和改进教学实践方面的功能。课程评价要从终结性评价转变为与发展性评价、形成性评价相结合的综合评价机制。

（6）在课程管理方面，改变传统课程管理权限过于集中的弊端，实行国家、地方和学校三级管理，增强课程对地方、学校及学生的适应性。

10. 简述课程目标的主要来源。

答：（1）学习者的需要。根据作为课程与教学目标的学习者的需要来确定，本质上是尊重学习者的个性，体现学习者的意志的过程。一句话概括就是学习者自由选择的过程。

（2）当代社会生活的需求。从空间维度来看，是指从儿童所在的社区到一个民族、一个国家乃至整个人类的发展需求；从时间维度来看，不仅是指社会生活的当下现实需要，更重要的是社会生活的变迁趋势和未来需求。

（3）学科发展的需要。课程目标要根据学科发展来确定。泰勒指出，在确定课程与教学目标时，应将学科专家的建议作为重要的依据。就目前来说，则需要回答以下几个问题：知识的价值是什么，什么知识最有价值，谁的知识最有价值。

11. 简述分科课程和综合课程的类型、特点及其适用性。

答：（1）分科课程是以学科知识为基础、根据学科逻辑而编排的课程，是一种古老的和基本的课程形式。分科课程的类型可以按照科目特点分为语文、数学、历史之类。特点：结构性、系统性、简约性。适用性：有助于教学科目的设计与管理，也易于教师的教学，同时更有利于学生简捷有效地获取系统的知识，形成一定的知识体系。

（2）综合课程，即统整课程，是指突破了学科界限，体现某类知识体系之间内在联系的课程，综合课程分为相关课程、融合课程、广域课程、核心课程。特点：综合性、整合性等。适用性：综合课程克服了由于学科细分所导致的知识零散现象，可以解决学校课程拥挤的问题，可以使课程中分裂了的知识有机地联系起来。

12. 试分析课程目标的主要特征。

答：课程目标作为有关某门教学科目或某项教学活动所要完成的任务的指标体系，它具有以下突出特征。

（1）整体性。各级各类的课程目标是相互关联的，而不是彼此孤立的。

（2）阶段性。课程目标是一个多层次和全方位的系统，如小学课程目标、初中课程目标、高中课程目标等。

(3) 持续性。高年级课程目标是低年级课程目标的延续和深化。

(4) 层次性。课程目标可以逐步分解为总目标和从属目标。

(5) 递进性。低年级课程目标是高年级课程目标的基础，没有低年级课程目标的实现，就难以达到高年级的课程目标。

(6) 时间性。随着时间的推移，课程目标会有相应的调整。

13. 简述布卢姆教育目标分类学。

答：美国心理学家布卢姆等在20世纪50—60年代建立起教育目标分类学，也称"布卢姆教育目标分类学"。

布卢姆将教育目标分为认知领域、情感领域和动作技能领域。教学目标是有层次结构的，每一领域的目标由低级向高级分为若干层次，从而构成了目标的层次结构。同时，以外显行为作为教学目标分类的对象，因为只有外显行为是可观察、可测量的。教学目标分类学是一种教育评价工具，这种分类不受学科教学内容和学生年龄的局限，以该教学目标分类的体系作为框架，加入相应的内容，形成每门学科的教学目标分类体系。

布卢姆教育目标分类学的特点是操作性强、重视外显行为、可测量、不受学科和年级的限制。缺点是机械性强，教师和学生都是被动地在运用这一理论。

14. 活动课程的特点是什么？

答：提出活动课程的代表人物是杜威，他反对以书本、教师、教室为中心的传统教育，主张以儿童的兴趣或需要为基础、根据心理逻辑编排课程。

活动课程的特点是具有生活性、实用性、开放性（因为学生的需要和兴趣没有边界，所以课程也没有边界，是开放的）等特点。各种形式的活动作业是居于课程中心地位的，通过活动，把学生校内外的生活联系在一起。活动课程可以是课堂教学的一部分，也可以是课堂教学的一种补充。活动课程种类繁多，如探索学习、实地考察、社会实践、社会服务、户外教育、消费教育、健康教育等。目前，我国新课改中也开始了活动课程的探索。

但是活动课程夸大了儿童个人的经验，忽视了知识本身的逻辑顺序，影响了系统的知识学习，导致教育质量低下。

15. 简述综合课程的优缺点。

答：所谓综合课程，是打破传统的学科课程的知识领域，组合相邻领域的学科构成一门新的学科，其根本目的是克服学科课程分科过细的特点。

综合课程优点是：①综合课程坚持课程统一性的观点，通过学习综合课程，帮助学生把一个领域里的概念、原理、方法等应用到其他学科领域中，促进知识的迁移和强化；②综合课程还可以弥合知识间的割裂性，培养学生综合分析、解决问题的能力；③符合学生认识世界的特点，有利于学生整体把握客观世界；④这也是学生未来就业的需要；⑤综合课程还贴近社会现实和生活实际，通过把多种学科的相关知识融合在一起，构成新的课程，如人口教育课、环境教育课等，这些课程不可避免地涉及历史、地理、政治、化学、物理、卫生等各门学科，这是学科课程无法拥有的优势。

缺点表现为：①忽视每门学科自身逻辑结构；②编写综合课程教材是困难的事情，即便开发出这样的课程，也没有教师能够很好地驾驭综合课程，于是综合课程师资也是一大困难。目前的解决对策是协同教学方式（几个教师共同承担一门综合课程的讲课任务），或者开设综合课程专业来培养综合课程的教师。

16. 简述课程的多样性。（北京师范大学 2012 年真题）

答：课程的多样性主要是指课程应当广泛反映不同地区的不同经济社会发展的要求；反映不同民族、阶级、阶层、群体的不同文化、利益与需求；反映不同学生个人的个性发展的选择与诉求。简言之，要反映各个方面的多样化需求。它有助于实事求是、以人为本，尊重不同地区、群体与个人的差异、特色及其对教育与课程的追求，有助于肯定各方面的独特价值，调动每个人的积极性，增进社会的民主、公平，促使社会与个人都能更加丰富多彩、生动活泼地得到发展。

但是，我们不能盲目追求多样化，一味照顾各方面的局部利益，不仅会造成课程的繁杂，加重学生的课业负担，而且会扰乱教育的正确政治方向，严重影响教学的质量。所以，我们必须要适当地处理好课程的一元化和多样化的矛盾。

在我国，坚持基础教育课程的一元化方向的同时，还要注重课程的多样化发展，要求一纲多本，增加选修课程、民族课程、地方课程和校本课程，以此来确保课程的多样化。

17. 简述中小学研究性学习的目标。（东北师范大学 2012 年真题）

答：研究性学习是指学生基于自身兴趣，在教师的指导下，从学习生活、社会生活和自然中选择和确定研究专题，用类似科学研究的方式，主动地获取知识并应用知识去解决问题的学习活动。研究性学习是指学习者以问题解决为主要内容，以发展研究能力为主要目的的一种新型学习方式。研究性学习的目标是：

（1）获得参与探索的经验。研究性学习关注的重点是学生的学习过程，关注学生在学习过程中由亲身经历或心理移情而获得的内在感受。因而，小学生开展研究性学习，要激发其观察生活、发现和探究问题的兴趣，通过对身边的自然现象和社会现象的初步思考与分析，并通过简单的操作实践，获得自己动手、动脑探究问题的喜悦以及解决问题的初步经验。

（2）提高发现问题、探索问题和解决问题的能力。研究性学习作为一种学习方式，渗透在学生的所有学科和学习活动中。学生能以一种探究发现的方式来学习，逐步形成善于质疑、勤于思考的心理品质，并在自主探究中逐步解决问题。

（3）形成合作和分享的意识。研究性学习是立足于个性化基础之上兼顾群体合作与交往的，学习合作就是其不可或缺的一个目标。学生要在学习的过程中，学会合作，培养团队精神。

（4）培养科学态度和道德品质。研究性学习不仅关注学生知识与技能的发展，而且强调学生情感态度与价值观的养成与发展。良好的道德品质、科学求实的态度是进行研究性学习的根本要求。

（5）培养对社会和自然的责任感。这是更高层次的目标。具有社会责任感是作为一名公民的基本要求，而具有自然的责任感则是从人类发展的角度提出的作为人类中的一名成员的基本生存与发展要求。

（6）培养搜集、分析、处理信息和综合运用知识的能力。在研究性学习中，应当引导学生学会综合运用所学的各科知识来研究与解决一定的理论问题或实际问题。需要引导学生研究的问题并没有固定的界限，只要具有研究的可能、有价值的问题都可以研究。

三、分析论述题

1. 当代国外课程改革的发展趋势是什么?

答:(1)课程政策的发展趋势。第一,为了适应国际社会迅速发展的趋势,大多数国家的课程政策都强调社会协调、经济振兴和个人发展方面的目标。第二,开发既确保核心内容的学习,又为选修学科提供更多机会和课程框架。第三,确认了整体主义的课程取向,强调心智、情感、心理和精神向度的平衡,也强调了以儿童为中心、活动为本位的教学方式的重要性,促进创造性思维、问题解决的能力,并鼓励自我导向学习。第四,尽管大多数国家的课程改革政策开发仍然是中央集权的,但在开发中却出现了尽可能征询多方面意见的趋势,对课程实施问题的决策制定则倾向于地方和学校。

(2)课程结构的发展趋势。第一,课程结构从内容本位转为与能力本位的多样化结合,以保证学生有效地获得知识、技能和能力。第二,调整课程结构,吸纳新出现的学科领域,这些新学科领域或者与既有学科(如环境教育)进行整合,或者作为独立学科(如增加外语学科)。第三,小学和初中阶段诸学科的连续性日益增加。

(3)课程实施的发展趋势。第一,课程实施的"忠实取向"(即衡量教师在课程变革中成功与否的基本标志是教师是否忠实地实施了上级提供的课程,忠实程度越高,则教师越成功)正被"相互适应取向"(即认为课程实施过程是国家、地方与学校彼此之间相互适应的过程)与"课程创生取向"(即认为课程实施过程本质上是教师和学生创生适合足迹与需求足迹的过程,国家、地方提供的课程是教师与学生的选择性的课程资源)所超越。第二,教师的专业发展是其职业生涯的有机组成部分。通过为教师提供专业发展的机会帮助教师理解课程与教师的变化,这是成功的课程变革的基本特征。第三,小学和初中阶段的教科书一般是由政府资助,而补充材料通常是由政府和私营机构开发和传播。在课程信息的传播过程中,信息技术的应用日益增加,多媒体的作用日益明显。第四,政府下达的课程要求弹性日益增大,以便学校能够充分考虑地方的情况和需要,做出更多的决策,用最好的方式实施课程政策。第五,许多国家优先强调教师和学校从事持续进行的"校本评定"的能力。这主要有三个目的:学校能够更有效地修订教学计划,监控学生的进步,为公共考试提供内在的基础。

(4)课程评价的发展趋势。第一,"目标取向的评价"正在被"过程取向的评价"和"主体取向的评价"所超越。"评价即研究""评价即合作性意见"等理念深入人心。"质性评价"和"量化评价"相结合被认为是基本的评价方略。第二,对课程体系本身的评价成为课程变革过程中的有机组成部分,许多国家主张运用多种策略对所推行的课程体系进行多角度评价。其中,把本国的课程推向世界、纳入国际组织及与其他国家或国际组织展开合作性评价被认为是有效的课程评价方略。

2. 试谈一下你对泰勒原理的认识与评价。

答:泰勒指出开发任何课程和教学计划都必须回答四个基本问题,这四个基本问题构成著名的"泰勒原理"。"泰勒原理"的基本内容:学校应该试图达到哪些教育目标(确定教育目标),提供什么样的教育经验最有可能达到这些目标(选择学习经验),怎样有效组织这些教育经验(组织教育经验),我们如何确定这些目标正在实现(评价教育计划)。

(1)对第一个问题的回答——确定教育目标的程序和方法。确定教育目标是课程开发的出发点，要依据三个来源，即对学习者自身的研究、对当代生活的研究、学科专家的建议。经过以上三个来源的分析，获得大量的有关教育目标的资料，从而获得恰当的教育目标。

（2）对第二个问题的回答——选择学习经验的原则。学习经验是指学习者与其能够做出反应的环境中的外部条件之间的相互作用。选择学习经验的问题不仅是确定哪些种类的经验有可能达到既定教育目标的问题，也是一个如何安排将会在学生内部引发或产生期望的学习经验情境的问题。

（3）对第三个问题的回答——组织学习经验的标准。泰勒提出了学习经验的两种组织，即"纵向组织"（不同阶段的学习经验之间的联系）和"横向组织"（不同领域的学习经验之间的联系）。有效组织学习经验的标准有三个："连续性"（直线式地重复主要的课程要素），"序列性"（强调后续经验建立在先前经验的基础同时又对有关问题进行更广泛、更深入的探讨），"整合性"（课程经验之间的横向联系）。

（4）对第四个问题的回答——评价的程序与方法。所谓评价，在泰勒看来，本质上是确定课程与教学计划实际实现教育目标的程度的问题。泰勒评价理念的特点：把评价与目标结合起来，评价本身不是目的，而只是达到目标的手段，用评价观代替了传统的测验观。关于评价的程序，泰勒给出了如下步骤：界说教育目标，评价教育情境，编制评价工具，分析利用评价效果。

四个问题的关系：确定教育目标、选择学习经验、组织学习经验以及评价教育计划这四个环节，构成泰勒关于课程开发的系统观点。确定教育目标是课程开发的出发点；选择学习经验和组织学习经验是主体环节，指向教育目标的实现；评价教育计划是整个系统运行的基本保证；确定目标既是课程开发的出发点，也是课程开发的归宿；目标因素构成课程开发的核心。

"泰勒原理"的贡献与局限：

（1）泰勒确定了课程开发与研究的基本思路和范围，他综合了当时有影响的教育学流派和思想的各种主张，囊括课程开发的诸种重要因素，形成了一个系统的模式，简洁明了。至此，"泰勒原理"一直被作为基本框架。《课程与教学的基本原理》被称为"现代课程理论的圣经"。这四个问题因而被称为课程开发的"永恒的分析范畴"。"泰勒原理"被称为课程领域中"主导的课程范式"。

除了"泰勒原理"的历史意义外，它为我们提供了一个课程分析的可行思路，具有逻辑严密的课程编制程序，具有引导性和调控性，各程序层次分明，具有较强的系统性。"泰勒原理"在课程探究领域受到多方批评却仍能长盛不衰。

（2）"泰勒原理"的局限："泰勒原理"是课程开发的一个非常理性的框架，它不可避免地带有那个时代科学至上的印记。对课程编制与实际使用的认识简单化、机械化，并具有较大的主观性。预先确定严格的行为目标与手段，不利于发挥教师与学生的主动性与积极性。

3. 论述当前关于学科课程和活动课程的大讨论。

答：（1）学科课程，也叫分科课程，即从各门学科中选取最基本的内容，组成各种不同的学科，分学科安排教学顺序、学习时数和学习期限的课程。同时，也相应地编写不同学科的教科书作为学科课程内容的基本依据。学科课程是以学科知识为基础、根据学科逻辑而编排的课程。学科课程是一种古老的、基本的课程形式，具有结构性、系统性、简约性等特点。

学科课程的优点：①结构性、系统性和简约性；②有利于学生学习和巩固知识；③便于设计和管理。

学科课程的缺点：①缺乏内在整合性，忽视知识的联系性，割裂了学生的理解力；②忽视学生的动机和已有经验，容易脱离学生的兴趣和生活实际。

(2) 活动课程，也称儿童中心课程或经验课程，即以儿童活动为中心来组织教学过程。这种理论认为，课程应是一系列儿童自己组织的活动，儿童通过活动获得经验，从中培养学习兴趣，学会独立解决问题，锻炼能力。其特点有：以儿童为中心；课程顺序不考虑逻辑结构，只强调心理结构；课程进度无严格规定。

活动课程的优点：①重视学生的主动性；②发展学生的个性；③注意学生的动机和兴趣；④强调经验。

活动课程的缺点：①违背了教学认识规律；②忽视了人类积累的间接知识的系统学习，降低了教学质量；③忽视儿童思维力和其他智力品质的发展；④降低了学生的系统知识水平；⑤组织较为困难。

(3) 目前对于二者的讨论主要有"补充说""对立说"和"发展说"。学科课程和活动课程各有优缺点，二者不可互相替代，应该相互结合。在学校课程体系中均应合理开设，在新课改中都要有所体现，二者结合，不可偏废，共同为培养全面发展的人做准备。

4. 联系实际，论述分科课程和综合课程的关系及其对我国基础教育课程改革的启示。

答：(1) 分科课程是以学科逻辑为中心而编排的课程，重视教材的逻辑知识，学习材料清楚，易于学生学习，但是把知识切割为零碎而孤立的科目，忽视生活这个整体，不利于学生整体认识世界。

(2) 综合课程克服了分科课程的封闭性，把若干门教材组织在一门学科中综合而成，注重知识的融合，有利于学生整体把握世界，开阔视野，有利于课程之间的内在联系。

(3) 对我国基础教育课程改革的启示。

① 课程内容的整合。课程内容的多元化，便于文化整合在课程中的集中体现。课程内容的整合应体现综合性、生活性、现实性、实践性、探究性和建构性的特点，使中小学生学会处理与自然世界、社会世界、主观世界之间的关系。

② 课程学习活动方式的整合。理解、体验、反思探究和创造是学生学习的基本方式，每个学生对课程的体验和感悟是不同的，新课程重视学生的体验和感悟，新课程在学习活动方式的设计上给予学生相应的体验和感悟的空间，引导学生有所思、有所感、有所悟。

③ 课程观的整合。知识或学术理性主义课程观，经验或自我实现课程观，生活经验重构或批判课程观，这三种课程观是可以相互统一的。在新课程中，三种课程观都在不同程度、不同阶段上被运用着。

5. (1) 结合材料，谈谈你对"核心素养"内涵的理解，并简述学生素养的内容。

答：学生发展核心素养，主要指学生应具备的，能够适应终身发展和社会发展需要的必备品格和关键能力。学生的核心素养的内容是六项，主要分为文化基础、自主发展、社会参与三个方面，综合表现为人文底蕴、科学精神、学会学习、健康生活、责任担当、实践创新六大素养。

结合材料的观点，核心素养的内涵主要包括以下几个方面：

① "素养"可以理解为走向整合，重视培养全面发展的人。核心素养的价值功能具有整合性，兼具社会价值与个人价值。

② "核心"是基于终身发展的尺度进行思考的。核心素养不是短期的技能培养，而是能够影响学生终身发展的长效性素质和能力的培养。

③ 核心素养是为了学生的发展，人的发展具有连续性和阶段性，要尊重学生的身心发展规律。

④ 核心素养不仅是一个培养的目标和结果，更应该落实到整个教育系统，落实到教育目的，课程和教学等方方面面。

（2）请选择其中一项核心素养，说说其在教学实践中是如何落实的。

答：核心素养中有一项是实践创新。我国教育在实践中可以从以下几个方面落实这一核心素养：

① 在教育目标和观念上，要将培养"创新能力""创新意识""问题解决能力"列入课程目标和教学目标；家庭和学校应该共同呵护和激励学生探究的兴趣，培养学生的创新意识。

② 在课程上，学校要提供丰富宽松而又生动有趣的课程；从习题训练到开展基于任务或项目的研究性学习；开展丰富的实践活动课程，培养科学研究的兴趣。

③ 在教学上，教师要在教学中渗透创新的思想和方法，引导学生主动创新；教师要扮演引导者和激励者的角色，让学生通过教师有意识的启发和指导，形成主动参与学习和探究的意识，迸发出创新的思维火花，实现创新能力的有效提升。

（3）谈谈学生发展核心素养与全面发展教育的关系。

答：①一方面，二者的共性在于都是对学生发展提出的要求。二者在学生发展的基本内容上具有内在一致性。核心素养的提出是对全面发展教育质量标准和人的规格要求的具体化。

② 另一方面，它们在学生发展的内容和方向上却存在差异。全面发展教育针对的是旧式分工造成的体脑分离或片面发展，强调教育要着眼于学生身体和心理的全面发展。核心素养教育针对的是全面发展教育造成的学生负担过重，强调教育要着眼于适应学生个人终身发展和社会发展共同必备的知识、能力和态度的发展。

【注意】核心素养是当前的热点问题，请考生关注。材料题不仅要学会分析材料，还要善于将材料与所学知识结合，整合答题思路。

6.（1）结合材料，谈谈我国目前课程设置存在的问题；清华附小是如何解决的？

答：①我国目前课程设置存在的问题有：过于注重学科本位，科目过多缺乏整合。如材料中所说，"现阶段，我国规定小学课程共有9门学科。如果加上地方课程和校本课程，一共有11门学科。由于学科分得过细、过深，学习就变成了负担与厌烦"。

② 清华附小对课程进行了整合，突出了以下三个特色：a. 学习现代世界儿童经典，凸显阅读经典这样一个理念；b. 关注体育健康；c. 个性化课程的设置，特别呈现了种子课程和对个体儿童的关注，类似于古人的私塾和个性化的学校。

（2）材料中的小例子突出体现了什么教育原理，谈谈你的理解和给你的启示。

答：材料中的小例子体现了教育要顺应人的天性，要尊重学生的兴趣。孩子具有童心、童真与童趣，具有孩子特有的想象力，父母和家长要了解孩子的"内心世界"。即新的教育取向不只关注知识与技能，还要关注过程与方法，情感与体验。材料中对苍蝇感兴趣的小朋友，正是因为老师的积极引导，家长尊重并保护了孩子的兴趣，学校对于学生兴趣的支持与鼓励，才得以在他感兴趣的领域不断成长和发展。

(3) 结合我国基础教育课程改革现状，谈谈应该如何进行课程评价。

答：我国课程评价长期保持过于强调甄别与选拔的功能，因此在新的课程改革中，课程评价有以下几方面的改变。第一，建立学生全面发展的评价体系。发挥课程评价促进学生发展、教师发展和改进教学实践的功能。第二，建立促进教师不断提高的评价体系。强调教师对自己教学行为的分析与反思，建立以教师自评为主，校长、教师、学生、家长共同参与的评价制度，使教师从多种渠道获得信息，不断提高教学水平。第三，建立促进课程不断发展的评价体系。课程评价要从终结性评价转变为与发展性评价、形成性评价相结合。第四，继续改革和完善考试制度。

第八章 教学（上）

◇ 应试题库 ◇

一、名词解释

1. 教学
2. 教学过程
3. 探究教学
4. 教学原则
5. 直观性教学原则
6. 教学环节
7. 范例教学
8. 教学目标（南京师范大学 2012 年真题）

二、简答题

1. 学校为什么要以教学为主？
2. 启发式教学和注入式教学的根本区别是什么？为什么我们要提倡启发式教学？
3. 如何认识教学过程中直接经验与间接经验的关系？
4. 我国目前中小学教育中常用的教学原则有哪些？
5. 简述教学过程的性质。
6. 简述教学过程中智力因素与非智力因素的关系。
7. 简要回答教学过程中应处理好的几种关系。（东北师范大学 2011 年真题）

三、分析论述题

1. 为什么在教学过程中特别强调发展学生智力？试述掌握知识与发展智力的关系。
2. 试述教学原则中的科学性与思想性统一原则。（北京师范大学 2011 年真题）
3. 论述启发性原则及其在教学中的运用。（陕西师范大学 2012 年真题）
4. 根据以下材料回答问题。

材料：

某班有个名叫张亮的 9 岁小男孩，患有轻度小儿麻痹症，是全班捉弄的对象。他拉不开夹克衫拉链，课间休息在操场上做游戏动作不协调，诸如此类的事情常使他遭到同学的取笑。每当张亮遭到嘲笑和捉弄时，他就会非常伤心，甚至上课时也会哭泣。

有一天，张亮没来上学。班主任华老师抓住这个机会，要求全班学生讨论一下班级里存在的这个严重问题。学生们听到老师说这是一个"问题"时，都感到十分惊讶，但他们还是围在一起展开了讨论。

华老师解释说："有的人得过某些病后，就不能像正常人那样行动自如。我不知道，如果你们自己做不了一些事情，还被其他小朋友取笑，你们会是什么样子？"

教室里一片安静。华老师说话的语气不愠不火，充满了关爱。

有个女孩开始说话了："小明和小刚取笑张亮的时候，我感到非常难过。"

小明马上应道："我不是想伤害他呀。"

讨论继续进行着，几乎每个学生都发了言。有些学生站在张亮的立场上看问题。冬冬说："如果有人那样取笑我，我会很生气，很难过。"丽丽提出了"公平"问题："那不公平——就像我们做游戏时那样，故意跑得那么快，而张亮没有办法跑快，我们是在作弊。"

这是一场充满感情的讨论，但华老师没有做任何总结就结束了。第二天，张亮回到学校，有好几个学生主动上前帮他拉夹克拉链。课间休息时，张亮和大家玩游戏，竟然赢了三回。日子一天天过去，取笑人的现象再没有发生。

问题：评析案例中的教育内容、教育方法和师生关系。

◇ 应试解析 ◇

一、名词解释

1. 教学

答：广义的教学就是在一定时间、地点、场合下的传授经验的活动，即教的人指导学的人进行学习的活动。狭义的教学是在学校中传授经验的活动，即在学校教育活动中，以教师传授知识、技能和学生获得知识、技能为基础，由教师的教和学生的学所组成的双边活动过程。通过教学，学生在教师有计划、有步骤的引导下，积极主动地掌握系统文化科学知识和技能，发展智力、体力，陶冶品德，促成学生的全面发展。

2. 教学过程

答：教学过程指教学活动的展开过程，是教师根据一定的社会要求和学生身心发展的特点，借助一定的教学条件，指导学生主要通过认识教学内容来认识客观世界，并在此基础之上发展自身的过程。教学过程以交往为背景和手段，促进学生身心发展、追寻与实现价值目标的过程，也是一种特殊的认识过程。

3. 探究教学

答：探究教学是指在教师引导下，学生主要通过积极参与对问题的分析、探索，主动发现或建构新知识，并掌握其方法与程序，培养他们的科研能力、科学态度和品行的教学。简言之，它是一种引导学生通过探究获得真知与个性发展的教学，亦称探究学习、发现学习。探究教学是一种极具创造性的教学，并无固定的模式，但学生获取知识仍要经历三个基本阶段：明确问题—深入探究—做出结论。

4. 教学原则

答：教学原则是根据一定的教学目的和任务，遵循教学过程的规律而制定的对教学的基本要求。它是人们在长期的教学实践中对教学经验的总结和概括，既指导教师的教，也指导学生的学，应贯穿教学过程的各个方面和始终。我国中小学的教学原则主要有：科学性与思想性相统一原则、理论联系实际原则、直观性原则、启发性原则、循序渐进原则、巩固性原则、发展性原则、因材施教原则。

5. 直观性教学原则

答：在教学中通过学生观察所学事物或教师语言的形象描述，引导学生形成对所学事物及过程的清晰表象，丰富他们的感性认识，从而使他们能够理解书本知识并发展认识能力。直观性原则要求我们正确选择直观教具和现代化教学手段；直观要与讲解相结合；重视运用直观语言。

6. 教学环节

答：从教学的主要方面——教师教的方面分析，备课、上课、作业的布置和批改、课外辅导和学业考评构成了教学的基本环节。备好课是教学环节的基本环节；上课是教学工作的中心环节；学业考评是教学的必要环节，是检查教学效果和教学目标达成程度的必要手段。

7. 范例教学

答：范例教学是指强调精选材料，教给学生基本性、基础性和范例性的知识，使学生掌握学科的基本结构，发展智力。其代表人物是瓦根舍因和克拉夫基等人。基本结构是：(1) 范例地阐明"个"的阶段；(2) 范例地阐明"类"的阶段；(3) 范例性地掌握规律的和范畴的阶段；(4) 范例性地获得有关世界的经验和生活的经验的阶段。（考生可以加上评价，优点缺点各一条即可）

8. 教学目标（南京师范大学 2012 年真题）

答：教学目标是教育者在教育教学的过程中，在完成某一阶段（一节课、一个教学单元、一个学期）的教学任务时，希望受教育者达到的要求或产生的变化结果。教学目标是教育目的最具体化的一个层次。教师在具体教学工作中必须有明确的教学目标，这是确保教学有效性的基本条件，但是仅有具体的教学目标，没有教育目的做指导，教学工作就会失去意义和方向。

二、简答题

1. 学校为什么要以教学为主？

答：(1) 以教学为主（中心）是由学校教育工作的特点决定的。学校的产生使教学与生活分化开来，教学成为学校的独立活动。学校工作以教学为主，是学校教育区别于其他机构的根本所在。

(2) 教学是实现教育目的的基本途径。在各种教育途径中，教学所占时间最多，工作比重最大，计划性、系统性更强，更能发挥学校教育的作用，促进学生全面发展。

(3) 历史上正反两方面的经验表明，要提高教育质量，更好地进行自我教育，学校必须以教学为主。20世纪20-30年代、中华人民共和国成立后的经验教训都说明，否定以教学为中心，教育质量就没有保证；而坚持以教学为中心，则可以确保教育质量不断提高。

2. 启发式教学和注入式教学的根本区别是什么？为什么我们要提倡启发式教学？

答：启发式教学和注入式教学的根本区别在于对教师的主导作用与学生的主体作用的关系的解释不同。启发式教学强调在教师的主导下学生主体作用的发挥，在教学中注意发挥学生的主动性和能动性，激发学生积极地独立思考，培养学生的学习能力。注入式教学片面夸大了教师的主导作用，教师从主观出发，不考虑学生的实际情况，不调动学生的主动性、积极性，不顾学生的接受能力和能力的发展，使他们被动学习，成为单纯接受知识的容器。

从启发式教学和注入式教学的根本区别上可以看出：注入式教学是一种陈旧落后的压抑学生积极性的教学观点和教学指导思想；而启发式教学强调教师主导下学生主体作用的发挥，注意引起学生的学习兴趣和责任感，激发学生积极地独立思考，培养学生的学习能力，促进学生智力的发展，它是促进学生生动活泼地、主动地得到发展的，科学的教学观点和教学指导思想，是值得在教学中大力提倡的。

3. 如何认识教学过程中直接经验与间接经验的关系？

答：（1）学生认识有两个方面：一方面是获取直接经验，即学生通过亲自活动、探索获得的经验；另一方面是获取间接经验，即他人的认识成果，主要指人类在长期认识过程中积累并整理而成的书本知识，此外还包括以各种现代技术形式表现的知识与信息，如磁带、录像带、电视、电影和网络等。

（2）正确处理直接经验与间接经验的关系。

第一，学生认识的主要任务是学习间接经验。在教学过程中，坚持学生以掌握间接经验为主，可以减少认识过程的盲目性，节省时间和精力，有效地避免人类历史上的偶然性和曲折，从而大大提高认识效率；使学生尽快获得大量的科学文化知识，为在此基础上更加深入广泛地认识世界和改造世界创造有利条件。

第二，学习间接经验必须以学生个人的直接经验为基础。间接经验是学生没有亲身实践的，在学习的过程中如果没有个人的直接经验参与和帮助，是很难对间接经验进行接受、理解、消化和巩固的，直接经验在学生的学习过程中有着不可替代的特殊价值。所以，教学必须利用学生已有的感性经验，才能保证教学顺利进行。

第三，防止忽视系统知识传授或直接经验积累的偏向。传统教学中我们只重视书本知识，在实用主义教育观的影响下，我们又只偏向于学生的个人经验，这些都是违反教学规律的。

4. 我国目前中小学教育中常用的教学原则有哪些？

答：（1）科学性与思想性相统一的原则。它是指教学要以马克思主义为指导，教授学生科学知识，并结合知识教学对学生进行社会主义品德和正确人生观、科学世界观教育。

（2）理论联系实际原则。教学要以学习基础知识为主导，从理论与实际的联系上去理解知识，注意运用知识去分析问题和解决问题，达到学懂会用、学以致用。

（3）直观性原则。在教学中通过学生观察所学事物或教师语言的形象描述，引导学生形成对所学事物及过程的清晰表象，丰富他们的感性认识，从而使他们能够理解书本知识并发展认识能力。

（4）启发性原则。启发性原则反映了学生的认识规律。教师对学生进行启发，而不是告诉学生现成的答案，这有利于调动学生的主动性，促使学生在教师的引导下积极思考，自觉地掌握科学知识和提高分析问题、解决问题的能力。

（5）循序渐进原则。循序渐进原则是指教学要按照学科的逻辑系统和学生认识发展的顺序进行，使学生系统地掌握基础知识、基本技能，形成严密的逻辑思维能力。

（6）巩固性原则。巩固性原则是指教学要引导学生在理解的基础上牢固地掌握知识和技能，将其长久地保留在记忆中，能根据需要迅速再现出来，以利于知识技能的运用。

（7）发展性原则。发展性原则是指教学的内容、方法和进度要适合学生的发展水平，但又要有一定的难度，需要他们经过努力才能掌握，以便有效地促进学生的身心发展。

(8) 因材施教原则。因材施教原则是指教师要从学生的实际情况和个别差异出发，有的放矢地进行有差别的教学，使每个学生都能扬长避短，获得最佳发展。

以上这些原则是常用的教学原则，除此之外，还有及时性原则、预防性原则、量力性原则等。

5. 简述教学过程的性质。

答：(1) 教学过程是一种特殊的认识过程。因为教学过程是学习和运用知识的认识活动，是在相关的认识与交往活动基础上进行的，所以师生为传承知识而相互作用的认识活动是教学活动区别于其他活动最突出、最基本的特点。教学过程作为特殊的认识过程，其特殊性在于它是学生个体的认识过程，具有不同于人类总体认识的显著特点：①间接性，即学生主要以掌握人类长期积累起来的科学文化知识为中介，间接地认识现实世界；②引导性，需要在富有知识的教师引导下进行认识，而不能独立完成；③简捷性，走的是一条认识的捷径，是一种科学文化知识的再生产。

(2) 教学过程必须以交往为背景和手段。有目的地进行的教学必须以交往为背景，以交往、沟通、交流为重要手段和方法。教师在教学中应当注意师生之间的平等对话、思想情趣的坦诚沟通，以便激起师生在认识与情感上的共鸣、智慧与志趣的共享，从而在学生的个性发展上培养和形成教育者所期望的品质。

(3) 教学过程也是一个促进学生身心发展、追寻与实现价值目标的过程。引导学生通过掌握知识、进行认识及交往的活动是教学的基本与基础的活动；而促进学生的身心发展及其价值目标实现则是在这个认识及交往活动过程中所要完成的教学任务。教学过程应有积极的价值追寻，让学生的思想情感深受启发、熏陶与教益。

6. 简述教学过程中智力因素与非智力因素的关系。

答：智力因素主要指感知觉、记忆、思维、想象等认知心理因素。非智力因素主要指兴趣、动机、需要、情感、意志和性格等个性心理特征方面的因素。二者是密切联系的。

① 智力因素是非智力因素的基础，非智力活动依赖于智力活动，并积极作用于智力活动。学生的兴趣、动机等非智力因素是在认知事物、掌握知识的过程中产生和发展的，离开掌握知识的智力活动，非智力活动将很难发展。学生是有主观能动性的人，学习动机的强弱、意志品质的持久等非智力因素，直接影响学生的学习效果。②按教学需要调节学生的非智力活动才能有效地进行智力活动，完成教学任务。③防止忽视智力因素或忽视非智力因素的偏向。

7. 简要回答教学过程中应处理好的几种关系。（东北师范大学 2011 年真题）

答：(1) 间接经验与直接经验的关系。①学生认识的主要任务是学习间接经验；②学习间接经验必须以学生个人的直接经验为基础；③防止忽视系统知识的传授或直接经验积累的偏向。

(2) 掌握知识和发展智力的关系。①智力的发展与知识的掌握二者相互依存、相互促进，学生对知识的掌握依赖于他们智力的发展；②生动活泼地理解和创造性地运用知识才能有效地发展智力；③防止单纯抓知识教学或只注重智力发展的偏向。

(3) 智力活动与非智力活动的关系。①智力因素是非智力因素的基础，非智力活动依赖于智力活动，并积极作用于智力活动；②按教学需要调节学生的非智力活动才能有效地进行智力活动，完成教学任务；③防止忽视智力因素或忽视非智力因素的偏向。

（4）教师主导作用与学生主动性的关系。①发挥教师的主导作用是学生简捷有效地学习知识、发展身心的必要条件；②学生在教学过程中具有主体地位，调动学生的学习主动性是教师有效教学的一个主要因素；③防止忽视学生积极性和忽视教师主导作用的偏向。

（5）掌握知识与培养思想品德的关系。①学生思想的提高以知识为基础；②引导学生对所学知识产生积极的态度，才能使他们的思想得到提高；③学生思想的提高又推动他们积极地学习知识；④防止单纯地传授知识、忽视思想教育，或脱离知识的传授而另搞一套思想教育的偏向。

三、分析论述题

1. 为什么在教学过程中特别强调发展学生智力？试述掌握知识与发展智力的关系。

答：（1）发展学生的智力具有十分重要的意义，主要表现在以下两个方面。

第一，发展学生智力是时代的需要。随着科学技术的迅猛发展，知识成倍增长，知识的物化过程缩短，知识的陈旧率迅速提高，学生所学的科学技术知识总是要落后于科学技术的发展。要解决这个矛盾，就要发展学生的智力，提高学生独立获取知识的能力。

第二，发展学生的智力是学生掌握知识的需要。智力是学生获取知识的工具，学生的智力发展水平越高，接受知识的速度就越快，掌握知识就越牢固，知识运用就越灵活。

（2）掌握知识与发展智力的关系。

掌握知识与发展智力是辩证统一的关系，这是由知识和智力的辩证关系决定的。知识与智力不是一个概念。知识是人对客观世界的现象、事实及其规律的认识，是人类历史实践经验的概括和总结；而智力是指人们认识、适应和改变客观世界的心理能力。知识是人对客观事物的反映成果；而智力则是顺利完成这种反映的主观条件。知识与智力是可以相互转化的。知识是人类智慧的结晶，是智力的转化物；作为智力活动原料的知识，又可促进智力的发展。这是知识向智力的转化。

第一，智力的发展与知识的掌握二者相互依存、相互促进。在教学过程中，学生智力的发展依赖于他们知识的掌握。不爱学习、知识与经验都很贫乏的人，他的智力不可能发展得很好。学生学习的科学文化知识，既是人类知识长期积累和整理的成果，也是人类智力和智慧的结晶，它本身蕴藏着丰富的人类认识的方法。对学生来说，掌握知识的过程也是智力运用的过程。只有在掌握知识的过程中，学会获取这些知识的认识方法，并把这些知识和认识方法自觉地、创造性地运用到以后的学习和实际中去，才能逐步发展自己的智力，形成自己的创造才能。同时，学生对知识的掌握又依赖于他们的智力发展。因为人们的智力同样是人们掌握知识的必要条件。发展学生的智力是顺利进行教学、提高教学质量的重要条件。特别是在科学技术迅猛发展的现代，教学内容迅速增多，程度不断提高，难度不断加大，尤其需要在教学中培养和提高学生的智力，发展他们的创造才能。这样，他们才能有效地掌握现代科学知识，攀登世界科学的高峰。

第二，生动活泼地理解和创造性地运用知识才能有效地发展智力。通过传授知识发展学生的智力是教学的一个重要任务。然而，知识不等于智力，传授了知识不等于训练了智力。一个学生知识的多少并不一定能标志他的智力发展水平的高低。如果只是进行"填鸭式"教学，学生只知机械记取和搬用知识，即使他们头脑里被填满了一大堆知识，也不可能增进思考能力，而且往往会使他们变得呆头呆脑，成为"高分低能"的学生，这不符合现代社会的要求。可见，不是任何一种知识教学都能有效地促进学生智力的发展。因为学生的智力不仅与他们所掌握的知识的性质、难度、分量有关，更重要的是与他们对这些知识的理解透彻度、获取这些知识的方法与活动的状况以及运用知识的自觉能动的程度紧密相关。因此，在教学中，不仅要教给学生知识，而且要引导学生通过生动、活泼、主动的学习活动透彻地理解知识原理，掌握学科的结构，特别是要启发学生了解获取知识的过程与方法，学会独立思考、逻辑推导与论证，能够自如地甚至创造性地运用知识来解决理论和实际问题，这样才能使学生的智力获得高水平的发展。

第三，防止单纯抓知识教学或只重智力发展的片面性。在我们今天的教学中，也常有类似的情况出现。有的强调"双基"教学，认为"双基"教学抓好了，学生的智力就自然地发展了，忽视引导学生通过主动的探究、反思，有意识地锻炼与发展学生的智力；也有的过于强调教学的活动性质和创造性，把探究与发展智力放在首要地位，却不重视系统知识和原理的精确掌握与优化。这两者都有片面性，不利于提高教学质量。

2. 试述教学原则中的科学性与思想性统一原则。（北京师范大学 2011 年真题）

答：科学性和思想性相统一的原则是指教学要以马克思主义为指导，授予学生科学知识，并结合知识教学对学生进行社会主义品德和正确人生观、科学世界观教育。科学性与思想性统一原则的基本要求是：

（1）确保教学的科学性。如基本知识要准确无误；适当地引入错误知识作为反例来辨别知识；有争议的问题也要引入教学，开阔学生眼界；用生动的故事引出含有人文性的知识。

（2）发掘教材的思想性，注意在教学中对学生进行品德教育。如发掘人文性的知识，提高思想修养；品德教育贯穿在一切教学中；永不说教。

（3）要重视补充有价值的资料、事例或录像。如隐性的知识最有效；重视对知识的领悟；精选故事，触动学生的心灵。

（4）教师要不断提高自己的专业水平和思想修养。如教师对知识理解的深度决定讲解知识的方式和深度；言传身教。

3. 论述启发性原则及其在教学中的运用。（陕西师范大学 2012 年真题）

答：启发性原则反映了学生的认识规律。教师对学生进行启发，而不是告诉学生现成的答案，有利于调动学生的主动性，促使学生在教师的引导下积极思考，自觉地掌握科学知识，提高学生分析问题和解决问题的能力。

启发式和注入式的根本区别在于对教师的主导作用与学生的主体作用关系的解释不同。启发式强调在教师的主导下学生主体作用的发挥，在教学中注意发挥学生的主动性和能动作用，激发学生积极地独立思考，培养学生的学习能力；注入式片面夸大了教师的主导作用，教师从主观意愿出发，不考虑学生的实际情况，不调动学生的主动性、积极性，不顾学生的接受能力和能力的发展，使他们被动学习，成为单纯接受知识的容器。

从启发式和注入式的根本区别可以看出：注入式教学是一种陈旧落后的、压抑学生积极性的教学观点和教学指导思想；而启发式教学是强调教师主导下的学生主体作用的发挥，注意引起学生的学习兴趣和责任感，激发学生积极地独立思考，培养学生的学习能力，促进智力的发展，它是促进学生生动活泼地、主动地得到发展的教学观点和教学指导思想，是值得在教学中大力提倡的。

在教学当中，为了运用好启发性原则，我们应该做到以下几点。①调动学生学习的主动性。没有学习动机作为前提，学生无法开动脑筋思考，而学生愿意并进行思考是启发性教学成功的重要保证。②善于提问激疑，引导教学步步深入。从孔子的启发性教学故事和苏格拉底法中，我们都可以看到，提问是启发学生思考最好的办法。如何提问，什么问题是有效的，如何做好不断深入的谈话与提问，这些都是教学的方法和技巧。③注重在解决实际问题中启发学生获取知识。学生往往在解决问题的实际生活中获得启发，从而深入思考，因为实践本身就能引人深思，也能检验人的假设是否成立。④发扬教学民主。越是民主的环境，越能让人放松心情，越能让大脑集中精力进行思考，越能让启发式教学获得成功。

4. 评析案例中的教育内容、教育方法和师生关系。

答：（1）在此案例中，华老师组织了多方面的内容教育学生。如：给学生讲解小儿麻痹症患者动作困难的原因，引导学生设身处地感受残疾人的处境和心情，启发学生改正取笑、捉弄残疾同伴的不良行为，学会理解、同情、善待弱小者。

（2）华老师配合使用了多种方法教育学生。第一，说理教育的方法。她向学生具体解释了张亮动作笨拙的原因，但没有直接对学生采取道德劝诫，而是循循善诱。第二，移情理解的方法。华老师鼓励和启发学生站在张亮的立场看问题。第三，课堂讨论的方法。她让学生自由交流各自的看法和感受。

（3）课堂中呈现出一种民主、平等的师生关系。这种关系主要体现在：华老师发现班级中存在的问题，并没有运用权威教训学生，纠正学生的错误行为，而是运用学生可以理解的知识启发学生，让学生通过独立思考和自由讨论解决问题。

第九章 教学（下）

◆ 应试题库 ◆

一、名词解释

1. 教学方法　　2. 教学方式　　3. 教学模式
4. 讲授法　　　5. 班级授课制　6. 分组教学法
7. 教学评价　　8. 学生学业成绩评价　9. 间接经验
10. 教学策略　 11. 讨论法　　12. 测验（首都师范大学2011年真题）

二、简答题

1. 教学方法分别与教学方式、教学手段、教学模式、教学策略有何联系和区别？
2. 为什么说班级授课制是教学的基本组织形式？是不是它没有不足之处？
3. 简述诊断性评价、形成性评价、总结性评价的内涵。（北京师范大学2011年真题）
4. 教学评价的方法有哪些？
5. 什么是评教？评教的要求是什么？
6. 教学评价的原则是什么？
7. 教学工作的基本环节有哪些？
8. 简述教学组织形式及其历史发展。
9. 简述教学模式的结构。（华东师范大学2012年真题）
10. 简述上好一堂课的要求。（华中师范大学2011年真题）

三、分析论述题

1. 试分析班级授课制的优缺点及教学组织形式的改革方向。（华东师范大学2011年真题）
2. 讲授法一定是注入式教学，谈话法一定是启发式教学吗？
3. 为什么当今的教学很注重形成性评价和强调教师与学生的自我评价？
4. 常言道："教学有法，教无定法。"请联系实际说说你对这句话的理解。
5. 论述学生评价理论和实践的当代走向。（首都师范大学2012年真题）
6. 根据以下材料回答问题。

材料：每个教师都意识到应努力为班内的所有学生提供均等的学习机会，然而，群体教学中的实际情况与这种理想相差甚远。对师生在课堂里相互作用所进行的观察表明：教师（十分无意识地）针对某些学生进行教学与讲解，而忽视了其他学生。教师给予了某些学生更多的积极强化与鼓励，鼓励他们积极参与课堂讨论以及回答问题，对待其他学生就并非如此。一般说来，教师对班内三分之一或四分之一的优秀生最为关注并给予最多的鼓励，班内半数较差的学生所得到的关注与帮助最少。师生之间关系的这些差异使得一些学生得到了（其他学生所得不到的）更多的机会与鼓励。

问题：分析材料中所揭示的问题及其原因，并论述如何通过课堂教学组织形式的改进促进教学过程中的机会均等。

7. 根据以下材料回答问题。

材料一：彭老师正在给小学五年级学生上阅读课。忽然，有学生兴奋地喊起来："好大的一只鸟啊！"学生们一下子都把目光转向窗外，好奇地问："在哪儿啊？"显然，他们的注意力转向了窗外的那只大鸟。彭老师灵机一动，也表现出了强烈的好奇心，急切地问："在哪里呢？""在那里！"彭老师顺着孩子们手指的方向望去，果然有一只漂亮的大鸟。大鸟受了惊扰，飞走了。学生们快快地回到座位，意犹未尽。彭老师见状打开了话题"孩子们，你们为什么这么喜欢这只鸟啊？""因为很少见。""它长得很大。""它长着银灰色的羽毛，很美丽"……孩子们争先恐后，说个不停，顿时又变得兴趣盎然了。下课铃响了，彭老师笑眯眯地对学生们说："今天晚上的抄写作业取消了，回家以后每人写一篇短文，描述你们看到的那只大鸟，并把自己看鸟的心情写进去。有兴趣的同学还可以去查查相关的资料，明天在课上我们一起交流。"

材料二：教育家叶圣陶曾说过："教材只能作为教课的材料，要教得好，使学生受益，还要靠教师善于运用。"

问题：
（1）评析材料一中课堂的教学目标、教学策略、教学理念。
（2）结合材料二，谈谈教师应该如何处理好教材中"间接经验"与教材外"直接经验"的关系。

◆ 应试解析 ◆

一、名词解释

1. 教学方法

答：教学方法是为完成教学任务而采用的方法。它包括教师教的方法和学生学的方法，是教师引导学生掌握知识技能、获得身心发展而共同活动的方法。常用的教学方法有讲授法、问答法、讨论法、读书指导法等。

2. 教学方式

答：教学方式有狭义和广义的区别。狭义的教学方式指构成教学方法的细节或形式，是教师和学生进行的个别短暂活动或操作活动。广义的教学方式外延很广，包括教学方法和教学形式，甚至涉及教学内容的组合和安排。

3. 教学模式

答：教学模式指在教学实践中形成的具有一定指导性的简约理念和可仿做的标准样式。它具有为完成某一任务而活动的方法特性，也属于方法范畴，但教学模式又不同于单一因素的某种方法，它是在一定理念指导下的多种方法的特定组合。

4. 讲授法

答：讲授法是常用的一种教学方法，指教师通过语言系统连贯地向学生传授知识的方法，它又可分为讲述、讲解、讲演。运用讲授法的要求是：①讲授的内容要有高度的科学性、思想性和系统性；②讲授条理要清楚，层次分明；③注意启发性；④讲授语言要准确、简练、生动形象，有艺术性；⑤要讲究讲授的策略和方法。

5. 班级授课制

答：班级授课制是一种集体教学形式，它把一定数量的学生按年龄与知识程度编成固定的班级，根据课表和作息时间表，安排教师有计划地向全班学生集体授课。同一班级的学生学习内容和进度必须一致。班级授课制的特点是学生固定、教师固定、时间固定、场所固定、内容固定。班级授课制虽然不易照顾到学生的个别差异，但是它极大地提高了教学效率，保证了教学质量，是教学的基本组织形式。

6. 分组教学法

答：分组教学是指按学生的能力或学习成绩把他们分为水平不同的组进行教学。分组教学的类型主要有能力分组和作业分组。能力分组，是根据学生的能力发展水平来分组教学的，各组课程相同，学习年限则各不相同。作业分组，是根据学生的特点和意愿来分组教学的，各组学习年限相同，课程则各有不同。

分组教学还可以分为内部分组与外部分组两种形式。内部分组是在传统的按年龄编班的前提下，根据学生能力或学习成绩发展变化情况来分组教学；外部分组则打破传统的年龄编班，按学生的能力或学习成绩的差别来分组教学。

7. 教学评价

答：教学评价是指依据一定的客观标准，对教学活动及其结果进行测量、分析和评定的过程。它以参与教学活动的教师、学生、教学目标、内容、方法、教学设备、时间、场地等因素的有机结合的过程和结果为评价对象，是对教学活动的整体功能所做的评价。教学评价是教学活动的反馈机制，有助于提高和改进教学活动。

8. 学生学业成绩评价

答：学生学业成绩评价实质上是判断学生的学业是否达到或在何种程度上达到了教学目标的要求。教学目标是评价学生学业成绩优劣的唯一质量标准。学校通过对学生学业的评价，检查教学的完成情况，从检查中获得反馈信息，用来指导和调节教学过程和学习过程，从而改善教学、提高教学质量。

9. 间接经验

答：间接经验是人类在长期认识过程中积累、整理而成的书本知识。教学的主要任务就是学习间接经验，学生学习间接经验是对人类世世代代积累起来的科学文化知识加以选择，使之简约化、系统化、心理化，组成课程和教材，引导学生循序渐进地学习。学习间接经验可以避免重复人类在认识发展中所经历的错误和曲折，用最短的时间、较高的效率来掌握人类创造的基本知识。

10. 教学策略

答：教学策略是指建立在一定理论基础上，为实现某种教学目的而制定的教学实施总体方案。在现代，指在一定教学观指导下，教师根据一定情境，合理处理教学各因素之间的关系，组织与调控教学活动而进行的谋划。

11. 讨论法

答：讨论法是指学生在教师指导下为解决某个问题而进行探讨、辨明是非真伪，以获取知识的方法。在运用这一方法时，要求：讨论的问题要有吸引力；要善于在讨论中对学生启发引导；要做好讨论小结。

12. 测验（首都师范大学 2011 年真题）

答：测验是通过让学生回答一系列与教育目标相关的有代表性的问题，从学生对问题的回答中提取信息，并依据一定的标准进行判断的过程，比如考试。我们在设计测验的试卷时要注意保证试卷的信度和效度。

二、简答题

1. 教学方法分别与教学方式、教学手段、教学模式、教学策略有何联系和区别？

答：联系：它们都属于广义的方法范畴。

区别：

（1）教学方法是为完成教学任务而采用的方法。广义的教学方式包括教学方法和教学形式，甚至涉及教学内容的组合与安排。可见广义的教学方式包括教学方法。狭义的教学方式是指构成教学方法运用的细节或形式。所以教学方法是由狭义的教学方式构成的，每一种教学方法都可以采取不同的教学方式，狭义的教学方式只能被运用在教学方法中。

（2）教学手段是指为完成教学任务，配合某种教学方法而采用的器具、资料与设施。可见，教学方法的完成，有时需要借助一定的教学手段才能进行。

（3）教学模式是指在教学实践中形成的具有一定指导性的简约理念和可照着做的标准样式。教学模式不同于单一因素的某种方法，它是在一定理论指导下的多种方法的特定组合。教学模式有明确的引导和示范作用。教学方法是构成教学模式的基础和要素。

（4）教学策略是指为达成教学的目的与任务，组织与调控教学活动而进行的谋划。教学策略的提出，必须依据教学任务和内容、完成任务的主客观条件、对全局的把握等，才能确定一个教学策略。要实施所采取的教学策略，还需做许多具体的工作，如调整教学内容、安排具体的途径，其中，还包括教学方法的选择。

2. 为什么说班级授课制是教学的基本组织形式？是不是它没有不足之处？

答：班级授课制是一种集体教学形式，它把一定数量的学生按年龄与知识程度编成固定的班级，根据课表和作息时间表，安排教师有计划地向全班学生集体授课。同一班级的学生学习内容和进度必须一致。

班级授课制的优点是：

（1）它大规模地面向全体学生教学，一个教师能同时教几十个学生，而且使全体学生共同进步，比个别教学的效率高。

（2）它能保证学习活动循序渐进地进行，并使学生获得系统的科学知识，使学生学习得扎扎实实、有条不紊。

（3）它能保证教师发挥主导作用，教师系统讲授，直接指导学生学习的全过程。

（4）它能有计划地安排教学内容及活动，特别是通过"课"的体系，分工合作，从而使教学以高速度进行。

（5）学生彼此之间由于共同目的和共同活动集结在一起，可以互相观摩、启发、切磋，比较适合学生身心发展的年龄特点和发挥学生之间的相互影响作用，有助于提高教学质量。

（6）它在实现教学任务上比较全面，从而有利于学生多方面的发展，不仅能较全面地保证学生获得系统的知识、技能和技巧，同时也能保证经常对学生进行思想政治影响，启发学生思维、想象能力以及学习热情。

班级授课制的这些优点极大地提高了教学质量和效率，所以我们说它是教学的基本组织形式。但是班级授课制也有不足之处：

（1）学生的主体地位或独立性受到一定的限制。

（2）实践性不强，学生动手机会少。

（3）学生的探索性、创造性不易发挥，主要接受现成的知识结果。

（4）难以照顾学生的个别差异，强调的是统一、齐步走。

（5）不能容纳和适应多种的教学内容和方法，因为它一切都固定化、形式化，所以灵活性有限。

（6）不能保证真正的智力发展要求，往往将某些完整的教学内容和教学活动人为地分割。

（7）缺乏真正的集体性。每个学生独自完成学习任务，教师虽然面向许多学生同样施教，但每个学生以自己独特的方式去掌握。每个学生分别对教师负责，学生与学生之间并无分工合作。

3. 简述诊断性评价、形成性评价、总结性评价的内涵。（北京师范大学2011年真题）

答：根据评价在教学过程中的作用不同，教学评价可分为诊断性评价、形成性评价和总结性评价。这是由布鲁姆提出的。

诊断性评价：这是在学期开始或一个单元教学开始前，为了解学生的学习准备状况、现有知识水平及影响学习的因素而进行的评价。

形成性评价：这是在教学过程中为了改进和完善教学活动而进行的对学生学习过程及结果的评价。

总结性评价：这是在一个大的学习阶段、一个学期或者一门课程结束时对学生学习结果的评价，也称终结性评价。

4. 教学评价的方法有哪些？

答：教学评价是对教学工作质量所做的测量、分析和评定。它以参与教学活动的教师、学生、教学目标、内容、方法、教学设备、时间、场地等因素的有机组合的过程和结果为评价对象，是对教学活动的整体功能所做的评价。教学评价的方法有：

（1）观察法：观察法是直接认知被评价者行为的最好方法。它适用于在教学中评价那些不易被量化的行为表现（如兴趣、爱好、态度、习惯与性格）和技能性的成绩（如唱歌、绘画、体育技巧和手工制成品）。

（2）测验法：测验法主要以笔试进行，是考核、测定学生成绩的基本方法。它适用于对学生学习文化科学知识成绩的评定。

（3）调查法：调查法是了解学生的学习情况，为进行学生成绩评定搜集资料的一种方法。如果教师对学生的成绩有疑问则需要经过调查解决；特别是要了解学生的学习态度、方法和习惯，更需要调查。调查一般通过问卷、交谈的方式进行。

（4）自我评价法：在教学评价中，自我评价十分重要。它可以帮助学生更好地理解教学目标，正确地评价自己，从而自觉改进学习。

5. 什么是评教？评教的要求是什么？

答：对教师教学工作的评价，亦称"评教"，是对教师教学质量的分析和评价。它对教学工作具有重要意义，可以使教师个人更清楚地了解自己教学的长处与不足，可以增进教师之间的相互了解、相互切磋与学习，可以使学校领导深入第一线，了解教学的情况、经验与问题。

评教除了应遵循教学评价的原则外，还须注意下述要求：①着重分析教师的教学质量，而不是评价他的专业水平；②根据学生的成绩来评价教师的教学质量；③注意教学的系统性与完整性。

6. 教学评价的原则是什么？

答：教学评价是对教学工作质量所做的测量、分析和评定。教学评价的原则有：

（1）客观性原则：教学评价要客观公正、科学合理；不能主观臆断、掺杂个人情感，防止评价不符合实际情况。

（2）发展性原则：教学评价应着眼于学生的学习进步、动态发展，着眼于教师的教学改进和能力提高，以调动师生的积极性，提高教学质量。

（3）指导性原则：教学评价应在指出学生的长处与不足的基础上提出建设性意见，使被评价者发扬优点、克服缺点，不断前进。

（4）计划性原则：教学评价必须紧密配合教学工作有计划地进行，科学地控制各科教学评价的次数及总量并做出合理的安排，避免评价太多或过于集中，使学生和教师负担过重。

7. 教学工作的基本环节有哪些？

答：（1）备课。基本要求有：①做好三方面的工作——钻研教材、了解学生、设计教法；②写好三种计划——学期（学年）教学进度计划、单元计划、课时计划（即教案）。

（2）上课。基本要求有：①目标明确；②内容正确；③方法得当；④组织有效；⑤体验积极；⑥表达清晰。

（3）课外作业的布置和批改。基本要求有：①课外作业的形式；②布置课外作业的要求；③及时批改作业。

（4）课外辅导。基本要求有：①从实际出发，具体分析，做到因材施教；②要目的明确，采用启发式，充分调动学生的主动性和积极性，使学生成为学习的主人；③要注意态度，师生平等相处，共同讨论，使学生有问题可问；④加强思想教育和学习方法的指导，提高辅导效果。

（5）教学评价。教学评价是根据一定的客观标准对教学过程和教学结果进行的价值判断。教学评价是教学工作的一个重要环节，其基本作用是调节、改善和提高教学活动本身。基本要求有：①按时检查；②认真批改；③仔细评定；④及时反馈；⑤重点指导。

8. 简述教学组织形式及其历史发展。

答：①教学组织形式是根据一定的教学思想、教学目的和教学内容以及教学的主客观条件组织安排教学活动的方式。

② 从产生时间上看，教学组织形式从个别化教学发展到集体教学，再发展到今天的

以班级授课制为主的教学组织形式。

③ 班级授课制是一种集体教学形式，它把一定数量的学生按年龄与知识程度编成固定的班级，根据课表和作息时间表，安排教师有计划地向全班学生集体授课。同一班级的学生学习内容和进度必须一致。此外，还有辅助的教学组织形式，如参观、讲座等。

④ 教学组织形式随着社会的发展总是在不断地改进和发展，除了班级授课制为主以外，还有多种教学组织形式，如分组教学制、慕课、翻转课堂等，配合道尔顿制、蒙纳特卡制等教学方法，体现了当下教学方法的多样性，但我们要坚持班级授课制为最基本的教学组织形式，并兼容其他各种教学组织形式来弥补班级授课制的不足。

9. 简述教学模式的结构。（华东师范大学 2012 年真题）

答：教学模式是指在某一教学思想和教学原理的指导下，围绕某一主题，为实现教学目标而形成的相对稳定的规范化教学程序和操作体系。教学模式包括五个因素，这五个因素之间有规律的联系就是教学模式的结构，分别是：（1）理论依据；（2）教学目标（在教学模式的结构中处于核心地位）；（3）操作程序或步骤；（4）实现条件；（5）教学评价。

10. 简述上好一堂课的要求。（华中师范大学 2011 年真题）

答：从教师"教"的方面分析，备课、上课、课后辅导工作和教学评价构成教学工作的基本环节。

（1）备课。备课是上好课的先决条件。教师既要备好课又必须做好以下工作：①认真钻研教材；②深入了解学生；③合理选择教法。

（2）上课。上课是教学的中心环节，提高教学质量的关键是上好课。教师上好课的基本要求是：①明确教学目的；②保证教学的科学性与思想性；③调动学生的学习积极性；④解决学生的疑难，促进他们的发展；⑤组织好教学活动，实现良好的教学效果；⑥布置好课外作业。总之，一节好课的标准是：目的明确、内容正确、方法恰当、组织有效、积极性高、表达清晰。

（3）课后辅导工作。课后的辅导工作主要有以下两个方面：①做好学生的思想教育工作；② 做好对学生学习的辅导和帮助工作。课外辅导是适应学生个别差异、因材施教的一个重要措施。它是上课的一种补充形式，但不是上课的继续。课外辅导可以分为个别辅导和集体辅导两种形式。

（4）教学评价。学业考评可通过书面考试（开卷与闭卷）、口试、实验操作考试等多种形式来实施。考试是对学生水平的检测，主要用于评定学生的学业成绩。学业成绩的检查和评价的基本要求是：①按时检查；②认真批改；③仔细评定；④及时反馈；⑤重点辅导。

三、分析论述题

1. 试分析班级授课制的优缺点及教学组织形式的改革方向。（华东师范大学 2011 年真题）

答：班级授课制是一种集体教学形式，它把一定数量的学生按年龄与知识程度编成固定的班级，根据课表和作息时间表，安排教师有计划地向全班学生集体授课。同一班级的学生学习内容和进度必须一致。

（1）班级授课制的优点：①它大规模地面向全体学生教学，教学效率高；②以课为单位进行教学是比较科学的方式，它能提高教学质量，保证学习活动循序渐进，并使学生获得系统的科学知识；③它能发挥教师系统讲授的优势，也就是有效发挥教师的主导作用；④有利于发挥班集体的教育作用，培养学生的集体感；⑤有利于教育的普及与发展；⑥形成了一整套严格的制度，如学年、学期、学周制，招生、考试、留级和毕业制度，作息制度和课堂纪律等；⑦能促进学生的社会化与个性化。

(2) 班级授课制的缺点：①学生的主体地位或独立性受到一定的限制；②实践性不强，容易产生理论脱离实际的弊端；③探索性、创造性不易发挥，主要接受现成的知识结果；④难以照顾到学生的个别差异，强调的是统一、齐步走；⑤不能容纳和适应更多种的教学内容和方法，因为它一切都固定化、形式化，灵活性有限；⑥不能保证真正的智力发展要求，因为它往往将某些完整的教学内容和教学活动人为地分割；⑦缺乏真正的集体性，每个学生独自完成学习任务；教师虽然面向许多学生同样施教，但每一个学生以自己独特的方式去掌握；每个学生分别对教师负责，学生与学生之间并无分工合作。

(3) 教学组织形式的改革方向。①综合运用多种教学组织形式。如班级授课与个别辅导、分组教学相结合，课堂教学与课外教学相结合，传统的教学形式与现代教育技术相结合，已经成为目前发达国家教学组织形式的新特点。②坚持把班级授课制作为学校教学的基本组织形式。它具有其他教学组织形式无法取代的优点，在提高教学质量和效率方面发挥着重要的作用。③改进班级授课制，探索教学组织形式的新模式。当代社会，单一的班级授课制已经不能满足培养新型人才的需要。因此，可以使整个教学过程个别化，用自学辅导，以及借助现代教学技术的程序教学、计算机辅助教学等新的教学组织形式来替代班级授课制。

2. 讲授法一定是注入式教学，谈话法一定是启发式教学吗？

答：(1) 讲授法是教师运用语言系统向学生传授知识的方法，能充分发挥教师的主导作用。但有一定的局限性，即以教师活动为主，不易发挥学生的积极性和主动性，容易形成注入式教学。

(2) 注入式教学，俗称"填鸭式教学"或"满堂灌"，是指教师从主观愿望出发，不考虑学生学习的积极性和接受能力，把学生看作消极、被动的客体，向学生灌输知识，要求死记硬背。

(3) 谈话法又叫问答法，是教师根据教学目的的要求和学生已有的知识经验，通过师生间的问答对话而使学生获得知识、发展智力的方法。谈话法的特点是教师问、学生答。

(4) 启发式教学是指从学生的实际出发，以学生为主体，引导学生积极思维，使他们自觉地完成学习任务，从而培养和提高学生分析问题和解决问题的能力。

所以，讲授法不一定就是注入式教学，谈话法也不一定就是启发式教学。启发式教学不是一种固定的教学模式。在教学中，只要是启迪学生思考的教学活动都可以叫作启发式教学。讲授法运用了启发式教学，叫作启发式讲授法；谈话法运用了启发式教学，就叫启发式谈话法。此外，还可以有启发式的实验法、启发式的练习法等。如果讲授法不用启发式教学，那叫灌输和注入；谈话法不用启发式教学，等于自言自语。

3. 为什么当今的教学很注重形成性评价和强调教师与学生的自我评价？

答：以往我们的教学只注重终结性评价，只注重对学生的评价。这样的评价最大的缺点是只能甄别学生学习的优劣，不能促进学生的发展，也不能促进教师的发展。而我们现在的教学是要努力地帮助每一位学生得到发展，促进每一位学生的终身发展，不放弃每一位学生。显然，单一的终结性评价已不再适应教育的需要。我们需要对学生的学习过程进行评价，需要将量化评价与质性评价相结合，还需要注重自我评价，这也是因为形成性评价、教师与学生的自我评价都有巨大的优势，促使教育评价方法多样化、主体多元化。

形成性评价是在教学过程中对学生的知识掌握和能力发展的比较经常而及时的测评与反馈。它包括在一节课或一个课题教学中，对学生的口头提问、课堂作业与评议以及书面测验等，使教师与学生都能及时获得反馈信息。它能更好地促进学生的学习和发展，以改进教学过程，提高教学质量，而不强调成绩的评定。

教师自我评价是教师在教学过程中，对自己的教学能力、方法、对学生的态度，以及处理教学工作事务等方面的自我评价。这种评价在现在的教学中能有效地促进教师教学水平的发展，改进教学方法，教师的发展也会带动学生的发展。

学生自我评价在学习过程中具有极为重要的意义，这意味着他们开始懂得了要有意识地、细心而且严格地检验自己的学习成果，分析、评价其正误、优劣，肯定自我的优点，找出差错与不足并加以改进。当学生有了这样的意识和习惯后，会更加重视和深刻领悟教师对自己的评价，甚至将二者结合起来以加强个人学习动力，从而有利于培养一个人的自我教育能力，提高教学的效率和质量。当然，这需要一个较长的悉心培养的过程，应该从小做起。

正因为教学评价改革中要求评价主体多元化，评价方法多样化，以及这些评价方式本身的优点，才使得当今教学重视形成性评价和强调教师与学生的自我评价。

4. 常言道："教学有法，教无定法。"请联系实际说说你对这句话的理解。

答："教学有法，教无定法"这句话很简练地概括了教师教学的真谛。

所谓"教学有法"，是指广大教师在教学实践中为了提高自己的教育教学水平，一边努力工作实践，一边努力研究教育教学理论，理论联系实际创造了许多可行的教学方法，并且摸索出了一些规律性的东西，有效利用这些方法达到教学的目的。正因为"教学有法"，所以这就要求教师教学时不但要钻研教材，还要注意教法；既要学习相关教学的论著，还要通过实践、探索，掌握其"教"的规律。

教学方法多种多样、各有千秋。常用的教学方法有：讲授法、谈话法、演示法、实验法、发现法、自学辅导法，自主、合作、探究、开放教学法等。当我们深入研究和实践各种各样的教学方法又不断发现更加先进的教学方法时，就使我们的教师能够更加深刻理解"教无定法"的教育新理念。

所谓"教无定法"，是指在实际教学中，没有固定不变的教学模式，同样的教学内容和不同的学生，教师要采用的教学方法也许会不相同。所以，教师在备课时要根据教学内容，学生的年龄特点、接受能力以及自己的教学风格等因素，选择恰当的教学方法，以达到最佳的教学效果。就是说教学要从实际出发，因材施教、因人而异，不能拘泥于某种教法，所以我们又得做到"教无定法"。

例如，在进行初中物理的"探究凸透镜成像规律"这一课程知识的教学活动过程中，如果采用讲授法、谈话法进行教学就比较难以让学生完成学习任务。所以，在这节课的教学过程中，首先要让学生自主、合作探究，在关键之处可采用演示法、实验法、总结法交叉进行教学。在一节课中所用的教学方法并不是固定不变的，在实际的课堂教学中，教学者可以根据教学的需要和教学的进程交替使用多种教学方法，这就需要根据实际情况择优选择。总之，教学方法的选择要依据教学的内容、教学者的教学风格、学生的理解和接受能力而定，这样才能达到课堂教学效果的最优化。

综上所述，"教学有法"是走向"教无定法"的前提，"教无定法"是对"教学有法"的升华。从无法到有法，这是进步；从有法到无定法，这是突破；从无定法到创新法，贵在得法，这是飞跃。变无法为有法，需要我们付出艰苦的劳动；使有法为无定法，需要我们抛洒辛勤的汗水；化无定法为新法，更需要我们呕心沥血、鞠躬尽瘁，至此方能达到循法而不拘泥于定法。

【注意】考生可以结合自己教学的例子进行说明，也可以只用逻辑性的道理论证。

5. 论述学生评价理论和实践的当代走向。（首都师范大学 2012 年真题）

答：（1）加强学生评价的理论研究。学生评价理论能鉴别出最重要的评价因素，为系统地、相互联系地开展评价工作提供基本的准则，并通过有关的评价观点、经验性信息整合为一整套的思维框架。毫不夸张地说，丰富发达的评价理论必将有力地推动评价实践的发展。

（2）教学评价要立足于学生的发展。教学评价是促进学生发展的有效手段，评价不是为了揭示学生在群体中的位置，而是为了让学生展示个性、追求卓越、谋求发展。评价的实质是"创造适合于儿童的教育"。

（3）评价指标的多元化。课程与教学评价对象包括课程开发过程的评价、教师组织实施的评价、学生才能的评价、学业成绩的评价、课程决策与管理成效的评价等方面。即使是对学生学业成绩的评价，也不是只注重知识和对知识的机械记诵，或只重结果，而是全面关注学生的态度、能力、创新意识，关注学习的过程。

（4）重视量化评价方法和质性评价方法的结合。量化评价方法科学、客观，并在一定程度上促进了我国现代课程评价体系的建立，但不能测量一些难以量化的、丰富的内容，如鉴赏力、创造力等。质性评价方法较好地弥补了量化评价方法的不足，是对量化评价方法的一种反思批判和革新。从根本上讲，质性评价方法是为了更逼真地反映教育现实。

（5）教学评价功能的转变。从重视鉴定质量、区别优劣、选拔淘汰转向重视诊断、反馈、激励、改进，即强调教学评价的教育性功能，强调通过评价促进学生的主动、全面和可持续发展。

总之，教学评价是在不断发展和完善的，向综合性、多元性、发展性发展，是辩证的、多样综合的过程。

6. 分析材料中所揭示的问题及其原因，并论述如何通过课堂教学组织形式的改进促进教学过程中的机会均等。

答：（1）材料所揭示的问题是：教学过程中的机会均等是教育机会均等的一个重要方面，大多数教师能够意识到在教学中应该给学生提供均等的学习机会，实践中却难以做到。

（2）造成上述问题的一个重要原因：现行的教学组织形式影响了学生在教学过程中获得均等的教育机会。由于班级授课制是一种面向学生集体的教学组织形式，如何保证学生享有均等的学习机会，一直是班级教学中的一个难题。

（3）为了克服班级授课制的上述局限，可从如下几个方面改进课堂教学组织形式：

① 缩小班级规模，实行小班教学，使学生获得更多的学习机会。

② 压缩集体教学时间，增加个别辅导时间。
③ 增加辅导教师，实施小队教学。
④ 组织小组合作学习，发动学生辅导同伴。
⑤ 按能力或兴趣分组，进行分组教学。

7. （1）评析材料一中课堂的教学目标、教学策略、教学理念。

答：①这本来是一堂阅读课，由于大鸟干扰没有完成预定的教学任务，也没有完成预设的有关阅读的教学目标。但彭老师见机行事，顺势改变了教学活动的内容和形式，让学生叙述鸟的特点，锻炼学生的观察能力，表达学生的喜悦心情，活跃了上课气氛。教学目标相应地变为学会观察大鸟（一动物）的外形特点和动作，自由表达学生见到大鸟的心情，为写有关大鸟的作文打基础。这样的上课，收到了另一种意想不到的教学效果。学生们围绕大鸟饶有兴趣地开展活动，在观察、听说、写作等方面得到了一次难得的训练，而这些恰恰指向了学生语文能力持续发展的长远目标。尽管如此，彭老师应适可而止。学生查资料后的交流活动，宜在科学之类的课程或课外活动中延伸，不应再占用语文课堂教学的时间。毕竟，他和学生要完成教学任务。

② 彭老师的教学策略是，立足于促进学生语文能力的持续发展，及时、灵活地调整教学安排。大鸟飞过窗口本来是影响课堂教学的消极因素，彭老师却不拘于预设的教学方案，因势利导，适时地改变教学内容和进程。此外，教师重视调动学生的学习气氛，活跃学生的思想，不点明用意，乘着学生的积极性，让学生说出所见、所感，利用学生真实的见闻感受来布置作文，并且无形中帮助学生分析了写动物类作文的方法和着眼点。不但化解了这一突发事件带来的负面影响，而且巧妙地将它转化成了具有积极意义的课程资源。

③ 这堂课体现出现代教学的一些新理念：第一，彭老师注重学生的兴趣和需要，兴趣是学生学习的内在动机，彭老师没有限制学生观鸟的行为，体会学生的乐趣所在，也适时地引导他们观察鸟，并积极地说出鸟的特点，学生对此饶有兴趣，课堂充满欢乐，在这样的气氛中教学，轻松且真正让学生喜欢。第二，彭老师对学生观鸟活动进行了引导，并且组织成了有意义的语文学习活动，恰当地发挥了教师在课堂教学中的主导作用。彭老师的这堂课充分地体现出了学生的主体性和主动性，学生"争先恐后，说个不停"，所有关于鸟的特点都是学生自己的观察所得，这无形中引导了学生在作文中该怎么描写动物，这个过程是学生主动学习的过程。

（2）结合材料二，谈谈教师应该如何处理好教材中"间接经验"与教材外"直接经验"的关系。

答：① 学生认识的主要任务是学习间接经验。在教学过程中，坚持以掌握间接经验为主，可以减少学生认识过程中的盲目性，节省时间和精力，大大提高认识效率，使学生尽快获得大量科学文化知识。

② 学习间接经验必须以学生的个人直接经验为基础，对学生来说，他人的认识成果、间接的经验，是抽象的，不易理解的。学生要把这些知识转化为自己理解的知识，就需要依靠个人以往积累的或生活中获得的感性经验为基础。

③ 正如材料二所说，"教材只能作为教课的材料，要教得好，使学生受益，还要靠教师善于运用。"在教学中，教师要防止忽视系统知识的传授或直接经验积累的偏向；同时，教师要善用教材，学会将直接经验与间接经验的学习相结合，以兴趣为导向，将贴近学生生活的元素加入教材，让教学焕发生机与活力。

第十章 德 育

◇ 应试题库 ◇

一、名词解释

1. 德育 2. 德育过程 3. 德育原则
4. 德育途径 5. 陶冶 6. 修养
7. 道德两难法 8. 道德情感 9. 道德意志

二、简答题

1. 当前我国中小学德育中存在的主要问题有哪些？
2. 德育过程中的知、情、意、行是什么关系？
3. 什么是德育的"在集体中教育"原则？贯彻"在集体中教育"原则的基本要求是什么？
4. 简述教育影响的一致性和连续性相结合的原则。
5. 简述德育的特点和内容。
6. 简述德育的疏导原则。（北京师范大学 2011 年真题）
7. 举例说明道德教育的社会学习模式。（华东师范大学 2012 年真题）
8. 简述你对"德育应该存在于一切教学活动之中"这句话的理解。（陕西师范大学 2012 年真题）

三、分析论述题

1. 试述德育过程所包含的规律及其对德育工作的要求。
2. 联系中小学教育实际，分析自我教育在学校德育中的地位和作用。
3. 试述教学是学校德育的基本途径。
4. 论述德育过程是提高学生自我教育能力的过程。（北京师范大学 2012 年真题）
5. 根据以下材料回答问题。

材料：

这是 2006 年的一堂以世界杯开场的思想政治课。在这堂课前的德国世界杯 C 组第二轮比赛中，阿根廷队以 6 比 0 完胜塞黑队，创造了那届世界杯最悬殊的比分。而此前的塞黑队连续 10 场不败，是世界杯出线队中最出色的球队。当许多球迷学生还沉浸在对这场比赛的困惑中时，李老师的课开场了："你们有没有看阿根廷和塞黑的那场比赛？你们是不是也奇怪一路高歌猛进的塞黑队为何会突然惨败？"学生们瞪大眼睛，一些人不停地点头。这时，李老师点开了连夜赶制的多媒体课件，呈现在学生眼前的是经过剪辑的画面和新闻回放，即 2006 年 6 月 3 日，黑山共和国宣布独立，球员们得知后难掩心中的迷茫和痛苦，一位塞黑队球员在比赛结束后说："没有人在自己的祖国刚刚分裂时，还能兴高采烈地享受足球的乐趣。"

原来，是祖国的分裂使球队失去了斗志。于是，一堂爱国主义教育课就这样拉开了序幕，这是一堂令人难忘的由真实事件设计出来的情境教学。这堂课，如果采用传统的方式——仅从书本情境、教师经验进行教学，极有可能上成我们常见的灌输式思想教育课。当我们的教学从真实情境、学生经验出发，就会带给我们许多惊喜：学生更容易接受通过真实问题或故事构建知识的教育方法。

问题：
(1) 结合材料，谈谈李老师采用的教学方法及取得的教育效果。
(2) 谈谈我国当前德育存在的问题及其解决方法。

6. 根据以下材料回答问题。

材料：近日微博热搜榜上一名叫作蒋玉芬的小学老师出名了，在她得知自己的一位学生家长在殡仪馆工作之后，在班级里孤立该学生，并在家长群里公开辱骂、威胁该学生家长。在此之前，该女教师还曾私下向学生家长兜售红糖，并把家长是否买红糖与处罚学生挂钩。

问题：请就材料中的事件谈谈你的看法。

7. 根据以下材料回答问题。

材料：2019 年 1 月上旬，河北省邢台市清河县挥公实验中学发生一起校园欺凌事件。一名 12 岁的初中女生，自去年 12 月 5 日遭到同宿舍和隔壁宿舍的 7 名女同学多次殴打，医院检查结果显示，女孩出现左肾积水、左输尿管上段扩张，左侧第 8 至 11 肋骨骨折。清河县委宣传部于 1 月 4 日发布通报称，校方多位负责人受处理，涉事 7 名学生受纪律处分。但是据受害者母亲反映，该女生已经因此产生厌学情绪。请用教育学原理的知识分析此校园霸凌事件。

问题：
(1) 校园霸凌有什么危害？
(2) 我们该如何预防校园霸凌事件的发生？

◆ 应试解析 ◆

一、名词解释

1. 德育

答：德育的概念有广义和狭义的区分。广义的德育包括政治教育、思想教育、道德教育和法律教育等，指教育者根据一定社会的要求和学生的身心发展规律，有目的、有计划、有组织地在受教育者身上培养所期望的政治素质、思想素质、道德素质和法律素质的教育过程，促使他们成为合格的社会成员。狭义的德育专指道德教育，即教育者根据一定历史时期社会的道德要求和个体的品德心理发展规律，有目的、有计划、有组织地在受教育者身上培养所期望的道德素质，使他们具有正确的道德观念、丰富的道德情感、坚强的道德意志、热切的道德信念和较高的道德实践能力，不断提升他们道德境界的教育过程。

2. 德育过程

答：德育过程是指在德育目标的指导下，将经过选择的德育内容内化为学生个体的品德素质结构，并使之发生所期望的整体性变化的过程。从教育者的角度来说，德育过程是德育目标实施和实现的过程；从受教育者的角度来说，它是个体的素质结构不断形成和改善的过程。德育过程是在一系列的矛盾中展开的，是一系列矛盾运动和变化的过程。

3. 德育原则

答：德育原则是指教育者在德育过程中必须遵守的基本要求。德育原则对于德育工作具有直接的、具体的指导作用。常用的德育原则有理论与生活相结合的原则、疏导原则、长善救失原则、严格要求与尊重学生相结合原则、因材施教原则、在集体中教育原则、教育影响的一致性和连续性相结合的原则等。

4. 德育途径

答：德育途径包括直接的道德教育和间接的道德教育。直接的道德教育途径即开设专门的道德课，系统地向学生传授道德知识和道德理论。间接的道德教育途径是在学科教学、学校与课程管理、辅助性服务工作和学校集体生活各个层面对学生进行道德渗透。比如，学校的思想政治课之外的其他各学科教学、课外活动与校外活动、劳动、心理咨询和职业指导、校园环境建设、学校共青团与少先队活动以及班主任工作等都是学校的德育途径。

5. 陶冶

答：陶冶是通过创设良好的情境，对学生进行潜移默化的熏陶和感染，使其在耳濡目染中受到感化的方法，包括人格感化、环境陶冶和艺术陶冶。运用陶冶要注意以下几点要求：①创设良好的情境；②与启发引导相结合；③引导学生参与情境的创设。

6. 修养

答：修养是在教师引导下学生经过自觉学习、自我反思和自我行为调节，使自身品德不断完善的一种重要方法。修养包括立志、学习、反思、箴言、慎独等。运用修养要注意以下几点要求：①培养学生自我修养的兴趣与自觉性；②指导学生掌握修养的标准；③引导学生积极参加社会实践。

7. 道德两难法

答：道德两难法即道德两难故事讨论法。该方法启发儿童积极思考道德问题，从道德冲突中寻找正确的答案，从而有效地发展儿童的道德判断力。科尔伯格在明确区分道德与非道德，确定道德冲突在人做出道德决定中的作用的基础上，采用道德两难故事法研究儿童的道德发展和教育问题。

8. 道德情感

答：学生的思想品德是知、情、意、行的统一体，学生的品德形成过程就是知、情、意、行交互作用、相互促进的过程。道德情感是伴随着道德认识而产生的，是人的道德需要是否得到实现所产生的情感体验。道德情感是品德心理结构的动力机制，积极的道德情感促进品德的形成，而消极的道德情感则阻碍品德的形成。

9. 道德意志

答：道德意志指人们为了达到某种道德目的而产生的自觉能动性，即在履行道德义务的过程中所表现出来的自觉克服一切困难和障碍、做出抉择的顽强毅力和坚持精神，也是构成个人道德品质的要素。

二、简答题

1. 当前我国中小学德育中存在的主要问题有哪些？

答：（1）德育的地位不高。具体表现为：第一，德育在学校中处于可有可无的状况，德育随时都要为升学让路，德育活动的开展受到限制，德育的经费不到位等；第二，学生对德育不感兴趣，德育没有吸引力。

（2）德育内容滞后，与丰富多彩的社会生活相脱离。改革开放的深入，经济体制改革的推进，商品经济的发展，竞争机制的广泛引进，使得社会生活更加丰富多彩。然而德育内容显得陈旧、单薄，不足以解释当前复杂的社会现象，也不能解决学生的思想实际问题，于是德育就成了与现实生活和学生实际不相干的东西，既不能激发学生的情感，使其认同，更难促使其内化。

（3）德育重管理，轻人格养成。德育的本质是灵魂的教育，它不仅塑造人的行为，还要培养其高尚的情操、美好的情感和健全的灵魂。但是现在的德育工作往往满足于抓外部行为而忽视深层思想情感培养，使德育成了单纯的行为训练，长此以往，将会使德育生命力日趋萎缩。

（4）德育中的形式主义和简单化盛行。当前，德育形式化主要表现为德育量化的滥用，不少学校把品德量化作为德育的"常规武器"大用特用，比如做好事加分，做坏事减分，年终评定便是一年的德育结果。

2. 德育过程中的知、情、意、行是什么关系？

答：德育过程是培养学生知、情、意、行统一发展的过程。

（1）知、情、意、行是构成思想品德的四个基本因素。知，是指道德认识，是人们对道德规范及其意义的理解和掌握，也包括道德观念、信念和评价能力；情，是指道德情感，是人们对客观事物的是非善恶判断时引起的内心体验，是对客观事物爱憎好恶的主观态度；意，是指道德意志，是为道德行为所做出的自觉顽强的努力，是调节行为的一种精神力量；行，是指道德行为，是人们在道德认识、情感、意志的支配下，对他人和社会做出的反应，也是衡量思想品德高低好坏的根本标志。

（2）知、情、意、行是互相联系、互相促进、互相转化的。其中，道德认识是基础，行是关键，在从知到行转化过程中，情、意起调节促进作用。

（3）知、情、意、行是互相作用、统一实现的过程。知、情、意、行诸要素，从简单到复杂、从低级向高级、从旧质到新质的矛盾运动，构成了思想品德形成的全过程。德育过程就是要促进这一过程的实现。

（4）德育过程的多端性。思想品德的形成，通常以知为开端，最终形成行为习惯。但由于知、情、意、行各因素都具有相对独立性，它们都可以作为德育的开端，因此德育过程没有固定的程序，可根据具体情况选择不同的开端。

【注意】另有"学生的品德由知、情、信、意、行五个因素组成"的提法。考试时，请考生根据试题的问法来答题，如果试题中没有写清楚，考生只答"知、情、意、行"这四个方面就可以。

3. 什么是德育的"在集体中教育"原则？贯彻"在集体中教育"原则的基本要求是什么？

答：（1）在集体中教育原则是指进行德育要注意依靠学生集体、通过集体进行教育，以便充分发挥学生集体在教育中的巨大作用。

（2）贯彻在集体中教育原则的基本要求：①引导学生关心、热爱集体，为建设良好的集体而努力；②通过集体教育学生个人，通过学生个人转变影响集体；③把教师的主导作用与集体的教育力量结合起来进行教育。

4. 简述教育影响的一致性和连续性相结合的原则。

答：（1）教育影响的一致性和连续性相结合的原则是指进行德育应当有目的、有计划地把来自各方面对学生的教育影响加以组织、调节，使其互相配合、协调一致、前后连贯地进行，以保障学生的品德能按教育目的的要求发展。

（2）贯彻教育影响的一致性和连续性相结合的原则的基本要求：①组建教师集体，使校内教育影响一致；②发挥学校教育的主导作用，使学校、家庭和社会对学生的教育影响互相配合；③做好衔接工作，使对学生的教育前后影响保持连续、一致。

5. 简述德育的特点和内容。

答：德育的特点：①德育旨在培养学生的道德信念和人生观，形成学生的道德行为习惯，主要属于伦理领域；②德育要解决的矛盾主要不是求真，不是学生对事物的知与不知，以回答世界是什么的问题，而是求善、知善、行善，回答世界应该是什么的问题；③品德是个性素质结构的重要因素，在个性素质结构中起着价值定向的作用。

德育内容是具体规定学生发展的政治方向以及应该掌握的思想观点和道德规范，主要指"应该培养学生的哪些品格"。德育内容是进行德育的依据，是完成德育任务和实现德育目的的重要保证。它有两个层次：一是德育的现实性，二是德育的理想性。我国的德育内容是依据我国教育目的和德育任务确定的，包括道德教育、思想教育、政治教育和法制教育。

6. 简述德育的疏导原则。（北京师范大学 2011 年真题）

答：疏导原则也称循循善诱原则，是指进行德育要循循善诱、以理服人，从提高学生认识入手，调动学生的主动性，使他们积极向上。

贯彻疏导原则的基本要求如下：（1）讲明道理、疏通思想；（2）因势利导、循循善诱；（3）以表扬、激励为主，坚持正面教育。

7. 举例说明道德教育的社会学习模式。（华东师范大学 2012 年真题）

答：（1）德育的社会学习模式由班杜拉提出，社会学习模式强调人类行为是个体和环境交互作用的产物。人通过观察和模仿他人行为而获得知识、技能和行为习惯，即儿童通过替代强化而获得道德行为。所谓替代强化就是儿童通过观察他人的行为强化（包括正强化和负强化），从而改变自己的行为。

（2）这一模式的优点是强调成人与环境对儿童道德行为形成的作用，这符合教育规律的理论认识，同时，特别强调动机的激发以及动机对维持某特定行为的作用，这也是值得我们借鉴的。但是该模式忽略了儿童身心发展的"成熟性"和"阶段性"。

（3）举例：没有做完作业的学生被老师批评了，其他学生很大程度上都会好好完成作业，争取自己不被批评。学生观察到有人认真完成作业而获得老师的表扬和奖励，他们也会积极完成作业，希望自己像替代强化榜样那样，获得表扬和奖励。

8. 简述你对"德育应该存在于一切教学活动之中"这句话的理解。（陕西师范大学2012年真题）

答：这种说法是正确的。学校的全部生活，学生参与的各种活动和交往，都是德育的途径。学校的德育途径有直接的，也有间接的，学校的全部生活、学生参与的活动和交往都具有德育价值。学校中的德育途径有：

（1）思想政治课和其他学科教学。首先，教学可以启发学生思考知识与生活的联系，以知识审视生活的方向，激发道德需要，体验崇善厌恶的情感。其次，在教学中既有学生与知识之间的对象活动关系，又有师生、生生之间的人际交往关系。学生在学习过程中的目的动机、意志力和活动方式、行为规则及在人际中的地位，教师的教学态度和教学观念、教学方法，教师对学生以及学生之间的态度和评价等，也会潜移默化地积淀为学生品德。

（2）劳动和其他社会实践。有意义的劳动和其他社会实践能够激发学生爱劳动、爱人民的道德情感，提高学生的责任意识、服务意识，进而使学生形成勤俭、朴实、艰苦奋斗、顽强拼搏等美好的品德。

（3）课外活动和校外活动。通过这一途径进行的德育，能够激发学生的兴趣，调动学生的积极性，有助于培养学生的道德判断能力，并使学生形成互助友爱、团结合作、尊重规则等良好品德。

（4）学校共青团、少先队活动。组织得当的团队活动，可以激发青少年学生的上进心、荣誉感，使他们能够严格要求自己，自觉提高思想觉悟，培养良好的品德。

（5）心理咨询。通过个别谈心、咨询、讲座等方式对不同层次的学生进行心理健康教育，帮助学生正确处理学习、生活、择业、人际关系等方面的问题，使他们成为积极向上、心理健康的人。

（6）班主任工作。班主任积极主动的工作能够对其他途径起调节作用，对学生品德发展产生巨大的影响。

综上所述，德育应存在于一切教学活动之中。我们不只要在德育课中"学习品德"，而且要在日常的校园生活中生成品德。

三、分析论述题

1. 试述德育过程所包含的规律及其对德育工作的要求。

答：德育过程所包含的规律主要体现在：

（1）德育过程是学生在教师引导下的个体品德的自主建构过程。

①学生对环境影响的主动吸收；②教师对学生的积极教导；③外部活动与内部活动相互促进。

（2）德育过程是培养学生知、情、意、行的过程。

学生的品德由知、情、意、行四个因素组成，所以德育过程就是培养知、情、意、行的过程。①思想道德发展具有整体性；②德育过程具有多开端性；③德育实践具有针对性。

(3) 德育过程是提高学生自我教育能力的过程。

①自我教育能力培育的意义。a. 自我教育能力是德育的一个重要条件；b. 学生的自我教育能力的形成，是学生思想道德发展程度的一个重要标志；c. 只有能够激发学生去进行自我教育的教育，才是真正发挥了学生自主性、能动性和创造性的教育，这在学生成长中意义重大。②自我教育能力主要由自我期望、自我调控、自我评价构成。③学生自我教育能力的发展。儿童自我教育能力的发展是有规律的，大致是从"自我中心"发展到"他律"，又从"他律"发展到"自律"，再从"自律"走向"自由"。教师应该依据这一规律，在实际中因势利导，有目的地培养学生的自我期望、自我评价和自我调控能力，形成他们的自我教育能力。

(4) 德育过程是促进学生品德发展矛盾积极转化的过程。

德育过程的基本矛盾是：社会通过教师向学生提出的道德要求与学生已有品德的水平之间的矛盾。①德育要促进学生品德发展内部矛盾的积极转化；②还要调节学生品德发展的外部矛盾。

2. 联系中小学教育实际，分析自我教育在学校德育中的地位和作用。

答：德育过程是在教师有目的、有计划地教导下，学生主动地、积极地进行道德认识和道德实践，逐步提高自我修养能力，形成社会主义品德的过程。在这个过程中，学生品德的发展是在活动中能动地实现的。现在，在中小学德育过程中，仍然是教师占据主导地位，学生一般是被动地接受德育，道德影响并没有真正转化为学生的内部认知。因此，要能动地进行道德活动，有赖于培养和发挥学生的自我教育能力。

自我教育能力与自我教育关系密切。自我教育能力产生、发展于自我教育活动中，同时它又是进行自我教育的条件，二者相互依赖、彼此促进、同时发展。自我教育能力，也就是学生个人提高自身道德修养的能力。自我教育能力包括自我评价能力和自我调控能力，自我评价能力是进行自我教育的认识基础，没有自我评价能力就不可能有自我教育；自我调控能力是在自我评价的基础上建立起来的自觉调控自己思想与行为的能力，它也是进行自我教育的重要机制。随着学生年龄的增长，学生的自我教育能力在自身品德发展和提高中起着越来越重要的作用。一方面自我教育能力是德育的一个重要条件，只有注意培养与提高学生的这种能力，学生品德的内部矛盾才能转化，德育才能进行得更顺利；另一方面，学生的自我教育能力又是学生品德发展程度的一个重要标志。德育的任务就在于把青少年学生从缺乏道德经验与能力、依赖性较强的孩子逐步培养成为具有自我教育能力、能独立自主地待人接物的社会成员。所以，德育过程也是提高学生自我教育能力的过程。

3. 试述教学是学校德育的基本途径。

答：教学包含了直接的德育途径和间接的德育途径。

(1) 直接的道德教育。直接的道德教育即开设专门的道德课，系统地向学生传授道德知识和道德理论。这是我们在教育中必须要保证的课程。其优点：①使学校德育的实施在课程和实践上得到最低限度的保证；②有利于系统全面地向学生传授道德知识和道德理论，提高学生的道德认知；③如果教育方法得当，可以迅速促进学生道德思维能力和道德敏感性的发展。

(2) 间接的道德教育。间接的道德教育是在学科教学、学校与课程管理、辅助性服务工作和学校集体生活各个层面对学生进行道德渗透。非道德类课程的其他课程的教学是最重要的一个途径，也可以说是最基本的途径。原因主要有三点：①学科教学中唯一可行的道德渗透是德育；②道德学习的核心是价值观或态度的学习；③教材对学生品德的影响很重要。

总之，学校的课程、教学中所采用的方法以及课堂上的每件小事都充满了进行道德教育的可能性。一切教学中都可以渗透德育，德育也是各学科教学都应该去承担的一个任务。有时，各学科教学中无意识地对德育的渗透教育要远远好于直接的德育途径。

4. 论述德育过程是提高学生自我教育能力的过程。（北京师范大学 2012 年真题）

答：德育过程主要是培养学生的知、情、意、行并促进学生品德发展的过程。内部矛盾的转化，都有赖于提高和发挥学生个人的自觉能动性和自我教育能力。德育能够促进学生自我教育能力的发展。

（1）儿童的自我教育能力的发展是有规律的。根据现代教育学和心理学的研究成果，儿童的自我意识与自我教育能力的发展大致是从"自我为中心"发展到"他律"，又从"他律"发展到"自律"，再从"自律"走向"自由"。教师应遵循这一规律，从实际出发，因势利导，有目的地培养学生的自我意识和自我教育能力。

（2）德育过程可以提高学生的自我期望、自我评价和自我调控能力。自我期望是自我教育的内在目的和内在动力；自我评价能力是进行自我教育的认识基础；自我调控能力是在自我评价的基础上建立起来的自觉调节控制自己思想与行为的能力，它是进行自我教育的重要机制。德育就是要提高学生的自我期望，促使学生正确评价自我，并有极强的自我调控能力来获得道德行为。

5.（1）结合材料，谈谈李老师采用的教学方法及取得的教育效果。

答：①李老师采用的是情境陶冶法。即通过创设良好的情境，对学生进行潜移默化的熏陶和感染，使其在耳濡目染中受到感化的方法。包括人格感化、环境陶冶和艺术陶冶。材料中，李老师以世界杯中的真实案例开展了一堂思想政治课，通过播放剪辑画面和新闻回放，让学生身临其境地感受塞黑队球员的爱国主义情怀。②教育效果：李老师从真实情景、学生经验出发，取代了常见的灌输式思想政治课，使学生更易于接受，更令学生难忘。

（2）谈谈我国当前德育存在的问题及其解决方法。

答：当前我国学校德育存在的问题主要表现在：

①德育地位不高。具体表现为：第一，德育在学校中处于可有可无的状况，德育随时都要为升学让路，德育活动开展受到德育经费的限制；第二，德育课堂以灌输式为主，学生对德育不感兴趣。②德育内容滞后，与丰富多彩的社会生活相脱离，德育成了与现实生活和学生实际不相干的东西，既不能激发学生的情感，使其认同，更难促使其内化。③德育重管理，轻人格养成。德育的本质是灵魂的教育，它不仅塑造人的行为，还要培养其高尚的情操、美好的情感和健全的灵魂。④德育过程中形式主义和简单化盛行。

解决办法：①在德育途径上，尽量开拓更多间接的德育途径，如校外劳动、参观学习等。这样的德育活动要在生活中进行，为了生活而进行，围绕生活内容而进行。②在德育方法上，采用多种德育教学方法，如树立榜样、情境陶冶法。③在德育内容上，德育教材要贴近生活实际和社会热点，可以运用体谅模式中大量的人际情境故事，或者认知发展模式中的道德两难故事。④在德育原则上，以生活为教育的中心，让生活来决定教育，让学生真正理解充满社会精神的生活内涵，并努力打造这样的新生活。

6. 请就材料中的事件谈谈你的看法。

答：(1) 这个材料充分体现了师德败坏的现象。材料中，蒋老师用有色眼镜看待学生，孤立学生，威逼家长，还私下逼迫学生购买他的物品，以公谋私，教师风范与修养丧失殆尽。这个案例实际上反映了中国需要加强师德建设的国情，要建设一支为人民服务的、让人民满意的教师队伍，就必须进一步加强和改进师德建设，为师德建设注入新的内容，增加新的内涵。

(2) 师德建设的意义。师德建设是教师专业发展的关键。教师职业特点对教师的素质提出了更高的道德要求，其中师德是教师最重要的素质。师德与教师对学生的热爱、对事业的忠诚以及教师自身执着的追求密切相关。

(3) 我认为教师应注意从以下几个方面加强学习和修养：

① 教师要热爱自己的本职工作，这是做好教学工作的前提。教师作为一种职业，不仅仅是一种谋生的手段，教书育人更应被视作毕生奋斗的事业。

② 教师要拥有正确的立场和方向，树立正确的人生观、世界观、价值观，力争真正做到无私奉献。

③ 教师要关心、热爱、平等对待学生，认真履行新课改的学生观。现代教育改革提倡教师和学生是走向新型对话的平等师生关系。

7. (1) 校园霸凌有什么危害？

答：校园霸凌危害可以从个人、社会、学校三个角度来分析。

① 从个人来看，校园霸凌对青少年的身心健康发展产生了极大的威胁和伤害。无论在霸凌事件中充当何种角色，都会造成一定的心理阴影，导致其心理健康的扭曲。

② 从社会稳定角度来看，霸凌者或被霸凌者都可能会带有某种暴力行为倾向或发展成为社会安全的不稳定因素。

③ 从学校教育的作用来看，校园霸凌危害了校园安全。校园霸凌的形成与社会、家庭、学校和个人特质等相关，校园霸凌事件频发则使得原本给人以心灵洗礼、令人向往的学校蒙上了一层阴霾。与此同时，校园霸凌也成为暴力等其他安全隐患之外的另一隐患。

(2) 我们该如何预防校园霸凌事件的发生？

答：校园霸凌的预防可以从政府、教育政策、学校以及教师、家长等方面考虑。

① 政府部门要在其位、谋其职，先是在霸凌行为的确立标准上进行文件的制定和颁布，还要一以贯之、前后协调一致，从中央到地方再落实到每个学校设立针对校园霸凌的法规和规定。同时，成立教育委员会与针对校园霸凌的应急委员会，力争在"预防—应对—矫正"各个环节以及整个流程中做好预防和应对工作。

② 相关政策的制定需要教育研究者认真分析校园霸凌的成因、方式、预防、应对等，从而为其提供科学的理论和数据依据。人们能够科学合理地认知校园霸凌，教育者能正确地指导学生尊重他人，离不开教育研究领域的关注和配合，以期最终达到教育者和被教育者对校园霸凌形成理性认识，减少霸凌行为。

③ 校园霸凌的预防还需要校长、教职员工、家长以及当地居民进行联合措施。一方面，学校层面应做好反校园霸凌的宣传工作，努力构建充满和谐与爱的校园；另一方面，家庭氛围与校园文化都是隐形课程，可以在潜移默化中避免校园霸凌的产生。

④ 教师是学生在学校中的第一监护人。教师不仅要把学生学业成绩教好，更要把学生人格品德教好。教师应掌握与校园霸凌有关的经验常识，对霸凌事件中的不同的人来取不同的教育方法，合理引导和疏导青少年的心理，为消除校园霸凌做出努力。

⑤ 促进家校联系，学校要引导家长重视品德教育。父母要抽出时间积极参与反校园霸凌活动，主动配合学校与教师，帮助孩子走出阴影，使孩子重新恢复阳光。

总之，校园霸凌事件的解决不在一朝一夕，更不可能一蹴而就。面对校园霸凌问题，政府、学校、家长应共同协作，努力构建一个充满爱的校园，为培养身心健康的青少年做出努力。

第十一章 班主任

◇ 应试题库 ◇

一、名词解释

1. 正式群体　　2. 非正式群体　　3. 参照群体

二、简答题

1. 为什么我们要特别重视班主任的工作？
2. 作为班主任，应该如何培养一个优良的班集体？
3. 班主任工作的内容和方法有哪些？
4. 为什么培养班集体是班主任工作的基础？
5. 班主任应该具备的素质有哪些？
6. 一个班集体的形成要经过哪几个阶段？

三、分析论述题

1. 班主任应该如何对待班级的非正式群体？
2. 假若你是一名班主任，你将如何培养你所带领的班集体？谈谈你的看法。
3. 根据以下材料回答问题。

材料：家长和班主任接触几乎全靠家长会，然而家长会上，往往是班主任唱独角戏，家长们听得很累，笔记也做不下去；谈论的话题仅仅围绕学生学习成绩的高低、在校表现的好坏。由于时间有限，班主任不可能一一点评每个学生，家长会的实效性很差。

问题：请谈谈你对材料的看法。

◇ 应试解析 ◇

一、名词解释

1. 正式群体

答：正式群体是在学校行政、班主任或社会团体的领导下，按一定章程制度、管理要求组织起来的学生群体。它通常包括班学生群体、班共青团和少先队等。正式群体目的与任务明确，成员稳定，有严密的组织纪律与工作计划，活动开展频繁。正式群体如果组织好就能有力地团结、教育全班学生共同前进，对学生的学习和生活起重要作用。

2. 非正式群体

答：非正式群体是学生自发形成或组织起来的群体。它包括因志趣相同、感情融洽，或因邻居、亲友、老同学等关系以及其他需要而形成的学生群体。非正式群体有积极的一面，因为它有活力，这是学生进行学习、娱乐、生活和交往所必需的，可以弥补正式集体活动之不足。但是，非正式群体也有消极的一面，因为没有正式的组织机构和长远的活动计划，其成员也不稳定，易受外部条件和内部人际关系变化的影响。但是只要教育者真诚帮助他们，耐心细致地做工作，就可能减小其不良影响，化消极因素为积极因素。

3. 参照群体

答：参照群体是指学生个人乐意把它的目标、标准和规范作为自己的行为动机、调节自己思想和行为的一种群体。通俗地说，参照群体是学生个人心目中向往和崇尚的群体。由于学生选择的和心目中向往的参照群体与他实际参加的正式群体往往不一致，因而给教育工作造成了极为复杂的情况。

二、简答题

1. 为什么我们要特别重视班主任的工作？

答：班主任的工作是我们培育班集体，促进学生发展的重点。

班主任工作的基本任务：依据我国教育目的和学校的教育任务，协调各方面对学生的要求与影响，有计划地组织全班学生的教育活动，做好学生的思想教育工作，并对他们的学习、劳动、工作、课外活动和课余生活等全面负责，把班培养成为积极向上的集体，使每个学生在德、智、体、美等方面都得到充分的发展，形成良好的个性。

通过班主任的任务，我们也可以看出班主任工作意义的重大、班主任是班集体的教育者和组织者，是学校领导进行教导工作的得力助手。班主任对一个班的学生工作全面负责，组织学生的活动，协调各方面对学生的要求，对一个班集体的发展起主导作用。只有把教育目的和教学计划很好地落实到每个班，才能提高全校的教育质量，才能使这个班的学生在德、智、体、美等方面得到发展。所以，我们要特别重视班主任的工作。

2. 作为班主任，应该如何培养一个优良的班集体？

答：班主任主要从四个方面来入手。

第一，确定集体的目标。目标是集体的发展方向和动力。培养集体首先要使集体明确奋斗的目标。班主任则应果断地、不容置疑地提出要求作为集体必须实现的目标。实现一个目标后，立即又提出一个要求更高的目标，以推动集体不断向前发展。

第二，健全组织、培养干部以形成集体核心。培养集体核心必须注意健全集体的组织与功能，使它能正常开展工作，发挥应有的作用。这里的关键是要做好班干部的选拔与培养工作。

第三，有计划地开展集体活动。班主任在确定班的奋斗目标后，应制定集体活动计划，有计划地开展各种活动，使每个学生都能在活动中得到锻炼与提高，引导集体朝气蓬勃地向前发展。因为只有在活动中，全班学生才能充分交往、互相了解、建立友谊，为形成集体奠定情感基础，才能逐渐形成集体的核心，激发学生的工作责任感和集体主义精神。

第四，培养正确的舆论和良好的班风。只有在集体中形成了正确的舆论与良好的班风，集体才能识别是非、善恶、美丑，扶正祛邪，发扬集体的优点，抵制不良思想作风的侵蚀，才能使集体具有巨大的教育力量，成为教育的主体。班主任要善于抓住时机，通过积极的思想斗争，分清是非，以推动正确舆论的形成。

3. 班主任工作的内容和方法有哪些？

答：（1）了解和研究学生。这是教育学生、做好班主任工作的必要条件；了解学生集体情况是在了解学生个人情况的基础上进行的。

（2）教导学生学好功课。一般来说，教师要注意教导学生的学习目的和学习态度；还要加强学习纪律教育，指导学生改进学习方法。

（3）组织班会活动。班会的内容和形式应该多样化、有计划，班会的内容还要能吸引学生，调动全班同学的兴趣。

（4）组织课外活动、校外活动和指导课余生活。这些活动对培养学生的志趣、才能，丰富学生的生活非常有用，但是也要严格要求学生遵守学校制度和纪律，自觉抵制不良思想风气的侵蚀。

（5）组织学生的劳动。班主任在劳动前要做好劳动准备、思想准备和组织准备；在劳动过程中，教师要进行教育工作；劳动过后，要进行总结工作，展示班级学生的劳动成果。

（6）通过家访建立家校联系。班主任应该与家长形成教育合力，共同培养学生，这是一个教师与家长互相协作、互相促进学生发展的过程。

（7）协调各方面对学生的要求。只有班主任将来自各方面的要求进行统一，形成教育合力，才会对教育学生起到作用。

（8）评定学生操行。操行评定是学校对学生进行教育的重要方法，给学生评语时，实事求是，抓主要问题，有针对性，能反映学生思想品德发展的趋势和全面表现。

（9）做好班主任工作的计划与总结。班主任工作面广、内容多、连续性强，是个极为复杂的工作，班主任要在总结中不断提升自己，获取教师职业更大的发展。

4. 为什么培养班集体是班主任工作的基础？

答：班集体有重要的功能，所以班主任要重视培养班集体。

首先，班集体不仅是教育的对象，而且是教育的巨大力量。它能向其成员提出要求，指出努力方向，并通过集体的活动、纪律和舆论来培养其成员的品德。它能紧密地配合班主任开展工作，成为班主任依靠的重要力量。

其次，班集体是促进学生个性发展的一个重要因素。在集体中，学生个人的社会化与个性化是相互促进的，而每个学生个性的充分发展，都将促进集体的发展。同时，班集体又是培育学生个性的园地，它能使个性之花竞相开放、争芳斗艳。

最后，班集体能培养学生的自我教育能力。班集体毕竟是学生自己的集体，有它的组织机构，需要学生学会自己管理自己，自己教育自己，尤其是需要学生自主地制定集体的活动计划，积极地开展各种工作与活动。这无疑能有效锻炼和逐步提高学生的自我教育能力。要注重发挥班集体的自我教育功能，以便培养和提高学生的自我教育能力。

5. 班主任应该具备的素质有哪些？

答：班主任应具备的素质主要有：

（1）高尚的思想品德。班主任是学生的教育者、引路人，是他们的学习榜样。班主任应有崇高的品德，饱满的工作热情，坚持不懈的进取精神，言行一致、表里如一。这样班主任才能在学生中树立崇高的威信，给学生强有力的教育影响。

（2）坚定的教育信念。班主任只有确信教育的力量，树立坚定的教育信念，才能在工作中不畏困难，顽强而耐心地工作，收获教育的硕果。

（3）家长的心肠。班主任对待学生要像家长对待孩子一样，集严父与慈母特性于一身。如果学生感受到班主任对他的深情与期望，那么他将更亲近班主任，并乐于接受教育，从而使班主任在工作中获得更大成效。

（4）较强的组织能力。善于组织学生开展活动是教育学生的重要条件。一个称职的班主任必须善于计划和组织学生的各种活动，善于根据情况的变化迅速做出决定、采取措施、进行调整，在工作中表现出魄力，能令行禁止，坚定地引导学生积极开展活动，不断前进。

（5）多方面的兴趣与才能。一般来说，性格活泼开朗、兴趣广泛、多才多艺的班主任，与学生有较多的共同语言，易与同学生打成一片，便于开展工作。

（6）善于待人接物。只有善于交往、能团结人的教师，才能更好地协调各方面的教育力量，把班主任工作做好。

6. 一个班集体的形成要经过哪几个阶段？

答：一个班的几十个学生，从刚组建的群体发展为坚强的集体，要经历一个发展过程。这个过程可分三个阶段。

（1）组建阶段。班主任必须对学生提出明确的集体目标和应当遵守的制度与要求，并引导学生积极开展活动，促进班集体的发展。这时班集体对班主任有较强的依赖性，不能离开他的监督，独立地执行他的要求。如果班主任不注意严格要求，班集体就可能变得松弛、涣散。

（2）核心初步形成阶段。师生之间、同学之间已经有了一定的了解，产生了一定的友谊与信赖，学生中的积极分子不断涌现并团结在班主任周围，班级组织与功能较健全，班集体的核心初步形成，班主任与班集体机构一道履行班集体的领导与教育职能。这时，班集体能够在班主任指导下积极组织和开展班的工作与活动，班主任开始从直接领导、指挥班集体的活动，逐步过渡到向他们提出建议，让班干部来组织开展集体的工作与活动。

（3）自主活动阶段。这时，班集体已形成，已成为教育的主体，能主动地根据学校和班主任的要求以及班级的情况，自觉地向集体成员提出任务与要求，自主地开展集体活动。

三、分析论述题

1. 班主任应该如何对待班级的非正式群体？

答：班级的非正式群体是学生自发形成或组织起来的群体。它包括因志趣相投、感情融洽，或因邻居、亲友、老同学等关系以及其他需要而形成的学生群体。非正式群体有积极的一面，如它更有活力，它是学生进行交往所必需的，可以弥补正式集体活动之不足。但它也有消极的一面，因为成员不稳定，没有正式的组织机构和长远的活动计划，易受外部条件和内部人际关系变化的影响等。

如果班主任只看到非正式群体的优点，忽视其缺点，必然导致非正式群体放任自流的发展，甚至影响班级的团结，阻碍学生之间的交往。如果班主任因为非正式群体的缺点，就认为非正式群体是洪水猛兽，一定要取消，结果将不利于学生交往能力的发展，使班级缺少活力。同时，非正式群体也无法根本取消，也会因此影响教师与学生的感情。

所以，班主任应该正视非正式群体的优点与缺点，积极地引导其积极作用的发挥，尽量鼓励其发展，真诚对待各个非正式群体，关怀和尊重它，不可偏爱正式群体，非正式群体也是班级不可或缺的小团体。具体的做法有很多，比如班主任要引导非正式群体的目标和班集体的目标一致，与班集体融洽相处；提拔非正式群体中的领导者做小干部。但是也要学会因势利导，避免其消极作用的出现。即使出现了问题，只要班主任真诚地帮助他们，耐心细致地做工作，就可能缩小其不良影响，化消极因素为积极因素。

2. 假若你是一名班主任，你将如何培养你所带领的班集体？谈谈你的看法。

答：任何一个班集体的形成，都会经历组建、形成、发展的过程。这样一个过程实际上也是一个教育培养与类化的过程。

（1）确定班集体的发展目标。

目标是集体发展的方向和动力，一个班集体只有具有共同的目标，才能使班级成员在认识上和行动上保持统一，推动班集体的发展。为此，教师要精心设计班级发展的目标。在实现班集体的目标过程中，教师要充分发挥班级成员的积极性，使实现目标的过程成为教育与自我教育的过程。

（2）建立班集体的核心队伍。

首先，教师要善于发现和培养积极分子。这就需要教师在了解学生的基础上，及时发现在班级活动中涌现出来的积极分子，并从中选拔出能热心为班集体服务、团结同学且具有一定管理能力的学生班干部。其次，教师应把对积极分子的使用与培养结合起来。既要鼓励他们独立开展工作，又要耐心帮助他们提高工作能力；既要维护他们的威信，又要对他们严格要求；既要肯定他们的工作成绩，又要指出他们工作中的不足。

（3）建立班集体的正常秩序。

班集体的正常秩序是维持和控制学生在校生活的基本条件，是教师开展工作的重要保证。班集体的正常秩序包括必要的规章制度、共同的生活准则以及一定的活动节律。教师在班集体的组建阶段，就应着手正常秩序的建立工作，特别是当接到一个基础较差的班级时，首先就要做好这项工作。在建立正常秩序的过程中，教师要依靠班干部的力量，由他们来带动全班同学；一旦初步形成了班级秩序，就不要轻易去改变它；不断让学生体验到正常的秩序给他们的学习、生活所带来的便利与成效。

（4）组织形式多样的教育活动。

班集体是在全班同学参加各种教育活动中逐步成长起来的，而各种教育活动又可使每个人都有机会为集体出力并显示自己的才能。设计并开展班级教育活动是教师的经常性工作之一。教师在组织各种教育活动时，要有明确的目的和要求，要精心设计活动内容，注意活动形式的适龄化，力争把活动的开展过程变成教育学生的过程。

（5）培养正确的集体舆论和良好的班风。

班集体舆论是班集体生活与成员意愿的反映。正确的班集体舆论是一种巨大的教育力量，对班集体每个成员都有约束、感染、同化、激励的作用，是形成、巩固班集体和教育集体成员的重要手段。教师要注意培养正确的集体舆论，善于引导学生对班集体的一些现象与行为进行评议，要努力把舆论中心引导到正确的方向。良好的班风是一个班集体舆论持久作用而形成的风气,是班集体大多数成员精神状态的共同倾向与表现。良好的班风一旦形成,就会无形地影响着集体成员的行为,它是一种潜移默化的教育力量。教师可通过讲清道理、树立榜样、严格要求、反复实践等方法培养与树立良好的班风。

3. 请谈谈你对材料的看法。

答:(1)现有的家校联合存在的问题:现有的家校联合方式以家长会为主,方式单一,效果甚微。

(2)问题产生的原因:

从教师方面看,教师受工作时间的限制,无法经常通过家访和学生家长沟通;教师也有自己的家庭生活,家校联合要占据教师工作之外的空闲时间。

从家长方面看,家长同样忙于工作,时间有限;还有些家长怯于和老师沟通,不主动;家长对家校合作不重视,认为只要自己的孩子成绩好就行。

(3)如何推进家校合作:

① 利用新媒体,加强常规教育教学中教师与家长的沟通,增强家校工作的可行性。

② 教师是关键,以理念为先导,提升教师、家长的认识,德育管理部门是重要的组织者。长期的教育实践表明,家庭教育的不足会对学生产生巨大的负面影响,教师也对家庭教育重要性认识不足。a. 首先我们要转变观念,先改变教师,再改变家长;b. 可以在每年的班主任和青年教师培训中,把如何进行家校合作列入培训内容;c. 学校的德育管理部门要定期组织对教师的培训,还可以成立家长委员会开展座谈、举办活动等。

③ 努力营造教师、学生和家长心灵互通的和谐氛围。在家校合作中倡导"三边互动",即教师和学生、父母和子女、家长和老师之间都有不断的对话,例如,召开有效的家长会和家长委员会例会,设立家长开放日等。

④ 社会是实现家庭、学校合作的重要平台。a. 把学校德育纳入社区大系统,建立全社会参与监督管理的机制,形成共管共育之势;b. 优化社会环境,发动社会支持,参与社会教育;c. 搞好青少年校外教育,充分发挥基地、设施的作用;d. 通过各种形式教育活动,推进社区精神文明建设,从而推动社会精神文明建设。

第十二章 教 师

◇ 应试题库 ◇

一、名词解释

1. 教师角色丛
2. 教师专业化
3. 师生关系
4. 教师期望效应（首都师范大学 2012 年真题）

二、简答题

1. 一个成功的教师在教育活动中扮演的角色有哪些？
2. 简述教师劳动的特点。
3. 为什么说教师在教育教学过程中起主导作用？
4. 简述培养教师素养的主要途径。
5. 简述教师角色的冲突及其解决措施。
6. 列出两例我国基础教育中存在的主要问题，并就其中一例做深入剖析。（东北师范大学 2011 年真题）

三、分析论述题

1. 应如何认识和理解教师专业发展的内涵？教师个体专业发展的主要途径有哪些？
2. 联系实际，试述对教师专业素质的基本要求。
3. 根据以下材料回答问题。

材料：疯狂的恶性竞争不但鲸吞着学生和家长，也蹂躏着教师，甚至使课堂生态发生逆向淘汰。前几天和一个初中学校的老师聊天。她是一位有近二十年教龄的优秀政治教师，教学成绩一贯优秀，课堂有趣有料，深受学生欢迎，也在各类公开课竞赛中名列前茅。然而，这位公认的爱岗敬业的资深优秀教师却尴尬又无奈地成为了学校考评体系中的"后进教师"。究竟是发生了些什么呢？事情是这样的，这所中学师资不够，学校让一个职员（完全没有任何教学经验，学的是体育专业，不是政治专业）代理几个班的政治课。这位代理老师缺乏政治课的理论和专业素养，所以也谈不上什么课堂技巧，更没有什么情景化、探究化教学。上课先用十分钟时间让学生划一下重点，剩余三十分钟采取各种手段让学生背，人人须过关。背不熟的同学下课后就到办公室接着背诵，完不成背诵任务的约谈家长。一学期后，这个老师带的班成绩遥遥领先。学校领导对代课的"外行教师"刮目相看、赞誉有加。批评政治学科其他老师是"假内行"，要向这位代课老师学习提高成绩的"先进经验"。

问题：分析材料中的现象，并谈谈你的看法。

4. 根据以下材料回答问题。

材料：有学生向教师提问："我家租房收多少钱我都心里有数，那些钱够我吃三辈子了，为什么还要上学？我只要会收房租就行了。"

问题：试对材料中的学生进行分析；如果你是教师，你会如何引导该学生？

◇ 应试解析 ◇

一、名词解释

1. 教师角色丛

答：教师角色丛是指与教师特定的社会职业和地位相关的所有角色的集合。仅就教师与学生的关系而言，教师就要扮演丰富多彩的多重角色。如：①"家长代理人"和"朋友、知己者"的角色；②"传道授业解惑者"的角色；③"管理者"的角色；④"心理调节者"的角色；⑤"研究者"的角色。

2. 教师专业化

答：教师专业化是指教师作为教学人员，在整个教学生涯中，通过自身专业训练，习得教育专业知识和专业技能，提高专业道德水平，逐步提高自身从教素质，成为一个良好的教育专业工作者，由不成熟到相对成熟的专业人员的发展历程。

3. 师生关系

答：师生关系是指教师和学生在教育教学过程中形成的相互关系，包括彼此所处的地位、作用和相互对待的态度等。他们呈现出不同特点：在教学中是主导和主体的关系；在人格上是相互平等的关系；在社会道德和心理层面是相互影响的关系。理想师生关系应该是尊师爱生、相互配合的关系；民主平等、和谐亲密的关系；合作共享、共同成长的关系。（考试中，"师生共同体"这类字眼可能会出现）

4. 教师期望效应（首都师范大学 2012 年真题）

答：教师期望效应又叫"皮格马利翁效应"，也叫"罗森塔尔效应"。罗森塔尔教授等人带着一个实验小组走进一所普通的小学，对校长和教师说要对学生进行"发展潜力"的测验。罗森塔尔随便写了一份所谓潜力很大的学生名单给该校老师，经过一段时间教学，名单上的学生不但在学习成绩和智力表现上均有明显进步，而且在兴趣、品行、师生关系等方面也都有了很大的变化。这一现象被称为"期望效应"，后来又被教育界的人称为"教师期望效应"。

教师期望效应是一种激发个人的心理潜力、提高学习效果的暗示手段。它发挥了暗示在心理态度的建立与习惯的养成方面的作用。

二、简答题

1. 一个成功的教师在教育活动中扮演的角色有哪些？

答：教师的角色有：①"家长代理人"和"朋友、知己者"的角色；②"传道授业解惑者"的角色；③"管理者"的角色；④"心理调节者"的角色；⑤"研究者"的角色。

所以，我们说教师特定的社会职业和地位决定了教师身兼各种角色，以上几项是主要的角色，我们把这些角色组成的集合叫作教师角色丛。

2. 简述教师劳动的特点。

答：教师劳动的特点主要包括以下几个方面：

（1）复杂性。首先，教师的劳动不是一个单向灌输的过程，而是一个双向运动的过程；其次，教师的劳动过程是一种以知识信息的传递和转化为主要形式的过程，这是一个复杂的脑力劳动过程；最后，教师的劳动任务是多方面的。

（2）创造性。教师劳动独特的创造性，是由教育对象的特殊性和复杂性决定的。

（3）示范性。教育是培养人的活动，这一本质特点决定了教师的劳动必须要带有强烈的示范性。教师的劳动之所以具有示范性，还在于模仿是青少年学生学习的一个重要方式。

（4）专业性。教师劳动的专业性突出表现在教师对育人的崇高敬业精神和道德修养上，对教育教学专门化知识和技能的掌握和教育活动的自主权上。而这一点在我国现阶段并未得到实现。

3. 为什么说教师在教育教学过程中起主导作用？

答：教师是受一定社会的委托，在学校中以对学生的身心施加影响为职责的专门教育工作者，在教育过程中起着主导作用。教师在教育过程中起主导作用的原因有：

第一，教师的特定活动对象是学生，教师根据一定的社会委托，对学生身心施加某种影响，与学生的关系是由此而产生的。

第二，教师术业有专攻，受过专门的教育训练，教师知之在先，知之较多，在知与不知的矛盾中教师处于矛盾的主导方面，教育计划、教育大纲主要靠教师去组织实施。

第三，教师是年轻一代心灵的启蒙者和塑造者。

4. 简述培养教师素养的主要途径。

答：（1）加强和改革师范教育。要发展师范教育，切实提高教师队伍的质量，首先必须采取有效的政策性措施，鼓励和吸引大批优秀学生报考师范院校。同时，要改革现行的师范教育，紧密联系当今时代对教师的新要求，使未来教师能获得与之相适应的专业教育，尤其要让师范生形成正确的教育理念，加强职业能力的训练，以便胜任教师的职责。

（2）加强教师在职培养。如何帮助新教师适应教学实践的要求，顺利地完成由师范生到正式任教者这一角色转换的过程，是教师在职培养工作的关键。因此，必须制定计划，通过有效的途径，专门向新教师提供系统的帮助，使他们尽快适应新环境，顺利地担当起一个教师应尽的职责。之后，还应关心新教师的成长，主要是通过实践学习、教学反思、校本培训、校外支援和交流合作等形式，使他们的能力不断得到提高与发展。

5. 简述教师角色的冲突及其解决措施。

答：由于个人在社会不同群体中所处的地位不同，往往需要同时扮演若干角色。当这些角色对个人的期待发生矛盾、难以取得一致时，就会出现角色冲突。教师职业常见的角色冲突主要有以下四种。

①社会"楷模"与"普通人"角色的冲突；②"令人羡慕"的职业与教师地位低下实际情况的冲突；③教育者与研究者角色的冲突；④教师角色与家庭角色的冲突。

为调适这些冲突，使教师保持心理平衡与协调，应从主客观两个方面着手。客观上，必须进一步切实提高教师的社会地位与经济待遇，改善教师的生活和工作条件，努力解决教师的实际困难；应努力创造条件，给教师提供进修、提高与发展的机会，并给予教师公正、客观、科学的评价，认可并肯定教师的劳动，满足教师的成就感；加强对教师的思想教育，增强其责任感与使命感等。主观上，教师的自身努力是关键因素。首先，教师要树立自尊、自信、自律、自强的自我意识；其次，教师要根据实际情况的需要，从"许多角色中挣脱出来，把时间和精力用到那些对其更有价值的角色上"，做到有主有辅、有急有缓、协调控制、统筹兼顾；最后，教师应学会处理冲突的艺术，控制自己的情绪和行为，做到心胸开阔、意志坚定，切实有效地完成教师角色的任务。

6. 列出两例我国基础教育中存在的主要问题，并就其中一例做深入剖析。（东北师范大学 2011 年真题）

答：两个教育问题：一方面，我国目前的道德教育流于形式，枯燥说理，不能真正打动学生，效果不佳；另一方面，教师队伍的素养普遍偏低，经济差距大的地区，教师队伍的教学水平差距也大，造成了教育的两极分化，势必会出现教育公平问题。

提高教师队伍的整体素质，是我国当前新课程改革中的重要任务之一。因为教师的教学水平直接制约着新课程改革，也影响着教育质量；不同经济发展水平地区的教师素质的差异，也直接造成了教育的不平等。要提高教师队伍的素质，就要做到以下几个方面：第一，国家要为教师的发展提供各种在职培训的机会，尤其是重在向教师讲解新课程的教育观念和教学方法，提高教师的理论素养；第二，不同经济条件的地区，要加强联系，实行互帮互助政策，如北京市某重点中学与青海某贫困县的小学结成互助关系，实现资源共享，发动优秀教师去贫困地区支教，传播先进的教育方法和理念；第三，加强教师与专家之间的合作；第四，改变教师观念，教师行业不再是铁饭碗，教师需要在教育岗位上不断提升自己的教学水平；第五，学校应该开办一些讲课比赛活动，重视老教师带新教师，一些竞赛活动可以调动教师改进讲课的积极性；第六，国家还要不断地完善教师从业制度和管理制度等。

三、分析论述题

1. 应如何认识和理解教师专业发展的内涵？教师个体专业发展的主要途径有哪些？

答：教师专业发展指的是教师以自身专业素质包括知识、技能和情意等方面的提高与完善为基础的专业成长、专业成熟过程，是由非专业人员转向专业人员的过程。教师专业发展既包括教师队伍的专业化发展，也包括教师个体的专业化发展。

（1）教师队伍的专业化发展的途径主要由国家负责。

第一，加强和改革师范教育。要发展师范教育，切实提高教师队伍的质量，首先必须采取有效的政策性措施。同时，要改革现行的师范教育，要让师范生形成正确的教育理念，加强职业能力的训练，以便胜任教师的职责。

第二，为教师的发展提供在职培训，专门向新教师提供系统的帮助，使他们尽快适应新环境，顺利地担起一个教师应负的职责。

第三，建立健全各项管理教师的制度和法规，用制度和法规来规范教师的权利、义务和具体的职责，对教师加强管理。

第四，建立教师入职资格制度，提高教师的地位。现在，教师入职资格制度是国家实行的一种法定的职业许可制度,是对准备进入教师队伍、从事教育教学工作人员的基本要求。

(2) 以下内容主要是教师个体专业化的途径。

第一,教师自身要有专业发展的观念和意识,寻求自我专业发展的途径。

第二,参加职前培训(师范教育)与在职培训。学习教师专业发展的一般理论,建立专业责任感。近几年来,较有成效的促进教师专业发展的培训模式有:①教师发展学校。这是以中小学为基地,大学和中小学合作建设,旨在通过合作研究,实现教师专业发展,同时也促进学生发展的学校。②校本培训。这是中外教育专家和学校所崇尚的有效在职培训方法,这种培训是由学校发起并组织实施,旨在提高教师的教育教学能力,使教师得到专业发展的一种方式。简而言之,校本培训就是为了学校、在学校中、基于学校的培训。

第三,制定自我生涯发展规划:①认识自我及所处时间与空间环境;②审视发展机会,确定发展目标;③制定行动策略并按目标逐步执行;④评价发展计划。

第四,进行教育研究。这是提高教师自身素质、促进教师专业发展的一条有效途径。

第五,进行经常化、系统化的教学反思。反思是教师专业发展的重要方式。

第六,新教师的入职辅导。入职辅导就是学校为新教师适应环境安排的一个有序的计划,主要由有经验的导师进行现场指导。

第七,在参与课程改革和课程开发中获得专业发展。

2. 联系实际,试述对教师专业素质的基本要求。

答:(1) 高尚的师德。

① 热爱教育事业,富有献身精神和人文精神;②热爱学生,诲人不倦;③热爱集体,团结协作;④严于律己,为人师表。

(2) 宽厚的文化素养。

教师的主要任务是通过向学生传授科学文化知识,以培养其能力,促进其生动活泼地发展。教师要能够对自己所教专业融会贯通,能从整体上系统把握,这样才能深入浅出、高瞻远瞩,达到运用自如的境界。同时,教师还应有比较深厚的文化修养。

(3) 专门的教育素养。

① 教育理论素养。主要指教师对教育科学基本理论知识的掌握,能恰当地运用教育学、心理学的基本概念、范畴、原理处理教育教学中的各种问题。

② 教育能力素养。主要指保证教师顺利完成教育教学任务的基本操作能力。具体包括以下几种能力:课程开发能力、良好的语言表达能力、组织管理能力、引导与创新能力。

③ 教育研究素养。主要指教师运用一定的研究方法,探索教育领域的规律和解决问题的能力。

(4) 健康的心理素质。

健康的心理素质体现在心理活动的方方面面,概括起来主要指教师要有轻松愉快的心境、昂扬振奋的精神、乐观幽默的情绪以及坚忍不拔的毅力等。

3. 分析材料中的现象,并谈谈你的看法。

答:(1) 我认为这是"剧场效应"在教育领域的体现,呈现出目的功利化、手段高压化的教育生态,让每一个身处其中的学生、家长和老师,都深受其害。

（2）"剧场效应"可用一个形象的例子来说明：在一个剧场里，大家都在看戏。每个人都有座位，大家都能看到演员的演出。忽然，有一个观众站起来看戏（可能是为了看得更清楚，也可能因为身高较矮），周围的人劝他坐下，他置若罔闻，求助剧场管理员，管理员却不在岗位。于是，周围的人为了看到演出，也被迫站起来看戏。最后全场的观众都从坐着看戏变成了站着看戏。"剧场效应"在教育里体现在：不断延长的上课时间、愈演愈烈的补课风气、疯狂的作业量、尴尬的优秀教师、肆无忌惮的超级中学等。

（3）"剧场效应"覆盖之下，人人皆是受害者。①学生是首当其冲的受害者，他们本来可以快乐地学习，可他们如此辛苦，得到的不过是和原来几乎一样的结果。他们离开学校时，往往对读书这件事充满了厌倦，谈何有创新精神。②家长们也是受害者。成功者永远是少数，大多数家长们望子成龙、望女成凤的希望也陆续破灭。到头来才发现，所谓的高分并不能带来传说中的成功。孩子心力交瘁、亲情残破不堪，即使少数孩子出人头地、功成名就，这样的成功又有何意义呢？③老师们也逃不过。在付出如此高强度的劳动后，他们终究会发现，自己培养的学生除了获得几个分数，在人格、道德、思想等方面几乎毫无建树。

（4）究其原因：① 监管者的监管缺位。监管者应对"剧场效应"的失衡负主要责任。② 某些教育者的欲拒还迎。面对恶性的竞争、利益的诱惑、家长的压力，教育者应该有起码的良知和操守，不能丧失底线。这个底线就是不违法、不违规、不伤害学生的身心健康。在这一防波堤中，学校的管理层责无旁贷。③家长和学生。他们是被裹挟到洪流中的弱势群体，无力制定政策、无力甄别信息、无法改变规则，只能在洪流中挣扎自救。他们的每一次自救都无意中加剧了洪水的泛滥，大部分结果是既伤害了别人，也无助于自己。

4. 试对材料中的学生进行分析；如果你是教师，你会如何引导该学生？

答：该学生没有意识到上学的价值，把物质的满足等同于人活着的意义。如果我是老师，我会这样引导该学生：

① 首先，每个人都是有用之材，发现自己的才能是什么，是你要对自己负的责任。教育给你提供了发现自己才能的机会，如果你不上学，在家依靠收房租度过一生，你就不能发现自己潜藏的才能，更不能对自己的人生负责，而作为年轻人，你的人生才刚刚开始。

② 其次，不管你要做什么，都需要接受相应的教育，而在当今社会，最基本的途径是通过上学获得教育。这世界上不存在不把书念完就能拿到好工作的美梦，任何工作都需要你的汗水、训练与学习，哪怕你的理想是收房租，你也要学会识字和算术，你也要上学接受教育。

③ 最后，上学不仅仅对你自己的人生大有裨益，对国家乃至世界的未来也有重要影响。对你自己而言，上学接受了教育，你才有可能逐渐领悟到人活着不仅仅是追求物质的满足，不是依靠收房租来获取人生的意义；对国家和世界而言，上学学到的内容，在将来都有可能帮助我们的国家迎接挑战、让世界变得更加美好和公平。

第十三章 学校管理

◇ 应试题库 ◇

一、名词解释

1. 学校管理　　2. 学校管理体制　　3. 校长负责制
4. 班级目标管理

二、简答题

1. 实施校长负责制应该注意哪些问题?
2. 如何看待学校管理的服务性?
3. 简述学校管理的构成要素。
4. 简述教学管理的主要内容。
5. 简述教学管理过程的基本环节以及相互关系。

三、分析论述题

谈谈你对现代学校管理发展趋势的认识。

◇ 应试解析 ◇

一、名词解释

1. 学校管理

答：学校管理是学校管理者在一定的社会历史条件下，通过一定的组织机构和制度，采用一定的方法和手段，带领和引导师生员工，充分发挥学校人、财、物、时间、空间和信息等资源的最佳整体功能，卓有成效地实现学校工作目标的组织活动。简言之，学校管理是管理者通过一定的组织形式和工作方式以实现学校教育目标的活动。它有教育性、服务性、文化性与创造性等显著特性。

2. 学校管理体制

答：学校管理体制是学校管理组织机构和管理制度的结合体，它是学校管理的枢纽，对学校管理功能的实现发挥着全局性、根本性和持久性的作用。学校管理体制包括学校组织机构体制和学校领导体制两个方面：前者规定了学校管理机构的设置，各机构的职、责、权划分及相互关系；后者规定了学校由谁领导和负责。

3. 校长负责制

答：校长负责制是指校长受上级政府主管部门的委托，在党支部和教职工代表大会的监督下，对学校进行全面领导和负责的制度。在这一领导体制中，校长是学校行政系统的最高决策者和指挥者，是学校的法人代表，他对外代表学校，对内全面领导和管理学校的教育、教学、科研和行政工作。在校长负责制中明确校长的权力与责任；发挥党组织的保证监督作用；建立以教师为主体的教职工代表大会制度，加强民主管理和监督。

4. 班级目标管理

答：班级目标管理是指班主任与学生共同确定班级总体目标，然后转化为小组目标和个人目标，使其与班级总体目标融为一体，形成目标体系，以此推进班级管理活动、实现班级目标的管理方法。

二、简答题

1. 实施校长负责制应该注意哪些问题？

答：校长负责制是指校长受上级政府主管部门的委托，在党支部和教职工代表大会的监督下，对学校进行全面领导和负责的制度。我们要注意的问题主要有三个：①明确校长的权力与责任，要权责统一，党政分离；②发挥党组织的保证监督作用，党组织不能越权管理；③建立以教师为主体的教职工代表大会制度，加强民主管理和监督。

2. 如何看待学校管理的服务性？

答：①明确"服务"不是主仆关系的置换，强调学校管理者与师生员工之间平等的人际关系，彼此理解、尊重；②"管理即服务"，意味着管理者要满足师生员工的需要，包括教职工的物质与精神的需求，也包括学生的身心健康发展的需求；③要求管理者与被管理者树立一种"交互"观念，学会换位思考。每个人在自己的工作岗位上都要为他人服务，同时也在享受他人的服务。

总之，只有寓管理于服务，在服务中管理，才能最大限度地发挥师生员工的积极性、创造力，才能全面实现学校的管理目标。

3. 简述学校管理的构成要素。

答：（1）学校管理者。

学校管理者就是在学校管理活动中处于领导地位、发挥引领作用的人。学校的正、副校长和各个职能部门的负责人员都是学校管理者。学校管理者是学校管理的主体，在学校管理中处于主导地位。此外，学校的教职员工和学生在一定意义上也是学校的管理者，因为他们都是学校的主人，不仅接受管理，而且也积极参与管理。

（2）学校管理对象。

学校管理对象就是学校管理活动的承受者，也就是学校管理者认识和实践的对象，主要包括学校的人、财、物、时间、空间和信息等资源。

（3）学校管理手段。

学校管理手段主要包括学校的组织机构和规章制度。

学校组织机构是根据一定的组织原理和工作需要建立起来的，它可以分为行政组织机构和非行政组织机构两种类型。行政组织结构主要包括决策机构、咨询机构、执行机构、监督机构和反馈机构等。学校非行政组织机构主要包括各种团队、工会、妇联、学生会等团体组织。

学校规章制度是学校全体成员日常工作的基本规范，是学校管理科学化、民主化和法治化的重要保证。学校规章制度一般包括学校的领导制度、教育教学管理制度、学生管理制度、校园管理制度、财务管理制度、后勤管理制度等。

4. 简述教学管理的主要内容。

答：在教学管理中，主要进行教学思想管理、教学组织管理和教学质量管理。

（1）教学思想管理。思想是行为的先导，先进的教学思想能够促进和引导教学工作的发展，而落后陈旧的教学思想则是教学工作发展的障碍。因此，教学管理首先应抓教学的思想管理。

（2）教学组织管理。建立有效的教学指挥系统，充分发挥各职能部门的作用，是教学组织管理的基本任务，也是实现教学目标的重要保证。在教学组织上要加强教导处的建设和领导好教研组工作。

（3）教学质量管理。教学质量管理是学校管理者依据一定的质量标准，运用科学的手段和方法，对学校的教学过程及其结果进行全面监控、检验和评估的活动，其目的是提高教和学的质量。教学质量是教学管理的生命线，学校教学管理的一切工作，最终都是为了提高教育教学质量。因此，教学质量管理在教学管理中处于核心地位。

教学质量管理的内容有：制定科学的教学质量标准；对教学质量进行检查和分析；对教学质量进行控制。

教学质量管理的基本要求有：坚持全面教学质量管理；坚持全过程教学质量管理；坚持全员教学质量管理；坚持全因素教学质量管理。

5. 简述教学管理过程的基本环节以及相互关系。

答：学校管理过程就是学校管理者依据科学的管理原则，为实现学校管理的预定目标，对学校管理对象诸因素进行管理的客观程序。

其基本环节是：（1）计划，就是对学校工作目标的全面设计和统筹规划。它是学校管理过程的起始环节，在管理活动中起着指明方向、规划进程、统一步调、提高效率的作用；（2）实施，就是将计划付之行动，使学校的人、财、物、时间、空间、信息等资源产生最大的实际效益与社会价值。学校管理者要做好组织、指导、协调和激励工作；（3）检查，就是对计划的执行情况进行考核，其目的在于发现问题和解决问题，检查具有监督、考评和激励的作用；（4）总结，就是对学校管理过程的计划、实施、检查工作进行分析、评价等反思性活动。

它们之间的相互关系：学校管理过程的四个环节是一个互相联系、互相制约、循序渐进、首尾相连的有机整体。计划统率着管理全过程；实施是计划的执行；检查是对组织实施的监督与检验；总结则是对计划、实施、检查的总体分析与评价及其改进建议。各环节之间，都存在反馈回路，以便对工作产生反思、提高和促进作用。

三、分析论述题

谈谈你对现代学校管理发展趋势的认识。

答：（1）学校管理法治化。依法治校就是把学校管理纳入法治轨道，依法对学校进行管理。依法治校可以分为两个方面：一方面是政府及教育主管部门依法管理和规范学校行为；另一方面是学校管理者依法管理学校的各项内部事务。

推进依法治校工作，学校管理者应采取以下措施。第一，转变行政管理职能，切实依法行政；第二，加强制度建设，依法加强管理；第三，推进民主建设，完善民主监督；第四，加强法制教育，提高法律素质；第五，严格教师管理，维护教师权益；第六，完善学校保护机制，依法保护学生权益。

(2) 学校管理人性化。人性化管理是指学校管理工作要关注人的情感、满足人的需要、崇尚人的价值、开发人的潜能、尊重人的主体人格和地位。

实行人性化管理，要做好以下工作。第一，要考虑人的因素，一切从人的实际出发；第二，在分配工作任务时，要考虑人的个体差异；第三，要强调人的内在价值，把满足需要作为工作的起点，通过激励的方式来提高工作效率；第四，要努力构建一种充满尊重、理解和信任的人际环境，增强教职工和学生的集体归属感；第五，加强校园文化建设，充分发挥校园文化的管理和育人功能；第六，要转变管理观念，改变管理方式，贯彻管理即育人、管理即服务的思想。

(3) 学校管理校本化。校本管理是指学校在教育方针与法规的指引下，可以根据自己的实际情况和需要来自主确定发展目标和方向，自主进行学校的教育、教学和管理工作。换言之，就是以学校为本位的管理。

实施校本管理，应做好以下工作。第一，教育行政部门要简政放权；第二，倡导集体参与、共同决策；第三，开展校本研究，提高学校管理者的决策能力。

(4) 学校管理信息化。管理信息化包含两个方面：一方面是学校对信息技术的开发和使用，把计算机、网络、多媒体等现代技术运用到学校管理上来以提高管理的实效；另一方面是学校管理方式和内容的信息化，由过去的"人—人"管理、"人—物"管理转变为"人—机"管理，即注重对有关信息资源的管理。

实施信息化管理，应做好以下工作。第一，加强硬件投入与软件开发，为学校信息化管理提供物质基础；第二，改进培训内容和方式，提高学校教职员工的信息管理素养；第三，完善学校信息化管理的政策和规章制度。

第二部分　中国教育史

复习提示

　　中国教育史着重讲述的是中国教育的历史发展情况。在考试中，它所占分值大约为 30 分，在名词解释、简答题、分析论述题中都有可能进行考查，还有可能结合外国教育史的内容一起出分析论述题。复习中国教育史，应抓住三条线索：教育思想史、教育制度史和教育实践史。教育思想史的复习，要重点掌握主要的思想家和思想流派，了解他们的主要著作、观点、影响和历史意义等。教育制度史是指人类教育活动制度化的过程，包括机构史、政策史、立法史等。教育实践史是指人类教育活动和现象的原生态的发展过程，主要需要把握各个时期教育的主要特点和主要教育活动等。

第一章 西周官学制度的建立与"六艺"教育的形成

◇ 应试题库 ◇

一、名词解释

1. 六艺　　2. 西周家庭教育　　3. 学在官府

二、简答题

1. 简要介绍西周时期的官学教育制度。
2. 简要谈谈国学与乡学、大学与小学的区别。
3. 简述"学在官府"的含义及其产生的原因。

◇ 应试解析 ◇

一、名词解释

1. 六艺

答："六艺",具体指礼、乐、射、御、书、数。按其学科性质分成三大方面：①礼乐。礼是指周礼；乐教包括音乐、诗歌、舞蹈等，实际上是各门艺术的总称。②射御。射是指射箭的技术；御是指驾驭马拉战车的技术。③书数。书是指文字；数是指计算。

"六艺"教育的特征：①既重视思想道德，也重视文化知识；②既注意传统文化，也注意实用技能；③既重视文事，也重视武备；④既要求符合礼仪规范，也要求内心情感修养。

2. 西周家庭教育

答：西周时期贵族子弟的训练过程是先家庭教育，再学校教育。父母就是幼儿最初的教师。家庭教育的内容有基本的生活技能与习惯教育、初步的礼仪规则以及确立初级的数的观念。孩子从7岁起进行男女有别的教育，女子只在家庭中接受女德的教育，而男子可继续接受学校教育。西周家庭教育的特点是重男轻女，并具有明显的计划性。

3. 学在官府

答："学在官府"是我国奴隶社会教育的重要特点，它包含两层意思：学术和学校都由官府掌握或举办，即"学术官守"；教师都由国家的官吏担任，即"官师合一"。其具体表现为：惟官有书，而民无书；惟官有学，而民无学；惟官有器，而民无器。产生这一现象最根本原因在于西周的生产力发展水平和社会制度结构。这一现象有利于学术文化的保存；但是造成了学术垄断，阻碍了学术文化交流。

二、简答题

1. 简要介绍西周时期的官学教育制度。

答：西周已形成"学在官府""官守学业"的局面，政教一体，官师合一，以"明人伦"为教育宗旨，培养治术人才。

西周建立了两大系统的学校，即国学和乡学。"国学"又分为小学和大学两级。小学设在王宫内。大学设在都城近郊，天子所设的大学叫辟雍，诸侯所设的大学叫泮宫。西周学校的教师都由官吏兼任。教育内容包括德、行、艺、仪四个方面，而以礼、乐、射、御、书、数（"六艺"）为基本内容。

2. 简要谈谈国学与乡学、大学与小学的区别。

答："国学"是由中央政府办理，设在天子、诸侯的王都内，专为贵族子弟设立，由大司乐主持，分为大学和小学两级；乡学是设在王都郊外地方行政区内的学校，入学对象是一般奴隶主和部分庶民子弟，由司徒负责领导，教育内容是"乡三物"——"六德，知、仁、圣、义、忠、和；六行，孝、友、睦、姻、任、恤；六艺，礼、乐、射、御、书、数"。只有小学一级，但是学习优秀者可选拔到国学中的大学学习。

"国学"又分为小学和大学两级。国学的小学设在王宫内，入学年龄与家庭身份等级有关，贵族子弟入学年龄早于平民子弟，平民子弟所进入的小学学习年限是7年，小学的学习内容是德、行、艺、仪，是关于奴隶主贵族道德行为准则和社会生活知识技能的基本训练。

3. 简述"学在官府"的含义及其产生的原因。

答："学在官府"是对西周教育制度的高度概括，也是我国奴隶社会教育制度的重要特征，主要体现在：①礼不下庶人，学术和教育为王宫及各级政府把持，礼器也全由官府掌握，民间没有条件举行学术活动，更无学校；②官师不分，学校设在官府之中，官吏既是教育官员，也是学校教师；③政教合一，教育机构与行政机构不分，教育与行政合一。

"学在官府"产生的根本原因是生产力发展水平以及西周的社会制度。其产生的客观原因是：①惟官有书，而民无书；②惟官有器，而民无器（礼器，乐器）；③惟官有学，而民无学。

第二章 私人讲学的兴起与传统教育思想的奠基

◆ 应试题库 ◆

一、名词解释

1. 稷下学宫
2. 素丝说
3. 性善论
4. 启发诱导
5. 《大学》
6. 有教无类
7. 盈科而进
8. 虚壹而静
9. 学而优则仕（东北师范大学 2012 年真题）

二、简答题

1. 简述私学兴起的原因及历史意义。
2. 简述孟子的人格理想。
3. 简述孟子深造自得的教育思想。
4. 《大学》里的三纲领、八条目是指什么？
5. 简析荀子的人性论和相应的教育观点。
6. 简述荀子对教师地位、作用、条件的论述。
7. 简述孟子关于教育作用的观点。
8. 简述孔子关于教育作用和地位的观点。
9. 简述孔子"有教无类"的思想。
10. 简述孔子关于教育目的的思想及其历史意义。
11. 孔子提出了哪些教育方法？
12. 孔子的教育内容有何特点？
13. 荀子关于学习过程的思想是什么？
14. 简述墨子的教育作用观。
15. 墨家教育思想的特色是什么？
16. 墨家与儒家教育方法有什么不同？
17. 《学记》是如何论述教学原则的？
18. 孔子的德育原则有哪些？

三、分析论述题

1. 试分析稷下学宫的性质、特点和历史地位。
2. "学者有四失，教者必知之。人之学也，或失则多，或失则寡，或失则易，或失则止。此四者，心之莫同也。知其心，然后能救其失也。教也者，长善而救其失也。"这段话出自哪里？其含义是什么？请结合自己的观点来论述。

3. 评述孔子的教育思想及其贡献。
4. 试比较孟子与荀子教育思想的异同。
5. 试从社会发展和个体发展两个方面，分析孔子关于教育作用的思想。
6. 评析孔子"学而优则仕"的教育主张。
7. 给下面的文言文断句，并说明其出处，阐述其中的教育思想。

大学之法禁于未发之谓豫当其可之谓时不陵节而施之谓孙相观而善之谓摩此四者教之所由兴也发然后禁则扞格而不胜时过然后学则勤苦而难成杂施而不孙则坏乱而不修独学而无友则孤陋而寡闻燕朋逆其师燕辟废其学此六者教之所由废也

8. 试论述《学记》中的教育思想。
9. 评述孔子的德育论及其当代价值。（东北师范大学 2012 年真题）

◇ 应试解析 ◇

一、名词解释

1. 稷下学宫

答：稷下学宫因战国时代齐国齐桓公在都城临淄的稷门附近地区创办而得名。它由官家操办而由私家主持，集讲学、著述、育才活动为一体兼有咨政议政作用的高等学府。特点：学术自由、尊师重道、待遇优厚、不治而议论；创办了我国第一个学术守则——《弟子职》。它是战国时期百家争鸣的中心与缩影，是东方文化教育和学术的中心，是教育上的重要创造，对中国古代学术、文化、教育的发展，产生了重大的历史影响。

2. 素丝说

答：墨子的贡献是"素丝说"，他以染丝为例——"染于苍则苍，染于黄则黄，所入者变，其色亦变"——来说明人性在教育下的改变和形成。墨子认为，人性不是先天所成，生来的人性不过如同待染的素丝，入什么色的染缸，就成什么样的颜色，来比喻有什么样的环境与教育，就造就什么样的人。墨子的"素丝说"从人性平等的立场去认识和阐述教育作用，较孔子的人性观有明显进步。

3. 性善论

答："性善论"是中国古代人性论的主要观点之一，由战国时的孟子首先提出。性善就是说人的本性具有善的道德价值，每个人生来就有向善的潜能。"性善论"是孟子仁政学说的理论基础，对后世有重要影响，经宋明学者予以改造后，成为中国古代人性论的正统理论。

4. 启发诱导

答：孔子是世界上最早提出启发式教学的教育家。孔子认为"不愤不启，不悱不发，举一隅不以三隅反，则不复也。"启发诱导是教师循循善诱、因势利导地帮助学生自己得出答案的过程，反对教师直接灌输，造成课堂"满堂灌"。这有助于发挥学生的个体思考能力、主动性和探究性。在今天的教育教学中，启发诱导是一种重要的教学方法，也是一条基本的教学原则。

5. 《大学》

答：《大学》是《礼记》中的一篇，《四书》之首，是儒家学者论述大学教育的一篇论文。《大学》着重阐明"大学之道"，主要内容是三纲领八条目："三纲领"是"大学之道，在明明德，在亲民，在止于至善"，这是儒家对大学教育目的和为学做人目标的纲领性表述；"八条目"即"格物、致知、诚意、正心、修身、齐家、治国、平天下"，这是实现"三纲领"的具体步骤。

6. 有教无类

答：有教无类是孔子的办学方针，它规定了孔子办私学所教授的对象，是孔子教育实践和教育理论的重要组成部分。意思就是：不分贵贱贫富和种族，人人都可以入学受教育。它打破了贵贱、贫富和种族的界限，打破了贵族对学校教育的垄断，把受教育的范围扩大到平民，促进了学术文化交流，这是历史性的进步，有利于中华民族文化的发展。

7. 盈科而进

答：盈科而进是孟子提出的关于教学方法的论述。孟子认为教学过程是一个由浅及深逐渐积累的过程，他以流水为例生动地阐明了这个道理。其本意是说有本源的水，奔腾不息，昼夜流淌，注满一个洼坑之后继续向前奔流，一直归入大海。引申为学习也应该像奔涌的泉水一样，注重每一个知识环节的掌握，注重学习知识的连续性，"盈科而后进"，直到学有所成。这一方法仍然是现代教学必须遵循的基本原则。

8. 虚壹而静

答：这是荀子提出的关于教学方法的论述。荀子所谓"虚"，指不以已有的认识妨碍接受新的认识；"壹"，指思想专一；"静"，指思想宁静，专心致志。荀子认为"心"要知"道"，就必须做到虚心、专心、静心。这一方法仍然是现代教学必须遵循的基本原则。

9. 学而优则仕（东北师范大学 2012 年真题）

答："学而优则仕"是儒家孔子的观点，其基本含义是将做官与学习紧密联系起来，有官职的人应该是受过教育并继续学习的人，受过教育的人应该得到一定的官职，教育就是要培养能治国安民的贤能之士。

"学而优则仕"的进步意义：①反对不学而仕的世袭制，为平民开拓了从政的道路；②把学优与仕优联系起来，以学优保证仕优，有利于推行贤人治邦，改良社会政治。消极影响：①强化了中国"官本位"的传统观念；②使中国知识分子从一入学读书开始，就产生了严重的功名意识。

二、简答题

1. 简述私学兴起的原因及历史意义。

答：私学兴起的原因：

（1）生产力的发展。春秋时期，封建私有制逐渐代替了井田制，促进了奴隶制的解体。使私学建立在土地私有的个体经济基础上，这是私学产生的物质基础。

（2）官学衰落，学术下移。世袭制造成贵族不重视教育；王权衰落，导致学校荒废；战争动乱，使得周王宫里一批有文化知识的人失去了原来的地位和职守，他们依靠"六艺"知识教书，还把藏于官府中的典籍文物、礼器、乐器等学习器具带到民间。这就出现了"学术下移"的现象。

（3）"士"阶层的出现。士阶层是奴隶制度贵族的下层、平民阶级的上层。各诸侯国为了扩张，争相通过养士来搜罗人才，所以导致大批自由民想要成为士阶层，于是出现了培养士的私学机构，私学随之兴盛。

私学兴起的意义：

（1）私学打破了"学在官府"的教育垄断局面，使政教分设、官师分离，教师成为独立的职业，教育成为独立的活动。

（2）更新了教育内容和方式。私学不局限于"六艺"，而是培养各类人才。教学场所不固定，人才培养与学术研究相结合。

（3）扩大了教育对象，使学校向平民开放，进一步促进"学术下移"。

（4）私学促进了"百家争鸣"。各家各派在教育理论和教育经验方面有辉煌的成就。

（5）私学讲求自由原则，主要表现为自由讲学、自由就学、自由办学、自由竞争，发展教育事业，开辟教育史新纪元。

2. 简述孟子的人格理想。

答：（1）孟子认为理想的人格特点是"大丈夫"的理想人格。他对"大丈夫"理想人格的描绘是"富贵不能淫，贫贱不能移，威武不能屈，此之谓大丈夫"。"大丈夫"有高尚的气节，他们绝不向权势低头，决不无原则地顺从；"大丈夫"有崇高的精神境界——浩然之气。"浩然之气"可以理解为受信念指导的情感和意志相混合的一种心理状态或精神境界，具有高度自觉性。

（2）要实现这一教育目标，培养"大丈夫"的理想人格主要靠内心修养，大致有以下几条：

① 持志养气。孟子所说的，"持志"就是坚持崇高的志向，一个人有了志向与追求就会有相应的"气"——精神状态，志、气是互为因果的。

② 动心忍性。就是指意志锻炼，尤其是在逆境中的磨炼。

③ 存心养性。孟子指出，虽然人人都有仁、义、礼、智的善端，但善端要形成实实在在的善性、善行要靠存养和扩充。存养的障碍来自人的耳目之欲，要扩充善端就要寡欲，要发挥理性的作用。

④ 反求诸己。当你的行动未得到对方的回应时，就应当首先反躬自问，从自己身上找原因，对自己提出更高的要求。凡事必须严于律己，时时反省。

3. 简述孟子深造自得的教育思想。

答：孟子扩充善性的思想，蕴含着他对教学过程的基本要求：要体现人的理性特点，要遵循和发展人的内在能力。他特别强调个体认知中的自觉性，并将此归结为深造自得。

孟子认为知识的学习并非从外而来，必须经过自己主动自觉地学习和钻研，有自己的收获和见解，才能形成稳固而深刻的智慧，遇事则能左右逢源、挥洒自如。

孟子认为达到深造自得的基本要求要有正确的办法，要深入学习和钻研，尤其主张独立思考和独自见解，不轻信、不盲从，要求读书不拘于文字表层意思，而应通过思考去体会深层意蕴。总之，学习中，特别重要的是由感性学习上升到理性思维的转化，孟子强调理性思维。

4. 《大学》里的三纲领、八条目是指什么？

答：《大学》是我国战国时期论述大学之道的重要文章，其中提出了"三纲领"和

"八条目"。

《大学》开篇讲："大学之道，在明明德，在亲民，在止于至善。"这就是后人所说的《大学》"三纲领"。所谓"明明德"，就是指发扬光大人所固有的天赋的光明道德；所谓"在亲民"，是指发扬了善性之后，要从事治民，治民要亲爱人民；所谓"止于至善"，就是要求达到儒家封建伦理道德的至善境界。"为人君止于仁，为人臣止于敬，为人子止于孝，为人父止于慈，与国人交止于信。"这是《大学》提出的教育纲领和培养目标。

《大学》提出"格物、致知、诚意、正心、修身、齐家、治国、平天下"，后世称之为《大学》的"八条目"，这是实现"三纲领"的具体步骤。

"格物""致知"是八条目的基础。所格的"物"和所致的"知"都是指伦理和道德原则，是指修己治人的道德修养，其实就是指学习儒家经典，提高自身素质。

所谓"诚意"，就是要不自欺、要慎独。与别人相处时是这样，独处时也应该是这样。所谓"正心"，就是教人防止个人感情、欲望的偏向。"修身"是"八条目"的基本，是格物、致知、诚意、正心所要达到的目的，即把个人修养达到完善的地步，也是《大学》中所讲的培养人的最高要求。只有这样才能"齐家""治国""平天下"。

5. 简析荀子的人性论和相应的教育观点。

答：荀子是我国古代著名的思想家和教育家。在人性论上，他主张"性恶论"，并以此为基础提出了自己的教育观，以"化性起伪"的教育作用观著称，对后世产生重大影响。

（1）荀子的人性论。

荀子的学说中最突出的就是与孟子的"性善论"相对立的"性恶论"。孔子说："性相近也，习相远也。"孟子强调"性相近"，后发展为"性善论"；荀子则强调"习相远"而发展为"性恶论"。他认为人之所以能为善，全靠后天的努力，"人之性恶，其善者伪也。"

（2）荀子的教育观。

基于"性恶论"的人性观，荀子提出了自己的教育观。他非常重视教育和学习的功能，这其中既包括教育在个体发展中的作用，也包括教育在社会发展中的作用。

荀子认为教育在人的发展中起着"化性起伪"的作用。此外，荀子也很重视教育的社会作用，他认为教育能够统一思想、统一行动，使兵劲城固、国富民强。

6. 简述荀子对教师地位、作用、条件的论述。

答：（1）荀子特别推崇教师的地位和作用，竭力倡导尊师。在荀子看来，"礼"是最高的社会规范，而教师又是传授"礼"、实行"礼"的榜样，是"礼"的化身。因此，学生必须无条件地服从教师，教师在教学过程中处于绝对的主导地位。

（2）荀子认为，教师的作用是与国家的前途命运相连的，关系到国之兴衰、法之存亡，他把教师提高到与天、地、君、亲同等的地位。

（3）荀子也对教师提出了很严格的要求，认为教师应具备四个条件：一要有尊严，使人敬服；二要有崇高的威信和丰富的经验；三要具备传授知识的能力；四要能体会"礼法"的精微道理，且能加以阐发。

7. 简述孟子关于教育作用的观点。

答：孟子从"施仁政"的政治主张和"性善论"出发，高度重视教育的社会作用与其在人的发展中的作用。他认为教育的社会作用是"得民心"。"得民心"是"仁政"的关键，而教育是"得民心"的最有效措施。他认为教育在人的发展中的作用是"求放心"。他指出每个人虽然先天具有四个善端，但在后天的环境里，由于外物的诱惑与自身努力的不够，可能会失掉或摒弃这些善端。教育的作用就在于找回散失的本性，保存和发扬天赋的善端。

8. 简述孔子关于教育作用和地位的观点。

答：孔子是我国春秋战国时期伟大的思想家和教育家，他从教育对社会的作用和教育对个人的作用两方面论述了教育作用问题。

① 教育在社会发展中的作用："庶、富、教。"

孔子阐述了他的"庶、富、教"的施政大纲。孔子认为治理好一个国家，要有三个条件：首先，要有较多的劳动力；其次，发展生产，解决人民的物质生活中的吃、喝、穿、住的问题；最后，只有在庶、富的基础上才能有效地进行教化，发展教育事业，经济发展是教育发展的物质基础。孔子是我国最早论述教育与经济关系的教育家。

② 教育在人的成长中的作用："性相近也，习相远也。"

孔子首次论述了教育与人的关系。性，指先天素质；习，指后天习染，包括教育与社会环境的影响。他认为人们的先天素质是很接近的，但是人们之所以在成长中千差万别，是后天"习染"的结果。这一观点肯定了人不论等级贵贱，生来在天赋素质上平等，这就说明教育是人们成长中的一种特殊环境，要承认教育的必要性和关键性。从"习相远"的观点出发，孔子强调人的一生都要受教育，还要重视居住环境的选择和社会交往的选择。"性相近，习相远"的思想是孔子人性论的组成部分，成为人人有可能受教育和应该受教育的理论依据，具有一定的科学性。

9. 简述孔子"有教无类"的思想。

答：孔子对于教育对象的基本主张是"有教无类"。"有教无类"的本意主要是指教育对象，即不分贫富贵贱与种族，人人都可以入学受教育。孔子"有教无类"的提出是针对奴隶主阶级垄断学校教育而言的，打破了"礼不下庶人"的等级制度，把受教育的对象扩大到平民，是历史性的进步。

孔子躬亲实践这一办学方针，广收弟子，"自行束脩以上，吾未尝无诲焉"最能表现孔子收徒思想，即只要学生有学习的意愿，奉送10条干肉行师生见面礼，就可以成为弟子。

开放性的有教无类的教育方针，满足了平民入学受教育的愿望，扩大了教育对象，打破了奴隶主贵族的教育垄断，适应了社会发展的需要，有利于进一步促进文化下移，对战国时期文化学术的繁荣和百家争鸣的出现起到了促进作用。

10. 简述孔子关于教育目的的思想及其历史意义。

答：孔子的教育目的是从平民中培养德才兼备的从政君子，这条培育人才的路线被概括为"学而优则仕"，这句话是子夏所说的，代表了孔子的教育观点。

"学而优则仕"包含多方面的意思：学习是通向做官的途径，培养官员是教育最主要的目的。"学而优则仕"与"任人唯贤"的路线配合一致，把读书和做官紧密联系在一起，成为封建统治者维护统治和笼络人才的手段。

意义：它反映了封建制兴起时的社会需要，成为知识分子学习的动力，为封建官僚制度的建立奠定了基础，适应了社会发展的要求，直到现在在我国教育还有重要影响。

11. 孔子提出了哪些教育方法？

答：孔子认识到教学过程不仅是教师教的过程，更重要的是学生学的过程，他提出了一系列的教学方法。

（1）因材施教。因材施教是根据学生的个性特点和个别差异采取不同的教学方法，主要解决教学中统一要求与个别差异的矛盾。孔子是我国历史上首倡因材施教的教育家。他主张只有了解学生，才能对他们做出准确的评价，并且根据具体情况，有针对性地进行教育。

（2）启发诱导。孔子是世界上最早提出启发式教学的教育家，孔子认为不论培养道德还是学习知识，都要建立在学生自觉需要的基础上，充分发挥学生的积极主动性，反对机械学习，提倡启发式教学。

（3）学思行并重。"学而知之"是孔子进行教学的主导思想，学是求知的途径，也是唯一手段。孔子还强调学习知识要"学以致用"，学是手段，不是目的，行才是终极目的，行比学更重要。由学而思而行，是孔子探索学习的过程，也就是教育过程，基本符合人的一般认识过程。

（4）孔子提出训练学生的思考方法有：①"由博返约"，意思是博学以获得较多的具体知识，返约是在对具体事务分析的基础上进行综合、归纳，形成基本的原理原则和方法；②"扣其两端"，从事物的正反两方面思考问题，进而解决问题。这种方法注意到事物的对立面，合乎辩证法。启发式教学的关键是是否调动了学生学习的积极性。

12. 孔子的教育内容有何特点？

答：孔子的教育内容有三个特点：

（1）偏重文事。虽然要求从政文武兼备，但是整体偏向文事。

（2）偏重社会人事，不宣传宗教迷信思想。这也是中国古代非宗教性教育传统的开端。

（3）轻视科技与生产劳动。他要培养的是从政人才，不是从事农、工业的劳动者，因此，不强调掌握自然知识和科学技术。

13. 荀子关于学习过程的思想是什么？

答：荀子是我国战国后期主张"性恶论"的教育家。

他提出的学习过程是："不闻不若闻之，闻之不若见之，见之不若知之，知之不若行之，学至于行而止。"这句话表达了学习过程中阶段与过程的统一，以及学习的初级阶段必然向高级阶段发展，而学习的高级阶段又必须依赖初级阶段的思想。荀子认为闻、见、知、行每个阶段都具有充分的意义，由此构成一个完整的过程。闻、见是学习的起点、基础和知识的来源；学习而善于运用思维去把握事物的本质与规律，就能自如地应对事物的变化，这就是知——思维的学习阶段的意义；行就是知识的实践，是学习必不可少的，也是最高的阶段。荀子的行不仅指对书本知识的验证，也指人的社会实践，如个人修养、教人、从政治国等。

荀子的学习过程是将行为目的和归宿的完整步骤序列，做了系统明确的说明，这是他的贡献，而且学习止于行给中国古代学习思想的人文、社会特点的形成带来了极大的影响。

14. 简述墨子的教育作用观。

答：墨子是墨家学派的创始人，他提出的教育作用主要有以下两个方面。

教育的社会作用：墨家的社会政治理想是"兴天下之利，除天下之害"，其中一项重要内容，就是推行教育，主张通过教育建设一个民众平等、互助的"兼爱"社会。在他看来可以通过教育使天下人知"义"，从而实现社会的完善。

教育对人的作用：墨子的贡献是"素丝说"，他以染丝为例，"染于苍则苍，染于黄则黄，所入者变，其色亦变"，来说明人性在教育下的改变和形成。墨子认为，人性不是先天所成，生来的人性不过如同待染的素丝，入什么色的染缸，就成什么样的颜色，来比喻有什么样的环境与教育，就造就什么样的人。墨子的"素丝说"从人性平等的立场去认识和阐述教育作用，较孔子的人性观有所进步。

15. 墨家教育思想的特色是什么？

答：春秋战国时期，儒家和墨家是最著名的两个学派，后来韩非将他们并称为"世之显学"。墨家的创始人是墨翟，自称其学说代表"农与工肆之人"的利益，重视实用，强调下层人民的利益。

（1）在教育作用上，墨家主张教育对社会的作用是通过教育建设一个民众平等、互助的"兼爱"社会。提出"素丝说"，来比喻有什么样的环境与教育，就会造就什么样的人，来说明教育与环境对人的发展所起到的决定性作用。

（2）在教育目标上，主张培养"兼士"，兼士要具备三个条件："厚乎德行，辩乎言谈，博乎道术"，即具备道德的要求、思维论辩的要求和知识技能的要求。

（3）在教育内容上，主张以科技知识和思维训练为特色的教育内容。科学与技术教育包括生产、军事科技及自然科学知识教育，目的在于帮助"兼士"获得"各从事其所能"的实际本领。培养思维能力的教育包括认识和思想方法的教育、形式逻辑的教育。目的在于锻炼和形成逻辑思维能力，善于与人论辩，以雄辩的逻辑力量去说服他人，推行自己的政治主张。

（4）在教育方法上，主张主动、创造的教育方法。主动指即使人们不来请教，你也应该主动地去施教，"兼士"的职责就是积极主动"上说下教"，向人们宣传、推行自己的主张。创造指应当创造出新的东西，这既反映了墨子对待文化遗产的态度，也表现了他的教育与学习的方法——重创造。此外，墨家还重视实践与量力的方法，墨子是中国教育史上第一个提出"量力"方法的人。

墨家教育思想具有自身特色，其中也包含不少合理主张，体现了理想主义、务实精神和主动精神。这就使得墨子教育思想成为中国教育史上一份独特的、很有价值的遗产。

16. 墨家与儒家教育方法有什么不同？

答：墨家与儒家是春秋战国时期两大重要的学派，被称为当世之"显学"。他们在教育方法上最大的不同是：

（1）墨家强调主动；儒家强调学生积极求教，教师讲解注重启发。墨家不赞成儒家"扣则鸣，不扣则不鸣"的被动施教的态度，主张"虽不扣必鸣者也"的"强说人"精神。作为"有道者劝以教人"的兼士，其职责是主动、积极地"上说下教"，向人们宣传、推行自己的主张。

（2）孔子主张"述而不著"；墨家主张创造。墨子认为对于古代的好东西应当继承，但是在今天应当创造出新的东西，希望好的东西越来越多。这反映了墨子认识到了继承和创造的关系，也表现了其重创造的教育方法。

17. 《学记》是如何论述教学原则的？

答：《学记》是世界上最早专门论述教育、教学问题的著作，它总结了教育、教学中成功与失败的经验教训，概括为"教之所由兴"和"教之所由废"的重要规律。教学原则可归纳为："预、时、逊、摩""长善救失""启发诱导""藏息相辅"。

（1）预防性原则：要求事先预计到学生可能会出现的种种不良倾向，预先采取防治措施。

（2）及时施教原则：教育应该按照学生的年龄特征和心理状况安排适当的教学内容。

（3）循序渐进原则：学习内容要有先后顺序，要求教师要根据知识本身的难易程度和逻辑结构来施教。

（4）学习观摩原则：在学习过程中，同学之间要相互切磋研究，共同提高，既要专心学习，又能融入集体。

（5）长善救失原则：教师应了解不同学生的不同的心理倾向，帮助他们发扬优点，克服缺点。

（6）启发诱导原则：教师引导学生，但又不牵着学生的鼻子走；督促勉励，又不勉强、压抑；打开学生的思路，但又不提供现成的答案。

（7）藏息相辅原则：既有有计划的正课学习，又有课外活动和自习，有张有弛，让学生感受到学习的乐趣，劳逸结合。

（8）教学相长原则：本意并非教与学的相互促进，仅指教这一方以教为学，后人引申为在教学过程中教师与学生双方相互促进、共同提高。

18. 孔子的德育原则有哪些？

答：春秋战国时期伟大的教育家孔子对德育有相当深刻的论证。"仁"与"礼"是孔子道德教育的主要内容，"仁"被孔子视为最高的道德准则，是他学说的中心思想；"仁"的实行最重要的两项是"孝"与"忠"。孔子特提出了德育的原则，主要有：

（1）立志："三军可夺帅也，匹夫不可夺志也。"志向的确立和坚持，取决于个人的信仰和自觉努力，孔子教育学生要有志向，并坚持自己的志向。

（2）克己：在处理人际关系时，主张重在严格要求自己，约束和克制自己的言行，使之合乎道德规范，即"君子求诸己，小人求诸人"。

（3）力行："言必行，行必果。"孔子提倡言行一致，重视行，就是重视道德实践。"力行近乎仁"，他认为努力按道德规范实践的人接近于仁德，行动表明人的道德水平。

（4）中庸：孔子认为待人处事都要中庸，防止发生偏向，一切行为都要中道而行，做得恰到好处。正如孔子曰："过犹不及。"

（5）内省：内省是道德修养方法之一，就是自觉对日常所做的事进行反思。

（6）改过：人非圣贤，孰能无过。孔子认为重要的是人要敢于正视自己的错误，勇于改正，改正错误是需要得到别人指点的。别人的忠告和批评，是能够帮助自己提高修养的。

三、分析论述题

1. 试分析稷下学宫的性质、特点和历史地位。

答：稷下学宫是战国时代齐国的一所著名学府，是战国时期百家争鸣的中心与缩影，也是当时教育史上的重要创造，对中国古代学术、文化、教育的发展产生过重大的历史影响。

(1) 稷下学宫的性质。

① 稷下学宫是一所由官家操办而由私家主持的特殊形式的学校。

② 稷下学宫是一所集讲学、著述、育才活动为一体兼有咨政议政作用的高等学府。

(2) 稷下学宫的特点。

① 学术自由。这是学宫的基本特点，容纳百家是学术自由的一种表现，来者不拒、包容百家是稷下学宫的办学方针，各家各派学术地位平等，不因统治者的喜好而加以扬抑。

② 尊师重道，待遇优厚。"不治而议论"是很高的政治待遇，齐王不仅在精神上尊重教师，对教师的物质待遇也很优厚。这也是稷下学宫兴盛的原因之一。

③ 不治而议论。稷下先生不担任具体职务，不加入官僚系统，却可以对国事发表批评性的言论。

④ 管理规范上有了我国第一个学术守则——《弟子职》。

(3) 稷下学宫的历史地位。

① 促进了战国时期思想学术的发展。稷下学宫是各派思想的聚集地，各家学者云集、争鸣于此，极大地促进了学术思想的繁荣。

② 显示了中国古代知识分子的独立性和创造精神。

③ 稷下学宫创造了一个出色的教育典范。它的办学形式、教学方式、办学方针，尊重、优待知识分子的政策，都显示了它的成功之处。

④ 留给后人的思考：稷下学宫尊重贤士、尊重学术，其思想学术、文化教育的成功却未带来齐国政治的成功。

2. "学者有四失，教者必知之。人之学也，或失则多，或失则寡，或失则易，或失则止。此四者，心之莫同也。知其心，然后能救其失也。教也者，长善而救其失也。"这段话出自哪里？其含义是什么？请结合自己的观点来论述。

答：这段话出自《学记》（一部是专门论述教育、教学问题的著作），主要讲的是"长善救失"的教学原则。

这段话的意思就是，学生学业失败，原因不过四种：要么是因为贪多务得；要么是因为知识面太狭窄；要么是过分自大、轻视学习；要么是夸大困难、畏难而止。每个人有其自己的特点，因而缺点也不尽相同，教师必须具体分析学生的特点，使其"多"变成渊博；"寡"变成精深专一；"易"则充满自信；"止"则刻苦攻克，这样才能把学生的缺点转化成优点。《学记》将其概括为长善救失原则。

《学记》的"长善救失"原则通过揭示学生的四种缺点，分析学业失败的原因，为教师提出积极的教学方法，指导教师根据不同学生的个性特征，因势利导，以积极克服消极，促进学生进步，是一种可贵的教学原则。作为教师，不仅要以长善救失为教学必须遵循的基本要求，也要意识到，教育的任务其实就是要长善救失。有些学生学业失败，作为教师首先要观察学生，了解学生，知道其失败的原因，才能对症下药，也才能做到因材施教。长善救失的过程还重在一个"转化"，当教师分析清楚了学生的缺点后，就要想办法发挥他们自身的积极因素，克服其消极因素。如文中所讲的使其"多"变成渊博；"寡"变成精深专一；"易"变成充满自信；"止"变成刻苦攻克，这恰恰是转变学生的缺点为优点的过程，这是一种教学方法，也是一种教学艺术。如何转变，是需要每位教师依据实际情况来具体对待的。在春秋战国时期，我国著作中就已经讲到长善救失这样一个深刻的原则。可见，那时我国的教学发展已经积累了丰富的教学经验。作为后人，要去灵活地加以应用，以及努力地实现长善救失。教师去转化学生的缺点为优点是一个了不起的过程，是教学必须承担的任务，是促进学生发展的一个巧妙途径。

3. 评述孔子的教育思想及其贡献。

答：孔子，中国春秋战国时期伟大的思想家、教育家、儒家学派的创始人，也是私学的创始人。孔子是我国教育史上第一个将毕生精力贡献给教育事业的人。

（1）教育实践方面：①编订"六经"，整理和保存了我国古代文化典籍；②开创私人讲学之风，成为我国古代教育思想的奠基人。

（2）孔子理论体系的思想基础是"仁""礼"。

①"仁"的思想：孔子把"仁"视作最高的道德规范，其要义就是"爱人"。

②"礼"的思想：孔子的"礼"是就政治而言的，应当"父慈、子孝、兄爱、弟敬"，所以要求统治者提倡礼教。

（3）孔子对教育作用的论述包括社会和个人两个方面。

① 教育在社会发展中的作用：孔子主张通过文化教育传播思想对政治产生重大影响。同时，孔子还阐述了他的"庶、富、教"的施政大纲。②教育在人的成长中的作用：孔子承认在人的成长中，教育起了决定作用，集中体现在孔子"性相近也，习相远也"的思想中。

（4）孔子对教育对象的论述是一种创举。"有教无类"是针对奴隶主阶级有教有类而言的，把教育扩展到蛮夷之邦，且打破了"礼不下庶人"的等级制度，顺应了历史发展的潮流。

（5）教育目的："仕而优则学，学而优则仕。"孔子提出教育的目的是仕途，要培养的是治国安民的贤能之士。

（6）孔子的教学思想。首先，在教育内容上，提出"六艺"的教育；其次，在教学方法上，他提出了一系列的教学原则和方法，即因材施教、启发诱导、学思行并重、由博返约等。

（7）有关道德教育思想。重在如何育德，他提出了一些道德教育原则，如立志、克己、力行、中庸、内省、改过等。

（8）关于教师的论述。身为教师应该做到学而不厌，诲人不倦。强调教师要尽职尽责，热爱学生，对学生无私无隐，还要以身作则，教学相长。

综上所述，孔子以自己一生的教育经验积累了丰富的教育思想，为后人留下了宝贵的精神财富。然而，由于历史时代的局限，孔子的教育思想不可能超出封建思想的界限，其根本目的是为封建统治阶级服务的，不可能具有完全的民主性。而且，其思想中明显地透露出对生产劳动知识和技能的鄙视。因而，我们在宣扬孔子积极思想的同时，要清楚地认识到这些局限，学会扬长避短。

4. 试比较孟子与荀子教育思想的异同。

答：孟子和荀子都是我国古代儒家学派的著名代表人物，然而二者的教育思想既有共同之处，也存在很大的区别。

（1）共同点。

① 在教育作用问题上，二者都重视教育在社会发展和个人成长中的作用。

孟子认为教育对个人的作用在于把人天赋的善端加以保持、培养、扩充、发展，或把已经丧失的善端找回来，启发人们恢复天赋的善良本性，使之成为道德上的"完人"。教育的社会作用则是"行仁政""得民心"。

荀子也是高度重视教育的作用。他认为教育在人的发展中起着"化性起伪"的作用。荀子主张的教育作用主要包含两个方面：一方面是人的主观能动性；另一方面是环境的作用。化性起伪是环境、教育和个体努力的共同结果。

② 在教育目的和教育内容上，二者都认为培养统治人才是教育的最高目标，并且都强调道德教育是教育内容中的重要方面。

孟子认为办教育的目的在于"明人伦"。"明人伦"的教育目的决定了他的教育内容是以伦理道德教育为主体。孟子认为仁、义、礼、智的基础就是"孝悌"。以伦理道德为基本教育内容，以"孝悌"为伦理道德基础的教育，是整个中国封建社会教育的重要特点。荀子整理"五经"为教育内容，与孟子"孝悌"的教育内容更是一脉相承。

（2）不同点。

① 在人性论上，孟子肯定"性善论"，认为人人都先天具有仁、义、礼、智四个"善端"。这四个"善端"是每个人与生俱来的，但仅有这些"善端"是不够的，必须加以扩充，使之达到完善的境地，才可以成为圣人。

荀子强调"性恶论"，他认为人性是人与生俱来的自然属性。荀子主张化性起伪，指出孟子所说的人性善，实质上是"伪"而不是"性"，他认为人的本性是恶的，而人的善德是后天习得的。这一点较孟子的"良知""良能"具有更多的唯物主义色彩。

② 在教学思想上，孟子主张"内发"；而荀子更倾向于"外铄"。

③ 在学与思的关系上，孟子比较强调"思"，主张深造自得，专心致志；而荀子更提倡"学"。

④ 在教学过程上，孟子将其视为"存养""内省""自得"的过程，唯心主义的倾向较重；而荀子把教学过程看成是闻见、知、行三个环节，充分反映其唯物主义的思想。

综上所述，二者都有值得我们吸收、发扬的可贵之处，我们应该取长补短，借鉴吸收。

5. 试从社会发展和个体发展两个方面，分析孔子关于教育作用的思想。

答：孔子主要从社会发展和个体发展两个方面对教育作用进行论述。

（1）教育对社会发展的作用。孔子通过对教育和政治、经济、军事、法律的关系的分析，论述了教育的社会发展作用。

① 在教育和政治的关系上，孔子基本出发点是"为政以德"。他认为教育工作本身就是一种政治工作，不一定直接去做官才算参与政治。但是孔子指出，教育工作不是与政治工作等同的，而是通过传播文化、培养道德等特殊职能，对政治产生影响。

② 在教育和经济、军事的关系上，孔子提出"庶、富、教"，他认为众多的人口、富足的财富和发达的教育三者兼备，国家就会大有希望。而其中教育是最不可或缺的一部分，是立国之本。

③ 在教育和法律的关系上，孔子认为只有通过教育，使民众真正把各种社会规范和行为标准内化在自己的思想和行为中，才能实现社会的稳定和国家的安宁。

(2) 教育对个体发展的作用。孔子认为在人的成长中，教育起着决定的作用。在这方面，他提出了非常著名的"性相近也，习相远也"的论断——人的本性是很接近的，后来之所以有较大的差别是教育和学习的结果，这句话表明孔子承认了在人的成长中教育起着决定作用。但同时孔子却依然承认有少数生而知之的圣人和学而不能的下民，这使他关于教育对个体发展的思想陷于混乱和自相矛盾当中。

(3) 孔子关于教育作用思想的评析。

孔子在自己教育实践经验和教育理论思考的基础上论述自己对教育作用的看法，对后世有重大的启发和借鉴意义。

① 孔子既看到了教育对社会的作用，也非常重视教育对社会个体发展的意义。他兼顾了这两个方面的内容，是非常可贵的。

② 但孔子对教育作用的论述是有历史局限性的。教育对社会政治、经济、法律等方面确实有着巨大的作用和重大的影响。但孔子夸大了教育的作用，是历史唯心主义的表现。在缺乏政治和经济基础的条件下，教育是很难发挥其作用的。

③ 另外，孔子在论述教育对个体发展的作用时，也存在一定的问题。他的思想中还为旧的传统观念保留着一块地盘，没有抛弃上智下愚的老调。

6. 评析孔子"学而优则仕"的教育主张。

答："学而优则仕"是孔子的学生子夏提出来的，但它在理论上集中概括了孔子的教育目的。其基本含义是主张把官职与学习紧密联系起来，有官职的人应该是受过教育并继续学习的人，受过教育的人应该得到一定的官职，教育就是要培养能治国安民的贤能之士。

"学而优则仕"教育目的论的提出，在当时具有很大的进步意义：

① 反对不学而仕的世袭制，为平民开拓了从政的道路。

② 把学优与仕优联系起来，以学优保证仕优，有利于推行贤人治邦，改良社会政治。

但是，这一教育目的论对中国古代教育也产生了一些消极影响：

① 过于突出教育的政治功能，忽视了教育的经济功能，强化了中国"官本位"的传统观念。

② 以名利为诱饵，使中国知识分子从一入学读书开始，就产生严重的功名意识，形成"两耳不闻窗外事，一心只读圣贤书"的传统观念。

7. 给下面的文言文断句，并说明其出处，阐述其中的教育思想。

答：(1) 断句。

大学之法：禁于未发之谓豫，当其可之谓时，不陵节而施之谓孙，相观而善之谓摩。此四者，教之所由兴也。发然后禁，则扞格而不胜；时过然后学，则勤苦而难成；杂施而不孙，则坏乱而不修；独学而无友，则孤陋而寡闻；燕朋逆其师；燕辟废其学。此六者，教之所由废也。

(2) 这段话节选自《礼记·学记》。

(3) 这是《学记》总结了长期教育、教学中的经验教训后概括出的规律，包含四条原则。"豫"是预防，"禁于未发之谓豫"，要在不良倾向尚未发生时就采取预防措施，否则，待到不良行为发生后再去纠正，则"扞格而不胜"，即遭遇抵触而难有成效；"时"是及时，"当其可之谓时"，要把握教学的最佳时机，适时进行，否则，"时过然后学，则勤苦而难成";"孙"是指循序,"不陵节而施之谓孙",教学要遵循一定的顺序进行,否则,"杂施而不孙",学生将苦不堪言;"摩"指观摩,"相观而善之谓摩",学习中要相互观摩,取长补短,否则,"独学而无友,则孤陋而寡闻"。但观摩一定要是正面示范,否则,效果恰得其反。正反两面的对照分析,大大地加强了论证的力度。

8. 试论述《学记》中的教育思想。

答:《学记》是《礼记》中的一篇,是中国古代最早的一篇专门论述教育、教学问题的论著,它是先秦时期儒家教育和教学活动的理论总结,主要论述教育的具体实施,偏重于说明教学过程的各种关系。其作者一般认为是思孟学派,甚至具体到孟子的学生乐正克。

其中的内容主要包括教育的作用与目的,教育制度与学校管理,教育、教学的原则与方法等几大部分。

(1) 教育作用与教育目的。

《学记》把教育的作用和目的概括为"建国君民,教学为先""化民成俗"(兴办学校,推行教育,教化人民群众遵守社会秩序,养成良好风俗)。

《学记》将教育与政治高度结合起来,使教育成为政治的手段。尽管说明了教育在人的发展中的作用,但人的发展问题是服从于政治与社会的发展的。因此,教育只是人发展的一个中介。

(2) 教育制度与学校管理。

① 学制与学年。

《学记》把大学教育定为两段,共九年。七年为一段,完成之后谓之"小成";第九年毕为第二段,合格后谓之"大成"。

② 视学与考试。

其中,一、三、五、七、九学年,都有考试,分别是"视离经辨志""视敬业乐群""视博习亲师""视论学取友""知类通达,强力而不反",体现了国家对教育的重视。

(3) 教育教学的原则。

可归纳为:"预、时、孙、摩""长善救失""启发诱导""藏息相辅"。

① "禁于未发之谓预"——预防性原则。

② "当其可之谓时"——及时施教原则。

③ "不陵节而施之谓孙"——循序渐进原则。

④ "相观而善之谓摩"——学习观摩原则。

⑤ "长善救失"——教师要注意学生的个别差异,帮助他们发扬优点,克服缺点。

⑥ "启发诱导""道而弗牵,强而弗抑,开而弗答",教师引导学生,但又不牵着学生的鼻子走;督促勉励,又不勉强、压抑;打开学生的思路,但又不提供现成的答案。

⑦ "藏息相辅":既有有计划的正课学习,又有课外活动和自习,有张有弛,让学生感到学习的乐趣,劳逸结合。

9. 评述孔子的德育论及其当代价值。(东北师范大学 2012 年真题)

答:(1) 孔子的德育论。

孔子认为,成为君子的主要标准是道德品质修养,"礼"与"仁"是孔子道德教育的主要内容,"礼"为道德规范,是人必须接受的外在社会行为规范;"仁"是最高道德准则，是对生命及其价值的珍视和关爱，即"仁者，爱人也"。

从"仁"出发，孔子提倡培养人们"爱人"的情感，启发人们自在的道德自觉，主要有两条路线："己欲立而立人，己欲达而达人""己所不欲，勿施于人"，这是内发的道德修养路线；"非礼勿视，非礼勿听，非礼勿言，非礼勿动"，这是一条外铄的道德修养路线。

孔子道德教育的原则和方法有立志、克己、力行、中庸、内省、改过、学思行并重。

(2) 孔子德育论的当代价值。

① 孔子的德育论是以"君子"为目标的理想信念教育。孔子主张培养"修身""齐家""治国""平天下"的"圣人"和"君子"，要求德才兼备，他为整个中华民族定格了人格理想。当前，我国教育应该通过创造人人所景仰的人格典范，引导人们追求崇高的道德境界，激励个人完善自我，形成坚强的意志。

② 孔子的德育论是以"仁"为核心内容的和谐精神教育。求"仁"是君子的本质特征，"仁"是君子的核心精神表现。在社会主义市场经济条件下，"仁"是人际交往的重要前提，用"仁"来协调和解决人与人之间的矛盾，调整和削弱在竞争中出现的紧张的人际关系，促进人际关系和谐与融洽。

③ 孔子的德育论是以"德性优先"为原则的道德自律思想。孔子主张身体力行、学思行并重、立志自省等德育原则和方法，其根源就是孔子十分注重受教育者自我修养、自我教育的内化德育途径，在教育过程中充分突出受教育者的主体性，将受教育者作为德育主体，通过调动其积极性与主动性，身体力行，通过完善自己的人格来进行道德教育。我们应该清晰地认识到孔子思想中培养道德主体人格的重要性，所以，我们要在这个多元的社会中树立现代德育观，尊重主体，由灌输走向对话，由限制个性走向发展个性。

④ 孔子的德育论是以"下学而上达""学思行并重"为方法的德育活动。"下学而上达"把德育活动描述为一个连续的过程，"下学"与"上达"二者缺一不可，当代德育缺乏时效性是人们普遍担忧的问题，现代德育教育学术气氛浓厚，德育形式化，在很大程度上与社会环境、道德实践相脱离。今天的道德教育应该进行整体改革，不仅要学习书本的知识，而且一定要同道德实践相联系，走与实践相结合的道路，使受教育者得到全面的锻炼和发展，多做实事、做到言行一致，从而将德育落实到实处。

第三章 儒学独尊与读经做官教育模式的形成

◆ 应试题库 ◆

一、名词解释

1. 太学　　2. 鸿都门学　　3. 察举制
4. 郡国学　　5. 三纲五常　　6.《对贤良策》

二、简答题

1. 简述汉武帝"独尊儒术"的文教政策。
2. 试分析董仲舒的"性三品"学说及其教育作用。
3. 简述董仲舒道德教育的原则和方法。

三、分析论述题

1. 论述董仲舒道德教育思想的基本内容。
2. 论述独尊儒术文教政策的作用和影响。
3. 论述汉代太学的特点和意义。

◆ 应试解析 ◆

一、名词解释

1. 太学

答：汉武帝设太学养士，这是落实独尊儒术教育政策的重要步骤。汉武帝下令为五经博士设弟子，标志着太学正式成立，也标志着以经学教育为内容的中国封建教育制度正式确立。朝廷掌握教育大权，利用教育这一有力手段控制学术的发展方向，这是地主阶级在统治策略上走向成熟的表现。到东汉时，太学极盛一时。太学以培养"经明行修"的官吏为目标，是中国教育史上的第一所有完备规制、史实详尽可考的学校，自创始到清末，历代的最高学府多被称为太学，对后世影响深远。

2. 鸿都门学

答：鸿都门学是汉代学习、研究文学艺术的高等专科学校，创立于东汉灵帝时期，它在性质上属于一种研究文学艺术的专门学校。鸿都门学是统治阶级内部斗争的产物，即宦官势力为了培养拥护自己的知识分子而与士族势力为主的太学相抗衡的产物。但在教育上具有独特的意义。首先，它打破儒家独尊的教育传统，以诗、赋、书画作为教育内容，这是教育史上的一大变革，促进学校多样化；其次，鸿都门学是一种专门学校，作为一种新的办学形式，为后来专门学校的发展提供了经验；同时，它也是世界上最早的文学艺术专门学校。

3. 察举制

答：察举制是始于汉代的一种选官制度，自汉文帝开始，但没有形成制度，察举制作为一种比较完备的制度得以确立是在汉武帝时期。首先，汉武帝设孝廉一科，标志着察举制以选官常制的姿态登上了历史舞台；其次，汉武帝时察举取士的范围扩大到了布衣之士；最后，增加察举的科目，而孝廉是最主要的科目，在选拔考试中，儒家受到特别的优待，开创了以儒术取士的局面。察举制设立之初，极大地促进了讲习儒经社会风气的形成和教育的发展，被称为科举制度的先导。

4. 郡国学

答：郡国学就是两汉设立的地方官学，始创于汉景帝时期的"文翁兴学"，蜀郡太守文翁送地方官吏到京师学习进修，后回蜀郡为官或者为教，在地方设立学校，培养地方官吏，促进了蜀郡的经济发展。汉武帝对"文翁兴学"极为赞赏，下令各郡国普遍设立学校。东汉时郡国学盛极一时。

两汉郡国学的办学目的主要有：第一，培养本郡官吏，向朝廷推荐优秀学生；第二，通过学校举行的"乡饮酒""乡射"等传统的行礼活动，向社会推行道德教化。

5. 三纲五常

答：三纲五常是董仲舒伦理思想体系的核心，也是他的道德教育的基本内容。先秦儒家曾提出"五伦"，即君臣、父子、夫妇、兄弟、朋友。董仲舒又强调君臣、父子、夫妇这三种关系，也就是所谓的"三纲"，即"君为臣纲，父为子纲，夫为妻纲"。"五常"是仁、义、礼、智、信。三纲五常自董仲舒确立后，成为两千多年来中国封建社会道德教育的中心内容。

6.《对贤良策》

答：《对贤良策》由西汉董仲舒编撰，其以"贤良"对答汉武帝的三次策问，故得此名，共三篇，因讲述天人关系，又称"天人三策"。该书主张罢黜百家，独尊儒术；兴太学，置明师，以养天下之士；要求朝廷"量材而授官，录德而定位"。书中的一系列思想直接影响了汉武帝推行的文教政策。

【注意】不会作答名著类名词解释的考生，可以直接结合当时的文教政策，尤其是影响决策者的著作来作答。

二、简答题

1. 简述汉武帝"独尊儒术"的文教政策。

答：(1)"罢黜百家，独尊儒术。"汉武帝在董仲舒的建议下，国家政策和文化教育皆以儒术为本，儒学成为统一的指导思想。以儒家经典为教育内容，用严格的师法代替自由讲学，书本知识在教学中占主要地位，长句古训代替了对现实问题的探讨，这便是"独尊儒术"政策对教育的重大影响。

(2)兴办太学。实行设太学以养士，这是落实独尊儒术的教育政策的重要步骤。汉武帝下令为五经博士设弟子，标志着太学正式成立，以经学教育为内容的中国封建教育制度正式确立。

（3）建立察举制度。在汉武帝时期得以确立，是先经考察举荐，再经考试，据考试成绩优劣选人任官的制度，是对太学养士选才的补充。其实是保障了读书做官、以儒术取士的落实，成为科举制度的先导。

总结来看，汉武帝先后实行的具体措施有：设立五经博士、开设太学、察举制的完全确立。

2. 试分析董仲舒的"性三品"学说及其教育作用。

答：人性学说是董仲舒论述教育作用的理论依据。他认为人性是"天"赋予人的一种素质。天有阴阳，人性也相应地包含性与情两种成分，即性属阳，是仁的、善的；情属阴，是贪的、恶的。而善的成分并非就是善德，它必须通过教育，才能继续发展成为人的善德，即所谓"性非教化不成"。可见，董仲舒认为人性中兼有善恶的因素，教育的作用就是发展人性，使人成为善人。

同时，董仲舒认为，教育的任务应由"承天意"的帝王来承担。可见，他把教育看成是王者的权力，以树立君主的绝对权威。为此，他还把人性分为"圣人之性""中民之性"与"斗筲之性"。所谓"圣人之性"，是天生的"过善"之性，是一般人先天不可能、后天不可及的。"斗筲之性"，是无"善质"的，生来就"恶"的，教化无用，只能采用刑罚的手段来处置他们。而"中民之性"，也就是万民之性，是"有善质而未能善"，必须通过王者的教化才能成"善"。

董仲舒关于人性以及教育作用的思想，以绝大多数的普通人为对象，主要是为其"任德教而不任刑罚"的政治主张提供理论依据，同时包含有推崇圣贤和镇压所谓恶人的观点，反映了他思想的时代局限性。

3. 简述董仲舒道德教育的原则和方法。

答：董仲舒提出了"三纲五常"的德育内容，其中德育的原则和方法有：

（1）确立重义轻利的人生理想。"正其义不谋其利，明其道不计其功"，这句话是董仲舒对这一原则的总概括。董仲舒要求人们心正意诚，提倡封建国家利益原则的追求应高于个人对利益的追求。

（2）"以仁安人，以义正我。""仁"是建立在对人的生命珍惜和热爱的基础上的，体现的是对个体生命价值和权利的尊重。"义"是为封建国家的利益而确立的准则，凸显个人对社会的责任与义务，尊重他人的价值和权利，这实际上是对儒家强调主体道德自觉精神的继承和发展。

（3）"必仁且智。"道德教育必须做到"仁"与"智"的统一。他强调了道德修养中情感与认知的统一。

（4）"强勉行道。"努力地进行道德修养，德性就能日益显著，取得良好的成效。强调品行的积累。

三、分析论述题

1. 论述董仲舒道德教育思想的基本内容。

答：在董仲舒的教育思想中，道德教育是其核心，因为它是董仲舒德治政治思想在教育上的自然延伸，是成就理想人格的必由之路。

（1）德育的作用：德教是立政之本。董仲舒虽主张教化与刑罚并重，但强调以道德教化为本，刑罚为末为辅，强调以教化作为实现仁政德治手段是儒家思想的传统。

（2）以"三纲五常"为核心的道德教育内容："三纲五常"是董仲舒伦理思想体系的核心，也是他道德教育的基本内容。先秦儒家曾提出"五伦"，即君臣、父子、夫妇、兄弟、朋友。董仲舒又突出君臣、父子、夫妇这三种关系，就是所谓的"三纲"，即"君为臣纲，父为子纲，夫为妻纲"。董仲舒把它提升为"五常之道"，并进行了新的解释。"三纲五常"成为两千多年来中国封建社会道德教育的中心内容。

（3）道德教育的原则和方法。

① 确立重义轻利的人生理想。"正其义不谋其利，明其道不计其功"，这句话是董仲舒对这一原则的总概括。董仲舒要求人们心正意诚，立志做一个符合封建国家要求的人。利，满足人们肉体上的需求；义，满足人们精神上的需求，二者不可或缺。提倡封建国家利益原则的追求应高于个人对利益的追求。

② "以仁安人，以义正我。""仁"是建立在对人的生命珍惜和热爱的基础上的，体现的是对个体生命价值和权利的尊重。"义"是为封建国家的利益而确立的准则，凸显个人对社会的责任与义务，尊重他人的价值和权利，这实际上是对儒家强调主体道德自觉精神的继承和发展。

③ "必仁且智。"道德教育必须做到"仁"与"智"的统一。他强调了道德修养中情感与认知的统一。

④ "强勉行道。"努力地进行道德修养，德性就能日益显著，取得良好的成效。强调品行的积累。

2. 论述独尊儒术文教政策的作用和影响。

答：独尊儒术文教政策是汉武帝采纳董仲舒的建议确立的，其主要措施包括：设儒学五经博士、建立博士弟子制、以儒术取士、建立视学制度等。

作用：独尊儒术政策实施后，统治者一方面积极地进行儒家思想的教育和教化，另一方面用官禄引诱读书人潜心研习儒家经典，起到了统一思想、巩固封建专制统治的作用，同时也促进了汉代教育的大发展，汉代官学和私学都得到空前的发展，学制系统已初具规模，为以后历代封建王朝的学校教育制度奠定了初步基础。

影响：独尊儒术政策确立后，儒家学说上升为占据统治地位的政治指导思想。独尊儒术由于适合中国封建社会的国情，在它的指导下，封建教育在汉唐时期从建立逐步走向完备，但它同时也限制了中国古代教育、政治文化的多元发展和多种形式、规格人才的培养。独尊儒术政策成为后世历代君主所奉行的文教总方针，对后世封建文化教育的发展产生了深远的影响。

3. 论述汉代太学的特点和意义。

答：汉武帝设太学养士，这是落实独尊儒术的教育政策的重要步骤。汉武帝下令为五经博士设弟子，标志着太学正式成立，以经学教育为内容的中国封建教育制度正式确立。朝廷掌握教育大权，利用教育这一有力手段控制学术的发展方向，这是地主阶级在统治策略上走向成熟的表现。到东汉时，太学极盛一时。

（1）汉代太学教育的基本特点。

① 教师与学生：太学的老师是博士，博士首领在西汉叫仆射，东汉改为博士祭酒。太

学的学生称为"博士弟子""诸生""太学生"等。

②培养目标：太学为国家培养"经明行修"的官吏。"经明行修"是对官吏才能和道德的要求。即必须通晓一种或两种经书，并具备"三纲五常"的德行。"三纲"的内涵是"君为臣纲，父为子纲，夫为妻纲"；"五常"即仁、义、礼、智、信五种道德观念。

③教学内容：御定统一的教材，学习儒家经典"五经"——《诗》《书》《礼》《易》《春秋》，这是太学法定的教材。

④教学形式：太学中有个别或小组教学，后期也有了"大都授"的集体上课形式，主讲博士叫"都讲"，还有次第相传的教学形式，即高业生教授低业生，以此来缓解教师的不足。

⑤考试制度：太学没有严格的授课和年级制度，考试作为一种督促、检查学生学习，衡量学生文化程度的手段尤为重要。太学的考试基本上采取"设科射策"的形式，"策"是教师所出的试题；"射"指以射箭的过程来描述学生对试题理解和答题的过程；"科"是教师用以评定学生成绩的等级标记，从优到劣依次分为甲科、乙科、丙科，学生所取得的等级是授官的依据。

（2）太学的意义。

汉代太学作为中国教育史上的第一所完备规制、史实详尽可考的学校，自创始到清末，历代的最高学府多被称为太学，可以推知其影响之深。从真正的意义上说，利用学校教育来强化官方的意识形态，始于汉代的太学，从而太学成为知识精英的荟萃之地，集结了"有识之士"。东汉太学生为了反抗黑暗的宦官政治所发动的政治运动，掀开了中国学生运动史上的第一页。汉代太学教学中存在排除异己学说，并以烦琐考证、空谈义理取代了对现实问题的分析探究，严重束缚了教育思想和学术研究的发展。

第四章 封建国家教育体制的完备

◆ 应试题库 ◆

一、名词解释

1. 策问　　2. 四馆　　3. 总明观　　4. 国子学
5. 科举制　6. 国子监　7.《颜氏家训》8. 六学一馆
9. 九品中正制

二、简答题

1. 简述韩愈《师说》中的教育思想。
2. 简述颜之推家庭教育思想的主要内容。
3. 简述颜之推关于士大夫教育的思想。
4. 简述隋唐时期私学的发展。
5. 唐代官学教育管理制度有哪些？
6. 简述隋唐时期的官学体系。
7. 简述韩愈关于人才培养和选拔的思想。

三、分析论述题

1. 从《师说》看教师的职责是什么？
2. 论述韩愈的尊师重道思想。
3. 试述唐代学校教育的主要特点。
4. 论述隋唐科举制度及其对学校教育的影响。
5. 试述科举制度的产生、发展及影响。
6. 试分析韩愈的"性三品"说与教育作用观。

◆ 应试解析 ◆

一、名词解释

1. 策问

答：策问是科举考试中的一种考试方法。策问的方法是针对当时社会经济、政治、文化等方面的问题发表评论，设想解决问题的办法。策问考查一个人治国安邦的才能，能够促使考生开动脑筋去思考现实问题,有利于提高人们的思维水平。

2. 四馆

答:东晋末年的战乱,使官学荒废。到了南朝宋文帝当政时期,在当时社会安定、经济发展的形势下,官学教育也出现了暂时的繁荣。宋文帝开设了以儒学为主的儒学馆;开设玄学馆,研究老庄学说;此外还开设了史学观和文学馆,四馆并列,各就其业招收学生进行教学、研究。四馆的建立打破了自汉代以来经学教育独霸官学的局面,使玄学、史学、文学与儒学并列,这是学制上的一大改革,也反映了当时思想文化领域的实际变化。

3. 总明观

答:南朝宋明帝时期,设立总明观(亦称"东观"),设儒、道、文、史四科。总明观并不是纯粹的教学机构,而是藏书、研究、教学三位一体的机关,而且教学任务实际上已退居次要地位。在四科之上以机构较为完备的总明观作为总的领导机构,比南朝宋文帝时期的四馆在管理上更加完善,也使原来四个单科性质的大学发展成在多科性大学中实行分科教授的制度。对隋唐时代的专科学校及分科教学制度的发展产生了重要影响,也表明"儒学独尊"逐渐被"儒释道"并行的局面所替代。同时,科技的传授开始在学校教育中取得一定的地位。

4. 国子学

答:西晋晋武帝创立国子学,旨在培养贵族子弟。国子学与太学传授内容相同,官品五第以上的弟子方能入学。另设一所传授相同内容的中央官学,是西晋教育制度的一个主要特点。国子学的创立是为了满足士族阶级享受教育特权的愿望,严格区分士庶等级,也标志着中央官学多样化、等级化更明显。国子学的创办,使传统教育体制由单一格局发展成为太学和国子学并行的双轨制,使传统教育走向多元化格局。

5. 科举制

答:科举制度产生于隋朝,发展于唐朝,是我国封建社会中持续时间最长、影响范围最广的选士制度。采用考试成绩来选拔人才的科举制是以考试为主,荐举为辅。科举制是隋代的一大创举,经唐、宋、明、清各朝代的发展更加完备,于清末 1905 年废除,共存在了 1300 多年,对封建社会产生了重大的影响。科举制产生前期,刺激了学校教育的发展,为封建国家选拔有才能的人当官,使整个社会形成了热爱学习的风气。但是宋朝以后,各朝各代重视科举而忽视兴学,导致学校成为科举制的附庸,科举制的弊端显露出来,各种消极作用日趋明显。科举制是中国封建社会的选士制度,对我国后世产生了深远的影响,其存在有一定合理性。

6. 国子监

答:隋朝隋文帝时设立了国子寺,国子寺与国子祭酒是我国历史上首次由中央政府设立的教育行政机构和首长,标志着教育发展成为独立的部门,这在中国教育史上有重大的意义。隋炀帝时又改称国子监,名称一直沿用到清朝。唐代国子监统辖下属的各学校,对学校的领导和管理加强,主要管理六学一馆,即国子学、太学、四门学、律学、书学、算学、广文馆,以经学教育为主体的学校发展形成高潮。

7. 《颜氏家训》

答:《颜氏家训》是我国南北朝时期的教育家颜之推根据自己的经历和体验所作的,用以训诫其子孙。这是我国封建社会第一部系统完整的家庭教科书。这部著作是我们了解颜之推教育思想的主要依据。它不仅有助于我们研究颜之推在儿童教育、学习方法等方面的某些真知灼见，而且也向我们展示了一幅封建士族教育腐败的漫画。这本书的主要内容是儿童教育，比如提出了及早施教、严慈相济、均爱原则、重视语言教育、重视品德教育等教育思想。

8. 六学一馆

答："六学一馆"是唐代主要的中央官学，指的是国子学、太学、四门学、律学、书学、算学、广文馆。其中国子学、太学、四门学注重学习儒家经典，律学、书学、算学属于专门学校，广文馆是国子监下属补习性质的学校。"六学一馆"的建立标志着学校的发展进入多样化时期。

9. 九品中正制

答：九品中正制是魏晋南北朝时期一种重要的官吏选拔制度，又名九品官人法。九品中正制度是继承东汉官吏选拔制度又加以改革的结果。成立之初有利于选拔人才，但后来发展为家世成为其评价的唯一标准，到西晋时终于形成了"上品无寒门，下品无士族"的局面，九品中正制不仅是维护和巩固门阀统治的重要工具，而且本身就是构成门阀制度的重要组成部分。后逐渐被科举制所代替。

二、简答题

1. 简述韩愈《师说》中的教育思想。

答：《师说》是唐代教育家韩愈论述师道的文章，主要论述教师的意义、任务、为师的标准、师生关系等内容。

（1）教师的意义：尊师即卫道，"道"是封建道德的最高境界。韩愈竭力倡导尊师重道，他认为师与道是密切结合、不可分离的，所以"道之所存，师之所存"。传道须有师，卫道必须先重视向师学习，所以尊师即卫道。

（2）教师的任务："传道、授业、解惑"。其中传道是最主要的内容。

（3）以"道"为求师的标准。韩愈提出教师要以"道"和"业"为标准来衡量。谁先有"道"，或者有专"业"学问，谁就是教师。至于出身、年龄、资历、国别等，都不是择师的标准。他说："是故弟子不必不如师，师不必贤于弟子。闻道有先后，术业有专攻，如是而已。"也就是说，师生的关系是相对的，在一定条件下可以互相转化，相互为师。只要闻道在先，术业有专长者，皆可以为人师。

（4）建立合理的师生关系。韩愈强调师生关系在道和业面前是一种平等关系，师生关系可以互相转化，这是对维护教师绝对权威的师道尊严思想的一种否定。这种含有辩证法因素和民主平等的师生观，极大地丰富了我国古代的教育理论，具有重要的历史意义。

2. 简述颜之推家庭教育思想的主要内容。

答：颜之推关于家庭教育的思想，主要源于他对儿童教育的关心。

（1）颜之推非常重视儿童教育，尤其注重儿童的早期教育。幼年时期是奠定基础的重要阶段，长辈应利用这个最好的教育时机，及早对幼儿进行教育，而且越早越好。

（2）家庭教育的原则：①及早施教，幼年时期是奠定基础的重要阶段，长辈应尽早地对幼儿进行教育，早期教育甚至可以从胎教开始；②严慈相济，善于教育子女的父母，能把慈爱与严格要求相结合，并能收到良好的教育效果；③均爱原则，在家庭教育中应当切忌偏宠，不论子女聪慧与否，都应以同样的爱护与教育标准来对待；④重视语言教育，语言的学习应成为儿童教育的一项重要内容，对儿童进行的语言教育应注意规范，重视通用语言，而不应强调方言；⑤重视品德教育，道德教育包括以孝悌为中心的人伦道德教育和立志教育两方面。

此外，颜之推还认为家庭对儿童的发展有潜移默化的作用，因此父母应该注意环境习染对子女的影响，要求父母审慎看待子女身边的人，以防误入歧途。慎重地选择师友，发挥教育的积极影响，潜移默化地对子女施加作用。

3. 简述颜之推关于士大夫教育的思想。

答：颜之推对南北朝时期士族地主教育的没落深为忧虑，如何改良已经衰微的士大夫教育，是他整个教育思想的内涵。他的教育思想以如何加强士大夫的教育为中心。

（1）士大夫必须重视教育。

南北朝时期，士大夫阶级虽垄断教育，但又轻视教育。他们的子弟庸碌无能，不学无术，他们的教育程度和精神面貌十分糟糕，为此，颜之推要求整个士族阶层应该注重教育。

首先，他认为人性分为三品，性的品级与教育有直接关系，这成为他强调士大夫受教育的理论依据；其次，他从接受教育与否同个人前途的利害关系出发，强调了士大夫受教育的必要性，他认为受教育是士大夫保持其原有社会地位的途径；最后，他从"利"的角度，从知识也是一种谋生手段等方面论述了知识教育的重要性。所以，士大夫必须重视教育。

（2）教育的目标在于培养治国人才。

抓好士大夫教育，培养对国家有实际效用的各方面人才。各种专门人才的培养，要依靠各种专门人才的教育，使其专精一职才能实现。

（3）德与艺是教育的主要内容。

在"德"方面，他认为树立仁义的信念是德育的重要任务，而实践仁义则是德育的最终目的。在"艺"方面，颜之推主张以广博知识为教育内容，以读书为主要教育途径。"艺"的内容除了经史百家等书本知识外，还应包括处身士大夫社会生活中所需要的"杂艺"，即琴、棋、书、画、数、医、射等，这些技艺在生活中有实用意义。道德教育是根本，知识教育是道德教育的基础，并为道德教育服务。

值得一提的是，颜之推提出士大夫应重视农业生产知识，仅限于重视这一知识，不是要求去亲自耕作。

4. 简述隋唐时期私学的发展。

答：隋唐时期私学较发达，每一种专门的学术都有私人传授，既补充了官学，也成为科举制度的教育基础。

私学在隋唐兴盛的原因：第一，唐朝明文鼓励私人办学；第二，太平年代，人们渴求文化；第三，科举考试刺激私学的发展；第四，私学本身灵活多样，富有活力；第五，隋唐经济的繁荣是民间私学发展的基础。

唐代私学的特点是层次多样、办学灵活、机构简单、形式多样、内容丰富、覆盖面广，其是唐朝教育制度中不可或缺的组成部分。

隋唐的私学分为初级与高级两种。初级私学承担了基础教育的任务，主要有私塾、家学、乡学、村学等。高级私学是针对有一定文化基础的学习者，学习内容非常广泛，不仅仅局限于儒学，任何一门学问，在私学中都有传授。所以，唐代的私学为唐代文化教育事业的繁荣做出了贡献。唐代官学的发达与完备并没有妨碍私学的发展，官学与私学相互补充，共同构成了唐代的封建教育体系。

5. 唐代官学教育管理制度有哪些？

答：唐代官学教育管理制度最重要的是以下六项。

（1）入学制度。唐代中央官学实行等级入学制度，凡申请进入国子监学习的学生，对年龄有一定限制。

（2）学礼制度。束脩之礼、国学释奠礼、贡士谒见及使者观礼，这些定期性的礼仪活动使学生受到崇儒尊师、登科从政的教育，受到一定的思想熏陶。

（3）教学制度。各种类型的学校教学内容具有具体性和专业性，如国子学、太学、四门学主要学习儒家经典，律学以学习唐律令为主，并规定了各门课程的修业时限。

（4）考核制度。主要有旬试、月试、季试、岁试和毕业试。

（5）督责与惩戒制度。国子监主簿负责执行学规，督促学生勤学，保证国子监的教学和生活秩序。

（6）休假制度。常规的休假有旬假、田假和授衣假，体现了农业社会的人性关怀。

6. 简述隋唐时期官学体系的完备。

答：（1）中央官学：中央官学包括儒学与专门学校两类，国子监管理的"六学一馆"成了中央官学的主干，"六学一馆"指国子学、太学、四门学、律学、算学、书学、广文馆，由国子监管理。另外的学校是中央的一些事业和行政事务部门结合自己的需要创办的，归相关部门管理，如太医署的医学、东宫的崇文馆等。总的来说，唐代中央官学较为发达，种类繁多、人数众多、等级森严、学习内容丰富，远远超过以往任何一个朝代。

（2）地方官学：与此同时，唐代的地方官学也有比较完备的制度。唐代的主要行政单位是州、府、县，各级单位都根据其大小设立相应规模的地方官学，实行州县二级制。学习内容有三种类型：经学、医学、崇玄学。但主要还是学习儒家经典。地方学校归地方政府的行政长官长史负责，包括主持考试。唐代的地方官学也很发达，可以说中国封建社会的地方官学制度到唐代已得到充分实施。

7. 简述韩愈关于人才培养和选拔的思想。

答：（1）人才的培养：韩愈认为要治国兴邦，统治者就应当从长远利益出发，"得天下英才而教育之"，为巩固封建统治，培养合格的官吏，教育天下英才。教育的任务就是要为治国兴邦培养人才。为了培养人才，韩愈要求整顿国学，改革招生制度，扩大招生范围，否则势必导致人才匮乏，统治就会出现危机。他希望通过教育培养出"行君之令而致之民者"。为此，他在做国子祭酒后，严格选拔学官，整顿教师队伍，整顿教学，建立良好的教学秩序。

（2）人才的选拔：韩愈不仅重视人才的培养，还很注重人才的选拔。韩愈认为不合理的考试内容、选拔方法都会埋没真才实学者，要求统治者应该爱惜人才，不拘一格选人才。他以千里马和伯乐的关系来比喻人才的难得。他这种爱才、选才、用才的思想与封建社会选人唯贵、唯亲的腐朽思想是对立的，至今依然有重大的现实意义。

三、分析论述题

1. 从《师说》看教师的职责是什么？

答：唐代教育家韩愈针对当时社会中学生不重师道、"耻学于师"，教师也起不到传道卫道作用的现象，写了著名的《师说》，提倡师道。《师说》的基本精神在于"存师卫道"。在《师说》中，韩愈把教师的职责规定为："师者，所以传道、授业、解惑也。"

（1）师与道：韩愈认为师是"传道"的，如果一个教师不能"传道"，那就不能成为教师。传道须有师，卫道必须先重视向师学习。尊重了师道就可以卫道了。他强调师与道是紧密结合、不可分离的。他指出，不论年龄与地位，只要有"道"，皆可师之，这就是他关于师与道的见解。

（2）道与业：①韩愈所谓的"道"，是指儒家道统；所谓的"业"，是指古文六艺之业。"道"是儒家基本思想基本精神；"业"是载"道"的工具。"道"与"业"二者之中，"道"为重，"业"在后，"道"比"业"更重要。

②"传道"与"授业"是教师最重要的任务。但在教学过程中，学生还有许多疑惑之处需要教师去解释。"解惑"就是教师的第三个任务。"解惑"是解释"道"与"业"中的"惑"，并不是离开"道"与"业"去解释其他无关的"惑"。韩愈肯定教师的主导作用，又指出教师的基本任务是以"传道"为主体，"传道"又离不开"授业"，把"解惑"提高到应有的地位，很有积极意义。

（3）师与生：①韩愈认为教师的主要任务是"传道"与"授业"。因此，师生关系就以"道"和"业"来衡量。谁先有"道"，谁就是教师；谁有专"业"学问，谁就是教师。教师不应受年龄、地位、资格等限制。韩愈冲破了汉代重师法、家法的旧条框，打破了"弟子必不如师，师不必贤于弟子"的旧教条，提出了为师的新标准："闻道有先后，术业有专攻。"

② 韩愈的为师新标准包含有"不耻相师"，即"相互为师"的观念，提倡向更多人学习，向比自己有长处的人包括自己的学生在内学习。还含有"能者为师"和"教学相长"的意思，比《学记》所提出的"教学相长"更进了一步：一方面肯定了教师的主导作用；另一方面又明确提出"弟子不必不如师，师不必贤于弟子"的新思想。

总之，韩愈在阐述教师的任务、教师的标准及师生关系的问题时，看到了师与道、道与业、师与生之间的既矛盾又统一的关系，这包含了朴素辩证法的因素。他提出教师应忠于理想、传播真理，又要学有专长、认真授业。他暗示了教师既要起主导作用，又要重视教学相长、能者为师。这些卓越的见解，不但大大丰富了中国古代的教育思想，而且对今天正确理解和处理教师的职责、政治与业务、德育与智育、教书与育人、教师与学生等关系也具有一定的参考价值和启发意义。

2. 论述韩愈的尊师重道思想。

答：韩愈教育思想最突出的一点就在于他在《师说》中提倡的尊师重道。

（1）尊师原因：首先，教育的过程是一个先觉传后觉、先知传后知的过程，教师闻道在先，在教学活动中起主导作用，学生要学知识，就应该尊师重道；其次，"天地君亲师"，师道体现君道，能尊敬师长，就能效忠皇帝，这是他提倡师道的深层原因；最后，还有社会原因，安史之乱后，国运转衰，儒学失去了宣传阵地，佛、道宗教势力膨胀，文学的重要性超过儒学，韩愈提出尊师重道来维护儒家的道统，重振儒道，抵制佛教和道教的思想。总之，尊师即卫道，"道"是封建道德的最高境界。

（2）教师的任务："传道、授业、解惑"。传授儒家仁义之道，讲授儒家六艺经传和古文，解答学生的疑问。传道是首要任务，授业和解惑是过程与手段。

（3）以"道"为求师的标准："道之所存，师之所存"。韩愈提出的学无常师、唯道是求的观点，对促进思想文化的交流有积极意义。

（4）建立合理的师生关系："是故弟子不必不如师，师不必贤于弟子。闻道有先后，术业有专攻，如是而已。"也就是说，师生的关系是相对的，在一定条件下可以互相转化，相互为师。只要闻道在先，术业有专长者，皆可以为人师表。学生向老师学习，但不必迷信和盲从老师。韩愈强调师生关系在道和业面前是一种平等关系，师生关系可以互相转化，这是对维护教师绝对权威的师道尊严思想的一种否定。这种含有辩证法因素和民主平等的师生观，极大地丰富了我国古代的教育理论，具有重要的历史意义。

韩愈的《师说》是中国古代第一篇集中论述教师问题的文章，既肯定教师的主导作用，又强调师生相互尊重与学习，提倡建立平等的师生观，这是韩愈教育思想的独特之处。

3. 试述唐代学校教育的主要特点。

答：唐代建立起来完善的官学教学体系，其中学校教育的主要特点表现为：

（1）建立中央和地方分级管理的教育行政体制。中央设立国子监，加强对教育的领导。采用两种教育管理模式：一是中央和地方分级管理；二是统一管理与对口管理并举，以统一管理为主。

（2）形成完备的教育管理制度。各学校从入学到毕业都有制度化的规定。如明文规定入学之始学生行束脩之礼；按照专业与课程的难易程度规定修业年限，形成旬考、岁考、毕业考试这三种形式的考试；唐代还规定了假期制度等。

（3）增添教育内容，扩大知识范围。学校主要学习内容仍是儒经，以传授儒经为职责的学校仍是封建教育的主体，此外还有各种专科性知识，但不论是学什么知识，其范围和程度都远远超过了前代，各种类型的专科学校开设了较为宽广的专业课程，丰富了学生的知识。

（4）教育等级制明显。教育的等级性是封建社会阶级关系的体现，唐朝政府明文规定各级各类学校招生的身份标准，将教育的等级性以法令的形式加以制度化。

（5）学校类型多样化。隋唐时期形成了以经学为主、专科性学校为辅的教育体系，学校类型多、数量多、涉及面广，远甚于前代。

（6）学校分布面广，意味教育普及程度高。隋唐时有中央官学，还广设地方学校，甚至在乡、里也鼓励人们办学校，还有私学与家学，尤其是唐朝依据州县面积和人口数量而设学，使学校的分布在制度上有了规定和保证。

（7）重视医学教育。唐代已经有了丰富的医学知识和较高的医疗水平，具备了普遍设立医学校的条件，这在当时是走在世界前列的。

（8）教育、研究、行政机构三者合为一体。唐代很多教育机构或行政机构担负多种职能，如弘文馆和崇文馆既整理、校正图书，又教授学生；太医署兼有行政机构、教育机构、研究机构的性质。行政机构中派生出教育和研究的功能，是唐朝教育的一大特色。

4. 论述隋唐科举制度及其对学校教育的影响。

答：（1）科举制度产生于隋朝，发展于唐朝，是我国封建社会中持续时间最长、影响范围最广的选士制度。采用考试成绩来选拔人才的科举制，既不同于两汉以德取士的察举制，也不同于魏晋南北朝门第取士的九品中正制。唐承隋制，逐渐形成了一套较为完备的科举取士制度，取代了以荐举为主的选士制度。

（2）对学校教育的影响：科举制度是选拔人才的制度，学校教育制度是培养人才的制度。在科举制度产生以前，选士制度和育士制度基本上是脱节的，科举制的产生将二者紧密结合在一起。

相互促进：科举制促进学校教育的发展。学校根据科举考试的要求来组织教学活动，学校教育成为科举考试的前提，科举又是学生做官的必由之路。科举制刺激了人们学习的积极性，促进了学校教育的发展。学校教育又促进了科举制的发展，培育人才来参加科举选拔。

相互制约：科举制与学校教育也相互制约彼此的发展。学校教育的兴衰直接影响科举取士的质量和数量；科举取士的标准和方法指导着学校教育的内容和方法。学校教育是科举制的基础，科举制是学校教育发展的指挥棒。

当统治者偏重科举时，并用科举制来操纵学校教育发展，就使学校成为科举的附庸。

需要说明的是，决定封建学校教育发展的终极因素，是封建社会的政治、经济、文化，而科举制只是一个辅助因素，并非科举制的产生导致学校教育衰落。相反，如果统治者将二者并重，则二者可相互促进，共同巩固封建统治。

5. 试述科举制度的产生、发展及影响。

答：（1）科举制度的产生与发展。

科举制度产生于隋朝，集中选士大权，采用考试办法，分科举人，是隋代的一大创举。当时进士科的设置，标志着科举制度的正式产生。

唐承隋制，逐渐形成了一套较为完备的科举取士制度。唐高宗以后，科举取士名额有所增加。武则天开创武举选拔军事人才的先例。到了开元、天宝时期，参加科举的人愈益增多，科举制度中大部分考试科目已经形成，考试内容和形式基本确立，科举制度渐趋成熟和完备。

（2）科举制的影响。

科举制是中国封建社会选士制度，在历史上存在了 1300 多年，对我国后世产生深远的影响，其存在有一定的合理性。积极作用在于：

① 利于加强中央集权。第一，中央政府掌握选士大权，有利于加强中央集权制；第二，官吏经考试选拔，提高官吏文化修养，有利于国家长治久安；第三，士子通过科举获得参政机会，扩大统治基础；第四，利用科举制统一思想，笼络人心，缓和阶级矛盾，维护国家稳定与发展。

② 使选士与育士紧密结合。第一，促使社会形成良好的学习风气；第二，促进人们思想统一于儒学，结束思想混乱的局面；第三，刺激学校教育发展，利于教育的普及；第四，种类繁多的考试科目扭转了人们重文轻武、重经学轻科学的现象。

③ 使选拔人才较为公正客观。第一，重视人的知识才能，而非门第；第二，考核策问与诗赋利于检验人的能力；第三，我国文官考试制是世界上最早实行的。

从整个发展历程看，科举从隋唐到宋朝，积极作用大于消极作用；到了明清时期，消极作用日趋明显，最终被社会所淘汰。其消极作用在于：

① 国家只重选科取士,而忽略了学校教育;学校成为科举考试的预备机构,学校失去了相对独立的地位和作用,成为科举制的附庸。

② 科举制具有很大的欺骗性。第一,评分时主观随意因素会影响评分客观性;第二,考官受贿和考试作弊现象严重;第三,诱骗知识分子为功名利禄而学习,大部分考生将终生时间浪费在科举上。

③ 科举制束缚思想,败坏学风。第一,导致学校形成教条主义、形式主义的学习风气;第二,影响中国知识分子的性格,重权威轻创新、重经书轻科学、重书本轻实践、重记忆轻思考,形成了独立性弱、依赖性强的性格特征;第三,形成了具有功利色彩的畸形读书观、学习观,如"万般皆下品,唯有读书高""书中自有黄金屋,书中自有颜如玉"等,这些思想长期"阴魂不散"。

6. 试分析韩愈的"性三品"说与教育作用观。

答:(1)性三品:韩愈从唯心主义的天命论出发,认为人是受命于天的,人性也是秉天命而成的。人性论的基本观点:

第一,他提出性与情的问题,认为人有性有情,性是先天具有的,情是后天习染的,性和情二者是相应的,有什么样的性,就有什么样的情。

第二,性和情皆分三品,性有五德,情有七情。性的具体内容有仁、义、礼、智、信五德,情的具体内容则有喜、怒、哀、惧、爱、恶、欲七情。

第三,性可移,但性的品级不可移。上、中品之人可受教育,下品之人只能以刑罚制之,而三品之人,都固定在天生的"品"的界限内,是"不移"的。

(2)教育的作用。

第一,从性三品说出发,韩愈认为上、中品之人可受教育,下品之人虽也具有五常之性,但气质太坏,总是违反封建道德标准,只能以刑罚制之。因此,对于不同的人性,教育所起的作用是不尽一致的。对上品之人,教育能使其先天具有的仁义善性得到发扬光大。对可善可恶的中品之人,教育对这部分人的人性改造起着重要的作用,应按封建伦理道德标准来教育改造他们。至于下品之人,他们天生是顺情而行的,其言谈举止、行为规范总是与封建伦理道德标准格格不入,教育对他们人性的变化起不了作用。

第二,教育只能在已定的人性品位内发生作用。不同等级的人接受教育的权利也是不同的,只有统治阶级才能享受教育的权利,对被统治阶级实行专制,剥夺其受教育的权利。这与孔子"有教无类"的思想相比是倒退的。

第三,人性决定教育的主要内容。由于人天生包含仁、义、礼、智、信的道德内容,教育就应把这种道德发扬开来,儒家经典是最好的教育内容。

可见,韩愈一方面肯定了教育在促进人性变化中的积极作用;另一方面又认为,教育的作用是有限的,人性三品不可变,教育只能在品级内发生作用。这种人性论不但为封建制度的等级性做了合理的论证,而且也为绝大多数的人接受封建道德教育提供了理论依据。

第五章 理学教育思想和学校的改革与发展

◆ 应试题库 ◆

一、名词解释

1. 苏湖教法 2. 积分法 3. 监生历事 4. 社学
5. 六等黜陟法 6. 书院 7. 私塾 8. 蒙学
9. 东林书院 10. 致良知 11. 三舍法

二、简答题

1. 简要回答北宋三次兴学的主要内容。
2. 简述三舍法及其历史意义。
3. 宋代书院产生的原因是什么？
4. 宋朝的科举制度与唐朝相比，有何新的发展？
5. 简单介绍"朱子读书法"的主要内容。
6. 简述明代八股取士的创立及其对学校教育的影响。
7. 东林书院的办学特点是什么？
8. 简述王守仁关于儿童教育的思想。
9. 简述宋代"兴文教"政策的主要表现。
10. 简述《白鹿洞书院揭示》的主要内容。
11. 简述宋元时期私塾的发展与种类。
12. 简述朱熹的教育作用观。
13. 简述王守仁的教育作用观。
14. 简述王守仁的教学思想。
15. 简述王守仁的"随人分限所及"的思想。
16. 简述清代诂经精舍和学海堂的办学特色和影响。
17. 宋元时期蒙学教材的种类和特点是什么？
18. 简述宋元私塾教育的特点。

三、分析论述题

1. 阐述朱熹的教育思想及其历史地位。
2. 试从科举制度的演变分析科举制与学校教育的关系及其对学校教育的影响。
3. 比较西欧中世纪大学和中国古代书院的异同。

4. 论述朱熹"小学""大学"教育的思想。
5. 论述书院的办学特色及其意义。

◆ 应试解析 ◆

一、名词解释

1. 苏湖教法

答："苏湖教法"是指"分斋教学"，是北宋胡瑗在主持湖州州学时创立的一种新的教学制度，在"庆历兴学"时被用于太学的教学中。胡瑗在主持苏湖州学期间，一反当时盛行的重视诗赋声律的学风，提倡经世致用的实学，主张"明体达用"。其内容是在学校内设立经义斋和治事斋，创行"分斋教学"制度。在胡瑗的"苏湖教法"中，学生可以主修一科，兼学其他科，创立分科教学和学科的必修、选修制度，是世界教育史上最早提出此观点的。

2. 积分法

答："积分法"是元朝国子学的重要特点之一，是通过积累计算学生全年学业成绩来升级的方法。它始于宋朝太学，至元朝国子学趋于完善，明清继承和发展了该方法。其基本方法是每月考试一次，依据成绩来积分，积到一定分数可升级，不及格者继续学习，成绩优异者，只要达到计分标准，就也可以不受学习年限的制约。由于积分法汇总学生平时成绩，具有督促学生平时认真学习的积极作用。

3. 监生历事

答："监生历事"又称"历练政事"或"实习历事"，是明朝国子监监生的实习制度，历事指到监外历练政事，规定国子监监生学习到一定年限，分拨于在京各衙门，历练事务，锻炼和考查政务才能。有时监生也到县州历练政事，清理粮田或兴修水利，历事后进行考核并评定等级，上等送吏部附选，可授予官职；中等再令历练；下等送回国子监读书。"监生历事"是中国古代大学里最早的教学实习制度，使学校培养人才与业务部门实用人才直接挂钩，有利于促进学校教学，提高人才素质。

4. 社学

答：创办于元朝，是设在农村地区，利用农闲空隙时间，以 8 至 15 岁的农家子弟为教育对象的初等教育形式，并带有某种强制性。明代继承发展了社学，社学制度更趋完善，普遍设立，成为对民间儿童进行初步文化知识和伦理道德教育的重要形式。清代各省的州县都设立"社学"，普及面更广。社学对于发展农村地区文化教育事业具有一定的意义。这是元朝在教育组织形式上的一种创新，对后世产生了深远影响。

5. 六等黜陟法

答：清朝实施的一种地方官学生员定级考试制度，有相应的奖惩措施，即六等黜陟法。学生考试成绩被分为六等：一等补廪膳生，二等补增广生，三等无奖无罚，四等罚责，五等降级，六等除名。六等黜陟法对学生进行动态管理，其等级不是固定的，而是根据学业成绩来升降，其等级与学业成绩紧密挂钩，利于调动学生学习积极性，提高学校教育质量。该制度在明朝"六等试诸生优劣"方法基础上发展完善而来，是清朝在地方官学管理上的一个重要创新。

6. 书院

答：书院是中国封建社会自唐末以后的一种重要的高级私学的教育组织形式。它以私人创办和组织为主，将图书的收藏、校对与教学、研究合为一体，是相对独立于官学之外的民间性学术研究和教育机构。南宋时期，白鹿洞书院的《白鹿洞书院揭示》的制定标志着书院发展逐渐制度化。各朝各代都有典型的书院，如明代东林书院、清代诂精经舍和学海堂等。书院最大的特点是学术自由。

7. 私塾

答：私塾为民间私人所办的蒙学的统称，是对儿童和青少年进行启蒙和基础教育的教育组织，主要承担识字、写字、阅读、作文和封建道德教育。它是我国封建社会的一种特殊教育组织形式。私塾的种类包括家塾、义塾、专馆等。私塾对学生的入学年龄、学习内容及教学水平等，均无统一的要求和规定。私塾的学生多六岁启蒙。就私塾的教材而言，主要是我国古代通行的蒙养教本，教学内容以识字、习字为主，还十分重视学诗作对。

8. 蒙学

答：中国封建社会时期，一般将8至15岁儿童的"小学"教育阶段称为"蒙养"教育阶段，对儿童进行启蒙教育的学校称为"蒙学"。整个封建社会中，也有官办的蒙学，但数量少，仅面向贵族，于是民间蒙学就成了数量最多、覆盖面最广、社会总和规模最大的一个门类。中国古代的蒙学基本上由民间自由办理，私塾是最主要的蒙学教育场所。使用的教材叫作蒙学教材，宋元时期，蒙学教材发展很快，出现了按专题分类编写的蒙学教材。

9. 东林书院

答：明代书院的议政特点以无锡的东林书院最为代表，也叫"龟山书院"，由宋代理学家杨时创办，后废弃直至明朝顾宪成、顾允成等复创，是明朝名声最大、影响最大的书院。顾宪成制定了"东林会约"，书院形成了讲会制度，形成了著名的东林学派。它不仅是一个重要的文化学术中心，也是一个政治活动中心。书院的基本思想是推行程朱理学，反对王学。因为触犯了统治者利益，后在明代第四次禁书院时被毁。

10. 致良知

答："致良知"是由王守仁提出的关于人性与教育作用的论述。他认为"理"在本心，而非心外，"理"就是心，心即世界，无所不包，世上不存在离开人的主观认识而独立存在的客观规律，故教育的作用就是直截了当地到内心去寻找真理。王守仁又把人心中的"天理"叫作"良知"，这个"良知"在人的整个生命过程中始终存在着，既不会减少，也不会丢失，但都可能被蒙蔽。他认为教育的作用在于去掉后天的与外物接触所产生的各种昏蔽，使"良知"能充分地发挥出来，也就是"致良知"。

11. 三舍法

答："三舍法"是宋代三舍考选法或三舍选察升补法的简称，是北宋王安石改革太学体制中创立的教学管理方法。即把太学分为外舍、内舍和上舍。初入学的外舍生，名额为200人，经过一年的学习可以进行升舍考试，结合平时行艺，合格者升为内舍生，内舍生则经上舍试按名额升入上舍。上舍生考试分上、中、下三等，名列上等的，可不再经过科举考试而直接授以官职。这样，学校不仅担负养士的任务，而且具有取士的职能，也影响了后世学校的发展。

二、简答题

1. 简要问答北宋三次兴学的主要内容。

答：（1）第一次兴学：范仲淹在宋仁宗庆历四年主持的，史称"庆历兴学"。

第一，令州县立学，保障学校的正常教学秩序；第二，改革科举考试内容，停帖经和墨义，着重策论和经学；第三，振兴太学，将胡瑗的"苏湖教法"引入太学，创立分科教学和学科的必修、选修制度，体现对当时教育空疏、流于形式的批判。

（2）第二次兴学：王安石在宋神宗熙宁年间主持的，史称"熙宁兴学"。

第一，改革太学，创立"三舍法"；第二，扩建和整顿地方官学；第三，恢复与创立武学、律学、医学等专门学校，以培养具有一技之长的人才；第四，编撰《三经新义》，作为统一教材。

（3）第三次兴学：蔡京在宋徽宗崇宁年间主持的，史称"崇宁兴学"。

第一，全国普遍设立地方学校，至此，形成了遍布全国州县的学校网络，无论在数量上、规模上，还是在分布的范围上，都远远地超过了以往任何一次兴学；第二，建立县、州、太学三级相联系的学制系统；第三，扩建太学，营建太学之"外学"，作为太学的外舍；第四，恢复设立医学，创立算学、书学、画学等专科学校；第五，罢科举，改由学校取士。

三次兴学虽然都因为守旧派的阻挠而中断，但是总体上讲，促进了学校教育的发展。

2. 简述三舍法及其历史意义。

答："三舍法"是北宋王安石在熙宁兴学期间创立的一种学校管理制度，是对太学的一种改革。其具体内容是：将太学生员分为外舍、内舍、上舍三个等级，生员依学业程度，通过考核，依次升舍。初入学为外舍生，相当于预科生或旁听生。外舍升内舍，内舍升上舍。

历史意义："三舍法"是在太学内部建立起的严格的升舍考试制度，对学生的考察和选拔力求做到将平时行艺与考试成绩相结合，学行优劣与对他们的任职选用相结合，这有利于调动学生学习的积极性，提高太学教学质量。同时又把上舍考试与科举考试结合起来，融养士与取士于太学，无疑提高了太学的地位。总之，"三舍法"是中国古代大学管理制度上的一项创新。它不仅对宋朝的学校教育产生了积极作用，而且对后来元、明、清的教育也有深远的影响。

3. 宋代书院产生的原因是什么？

答：书院是中国古代特有的教育组织形式。它以私人创办和组织为主，将图书的收藏、校对与教学、研究合为一体，是相对独立于官学之外的民间性学术研究和教育机构。形成北宋书院兴盛的原因是多方面的。但其中最主要的原因有以下几点：第一，北宋科举取士规模日益扩大，而宋初官学却长期处于低迷不振的状态；第二，朝廷崇尚儒术，鼓励民间办学；第三，佛教禅林制度的影响；第四，印刷术的应用，使书籍的制作与手写本相比，变得极为便利，是促成宋代书院兴旺发展的重要基础。书籍不再是珍藏品而是公众都可以拥有的，才有可能使书院拥有丰富的藏书，并真正成为面向社会的教学研究场所。

4. 宋朝的科举制度与唐朝相比，有何新的发展？

答：宋朝的科举制度基本沿袭了唐制，但是也根据实际情况做了改革，科举制的地位提高了，考试也变得更加严格，使科举在规模和制度上进一步得到发展。

宋代科举制的特点是：第一，科举地位提高，宋朝废除了两汉的察举制，视科举为取士正途；第二，考试规模扩大，录取人数增多；第三，考试内容改革，王安石变法时，废除帖经、墨义、诗赋等传统科目，改试经义，专用《三经新义》；第四，考试时间上改为三年一试；第五，确定殿试为常制，设置"别头试"，即回避制度，为了限制官僚子弟和士族子弟应试的特权，宋代规定食禄之家的子弟参加科举考试时必须加试复试，主考官的子弟、亲戚参加考试应该另立考场、另派考官，即"别头试"；第六，实行糊名、誊录，防止徇私。

5. 简单介绍"朱子读书法"的主要内容。

答："朱子读书法"有六条，在教育史上具有重要影响。六条的内容如下：

（1）循序渐进。朱熹主要从三个方面论述循序渐进的含义：首先，读书要按照首尾篇章的顺序，不要颠倒；其次，根据自己的实际情况和能力，量力而行，安排读书计划；最后，强调扎扎实实、一步一步前进，不可急于求成。

（2）熟读精思。读书必须反复阅读，不仅要能够背熟，而且要对书中的内容了如指掌。熟读是精思的基础，在此基础上，进一步深刻理解文章的精义及其思想真谛。

（3）虚心涵泳。读书必须以虚心的态度去体会圣贤的用心和寓意，容不得半点主观臆断或随意发挥。

（4）切己体察。读书不仅是要获得知识、寻求义理，更重要的是落实到自身修养的提高上，这是儒家提倡"求诸己"，讲究自律的思想体现。

（5）着紧用力。读书学习一定要抓紧，要努力，一旦进入学习阶段，就绝不能放松，要按部就班地完成任务。

（6）居敬持志。读书的关键还在学者的志向及良好的心态。"敬"就是端正态度，兢兢业业地去做，可以说是做好一切事情的基础，读书也不例外。"持志"即有坚定志向。

朱子读书法是古代最有影响的读书方法论。

6. 简述明代八股取士的创立及其对学校教育的影响。

答：明朝为了进一步以程朱理学统治思想，以八股制义为科举考试定式。"八股"特点有三个：

（1）八股文的试题取于"四书""五经"等儒家经典。

（2）八股文章只能依据朱熹《四书章句集注》"代圣人立言"，不能丝毫阐发己意。

（3）八股文章必须采用固定格式的排偶文体，否则不能入仕。

明代科举这一变化，使得科举考试更加形式化，也使得各级学校以教习八股范文为主，教育内容更加空疏无用，教学方法更加僵化、教条，造成极为恶劣的影响。

7. 东林书院的办学特点是什么？

答：东林书院是明朝顾宪成兄弟建立的名声最大、影响最大的书院，形成著名的东林学派。东林书院的基本思想是推行程朱理学，反对王学。顾宪成还以朱熹的《白鹿洞书院揭示》作为范本，制定《东林会约》。

东林书院有两个特点：第一，将学术与政治相结合，密切关注社会政治。这一特点集中体现在顾宪成写的一副对联上，"风声雨声读书声声声入耳，家事国事天下事事事关心"。他强调讲学不能脱离世道，东林书院在讲习之余，抨击政治，评判权贵，以正义的舆论力量给朝廷施加压力。第二，东林书院形成了一套完备的讲会制度。书院讲会活动产生于南宋，至明朝逐渐制度化，东林书院的讲会制度是突出代表，集中反映在《东林会约》的"会约仪式"中，要求定期举行学术会讲，以及讲会组织的一些具体的内容，这表明东林书院的讲会已经制度化了。

东林书院不仅是一个重要的文化学术中心，也是一个政治活动中心，在中国古代书院发展史上有特殊地位。

8. 简述王守仁关于儿童教育的思想。

答：明代教育家王守仁高度重视儿童教育，对儿童教育问题提出了许多精辟的见解。

（1）揭露和批判传统儿童教育不顾及儿童的身心特点，把儿童当作"小大人"的致命弱点。传统儿童教育压抑儿童的个性发展，视儿童为囚犯，学校为监狱。

（2）主张儿童教育应顺应儿童的性情。教育应该适应儿童的年龄特征，尊重儿童的兴趣，对待儿童就应该像对待小树苗一样，给予春风细雨的呵护，并鼓舞学生。

（3）教育方法：采用"诱""导""讽"的"栽培涵养之方"，即以诱导、启发、讽劝的方法代替传统的"督""责""罚"的方法。

（4）教育内容：发挥各门课程多方面的作用，歌诗、读书、习礼，都有各自独特的作用，应该加以综合的运用。

（5）程序：主张动静搭配，体脑并用，精心安排课程，使儿童既得到道德熏陶，又能学到知识，锻炼身体。

（6）教育原则："随人分限所及"，教学应量力而行，盈科而进，因材施教。

尽管王守仁进行儿童教育的目的是灌输封建伦理道德，但是他开始主张顺应儿童的性情，依据儿童的接受能力，使儿童在德、智、体、美方面都得到发展，反映了他教育思想的自然主义倾向。

9. 简述宋代"兴文教"政策的主要表现。

答：宋初的统治者在打败割据势力，基本上统一国家之后，在统治策略上做了重大改变，即由原来的重视"武功"改为强调"文治"，推行了"兴文教、抑武事"的政策。宋朝在这样的文教政策指导下，具体措施有以下四点：第一，重视科举，重用士人；第二，"三次兴学"，广设学校；第三，尊孔崇儒，辅以佛道；第四，理学兴盛，书院兴盛。其中，尤其是尊孔崇儒，提倡佛、道的政策，这对以儒家思想为主体，糅合佛、道的理学思想的形成起到了推动作用。

10. 简述《白鹿洞书院揭示》的主要内容。

答：南宋朱熹复修白鹿洞书院，把白鹿洞书院又发展起来，朱熹制定《白鹿洞书院揭示》作为书院的学规和教育宗旨，明确了书院的教育目的，阐明了教育过程，提出修身、处事、接物的基本要求，并且作为实际生活和思想教育的准绳，把世界观、政治要求、教育方向以及学习修养的途径结合起来。其内容是：

（1）"父子有亲，君臣有义，夫妇有别，长幼有序，朋友有信"为教育目的。

（2）"博学之，审问之，慎思之，明辨之，笃行之"为治学顺序。

（3）"言忠信，行笃敬，惩忿窒欲，迁善改过"为修身之要。

（4）"正其义不谋其利，明其道不计其功"为处事之要。

（5）"己所不欲，勿施于人，行有不得，反求诸己"为接物之要。

《白鹿洞书院揭示》中这些思想都曾在儒家典籍中出现，朱熹把这些思想汇集起来，用学规的形式固定下来，形成较完整的书院教育理论体系，成为后世一般学校的学规范本和办学准则，使书院教育逐步走上制度化的发展轨道。《白鹿洞书院揭示》集中体现了书院的精神，对当时及以后的书院教育，而且对官学教育都产生了重大的影响，其贡献不可低估。

11. 简述宋元时期私塾的发展与种类。

答：（1）私塾的发展：私塾为民间私人所办蒙学的统称，是对儿童和青少年进行启蒙和基础教育的教育组织，主要承担识字、写字、阅读、作文和封建道德教育。它是我国封建社会的一种特殊教育组织形式。蒙学在西周时为官办，称为"小学"，春秋以后，蒙学为私人办理，汉代称"书馆"，宋元时期是我国古代蒙学发展的一个重要时期，不仅在数量上得到进一步的发展，在教育内容、方法和教材上也形成了自己的特点。私塾成为中国古代社会中后期国家基础教育的主要承担者。

整个封建社会中，也有官办的蒙学，但数量少，仅面向贵族，于是民间蒙学就成了数量最多、覆盖面最广、社会总和规模最大的一个门类，中国古代的蒙学基本上由民间自由办理。

（2）私塾的种类：蒙学有各种各样的称呼，如"小学""私塾""乡校""家塾""蒙馆"等。主要分为：第一，家塾，宦官和殷实人家聘教师在家中教子弟，如《红楼梦》里的家塾；第二，学馆，也叫散馆，是生员（秀才）或其他有文化的人在自家中办的私塾，如《三味书屋》；第三，义塾，私人或社会团体所办的具有公益性质的学校，也叫义学，是私塾中规模最大的学校；第四，专馆，由一家或数家、一村或几个村子单独或联合聘教师教子弟的村学，也叫村塾、族塾，专馆以学习儒家经典为主，也叫经馆。

12. 简述朱熹的教育作用观。

答：南宋理学家朱熹是从客观唯心主义思想出发，表述其教育作用观。朱熹认为：宇宙万物是由"理"和"气"两种因素构成的。"理"是精神性的范畴，是第一性的；"气"是物质性的范畴，是第二性的。

（1）朱熹认为人和万物一样，是理与气结合而成的，人性的主流，即禀受于"理"的部分，就是"天命之性"。天命之性是纯然至善的。理和气结合在一起，就体现为"气质之性"。"气质之性"有善有恶，有清有浊。教育的作用在于"变化气质"，发挥气质之性中的善性。为了论证伦理道德的合理性和永恒性，朱熹认为天理就是以"三纲五常"为核心的封建伦理道德，人欲就是违背封建道德的言行，必须禁止和根除。"存天理，灭人欲"不仅是朱熹教育目的、作用的表述，而且是其道德教育的根本任务。

（2）朱熹继承发展了董仲舒和韩愈性三品的学说。圣人之性清明至善，没有丝毫昏浊，不教而自善。贤人之性次于圣人，通过教育也可达到"无异于圣人"的地步。中人之性则善恶混杂，界于君子和小人之间，"教化之行，挽中人而进于君子之域；教化之废，推中人而堕于小人之涂"。

（3）朱熹还认为人心也与人性有关，就一般人的内心而言，都有"人心"和"道心"两种成分。"道心"体现天理，"人心"体现人欲，"道心"被包含在"人心"里面，是隐性的，教育的作用就在于要让"道心"显现出来，也就是把"天理"突显出来，把人的私欲藏起来，这就是"存天理，灭人欲"，使"人心"服从"道心"。这个过程也就是"明人伦"的过程。

13. 简述王守仁的教育作用观。

答：明代王守仁十分重视教育对人的发展所起的重要作用，提出了"学以去其昏蔽"的思想，他用"心学"的观点来阐明这一思想。王守仁的教育思想是以他的主观唯心主义的"心学"为基础的。他认为万事万物都是靠心的认识而存在的。万事万物都不在心外，而在心中。所以他不承认有客观存在的"理"，认为"心即理"。他又继承和发展了孟子的"良知"学说，认为"良知即是天理"。

作为伦理道德观念的良知，它与生俱来，不能自学，不教自会，它是人人所具有的，不分圣愚，而且不会泯灭。但是良知在与外物的接触中，由于受物欲的引诱，会受昏蔽，即良知常被物欲、邪念所蒙蔽，就像明镜常为尘埃蒙蔽而失去明亮一样。所以，教育的作用在于除掉物欲对于良知的昏蔽，去"明其心"。这就是说教育是"致良知"或者说"学以去其昏蔽"的过程。王守仁认为人人都有良知的思想，说明人人有受教育的天赋条件，强调人的主观能动性，要自觉去恶为善。

14. 简述王守仁的教学思想。

答：明代王守仁有着独特的教学思想。

（1）教育内容：王守仁认为凡是有助于"求其心"者均可作为教学内容，读经、习礼、写字、弹琴、习射等，都要学习。其中写字、弹琴、习射等帮助陶冶人的本心。在教育内容上他提出一个著名的"训蒙教约"，训练标准是孝、悌、忠、信、礼、义、廉、耻。

王守仁认为，读书不能迷信书中的东西，认为"六经皆史"而已。这并不表示王守仁反对读书学习，他认为读经的目的是要通过体认经书的理，来启发自己的良知。

（2）教学方法：在修养方法方面，强调"事上磨炼"，就是结合具体事物，在实际中锻炼自己的修养。这里的"事"指"人事"。

15. 简述王守仁的"随人分限所及"的思想。

答：明代思想家王守仁认为儿童期是一个重要的发展时期，儿童的精力、身体、智力等方面都在发展过程之中，并且"精气日足，筋力日强，聪明日开"。教学必须考虑到这个特点，儿童的接受能力发展到何种程度，就按何种程度进行教学，他把这种量力施教的思想，概括为"随人分限所及"。

所谓"分限"是指人的认知发展水平和限度。首先，不顾及儿童实际能力，将高深知识灌输给他们，就像一桶水浇在幼苗上，毫无益处。教育的功劳就是随时扩充，掌握住"勿助勿忘"的分寸。其次，"授书不在徒多，但贵精熟"。最后，教学要留有余地，顺应儿童性情，保持学生学习兴趣，使学生不会因为学习艰苦而厌学。

"随人分限所及"包含两层意思：第一，对于不同的人来说，要因材施教，施教的分量内容以及方法都要因人而异，起到"益精其能"的效果；第二，对于每个人而言，要循序渐进，教学的分量要照顾到学生的实际接受能力和基础，在"分限"内恰到好处地施教。

可见，这一原则承认人的差异，承认教育的作用，把教学和受教育者的心理特征结合起来。

16. 简述清代诂经精舍和学海堂的办学特色和影响。

答：诂经精舍和学海堂是清朝后期学术巨子阮元创办的两所书院。并在学海堂制定《学海堂章程》，其宗旨是追求汉代考据学说，成为当时浙江、广东两个重要的文化学术研究中心，并泽及全国，被许多地方仿效。诂经精舍、学海堂的办学特色如下：

（1）"以励品学，非以弋功名。"阮元一反当时书院教育的腐朽之风，强调书院应该重品学、轻功名，不习科举应试之学。学习内容包括儒学、史学、天文、地理、算法等，学生自择一书肄业，这无疑为当时腐朽的书院教育中注入一股清新之风，具有积极意义。

（2）各用所长，因材施教。诂精经舍和学海堂在教师使用上，贯彻"各用所长"，充分发挥教师学术专长的原则。对学生进行因材施教，根据学生已有的专长进行教育，如学海堂创立了"专课肄业生制度"，允许学生自择一书肄业，这一制度在实践中的效果很好。

（3）教学和研究紧密结合，刊刻师生研究成果。两所书院从事教学活动的同时，又进行学术研究，注重自学和独立研究，组织学生合作编书，学生也独立从事著述。对优秀的文章，书院编辑刊刻，或出专著，这些既是学术成果，也是教学参考书，推动和促进了书院教学和研究活动的开展。

诂经精舍、学海堂的影响：第一，继承并发扬书院教育的优良传统，培养造就人才；第二，对改变清朝腐败的官学化书院教育有重要影响；第三，促进学术文化的发展。但也有严重的局限性，突出表现为引导学生终日埋头于书本，从事名物训诂、辩白考订，脱离社会实际，缺少经世才能。

17. 宋元时期蒙学教材的种类和特点是什么？

答：（1）宋元时期蒙学教材的种类。

第一类：识字教学类。如《三字经》《百家姓》《千字文》等。

第二类：伦理道德类。如朱熹的《小学》《童蒙须知》等，主要传授伦理道德知识以及为人处事、待人接物的准则。

第三类：历史教材类。如宋王玲作《十七史蒙求》，既传授历史知识，又进行思想教育。

第四类：诗歌类。如《千家诗》《唐诗三百首》，主要进行文辞和美感教育。

第五类：名物制度和自然常识类。如方逢辰的《名物蒙求》等。

（2）宋元时期蒙学教材的特点。

第一，宋元时期的蒙学教材开始出现分类按专题编写的现象，在内容和形式上呈现多样化；第二，注重儿童的心理特点，采用韵语形式、文字简练、通俗易懂、多用故事，配有插图、穿插常识和做人做事的道理，力求将识字教育、基本知识教育和伦理道德教育有机结合起来；第三，一些著名学者亲自编写教材，提高蒙学教材的质量；第四，注意与日常生活的联系；第五，重视汉字的特点，传统启蒙教材编写最为成功之处就是符合中国语言文字的规律和儿童少年学习本国语言文字的规律，文字浅显通俗、字句讲究韵律、内容生动丰富、包含多种教育功能，儿童易读、易诵、易记。我国蒙学教材的发展进入新阶段。

18. 简述宋元私塾教育的特点。

答：宋元私塾教育有如下特点：

第一，在教育宗旨上，强调严格要求，打好基础。蒙学教育是基础教育，在私塾中，十分强调对儿童进行严格的基本训练，培养良好的生活、学习习惯。

第二，在培养学习行为上，重视用《须知》《学则》的形式培养儿童的行为习惯。

第三，在学习动机上，注意根据儿童的心理特点，因势利导，激发他们的学习兴趣。

第四，在教学内容上，文化知识与伦理道德并重。按照教授内容类型，大致可分为五类，第一类识字类，如《三字经》《千字文》等；第二类历史知识，如《五字鉴》《历代蒙求》等；第三类介绍生活常识，如《名物蒙求》；第四类是为诗作文，如《神童诗》；第五类是讲授伦理道德，如《小学诗礼》。塾师在授课时，随时灌输一些伦理道德知识，以培养学生的学风与气节。从小养成儒家所倡导的高尚情操与品德。

第五，在教学方法上，识记与领悟并重。熟读并会背诵是最低要求，然后由塾师逐句讲解，采取"点化"和启发的方式，学生靠自己领悟。注重学生自学，将识记与领悟完美结合。

第六，在教学组织形式上，采取个别教学。私塾一般十几到二十人，学生的入学年龄不同，知识水平、认识能力也不同，因此学生入学后，塾师往往采取个别教学，针对不同的学生采取不同的教授内容与方法。

三、分析论述题

1. 阐述朱熹的教育思想及其历史地位。

答：朱熹是南宋著名的理学家，一生主要从事学术活动和教育事业。他的主要教育思想及历史地位如下：

（1）在教育实践上，①朱熹编著了《四书章句集注》，成为科举考试的标准答案和各级学校必读的教材，其地位甚至高于"五经"，影响中国封建社会后期的教育长达数百年；②此外，他还创办了白鹿洞书院，并且为书院制定了《白鹿洞书院揭示》，是中国书院发展史上的第一个纲领性学规，对当时的书院教育和官学教育产生了重大影响。

（2）在教育作用和目的上，他继承发展了董仲舒和韩愈性三品的学说。教育的作用就在于要让"道心"显现出来，也就是把"天理"突显出来，把人的私欲藏起来，这就是"存天理，灭人欲"，使"人心"服从"道心"。这个过程也就是"明人伦"的过程。

（3）朱熹的另一个重要贡献则是对小学和大学的划分。

学生8岁入小学，15岁入大学。小学和大学是不可割裂的两个学习阶段，都是为了体认天理，只是内容程度有所不同：小学学其事，大学明其理。小学是为大学打基础，大学是小学的深化。他编写《小学》《童蒙须知》，对儿童日常生活中应该遵守的礼仪、行为一一做了具体规范。大学学习"四书""五经"，以自学为主。

（4）"朱子读书法"也是朱熹在教育史上的一大贡献。

朱熹去世后，他的弟子门人将朱熹有关读书的经验和见解整理归纳，成为"朱子读书法"六条，在教育史上具有重要影响。六条的内容如下：①循序渐进；②熟读精思；③虚心涵泳；④切己体察；⑤着紧用力；⑥居敬持志。"朱子读书法"是古代最有影响的读书方法论。

综上所述，朱熹的教育思想虽然带有浓厚的理学倾向，客观唯心主义色彩浓厚，但他对教育作用的重视是值得肯定的。其对小学和大学的划分是教育史上的一个贡献，并为各个阶段整理出相应的教材，应该说是对历史的一种极大的贡献。《四书章句集注》在后来的中国封建社会占据了极其重要的地位，甚至超过"五经"，这也反映出了朱熹不可忽略的历史地位。另外，"朱子读书法"的六大要点对我们的学习也有很大的启示，在教育史上流传甚久。

2. 试从科举制度的演变分析科举制与学校教育的关系及其对学校教育的影响。

答：科举制是隋唐以来，封建社会用考试选拔人才的一种育才制度，科举制度产生以后，选士制度和育士制度紧密地结合在一起。

(1) 科举制度的演变。

① 隋唐时期，创办科举，科举制在唐朝得到了进一步的发展；②宋朝的科举制基本沿袭了唐制，但是也根据实际情况做了改革，如科举地位提高，考试规模扩大，考试内容改革；③元代的科举制进入中落时期，但开创了以"四书"试士的先例；④明代的科举制进入鼎盛时期，确立八股取士，也标志着封建社会开始走向衰落；⑤清代的科举制与明代基本相同，沿用八股取士，科举制的弊病日益显现，徇私舞弊严重，科举考试日益僵化、衰落。

(2) 科举制与学校教育的关系。

它们可以相互促进：科举制促进学校教育的发展。科举制刺激了人们学习的积极性，促进了学校教育的发展。同时，学校教育也促进了科举制的发展。学校教育培育人才来参加科举选拔。

它们也可以相互制约：科举制与学校教育会相互制约彼此的发展。学校教育的兴衰直接影响科举取士的质量和数量，科举取士的标准和方法指导着学校教育的内容和方法。

当统治者偏重科举时，用科举制来操纵学校教育发展，就使学校成为科举的附庸。需要说明的是，决定封建学校教育发展的最重要因素，是封建社会的政治、经济、文化，而科举制只是一个次要因素，并非科举制的产生导致学校教育衰落。相反，如果统治者将二者并重，就会使二者相互促进，共同巩固封建统治。

(3) 科举对学校的影响。

早期积极作用为主：在隋唐时期，科举制有利于加强中央集权，将选才和育才相结合，促进学校教育发展，统一学校教育内容，选拔人才也更加公正客观。

晚期消极作用为主：从宋代以后，随着统治者们过度重视科举，而忽视学校教育，导致科举制的负面影响越来越大。学校教育失去了独立性，逐步沦为科举制的附庸。而且，科举限制了学校教育内容的多样化发展，读书做官的教育模式严重腐蚀了知识分子的思想。

3. 比较西欧中世纪大学和中国古代书院的异同。

答：西欧在中世纪产生了大学，是新兴市民阶层成为社会发展的主要推动力量后，追求新学问成为一种时尚，中世纪大学应运而生。最初的中世纪大学是一种自治的教授和学习中心。书院则产生于中国唐朝末期，到了南宋发展到制度化的鼎盛时期，以后各朝各代都有学者去开设书院，读书讲学，是中国教育很有特色的一种教育形式。

相同点：①出现的必然性相同，不仅与各国的思想文化源流密切相关，而且与各自封建经济的相对发展方向及其独特的政治结构有很大关系；②类型上相同，都是教学组织、学术研究机构；③在地位变化上相同，都逐渐失去自治地位，被朝廷或教会控制；④办学精神上相同，都有相应的独立性、开放性、研究性；⑤教学方法上相同，都重视学术讲演、研究探讨和学术问难。在学术研究上都没有从根本上突破封建社会制度的束缚；⑥重要特点相同，自由自治是中世纪大学和书院共同遵守和维护的基本原则，也是它们共同的基本特点。

不同点：①产生的环境不同，中世纪大学产生于商业城市，而中国书院则出现在远离城市的名山胜水中；②思考问题的角度不同，中世纪大学从经济发展的层面思考社会问题，设立实用科目，是为了城市的新兴市民阶级，而中国书院则从伦理政治角度，以新儒学的面目出现，旨在为封建社会长治久安寻找理论依据；③与官方关系不同，中世纪大学与教会斗争，为大学的独立生存和自由研究争取特权，而中国书院得到政府的支持；④办学目的不同，中世纪大学的办学目的是职业训练，培养专门人才，而中国书院是以伦理为本，培养圣贤人格；⑤课程不同，中世纪大学主要传授专业知识、传统"七艺"的继承与发扬及亚里士多德的著作，而中国书院主要是"五经"——经典的复归与阐发，传统儒学伦理教条的哲理化改造；⑥学位制度上，中世纪大学已建立学位制度，而中国书院没有；⑦管理体制上，中世纪大学领导体制分学生大学和先生大学，而中国书院机构简单、管理人员少。

4. 论述朱熹"小学""大学"教育的思想。

答：南宋朱熹在总结古代教育的基础上，对小学和大学的教育阶段划分及教育内容作了系统论述。小学和大学是不可割裂的两个学习阶段，即都是为了体认天理的，根本目标一致，只是内容程度有所不同。朱熹对小学和大学的见解，反映了人才培养的一些客观规律。

小学：学生8岁入小学，朱熹认为小学教育任务是"圣贤坯璞"，是打基础的阶段，必须抓紧、抓好；教育内容上，以"学事"为主，知识力求浅显、具体，从具体的行为训练着手，懂得基本的伦理道德规范，形成良好的生活习惯，学到初步的文化知识技能，教育与生长发育融为一体，在实践中得到锻炼；在教育方法上，一来主张先入为主，及早施教，二来要求形象生动，激发兴趣，三来首创《须知》《学规》的形式培养儿童道德行为习惯。

大学：学生15岁入大学，是在小学之上的深造；教育内容上要"明理"，在"坯璞"的基础上"加光饰"，培养对国家有用的人；教学方法上，注重自学，提倡不用学术之间的交流；大学的教材主要是"四书"和"五经"。

5. 论述书院的办学特色及其意义。

答：（1）书院具有以下办学特色。

① 书院精神：自由讲学是书院教学的基本精神。书院提倡自由讲学，注重讨论，学术风气浓厚，开辟了新的学风，推动了教育和学术的发展。

② 书院功能：书院重视藏书，重视培养人才，要求学生读儒家经典，强调道德和学问并进。

③ 书院组织：有私办、公办和私办公助等多种形式，书院主持者叫"山长"或"洞主"，也是主讲者，即管理工作与教学工作一概负责，不另设管理人员和机构。

④ 书院教学：讲学活动是书院主要内容，也是作为教育机构的主要标志。首先，教学与研究相结合；其次，教学形式多样，有学生自学、教师讲授、师生质疑问难、学友相互切磋等；再次，教学上实行门户开放，允许不同书院、不同学派的师生互相讲学、互相听课，在一定程度上体现了"百家争鸣"的精神；最后，一些书院的教学注重讲明义理、躬亲实践，采用问难论辩式，启发思维，重视学生兴趣。

⑤ 学生学习：书院强调学生读书自学，重视对学生自修的指导。

⑥ 书院制度：书院作为一种教育制度得以确立，在教育目标、教学方法、教学顺序等方面用学规的形式加以阐明，最著名的是《白鹿洞书院揭示》，学规成为书院教学的总方针。此外在经费制度、管理方面各有规定，说明南宋后书院已经制度化。

⑦ 师生关系：中国教育中尊师爱生的优良传统在书院中尤为突出。师生关系融洽，

以道相交，感情深厚。

⑧ 书院发展倾向：自南宋起书院已经出现了官学化的倾向，到了明清，政府加强对书院的控制，官学化日益严重，最终成为科举考试的附庸。

（2）书院产生的历史意义。

书院的产生，在中国古代教育史上具有十分深远的意义。书院扩大了中国古代学校教育的类型，起到了弥补官学不足的作用。书院提倡自由讲学，注重讨论，学术风气浓厚，开辟了新的学风，成为推动教育和学术发展的重要动力。书院在办学和管理领域也创造了许多行之有效的经验措施，成为中国封建社会中后期一种重要的教育组织形式。

第六章 早期启蒙教育思想

◆ 应试题库 ◆

一、名词解释

1. 漳南书院　　　2. 公其非是于学校　　　3. 六斋

二、简答题

1. 试评价颜元的"习行"教学法。
2. 简述批判理学教育思想的代表人物及其主要内容。
3. 简述黄宗羲关于学校职能的思想。
4. 简述王夫之的人性论与教育作用。
5. 简述颜元"义利合一"的教育价值观。

三、分析论述题

阐述颜元的实学教育思想。

◆ 应试解析 ◆

一、名词解释

1. 漳南书院

答：颜元是明末清初杰出的教育家，他创办了漳南书院，漳南书院的教学体现了颜元实学的教育思想体系。他深刻地批判了程朱理学脱离实际的书本教育，竭力提倡"实学"和"实用"的教育。实行"六斋"教学，制定"宁粗而实，勿忘而虚"的办学宗旨，主张培养"实才实德之士"，以"实学"为主要教育内容，以"习行"为教育方法。他的教育思想对中国近代教育的发展起到了革新的作用，在中国教育史上具有重要地位。

2. 公其非是于学校

答：黄宗羲是我国明末清初具有民主教育色彩的教育家，"公其非是于学校"是他对中国古代教育理论的独特贡献。他认为学校不仅具有培养人才、改进社会风气的职能，而且还应该议论国家政事，在学校中大家共同来议论国家政事的是非标准。这一思想集中反映在《明夷待访录·学校篇》中。"公其非是于学校"思想的基本精神，在于反对封建君主专制，这是对中国古代关于学校职能理论的创新，反映了他要求国家决策民主化的强烈愿望，也是近代议会思想的萌芽。

3. 六斋

答：明末清初的教育家颜元在晚年开办的漳南书院中，曾划分为六斋，分别研习不同的学科，主要是文事斋、武备斋、经史斋、艺能斋、理学斋和贴括斋。六斋既体现了他丰富而实用的教育内容，也体现了他的教育制度和分科教学的思想。

二、简答题

1. 试评价颜元的"习行"教学法。

答：明末清初教育家颜元在漳南书院中重视"习行"的教学法。一方面，同他朴素的唯物主义认识论有密切关系，他认为"理"存在于客观事物之中，只有接触事物、躬行实践，才能获得真正有用的知识；另一方面，他重视"习行"教学法的直接原因是为了反对理学家静坐读书、空谈心性的教学方法。

颜元所说的"习行"，虽然讲的是个人行动，忽视了"知"对"行"的指导作用，看轻了理论思维的重要性。但他强调接触实际，重视练习，从亲身躬行实践中获得知识，这可以说是中国古代教学法发展上又一次手足解放运动，它一反脱离实际的、注入式的、背诵教条的教学方法，可以说是教学法理论和实践上的一次重大革新。这在当时读书为穷理，以讲说著述为穷理事业，脱离实际的"文墨世界"中，无疑具有进步意义。

2. 简述批判理学教育思想的代表人物及其主要内容。

答：批判理学教育思想的代表人物有黄宗羲、顾炎武、王夫之、颜元等，他们是中国早期的启蒙思想家。其思想内容有一般特征：第一，批评理学，反对"存天理，灭人欲"、空谈义理、呆板的教学方法；第二，主张个性自由发展，教育要顺应人的本能要求；第三，培养经世致用的人才，提出"实德实才"的人格理想和教育目标；第四，批评传统的政治和专制主义把学校作为宣传其思想的工具，指出科举束缚人性；第五，教育内容上主张学习自然科学知识和技艺；第六，学习方法上，提倡积极实践，反对理学家主张静坐、读书穷理的治学方法。

3. 简述黄宗羲关于学校职能的思想。

答：黄宗羲是我国明末清初具有民主教育色彩的教育家，他认为学校不仅具有培养人才、改进社会风气的职能，而且还应该议论国家政事，"公其非是于学校"是他对中国古代教育理论的独特贡献。这一思想集中反映在《明夷待访录·学校篇》中。

（1）"公其非是于学校"思想的主要内容：在学校中大家共同来议论国家政事的是非标准。因为学校议政，可以使上至朝廷命官、下至里巷平民逐渐养成普遍议政的风气，而不是以天子的是非为标准。基于上述思想，黄宗羲主张把寺观庵堂改为书院和小学，实现全国城乡人人都能接受教育、人人尽其才的理想。他还强调学校必须将讲学和议政紧密结合，学校应集讲学和议政于一身，既是培养人才、传递学术文化的机构，又是监督政府、议论政事利弊的场所。

（2）"公其非是于学校"思想的基本精神：这一思想在于反对封建君主专制，改变国家政事是非由天子一人决断的专制局面。这是对中国古代关于学校职能理论的创新，反映了黄宗羲要求国家决策民主化的强烈愿望。这种性质的学校，其实与近代资本主义制度下的议会相近。可以说，黄宗羲"公其非是于学校"的思想，是中国古代关于学校职能理论的创新，也是近代议会思想的萌芽。

4. 简述王夫之的人性论与教育作用。

答：明末清初的思想家王夫之认为人性不是一成不变的，而是处在不断的变化发展过程中的，从而提出了人性"日生日成"的著名论断。人性不是天生的，而是在后天不断的生长变化过程中逐渐形成的。从上述思想出发，王夫之十分重视教育对人的发展所起的作用。他认为这种作用主要表现为两方面：一是继善成性，使之为善；二是可以改变青少年时期因"失教"而形成的"恶习"。教育同人的发展密切相关，它或使人继善成性，或使人改恶为善。

5. 简述颜元"义利合一"的教育价值观。

答：颜元针对传统教育的偏见，继承和发展了南宋事功学派的思想，明确提出"正其义以谋其利，明其道而计其功"的命题，认为"义"和"利"两者并非截然对立，而是能够统一起来的。"利"是"义"的基础，"正义""明道"的目的，就是为了"谋利"和"计功"。当然，"利"也不能离开"义"，而且"利"必须符合"义"。这种见解冲击了传统的禁锢，使中国古代对于义利关系问题的认识出现新的趋势。

三、分析论述题

阐述颜元的实学教育思想。

答：明末清初著名的教育家颜元创办了漳南书院，在漳南书院实践了自己的实学教育思想。

（1）"实德实才"的教育目标：他主张学校应培养"实才实德之士"，即品德高尚，有真才实学的经世致用人才。这样的培养目标显然已冲破了理学教育的桎梏，具有鲜明的经世致用的特性，反映了要求发展社会生产的新兴市民阶层对于人才的新要求，在当时无疑是具有进步意义的。

（2）"习行"的教学方法：这是颜元关于教学方法的一个最基本也是最主要的主张。颜元认为，要获得真正有用的知识必须通过自己亲身的"习行"，"躬行而实践之"，求诸客观的实际事物。他所说的"习行"教学法，就是强调在教学过程中要联系实际，要坚持观察、练习和躬行实践。

（3）"实学"与"六斋"的教育内容：要打破传统教育的局限，仅仅靠改变方法自然是不够的，从教育内容上注入新的思想才是最为根本的变革。颜元提倡以"六艺"为中心的"三事""六府""三物"为教育内容。

颜元曾按自己的教育思想规划漳南书院，陈设六斋，实行"分斋教学"，并规定了各斋的具体教育内容，这是对他"真学""实学"内容最明确、最有力的说明。漳南书院的"六斋"为：文事斋、武备斋、经史斋、艺能斋、理学斋、帖括斋。

漳南书院之所以设立"理学斋"和"帖括斋"，是为了适应当时的实际，等时机到了则关闭这两斋。因此，颜元"真学""实学"的教育内容，不仅同理学教育有着本质的区别，而且无论是在广度上，还是在深度上，都大大超越了"六艺"教育。他除了经史礼乐等知识以外，还把诸多门类的自然科技知识、各种军事知识和技能正式列进教学内容，并且实行分科设教，这在当时确实是别开生面的，已经蕴含了近代课程设置的萌芽，将中国古代关于教育内容的理论推进到一个崭新的发展阶段，这是颜元对于中国古代教育理论的重要贡献，值得人们重视。

综上所述，颜元是批判传统教育的义士，提倡培养"实德实才"之士，冲破了封建理学的桎梏，顺应了历史发展的潮流；提倡"习行"的教学方法，带来了中国古代教学法上的又一次手足解放运动，具有极大的进步意义；否定中国延续几千年的儒学教育，设立文武兼备、广博实用的教学内容，使教育有了新的生机；设漳南书院，将实学教育付诸实践，为中国古代教育开创了一个新的局面，引领了历史发展的潮流。颜元的这一系列创举无疑对后来中国教育的发展起了很大的推动作用。

第七章 中国教育的近代转折

◆ 应试题库 ◆

一、名词解释

1. 京师同文馆　　2. 福建船政学堂　　3. 马礼逊学堂
4. 中体西用　　　5.《劝学篇》　　　　6. 幼童留美
7. 洋务教育

二、简答题

1. 洋务派创办的新式学校有什么特点？其意义是什么？
2. 怎样评价近代中国的教会学校？
3. 简述洋务运动时期的教育改革措施及其指导思想。
4. 简述京师同文馆的特点和意义。
5. 简述福建船政学堂的创立、发展和意义。

三、分析论述题

述评张之洞"中学为体，西学为用"的思想。

◆ 应试解析 ◆

一、名词解释

1. 京师同文馆

答：清末洋务运动时期由洋务派创办的第一所官办外语专门学校，后来并入京师大学堂，全称京师同文馆。成立之初以培养外语翻译、洋务人才为目的，是近代中国被动开放的产物。学校建设中建立了中国近代最早的化学实验室和博物馆。在课程设置上，外语居于首位，侧重西学与西艺；在教学方法上，一定程度上改变了死记硬背的学风，注重理论与实际的结合；在教学组织形式上，最早采用了中国的班级授课制和分年课程。它是洋务学堂的开端，也是中国近代新教育的开端。

2. 福建船政学堂

答：福建船政学堂是由洋务派左宗棠创办的近代第一个专门制造近代轮船的工厂。学堂把造船与培养人才结合起来，主要培养造船和驾驶人才。学堂有前学堂和后学堂之分，前学堂学习制造技术，后学堂学习驾驶和轮机技术，之后前学堂内添设"绘事院"和"艺圃"。其中艺圃开创我国近代职工在职教育的先声。福建船政学堂是洋务学堂中持续时间最久的一所。它为近代中国海军输送了第一批舰战指挥和驾驶人才，是近代中国海军人才的摇篮。

3. 马礼逊学堂

答：马礼逊学堂是开办在中国本土比较正式的最早的教会学校，是一所专门针对华人开办的学校，开创了教会在华办学的先河，培养了中国第一批留美学生。它开设了丰富的西学课程，开阔了学生的知识视野，为他们形成近代社会观念打下基础。

4. 中体西用

答：张之洞的《劝学篇》全面阐述了"中学为体，西学为用"的教育观点，中学又称"旧学"，西学又称"新学"，"体"是根本，"用"是辅助；主张中学之体对西学之用的主导和导向作用，学西学以补中学之不足。"中体西用"思想最大的作用在于给僵化的封建文化打开了一个缺口，催发新式教育产生，兴办新式学堂，增加了自然科学知识，开展留美教育等。而缺陷在于其根本目的是维护封建统治，没有克服中西学之间固有的内在矛盾的情况下直接嫁接，必然会引起两者之间的排异性反应。

5. 《劝学篇》

答：晚清重臣张之洞发表《劝学篇》，文章分内篇和外篇，通篇主旨归于"中学为体，西学为用"，即封建的典章制度、伦理道德，中国的经史之学、孔孟之道为根本，此外，还要积极地学习西政、西艺、西史。

《劝学篇》中还论证了中西学的关系，中学着重的是人品行的修养，具有德育的功能。西学是适用的，学西学以补中学之不足，这是洋务运动的理论总结，是改革的理论依据，并为20世纪初"新政"时期的教育改革确定了基调，奠定了理论基础，但后来遭到资产阶级改良派和革命派的痛批。

6. 幼童留美

答：幼童留美是指1872—1875年清政府每年派遣幼童（10~16岁）赴美国留学，前后4次共120人，这是中国历史上向外国派遣的第一批官费留学生，是我国近代留学生运动的开端，具有重大历史意义。它为近代中国培养了一批人才，传播了资产阶级社会的政治学说和哲学思想，推动了社会的进步和发展。

7. 洋务教育

答：洋务教育是洋务运动时期洋务派兴办的教育，包括洋务学堂和留学教育，以"中学为体，西学为用"为教育总纲，是洋务运动的重要组成部分，也是对封建传统教育制度的首次改革尝试，是中国新教育的胚胎，传播了西学，培养了新式人才，但盲目模仿外国。

二、简答题

1. 洋务派创办的新式学校有什么特点？其意义是什么？

答：洋务派在教育上主张兴办新式学校，即创办一批洋务学堂。

（1）洋务学堂的新特点主要表现在培养目标、办学性质、教学内容、方法和组织形式上。①培养目标：造就各项洋务运动事业需要的人才。②办学性质：提供专门训练的专科性学校,属于部门办学,直接为本部门培养人才。③教学内容:"西文"与"西艺"为主,课程多包含各自专业相关的科学技术课程,注重学以致用。④教学方法。按照知识的接受规律由浅入深、循序渐进地安排教学内容,重视理解,理论与实践相结合。⑤教学组织形式:制定分年课程计划和学制年限,采用班级授课制。

(2)洋务学堂因根植在半殖民地半封建社会的土壤上,具有新旧杂糅的特点:①缺乏全国性的整体规划和学制系统,学校之间很孤立;②在"中学为体,西学为用"的总原则下,不放弃学习"四书""五经";③管理上有封建官僚习气,关键管理环节受洋人挟制,影响学堂正常办理。

(3)洋务学堂的意义:洋务学堂揭开了中国教育近代化的序幕,它以西方近代科技文化作为主要课程,在形式上引入了资本主义因素,初步具备近代教育的特征。它创办之初,并未有意与以科举为核心的旧教育相对抗,但创办之后,逐渐动摇和瓦解了旧教育体系,实际上启动了近代中国教育改革的进程,历史意义重大。

2. 怎样评价近代中国的教会学校?

答:教会学校是西方世界殖民扩张的产物,教会学校的存在是近代中国半殖民地的国家性质在教育上的表现,教育的主权不独立。另外,教会学校也是中国传统教育向近代教育过渡的促进因素。

(1)教会学校在华创办和发展教育的效果非常显著,其办学经验、管理模式为中国近代教育提供了范本,对近代中国教育改革有所启示。

(2)教会学校在编辑和发行具有西方自然社会科学知识的书籍方面,起到了宣传新思想、新观念的作用。

(3)教会学校注重提倡男女平等教育,为女童入学提供优惠条件,有助于削弱中国的封建礼教。

(4)尽管教会教育的目的是控制中国,但并没有成功,反而唤醒了有识之士对主权的认识。

(5)教会学校遍布全国,自成体系,严重侵犯了中国的主权。

3. 简述洋务运动时期的教育改革措施及其指导思想。

答:19世纪60—90年代,洋务派发起了洋务运动,要求向西方学习,维护封建统治。教育改革的具体措施有:

(1)兴办学堂:洋务学堂是洋务运动的重要组成部分,其目的在于培养洋务运动所需要的翻译、外交、工程技术、水陆军事等多方面的专门人才,教学内容以"西文"与"西艺"为主。洋务学堂的举办是随着洋务运动的展开而开始的。其主要类型包括外国语("方言")学堂,如京师同文馆等;军事("武备")学堂,如福建船政学堂等;技术实业学堂,如福州电报学堂等。

(2)派遣留学生:洋务派先后启动了幼童留美和留欧教育。留美教育最早由容闳提议,主张选择聪慧的幼童,分为四批前去美国学习。可惜的是,由于守旧派的阻挠,这批学生大部分没有完成学业便相继回国。留欧教育是以福建船政学堂的学生为主,送往英国、法国、德国留学,学习造船技术和驾驶技术,分为三批进行,学成归国。留美与留欧教育的学生都对中国的发展做出了杰出的贡献,尤其是留欧学生在造船、海军军官以及海军教育事业上做出的贡献。

教育改革的指导思想：洋务派以"中体西用"作为洋务教育的指导思想，该思想对中国近代教育的影响是双重的，既有促进作用，又有阻挠影响。主要的促进作用是"中体西用"思想启动了中国近代教育改革的步伐，催发新式教育产生，兴办新式学堂，增加了自然科学知识，开展留美教育等，打破了旧学形式一统天下的传统教育格局。洋务派比较切实地引进西方近代科学、课程及制度，对清末教育改革既有思想层面的启发，又有实践层面的推动。它极大地冲击了传统教育的价值观，为新式教育的进一步推广扫清了障碍。

4. 简述京师同文馆的特点和意义。

答：京师同文馆最初是作为外语学校设立的，是近代中国被动开放的产物。它是第一所洋务学堂，是我国最早的官办新式学校。初创时只有英文馆，后来成为兼习各门西学的综合性学校，1902年并入京师大学堂。

（1）特点。①培养目标：专为培养译员、通事而设，专门培养洋务人才，不再是培养适应科举考试的官僚后备军，注重学以致用。②课程设置：外语居于首位，侧重西学与西艺，汉文经学贯穿始终，特别重视对学生进行封建道德习惯的培养，还向学生灌输殖民主义思想、帝国主义思想，以宗教麻醉学生。③教学组织形式：最早开始了中国的班级授课制和分年课程计划。④教学方法：由浅入深，循序渐进，一定程度上改变了死记硬背的学风，注重理论与实际的结合。

（2）意义。京师同文馆既有封建性，又有殖民性，是清政府在教育上和外国资本主义相结合的产物。就办学成效而言，京师同文馆不能列入洋务学堂之列，也未表现出比其他学堂更鲜明的特点，其历史地位主要表现在：首先，它是洋务学堂的开端，也是中国近代新教育的开端。这表明我国向西方学习从观念走向了现实，正是由于其领头羊的作用，从此我国开办了大量学校。其次，京师同文馆身处北京，它的一些重要举措以及由此引起的争执往往能反映出各派关于教育改革的观点，所以它也是社会关注的焦点。以上两点，决定了京师同文馆在中国近代教育史上的标志和象征意义。总之，京师同文馆标志着我国半殖民地半封建社会教育的开始，具有新的办学形式，且将科学教育正式列入中国教育之中，使中国教育向前迈了一步。

5. 简述福建船政学堂的创立、发展和意义。

答：福建船政学堂是福建船政局的组成部分，由洋务运动的重臣左宗棠奏请创办。福建船政局是近代第一个也是洋务运动时期最大的专门制造近代轮船的工厂。

（1）福建船政学堂的创立与发展。学堂的宗旨是"习学洋技"，主要培养造船和驾驶人才。学堂有前学堂和后学堂之分，前学堂学习制造技术，又称造船学堂，目标是培养能够设计制造各种船用零件并能进行整船设计的人才；后学堂学习驾驶和轮机技术。1868年前学堂内添设"绘事院"和"艺圃"。"绘事院"的目标是培养用图纸生产的制作人才，"艺圃"实际上是在职培训学校，通过工读结合形式有计划地培养生产和技术骨干，开创了我国近代职工在职教育的先声。总之，学堂既培养军事人才，也培养军工技术人才。

（2）福建船政学堂的意义。福建船政学堂从开办到改组，历时半个世纪，是洋务学堂中持续时间最久的一所学堂。它在我国近代海军事业的发展中占有重要地位，为近代中国海军输送了第一批舰战指挥和驾驶人才，也为近代中国船舰制造业的发展写下了光辉的一页，是近代中国海军人才的摇篮。

三、分析论述题

述评张之洞"中学为体,西学为用"的思想。

答:洋务运动的过程实质上是一场对近代西方文明成果的移植过程。因此,不可避免地引出一个如何处理"西学"("新学")与"中学"("旧学")关系的问题。针对此问题,洋务派与守旧派展开了论争,张之洞撰成《劝学篇》,围绕"中学为体,西学为用"的主旨进行了集中阐述,"中体西用"形成了一个比较完整的思想体系。

《劝学篇》分内篇和外篇,"内篇务本,以正人心,外篇务通,以开风气"。通篇主旨归于"中学为体,西学为用"。"旧学为体,新学为用,不使偏废。"中学着重的是人品行的修养,具有德育的功能。"中学治身心,西学应世事。"如此一来,西学成为中学的补充。

"中学为体,西学为用"思想涉及教育领域的各个方面,一直支配着晚清教育。从整体上看,"中学为体,西学为用"思想,对教育的影响是深远的,它将西学作为一个整体予以认可,给僵化的封建文化打开了一个缺口,使西学在中国的发展成为可能,为中国近代的变革注入了新的物质力量和精神力量,加速了封建制度的解体,推动了近代化的步伐。在教育方面,"中体西用"作为洋务教育的指导思想,对中国近代教育的影响是双重的,既有促进,又有阻挠。

(1)启动了中国近代教育改革的步伐,催发新式教育产生,兴办新式学堂,增加了自然科学知识,开展留美教育等,打破了旧学一统天下的传统教育格局。

(2)引进西方近代科学、课程及制度,对清末教育改革既有思想层面的启发,又有实践层面的推动。

(3)极大地冲击了传统教育的价值观,为新式教育进一步推广扫清了障碍。

(4)由于"中体西用"的根本目的是维护封建统治,使新式教育一直受到忠君尊孔的封建信条的支配,又再阻碍新式教育的发展进程。尤其是阻抑了维新思想更广泛的传播,不利于近代刚刚开始的思想启蒙运动。

(5)中体西用作为中西文化接触后的初期结合方式,有其历史的合理性。但是作为文化的整合方案和教育宗旨又是粗糙的,它是在没有克服中西学之间固有的内在矛盾的情况下的直接嫁接,必然会引起两者之间的排异性反应。

第八章 近代教育体系的建立

◇ 应试题库 ◇

一、名词解释

1. 京师大学堂　　2.《大同书》　　3. 庚款兴学
4. 癸卯学制　　　5. 万木草堂

二、简答题

1. 维新派教育改革主要表现在哪些方面？
2. 简述严复"体用一致"的文化教育观。
3. 简述清末"新政"教育改革的措施。
4. 简述清末科举制度从改革到废除的三个步骤。
5. 梁启超关于教育目的有哪些论述？
6. 评述康有为《大同书》中的教育思想。
7. 简述京师大学堂创办的意义。
8. 简述严复的"三育论"思想。

三、分析论述题

1. 试评述梁启超关于教育作用与教育目的的思想。
2. 试以康有为为代表，分析维新派对中国教育改革的贡献。
3. 论述严复与张之洞的教育思想及其异同。
4. 论述清末学制的特点。

◇ 应试解析 ◇

一、名词解释

1. 京师大学堂

答：百日维新运动中，在光绪皇帝的严令督促和梁启超等人的提议下，开办了京师大学堂，吏部尚书孙家鼐为官学大臣，管理京师大学堂。后来又分设中、西总教习，民国初年，京师大学堂改为北京大学。京师大学堂在百日维新时不仅是全国最高学府，也是全国最高教育行政机关。办学宗旨依然是"中学为体，西学为用"。京师大学堂形成了一系列系统的规定，为中国近代新学制的制定提供摹本，是我国学制史上的新起点。在中国教育行政从传统向近代转型的过程中发挥了过渡性的作用。京师大学堂确立的师法日本的办学方针影响了清末民初中国教育发展的价值取向。

2. 《大同书》

答：《大同书》是康有为代表作之一。书中康有为描述了一个"大同"的理想社会，是一个根除愚昧无知，且教育昌盛、文化繁荣，主张废除私有制和等级制，也消灭了家庭的社会，大同社会里对儿童的抚养和教育均由社会承担。康有为在《大同书》中设计了一个前后衔接的完整教育体系，包括人本院、育婴院、慈幼院、小学院、中学院、大学院。《大同书》中倡导"公养""公教"，每个社会成员都有权享受教育，皆为公费。重视学龄前教育，主张男女教育平等，指出对儿童应实行德、智、体、美诸方面的教育等。但是《大同书》中教育理想的观念背景，则是中国传统的大同思想和近代空想社会主义的综合体，带有明显的未来乌托邦色彩。

3. 庚款兴学

答：清末新政时期，由于留日高峰的形成，格外引起了美国朝野的注意，他们认为将不利于美国在华的长远利益。美国决定，将中国"庚子赔款"中的一部分以先赔后退的方式退还给中国，并和中国政府达成默契，将这笔钱用来发展留美教育，史称"庚款兴学"或"退款兴学"。这一举动被相关国家效仿。为了实施"庚款留美"计划，两国分别在两地设立了"游美学生监督处"和"游美学务处"。中国着手筹建留美预备学校——清华学堂。通过这次兴学，美国把中国留学潮引向了美国，中国留学生的流向从此发生了变化。

4. 癸卯学制

答：这是我国近代由中央政府颁布并首次得到施行的全国性法定学制系统。1903年，张百熙、张之洞、荣庆拟定了《奏定学堂章程》，也称癸卯学制。癸卯学制纵向方面把整个学程分为三段七级，另有师范教育及实业教育两个系统。癸卯学制具有半资本主义半封建性质，是传统性和近代性的综合产物，也是学习西方教育的系统性成果，在中国教育近代化发展过程中有标志性意义。

5. 万木草堂

答：万木草堂是维新教育时期建立的学堂，是康有为的讲学场所。1891年创立于广州长兴里。办学宗旨是培养兼通中西学说、德智体多方面发展的人才，招收有一定文化水平且有志于维新运动的青年。开设义理之学、考据之学、经世之学、文字之学四种课程。学生有陈千秋、梁启超等，造就了一大批维新人才。万木草堂是一所旧式学堂向新式学堂过渡的学校，于1898年停办。

二、简答题

1. 维新派教育改革主要表现在哪些方面？

答：维新派在教育改革方面的实践主要有以下四个方面。

（1）兴办学堂：维新性质的学堂包括两类，一类是维新运动的代表人物为培养维新骨干、传播维新思想而设立的学堂，如康有为在广州设立的万木草堂等；另一类是在办学类型与模式、招生对象、教学内容等某个或某些方面对洋务办学观念有所突破、开风气之先的学堂，如北洋西学堂、南洋公学等。

（2）创办京师大学堂：由梁启超参考日本和西方学制，起草《京师大学堂章程》，京师大学堂的任务，不仅在于管理自身，还要成为各省学堂的表率，而且还有统辖各省学堂的大权。

（3）改革科举制度：光绪皇帝下诏废除八股，此后人们不得不寻求新的学问，客观上促进了西学的传播。不久，光绪皇帝再次下诏催立经济特科，以选拔维新人才。

（4）书院改学堂：光绪皇帝又令各省及地方官将各省的大小书院，一律改为兼习中学、西学的新式学堂。

2. 简述严复"体用一致"的文化教育观。

答：严复的"体用一致"的文化教育观主要包括了以下内容：

（1）倡导对西方的自然科学和社会政治学说要一体学习，此时他的"体用一致"思想表现为"全盘西化"和西学自成体用的倾向。

（2）对西学的整体性和发展性的认识。他把近代科学按从基础到应用的层次划分为三类，认为这三类学科连成一体、相资相用、交叉发明。他还认为西学是一个发展的体系，运用考察、实验、归纳等方法创造新知和验证学理，不断更新、改进和发展西学体系。

（3）后来严复改变了以前"全盘西化"的倾向，提出了要构建一种融会中西、兼备体用的新文化体系的设想。

3. 简述清末"新政"教育改革的措施。

答：（1）颁布新学制。壬寅学制是中国近代第一个以中央政府的名义制定的全国性学制系统，壬寅学制虽经正式公布，但并未实行。后来，癸卯学制是我国第一个正式实施的学制。

（2）废科举，兴学堂。1905年，清政府下诏乡试、会试一律停考，各省岁科考试也随即停考，至此，共实行了1300年的科举考试终告废除。科举的废除为新式学堂的发展扫清了障碍。

（3）建立教育行政体制。1905年，清政府成立了学部，作为统辖全国教育的中央教育行政机关，学部的最高长官叫尚书，在整体上注意到教育行政与教育学术的联系，注重实业教育的地位。在地方各省设提学使司，专管全省教育事务。至此形成一套新的从中央到地方的教育行政系统。

（4）制定教育宗旨。学部明定教育宗旨为"忠君、尊孔、尚公、尚武、尚实"。这是中国近代第一次正式颁布的教育宗旨。

（5）留学教育。新政时期，首先民间自发形成了留日高潮。后来美国为了把留学的热潮引向美国，与中国清政府达成共识，实行"庚款兴学"，这极大促进了新政时期留学教育的发展。

此外，这一时期，因新政的实施，留学教育再掀热潮，以日本和美国为主，虽非新政的内容，但是新政直接导致的后果。

4. 简述清末科举制度从改革到废除的三个步骤。

答：传统教育空疏无用，从地主阶级改良派的龚自珍、魏源到资产阶级维新派的康有为、梁启超、严复等，就连一般的官僚和封疆大使张之洞、袁世凯也纷纷批评科举制度。因此，改革和废除科举制度势在必行。科举制从改革到废除共分为三个步骤。

（1）第一步是改革科举内容。

① 光绪十三年就在每届乡试会试时酌取人才，但其他如故；②1898年戊戌变法期间，

清政府曾明令凡乡、会试和童生一律废八股，改试策论，但戊戌政变后，八股取士又一度复活；③1901 年，在"新政"推行下，再次下令废八股、改策论、废武试。

(2) 第二步是递减科举中额。

① 1901 年以后清政府的官僚大臣们纷纷要求开办学校、改革科举；②1903 年，张百熙、张之洞等合写奏文，建议逐渐递减科举中额。按他们递减的计算方法，到减尽时，需要十年。

(3) 第三步是科举制度完全废止。

光绪三十一年（1905 年）八月，清政府下诏"立停科举以广学校"，乡试、会试一律停止，各省岁科考试亦即停止。至此，封建时代的科举制度从隋炀帝大业二年始，共实行了 1300 年，终告废除。

科举制度的废除，在中国教育发展史上是一件大事。它标志着长期统治封建时代的旧教育在形式上宣告结束，一个新的半殖民地半封建社会的教育制度逐步形成。

5. 梁启超关于教育目的有哪些论述？

答：梁启超特别重视确定教育目的，曾撰写《论教育当定宗旨》一文。其主要观点是：

(1) 教育一定要有目的，否则将一事无成。

(2) 教育目的正确与否至关重要，封建教育之所以腐朽，洋务教育之所以收效甚微，主要在于教育目的上的错误。

(3) 正确的教育目的应该是"养成一种特色之国民"，这种新民正是具有资产阶级政治信仰、思想观念、道德修养和适应资本主义社会生活的知识技能的新国民。克服中国人在专制社会中形成的品格缺陷。他认为只有造就出这样的新民，才能拯救国家的危亡，振兴中华民族。

6. 评述康有为《大同书》中的教育思想。

答：康有为于 1884 年写了《人类公理》，直到戊戌变法失败后，才将其修改为《大同书》发表。他在《大同书》中描述未来的大同社会，是一个没有阶级、没有国家、没有家庭的人人平等、经济高度发达、政治极端民主的极乐世界。大同社会实行"公养""公教"制度。每个社会成员都享受"二十年齐同之教育"。康有为设计的教育蓝图具体如下：

① 儿童未出生时，其母入人本院，接受胎教；②婴儿六个月后，进育婴院，三岁后进慈幼院，接受学前教育；③儿童六至十一岁，进小学院，接受初等教育；④儿童十一至十五岁，进中学院，接受中等教育；⑤儿童十六至二十岁，进大学院，接受高等教育。

康有为对每个教育阶段的培养目标、教学内容、教学重点都做了详细描述，主张男女教育平等，主张对儿童实行德、智、体、美诸方面的教育，提出了许多可贵的见解。但是，这仅是一种乌托邦式的社会空想。

7. 简述京师大学堂创办的意义。

答：百日维新中，由维新派主张建立的京师大学堂，不仅是全国最高学府，也是全国最高教育行政机关。它的办学宗旨是"中学为体，西学为用"。

京师大学堂的意义：①京师大学堂的创办，说明清廷重视高等教育机构的建立，反映了中国近代教育发展的内在逻辑；②京师大学堂在办学宗旨、课程设置、学生入学等方面形成了一系列系统的规定，为中国近代新学制的制定提供摹本，是我国学制史上的新起点；③京师大学堂的规章制度适应当时教育发展的需要，在中国教育行政从传统向近代转型的过程中发挥了过渡性的作用;④京师大学堂确立的效仿日本的办学方针影响了清末民初中国教育发展的价值取向。

8. 简述严复的"三育论"思想。

答:严复是中国近代从德、智、体三要素出发构建教育目标模式的第一人,他在《原强》中首次阐发了他的"三育论"。严复认为一国的政治经济状况、参与国际竞争的能力取决于国民德、智、体三方面的发展水平,中国要改变积贫积弱的现状,就必须从提高国民这三方面素质着手,"鼓民力、开民智、兴民德,才可谓是真国民。"所谓"鼓民力"就是提倡体育,包括禁止吸鸦片和女子缠足等陋习,使国民具有强健的身体;"开民智"就是要全面开发人民的智慧,提高人民的文化教育水平,但实际牵涉到对传统教育体制、教育内容、学风和教学方法的改革,其核心是改革科举制度、废除八股取士和训诂辞章之学,讲求西学;"兴民德"主要是从改变传统德育内容,用西方的民主、自由、平等取代封建伦理道德,培养人民忠爱国家的观念意识,改变人民的奴隶地位。严复认为兴民德最难。

这三育教育就是要用资产阶级的德、智、体武装国民,取代以儒学为中心的封建教育。这三育是统一并相互联系的,三者不可偏废。这种教育观实属教育救国论,反映了严复对教育作用的高度重视,基本上确立了中国教育目标的近代化模式。

三、分析论述题

1. 试评述梁启超关于教育作用与教育目的思想。

答:梁启超是清末维新变法时期极其重要的领导人物,在维新变法期间,他在社会的各个方面都做了很多改革工作,写了大量文章来宣传变法思想,并参与京师大学堂的创办,对近代中国教育发展起了很大的推动作用,其教育思想大致包含以下几方面的内容。

(1)"开民智""伸民权"与教育作用。

针对中国当时的现状,梁启超认为国势的强弱随人民的教育程度而转移,并明确地将"开民智"与"伸民权"联系起来,为"伸民权"而"开民智",权生于智,这在一定程度上揭示了专制与愚民、民主与科学的内在联系。他的"开民智"具有科学与民主启蒙的内涵。后来梁启超觉察到"民智"和"民权"并不能画等号,教育可以培养一个人的"权利"意识,也可以培养一个人的奴隶性,因此他提出教育应该有宗旨。可见他对当时中国社会问题的剖析比较深刻,并且极为注重教育的作用。

(2)培养"新民"的教育目的。

梁启超的教育目的是培养新民,他所定义的新民必须具有新道德、新思想、新精神、新的特性和品质,诸如国家思想、权利思想、政治能力、冒险精神以及公德、私德、自由、自治、自尊、尚武、合群、生利、民气、毅力等。可以看出,这种新民正是具有资产阶级政治信仰、思想观念、道德修养和适应资本主义社会生活的知识技能的新国民,因而梁启超的教育目的就是培养具有资产阶级品质的新型国民。相比洋务派、改良派等以培养效忠封建统治的人为目的的教育目标,梁启超的教育目的是具有进步意义的。

总之,梁启超的教育思想代表着时代发展的一种方向,他认识到封建制度的腐朽,力图以教育改变国家的命运,"开民智"进而"伸民权",这一点具有进步意义,体现了资产阶级的革命性。然而,由于时代的局限和资产阶级固有的妥协本性,梁启超无法认识到改变中国社会的根本途径,企图借封建统治阶级的力量进行改良救国是不可能的,因而其教育主张很多不能彻底实现。但梁启超的意识和趋向是顺应历史潮流的，尤其是在教育公平、女子教育和向西方学习等方面，他的很多思想是值得褒奖的。

2. 试以康有为为代表，分析维新派对中国教育改革的贡献。

答：甲午战争后，随着近代资产阶级队伍的壮大，早期改良主义思想迅速演变成为资产阶级维新思想，维新派登上了历史的舞台，他们希望在不触动封建统治阶级基础的前提下，进行自上而下和渐进式的改革，从而改变中国社会的政治、经济、军事及文化教育，以抵抗外国侵略，发展资本主义。了解维新运动首先要了解康有为的思想，他是维新运动最重要的代表人物。

（1）康有为的教育贡献。

① 他认为历史是变化发展的，根据他的"张三世"说，认为中国应该由封建主义的君主专制制度向资本主义性质的君主立宪制度转化，转化的关键是变法，变法的第一步在于教育。他强调教育在国富民强中的重要作用。在人才培养上，他认为学习可以改变人的善恶，这是继承孔子"性相近也，习相远也"的思想。

② 他主张变革科举，废除八股。他认为当时的科举制度立法过严，束缚了士子的头脑，闭塞了民众的心智。他主张文试要以中国文学、策论、外国科学代替章法古训，武试用武备学校培养人才。为打破以科举、八股为中心的旧教育体制，他还提倡派留学生、译西书，学习西方的科学文化知识。

③ 强调兴办学校，建立资产阶级的教育制度。他认为只有遍设各学，才能才艺足用，达到救国救民的目的。他曾介绍欧、美、日兴学的情况，指出具体办法是请皇帝下诏，遍令省、府、县、乡兴学，在北京设立京师大学堂。他还主张设立海、陆、医、律、师范各专门学科。

④ 撰写了《大同书》。抨击了社会不公平现象，提出去国、去家，实行男女平等的主张。他还在书中论述了他设想的理想学制，并强调这一教育制度是每个社会成员都有权享受的，并且皆为公费。

（2）维新派的基本主张和贡献。

① 维新派要求打破封建地主阶级的专政，要参与政权、实现君主立宪。为此，他们在思想意识上，努力输入西方资产阶级的伦理道德观念，以西方某些民主观点，来反对封建专制思想，特别是君权思想。

② 维新派主张学习西学，包括西方资产阶级的社会政治学说和自然科学。他们批评"宋学义理""汉学考据"和"词章"之学，认为这些被封建统治者提倡的"中学"无实无用，只能培养俗儒、鄙夫。

③ 维新派认为欲救中国，必须先开民智、培养人才，这就必须废除八股，改变科举制度，建立资本主义的教育体系。维新派按照资本主义教育制度，提出了在中国建立学校体系的主张，对于改革封建官学、私学、书院等也都提出了具体建议。

3. 论述严复与张之洞的教育思想及其异同。

答：（1）张之洞主要教育思想是"中体西用"。张之洞的《劝学篇》全面阐述了"中学为体，西学为用"的教育观点，主张中学之体对西学之用的主导作用，学西学，以补中学之不足。"中体西用"思想最大的作用在于给僵化的封建文化打开了一个缺口，使西学在中国的发展成为可能，开启了中国近代教育改革的步伐，催发新式教育产生，兴办新式学堂,增加了自然科学知识,开展留美教育等,打破了儒学一统天下的传统教育格局。而最大的缺陷在于其根本目的是维护封建统治,在没有克服中西学之间固有的内在矛盾的情况下直接嫁接,必然会引起两者之间的排异性反应。

(2)严复主要教育思想:"鼓民力""开民智""兴民德"的"三育论"以及"体用一致"的文化教育观。严复肯定了西方文化的先进性和优越性,他认为洋务派所学的西学不过是抄袭西方资本主义的皮毛,孤立地学习西方的某些技术,或仅是抄袭西学的现成结论,忽视西学的整体性和发展性,真正的西学包括西方民主、政体、科学等。倡导对西方的自然科学和社会政治学说要一起学习,此时他的"体用一致"思想表现为"全盘西化"和西学自成体用的倾向。后来严复改变了以前"全盘西化"的倾向,提出了要构建一种融会中西、兼备体用的新文化体系的设想。

(3)他们思想的相同点:面对中国落后的半封建半殖民地社会状况,他们都希望通过教育改变中国落后的局面。他们都重视教育,主张广泛地建立新式学堂、学习西学、翻译西书,以此来实现求富和自强。

(4)他们思想的不同点。①两者的主要立场不同:张之洞的根本目的是维护清政府的腐朽落寞的统治,严复主张清政府自上而下进行资产阶级改革,走君主立宪制的道路;②对中西文化冲突的主张不同:张之洞主张"中体西用",西学只是学习器物的层面,通过技术、实业改变中国,而严复主张"体用一致",主张全面学习西学,政治层面也要学习,还要建立君主立宪制的国家,以及通过改造国民改革中国;③主要教育主张不同:张之洞认为,教育的主体是忠君尊孔,严复提出了德、智、体全面发展的三育论观点,主张"鼓民力""兴民德""开民智"。

4. 论述清末学制的特点。

答:清末学制以壬寅学制和癸卯学制为代表,具有半资本主义半封建性质,是传统性和近代性综合的产物,也是学习西方教育的系统性成果,在中国教育近代化发展中有重要意义。清末学制直接参考日本,间接吸纳欧美,反映近代资本主义教育的诸多特点。①仿照西方流行的三级学制系统模式,分为初、中、高等三级,规划义务教育阶段,反映了教育的普及性和平等性要求;②学制各阶段,尤其是初等教育阶段,确立德、智、体协调发展的三育发展模式;③设置实业学堂,推动近代资本主义工商业发展;④重视师范教育,加强教师职业训练;⑤将分年课程规划、班级授课制作为基本的教学管理和教学组织形式;⑥尊重儿童个性,禁止体罚;⑦在课程比重上,西学占主导地位。

但是,清末学制又有浓厚的封建性:①指导思想是"中体西用",首要任务是培养学生效忠封建王朝;②读经、讲经课比重过大,导致学制年限偏长;③大学堂在入学条件仍有限制,旨在维护教育的封建等级性;④广大妇女被排斥在学校教育之外;⑤对教职员和学生的许多规定旨在维护封建统治秩序,显示了较强的封建专制性;⑥根据学生的表现和学业程度奖励相应的科举功名,没有割断与旧教育的关系。

第九章　近代教育体制的变革

◇ 应试题库 ◇

一、名词解释

1. "五育"并举的教育方针　　2. 思想自由，兼容并包　　3. 中华职业教育社

二、简答题

1. 简述新文化运动时期教育新观念的特点。
2. 1922年"新学制"的内容和主要特点是什么？
3. 蔡元培关于教育方针的思想是什么？它有什么重要意义？
4. 简述蔡元培的"思想自由，兼容并包"的办学方针。
5. "壬子癸丑学制"与"癸卯学制"相比有哪些进步？
6. 简述1922年"新学制"的历史意义。
7. 简述教育独立思想的主要内涵和意义。
8. 简述新文化运动对教育改革的影响。
9. 简述实用主义教育思想的内涵及意义。
10. 简述职业教育思想的实践及意义。
11. 简述科学教育思潮。
12. 简述收回教育权运动的过程、结果和意义。

三、分析论述题

1. 试分析蔡元培改革北京大学的指导思想、具体措施及其对我们的启示。
2. 比较分析蔡元培主持的北京大学的教育改革与洪堡主持的柏林大学的教育改革。
3. 论述新文化运动推动下的教育改革。
4. 述评1922年"新学制"。

◇ 应试解析 ◇

一、名词解释

1. "五育"并举的教育方针

答：蔡元培在1912年发表的《对于教育方针的意见》中，从"养成健全之人格"的观

点出发,提出了"五育"并举的教育思想。"五育"包括军国民教育、实利主义教育、公民道德教育、世界观教育和美感教育。蔡元培强调五育不可偏废,军国民教育为体育,实利主义教育为智育,公民道德教育为德育,美感教育可以辅助德育,世界观教育将德、智、体合而为一,是教育的最高境界。五育中也有重点,即必须以公民道德教育为根本。在民国初年,将军国民教育、实利主义教育、公民道德教育和美感教育作为民国临时政府的教育方针。

2. 思想自由,兼容并包

答:蔡元培在担任北大校长时,确定了"思想自由、兼容并包"的办学方针,并作为改造旧大学的指导思想。他认为大学是研究高深学问的地方,应该提倡思想自由、学术自由。依据这一方针,他聘请教师"以学诣为主",允许不同学术观点的人同时在大学任教,这使北大教师队伍人才济济、面貌一新。他的这一办学方针为各种新思想在大学讲坛上传播提供了有利条件,使北大成为新文化运动的主要阵地和五四运动的发源地。

3. 中华职业教育社

答:中华职业教育社由著名爱国民主人士黄炎培先生联合蔡元培、梁启超等知名人士于1917年在上海创立。它标志着黄炎培职业教育理论体系的形成,以"谋个性之发展,为个人谋生之准备,为个人服务社会之准备,为国家及世界增进生产力之准备"为目的,追求"使无业者有业,使有业者乐业"的理想,倡导"双手万能,手脑并用""敬业乐群"的教育理念。中华职业教育社开创了我国近现代职业教育的先河,有力地推动了中国近现代职业教育事业的发展。

二、简答题

1. 简述新文化运动时期教育新观念的特点。

答:新文化运动促进了国民教育观念的转变,继洋务教育在技艺层面上、维新教育在制度层面上接受西方教育之后,新文化运动时期的中国开始在思想观念层面上自觉接受西方教育、跟上西方教育,表现出以下特点。

(1)教育的个性化。个性主义思想体现于教育,主要是强调在教育上"使个人享自由平等之机会而不为政府、社会、家庭所抑制",要求在教育中尊重个人,并且从尊重儿童开始。作为教师必须懂得儿童身心发展规律,从而选择适当的方法。

(2)教育的平民化。教育关注点的下移是当时普遍可见的现象。当时不少人都提出必须坚持教育的平民化方向,打破以往社会的贵贱上下、劳心与劳力、治人与被治等种种差别的阶级教育。

(3)教育的实用化。一方面认识到教育对个人生活能力的培养,对社会生产发展的适应的重要意义;另一方面认识到学校内部须进行全面改革,强调从社会生活和学生生活实际出发,沟通教育与生活、学校与社会,强调学生主动创造的学习和实际能力的培养,要求课程内容和教学组织形式均须适应生产和生活发展的需要,以求普通学校教育摆脱传统的束缚。

(4)教育的科学化。学校要进行数理化生地之类的科学知识教育,更重要的是要让科学内容和方法渗入到社会各项事业中,改变人民的态度和观念。

2. 1922年"新学制"的内容和主要特点是什么?

答:1922年"新学制"又称"壬戌学制"。由于该学制采用的是美国式的"六三三"

分段法,又称"六三三"学制。

(1) 主要内容。

受实用主义思想的影响,新学制不制定教育宗旨,而以七项标准作为指导,新学制的标准为:适应社会进化需要;发扬平民教育精神;谋个性之发展;注意国民经济实力;注意生活教育;使教育易于普及;多留各地伸缩余地。

1922年的新学制比以往学制在指导思想、整体结构和具体条款上都有独特的长处和显著的进步。新学制以儿童身心发展规律为依据,采用"六三三"学制分段标准,将学制划分为三段。纵向看,小学6年,其中初级小学4年(义务教育阶段)、高级小学2年,中学分为初、高中各3年,大学4~6年,小学之下有幼稚园,大学之上有大学院。横向看,与中学平行的有师范学校和职业学校。

学制还有《四项附则》规定:注重天才教育,得变通年限及教程,使优异之智能尽量发展;对于精神或身体上有缺陷者,应是以相当之特种教育;为青年个性发展,采用选科制;对年长失学者,给予补习教育。

(2) 主要特点。

第一,第一次依据我国学龄儿童的身心发展规律划分教育阶段,学制采用美国的"六三三"学制,基本上是依据我国青少年身心发展的特点来划分的,这在中国近代学制发展史上是第一次。

第二,初等教育缩短小学年限,更加务实合理,利于普及。将幼稚园纳入初等教育阶段,使幼儿教育与小学教育得以衔接,确立了幼儿教育在中国教育史上的地位。

第三,中等教育是改革核心,是新学制中的精粹。延长中学年限,初中和高中各3年,提高中等教育的程度,克服旧学制中中学只有4年而造成基础教育薄弱的缺点,改善中学和大学的衔接关系;中学分为初、高中,不仅增加了地方办学收缩余地,也增加了学生的选择余地;中学实行分科制和选科制,力求使学生有较大的发展余地,适应不同学生的发展需要。

第四,高等教育缩短年限,取消大学预科,使大学不再担任普通教育的任务,有利于大学进行专门教育和科学研究。

第五,增强职业教育,最明显的特点是兼顾升学与就业。小学高级阶段就要求根据各地情形,增置职业教育准备;在中学开设各种职业科目,使学生既能准备升学,也能准备就业。

第六,师范教育方面(6年),程度提高、设置灵活,设师范大学,并在大学设教育科。

3. 蔡元培关于教育方针的思想是什么?它有什么重要意义?

答:(1) 蔡元培关于教育方针的思想。

在教育方针方面,蔡元培提出德、智、体、美全面发展的教育方针。

蔡元培在哲学思想上受康德二元论的影响,把世界分割成现象世界和实体世界两部分。从这种世界观出发,他把教育也分成两部分,一部分属于现象世界,包括军国民教育、实利主义教育及公民道德教育;另一部分属于实体世界,包括世界观教育和美育。之后,他又指出普通教育的目的在于养成健全的人格。健全的人格分为四育,即体育、智育、德育和美育。这四育一样重要,都不可放松。他认为完成普通教育,需要四育全面发展。

其中军国民教育就是体育;实利主义教育就是智育,包括学科学文化知识和锻炼思维;公民道德教育指德育,蔡元培希望能以资产阶级道德观念培养学生;美育是他特别提倡的，他认为进行美育教育的课程很多，音乐、手工、美术等都属于美育，其他课程如文学、数学、物理、化学等也含有美育的因素。

（2）蔡元培教育方针思想的重要意义。

德、智、体、美四育全面发展的教育方针符合当时历史发展的要求，在教育上是一个重大的进步，是对中国半殖民地半封建的教育宗旨的否定。从人才培养上看，这几方面的教育符合人的全面发展的教育规律，只是不同的阶级在各方面的要求不一致而已。

但是蔡元培提倡的教育方针是建立在唯心主义的思想基础之上的，所以在具体解释各种教育如德育、美育时就不免掺杂某些唯心主义的色彩。

4. 简述蔡元培的"思想自由，兼容并包"的办学方针。

答：蔡元培在担任北大校长时，确定了"思想自由、兼容并包"的办学方针，作为改造旧大学的指导思想。他认为大学是研究高深学问的地方，应该提倡思想自由、学术自由，各派主张只要言之成理、持之有故，尚不达自然淘汰之运命，都可以让他们自由发展。依据这一方针，他聘请教师"以学诣为主"，允许不同学术观点的人同时在大学任教，使北大教师队伍人才济济、面貌一新。他的这一办学方针改变了旧北大一片死寂的景象，在突破中国封建社会长期的文化专制方面起了积极的作用，为各种新思想在大学讲坛上传播提供了有利条件，使北大成为新文化运动的主要阵地和五四运动的发源地。

5. "壬子癸丑学制"与"癸卯学制"相比有哪些进步？

答：1912年，教育部在参照日本学制的基础上，结合中国的实际经验，制定了"壬子癸丑学制"，又称"1912—1913年学制"。

"壬子癸丑学制"与"癸卯学制"相比，有很大进步：①学制总年限缩短了3年，易于普及教育，向平民化发展；②取消对毕业生的奖励，废除清末教育中的保人制度，大学不设经科，消除教育中的封建等级性、科举名位思想和复古气息；③女子享有与男子平等的法定教育权，男女儿童都要接受义务教育，初等阶段开创男女同校，突破了封建礼教对女性的限制，体现了资本主义文化的男女平等观念，教育取得一定地位；④不采纳清末中学文实分科的做法，取消高等学堂，只设大学预科；⑤规定一学年为三个学期；⑥课程上，取消忠君、尊孔的课程，增加自然科学课程和生产技能的训练，改进教学方法，反对体罚，教育更加联系儿童实际，符合儿童身心发展特点。

壬子癸丑学制是民国的第一个学制，比较全面地反映了资产阶级的教育要求，它是民国初期的中心学制，较以前的学制有很大的稳定性。

6. 简述1922年"新学制"的历史意义。

答：1922年"新学制"采取了美国的"六三三"学制，是中国近代学制改革由日本转向美国寻求借鉴的标志。虽说带有模仿和抄袭的痕迹，但从学制的制定过程来看，其实也已经过了长期的酝酿和广泛的讨论，在一定程度上集中了教育界的智慧和经验，既考虑到了我国民族工业发展对教育的要求，也考虑到了学龄儿童的身心发展特点和年龄分期问题。学制比较彻底地摆脱了封建传统教育的束缚，重视基础的民众教育。学制比较简明，又具有灵活性。它的颁布与实施标志着中国资产阶级新教育制度的确立，也标志着中国近代以来学制体系建设的基本完成。

7. 简述教育独立思想的主要内涵和意义。

答：蔡元培在《新教育》杂志上发表《教育独立议》，阐明教育独立的基本观点，成为教育独立思潮的重要篇章，后形成教育独立思潮。蔡元培是教育独立的积极倡导者与支持者。主要内容有：

（1）教育经费独立。要求政府划出教育经费，不能移用。

（2）教育学术和内容独立。教育机构能自由编辑、出版、采用教科书。

（3）教育行政独立。专管教育的机构不能附属于政府部门之下，要由懂得教育的人担任，不因政局的变动而变化。其原因有以下几点：第一，教育要求平衡发展人的个性与群性，而政党要求抹杀人的个性，服从政党；第二，教育求远效，政党求近功；第三，当时各政党更迭频繁，影响教育稳定发展。

（4）教育脱离宗教而独立。教育不必依存某种信仰或观念，其原因有以下几点：第一，教育求进步，宗教为保守；第二，教育是共同的，要求相互交流，宗教妨碍文化交流；第三，基于当时社会现实，反对帝国主义文化侵略。

意义：在当时国家衰落的国情下，维持教育基本生存状态有其合理性。但是这种教育脱离政治、脱离政党的主张是一种历史唯心主义的观点，教育不可能完全独立于政治，这是蔡元培对当时政治状况下的无奈反抗。教育独立思想反映了他反对军阀控制教育、希望按教育规律办学的美好愿望，教育脱离宗教的主张含有反对帝国主义文化侵略的革命意义。

8. 简述新文化运动对教育改革的影响。

答：中国资产阶级民主革命的果实被封建保守势力夺取之后，1915年在思想文化领域兴起了一场反封建的新文化运动，激进的民主主义者以《新青年》杂志为主阵地，与封建复古思潮展开论争。他们提倡民主和科学，反对旧道德、提倡新道德，要求铲除封建礼教，用白话文取代文言文，实现男女教育平等，并成立了各种教育团体。这一切有利于教育的普及，为教育改革做了思想上、理论上的准备，对当时的教育改革、提倡新教育运动起了重要的推动作用。

9. 简述实用主义教育思想的内涵及意义。

答：五四运动前后，杜威的实用主义教育思想经蔡元培、黄炎培、胡适、陶行知等人的介绍在中国流行起来。人们对"实用主义"教育产生兴趣。五四运动前后尤其杜威来华讲学后成为全国范围内很有影响的教育思潮。他们主张教育与儿童实际生活紧密相连，宣传教育救国。

（1）内涵：杜威的思想适应了中国国内希望社会改良的要求和教育救国、教育改革的主张。教育即生活、教育即生长、学校即社会、从做中学等实用主义教育信条传播开来。其中，教育即生活、学校即社会、儿童中心正符合了教育救国和改革传统教育的需要。

（2）意义：实用主义教育思潮是从"五四"时期到新中国成立前最重要的资产阶级教育思潮，传播极广，影响超过任何一种教育思潮。实用主义教育思潮的兴起，既与新文化运动后引进西方文化的开放态势有关，更与当时的教育状况有关。实用主义教育思潮表明了中国教育观念的转变，在教育理论和教育实践中都有十分显著的反映。

10. 简述职业教育思想的实践及意义。

答：职业教育思潮是由清末民初的实利主义和实用主义教育思想发展演变而来。民初蔡元培将实利主义列入资产阶级的教育方针；陆费逵指出中国教育在三方面亟须注意改进，即国民教育、职业教育、人才教育，其中"职业教育以一技之长可谋生活为主"。在对职业教育概念的最早阐述中，涉及授人一技之长和促进实业发展这两点职业教育思想的基本内涵。

实践：①1915年起，"全国教育会联合会"多次提出推行职业教育的议案，早期主张实用主义教育的人士大多转而提倡职业教育，职业教育思潮逐步形成；②1917年，黄炎培发起组织中国近代第一个研究倡导实验和推选职业教育的专门机构——中华职业教育社，进一步从理论上探讨、在实践中推选职业教育，职业教育思潮达到高潮；③1918年，中华职业教育社在上海创办中华职业学校，通过学校教育的形式开展职业教育实验。

意义：职业教育思潮和运动的开展，不但产生了系统的、有中国特色的职业教育理论，而且大大促进了中国的职业教育事业。职业教育思潮对1922年的新学制影响甚大。20世纪30年代中期，职业教育思潮趋于消沉。

11. 简述科学教育思潮。

答：科学教育思潮在新文化运动期间极盛一时，以任鸿隽为代表的中国科学社和《科学》杂志倡导科学教育，主张将科学内容、科学方法以及科学精神渗透到各项社会事业中。

科学教育思想的内涵。五四运动以后科学教育运动在西方学者和科学成果的推动下得到较为广泛的开展，主要表现为两个方面：①科学的教育化，提倡学校中的科学教育，即按照教育原理和科学方法进行教育，培养学生科学的知识技能和态度；②教育的科学化，提倡以科学的方法研究教育，包括儿童心理和教育心理的研究、各种心理和教育统计与测量的试验及量表的编制应用。

科学教育思潮的主要流派有：①以任鸿隽为代表的中国科学社和《科学》杂志；②以陈独秀为代表的激进民主主义者，通过文化反思倡导科学启蒙，主张以理性态度看待中国传统教育；③以胡适为代表的实证主义，将科学的方法理解成"大胆的假设，小心的求证"。

在科学主义思潮的推动下，各种量化研究和测验在当时的中国十分流行。中国还开展了各种新教学方法的试验，如道尔顿制、设计教学法等。高校中也开始设置培养教育学科专门人才的学科和专业课程。

12. 简述收回教育权运动的过程、结果和意义。

答：（1）收回教育权运动的过程。①1922年3月蔡元培在《新教育杂志》上发表《教育独立议》，极力主张教育脱离政党与宗教而独立，率先举起反基督教教育的大旗；②余家菊在《少年中国》月刊上发表《教会教育问题》一文，率先提出了"收回教育权"的口号，在社会各界特别是教育界和学生界引起强烈反响；③1924年6月，"广州学生收回教育权运动委员会"宣告成立；④中华教育改进社在南京开会，讨论外人在华设学和收回教育权问题；⑤1925年，收回教育权运动在五卅运动中达到高潮。

（2）收回教育权运动的结果。北洋政府迫于压力，也采取了一些实际行动，北洋政府教育部颁布《外人捐资设立学校请求认可办法》，开始限制教会学校的发展。这个文件的颁布与执行是收回教育权运动最大的实际性成果。

（3）收回教育权运动的意义。尽管收回教育权运动没有彻底收回教会学校的教育权，但是它使中国人民对教会教育有了清晰的认识，使教会教育的发展受到了遏制，学校教育淡化了宗教色彩，教育职能得到一定程度的强化。收回教育权运动是教会教育走向本土化和世俗化必不可少的前奏，具有深远的历史意义。

三、分析论述题

1. 试分析蔡元培改革北京大学的指导思想、具体措施及其对我们的启示。

答：蔡元培是中国新文化运动的代表人物，是中国民主革命家和教育家。在任北大校长期间采取了一系列行之有效的方法和措施对其进行改革，使得北京大学的面貌焕然一新。

（1）"思想自由，兼容并包"的办学理念。

"思想自由，兼容并包"指的是蔡元培在北京大学内，允许各种学派自由发展，采取"学诣"第一的原则，只要思想言之有理，便让其自由发展。这一办学理念反映了蔡元培的资产阶级民主主义思想，在当时具有冲破封建专制思想的作用，是积极的、进步的。在这个原则下，他对北京大学进行改造。

（2）改革北京大学的具体措施。

① 抱定宗旨，改变校风。第一，改变学生的观念；第二，整顿教师队伍，延聘积学热心的教员；第三，发展研究，广积图书，激发师生研究兴趣；第四，砥砺德行，培养正当兴趣。

② 贯彻"思想自由，兼容并包"的办学原则。这一原则主要体现在对教师的聘任上，蔡元培以"学诣为主"，网罗学术人才，使北京大学教师队伍一时出现流派纷呈的局面。这体现了蔡元培的资产阶级民族主义的思想，具有冲破封建专制思想的作用。

③ 教授治校，民主管理。为了贯彻落实"教授治校，民主管理"的原则，蔡元培主要在北京大学建立了全校最高立法和权力机构、全校最高行政执行机构、全校教务传导机构等，把治理大学的任务交给了教育家。

④ 学科与教学体制改革。在学科与教学体制改革上，蔡元培采取了以下措施：扩充文理，改变"轻学而重术"的思想；沟通文理，废科设系；改年级制为选科制（学分制）。

（3）蔡元培改革北京大学的教育启示。

① 大学应当以研究学问为第一要义。大学不是灌输知识的场所，教师、学生都应当热爱学问，培养自己的学者风范。

② 大学应当以引领社会、服务社会为职责，应当的强烈的责任心并担当起带领社会风气的责任。

③ 大学教育的目的是育人而非制器。教育要以培养学生的健全人格为宗旨，同时也兼顾学生的技能和道德的教育。

④ 大学的管理者、办学者只有把握好大学应有的特点、应做的事，才能真正把教育办好、把学校办活。

2. 比较分析蔡元培主持的北京大学的教育改革与洪堡主持的柏林大学的教育改革。

答：蔡元培从20世纪20年代开始，以"思想自由，兼容并包"的办学原则改革北京大学。柏林大学的建立早于北京大学。1810年洪堡创建柏林大学，并通过学术自由和管理自治将柏林大学发展成为19世纪德国最有影响的高等学府。

相同点。（1）发展背景相似：虽然两所学校是在不同的时期发展起来的，但是两所大学都面对本国的封建性、宗教性的保守腐朽的学术风气，都需改革不良风气，打造学术圣地。同时两所大学都是在国家衰弱之时发展起来的，寄予了德国人民的厚望。（2）宗旨相同：两所学校都提倡学术自由，促进高校的学术发展，同时崇尚民主科学，体现了资本主义现代大学的特征。(3) 不管是洪堡,还是蔡元培,都诚聘有才华的人任教,使学校一时人才济济,学校也注重培养学生的研究能力,让教授带动学生,培养学生的学术能力,让大学成为研究高深学问的地方。(4) 北大和柏林大学分别是中国以及德国最早的现代大学,在各自的国家处于开创性地位,并引领本国高等教育的发展。

不同点。(1) 发展的时期不同,面对的保守势力不同:柏林大学是在19世纪初发展起来的,那时欧洲的保守势力是天主教神学,柏林大学反对的是腐朽的宗教气息;而北大的建立比柏林大学晚了一个世纪,中国的保守势力是落后的封建思想和官僚习气。(2) 自由的程度不同:柏林大学的自由只是指学术自由,强调学术为国家服务,但反对保守思想;北大继承了学术自由的思想,更是发展了这一思想,北大更为学术自由,先进保守思想在北大都有一席之地。(3) 学校管理上不同:北大提倡教育独立,独立于政治与宗教,教育为学术服务;柏林大学明确提出,大学进行学术研究并为国家服务。

3. 论述新文化运动推动下的教育改革。

答:(1) 恢复民国初年的教育宗旨,废除读经科,提倡民主科学的新教育。

(2) 确立男女平等教育。新文化运动在反对旧礼教、旧道德的同时,积极地宣传男女平等、个性解放等思想,主张男女有平等接受文化教育的权利,主张男女同学同校。

(3) 学校教学采用国语和白话文。在文学革命推动下学校教学采用国语和白话文教学。大、中、小学文言文教材逐渐地被淘汰,在教学上使得语言文字更加贴近人民生活实际,利于教育普及。这是中国教育史上一项重大的改革。

(4) 大学的改制。蔡元培于1917年接任北京大学校长后,即着手对北京大学进行改革。他提出"囊括大典、网罗众家、思想自由、兼容并收"的办学方针;聘请陈独秀、李大钊、鲁迅、李四光等著名学者到校任课;改革预科,调整专业,将学门制改为学系制度;将年级制改为选科制,实行学分制;改革学校管理体制,设评议会,实行民主管理;筹设研究所,组织各种研究会,鼓励科学研究;首招女生,实行男女同校;采用白话文讲义,帮助学生办刊物,成立各种学会等。这些改革,使北京大学思想活跃,气象一新。北京大学的改制引起了巨大的反响,有些做法当时就在北京专科以上学校的校长会议上被议决照办。以后,各大学也逐渐按北京大学的制度治理学校。

(5) 各种教育思潮的涌现和各种教育团体的建立。在新文化运动民主与科学旗帜鼓动下,教育界思想也十分活跃,涌现了平民教育、工读教育、职业教育、实用主义教育等多种进步教育思想,建立起不少教育团体。"中国科学社""全国教育会联合会""中华职业教育社""中华教育改进社""中华平民教育促进会"等,教育团体从不同的方面开展教育改革运动,对1922年学制的改革,对当时学校教育的发展影响很大。

4. 述评1922年"新学制"。

答:1922年,民国再次修改学制,仿照美国建立了"六三三"学制,也叫1922年"新学制"或"壬戌学制"。

(1) "新学制"的内容。

① 七项标准。受实用主义思想的影响,"新学制"不制定教育宗旨,而以七项标准作为指导。"新学制"的标准为:第一,适应社会进化需要;第二,发扬平民教育精神;第三,谋个性之发展;第四,注意国民经济实力;第五,注意生活教育;第六,使教育易于普及;第七,多留各地伸缩余地。七项标准是"新学制"的指导思想,体现了民主与科学

的精神，对民国之后的教育改革产生了深远影响。

② 1922年"新学制"以儿童身心发展规律为依据，采用"六三三"学制分段标准，将学制划分为三段。纵向看，小学6年，中学分为初、高中各3年，大学4~6年，小学之下有幼稚园，大学之上有大学院。横向看，与中学平行的有师范学校和职业学校。

③ 学制还有"四项附则"规定：注重天才教育，得变通年限及教程，使优异之智能尽量发展；对于精神或身体上有缺陷者，应施以相当之特种教育；为青年个性发展，采用选科制；对年长失学者，给予补习教育。

（2）对"新学制"的评价。

学制的优点：①第一次依据我国学龄儿童的身心发展规律划分教育阶段，学制采用美国学制的"六三三"制，基本上是依据我国青少年身心发展的特点来划分的，这在中国近代学制发展史上是第一次。

② 初等教育缩短小学年限，更加务实合理，利于普及。将幼稚园纳入初等教育阶段，使幼儿教育与小学教育得以衔接，确立了幼儿教育在中国教育史上的地位。

③ 中等教育是改革核心，是"新学制"中的精粹。第一，延长中学年限，初中和高中各3年，提高中等教育的程度，克服旧学制中中学只有4年而造成基础教育薄弱的缺点，改善中学和大学的衔接关系；第二，中学分为初、高中，不仅增加了地方办学收缩余地，也增加了学生的选择余地；第三，中学实行分科制和选科制，力求使学生有较大的发展余地，适应不同学生的发展需要。

④ 高等教育缩短年限，取消大学预科，使大学不再担任普通教育的任务，有利于大学进行专门教育和科学研究。

⑤ 增强职业教育，最明显的特点是兼顾升学与就业。小学高级阶段就要求根据各地情形，增置职业教育准备；在中学开设各种职业科，使学生既能准备升学，也能准备就业。

学制的缺点：移植美国综合中学学制，脱离了中国当时的实际，因而在实行中困难重重，收效甚微。本欲加强的职业教育和师范教育反而被削弱。

"新学制"与前两部学制相比，无论是在指导思想上，还是在整体结构上都有所进步。1922年学制采取了美国的"六三三"制，是中国近代学制改革由日本转向美国寻求借鉴的标志。虽说带有模仿和抄袭的痕迹，但从学制的制定过程来看，也经过了长期的酝酿和广泛的讨论，在一定程度上集中了教育界的智慧和经验，既考虑到了我国民族工业发展对教育的要求，也考虑到了学龄儿童的身心发展特点和年龄分期问题。学制比较彻底地摆脱了封建传统教育的束缚，重视基础的民众教育。学制比较简明，又具有灵活性。它的颁布与实施标志着中国资产阶级新教育制度的确立，也标志着中国近代以来学制体系建设的基本完成。

第十章　南京国民政府时期教育

◇ 应试题库 ◇

一、名词解释

1. "战时须作平时看"的教育方针　　2. 导师制　　3. 学校西迁

二、简答题

1. 简述国民政府时期的大学院和大学区制。
2. 简述抗日战争前后国民教育的发展状况。
3. 简述南京国民政府时期"战时须作平时看"的教育方针。
4. 简述南京国民政府时期教育方针与教育宗旨的变迁。
5. 简述南京国民政府的训育制度。
6. 简述"戊辰学制"的特点。

三、分析论述题

简述南京国民政府成立后采取的学校管理措施。

◇ 应试解析 ◇

一、名词解释

1. "战时须作平时看"的教育方针

答：抗日战争爆发后，国民政府提出"战时须作平时看"的教育方针，要求以"一切仍以维持正常教育"为主旨，一方面采取了一些战时的教育应急措施；另一方面强调维持正常的教育和管理秩序。这一方针是一项具有长远见识的重要决策，它既顾及了教育为抗战服务的近期任务，也考虑了教育为战后国家建设和发展服务的远期目标，使得教育事业在艰苦的战争环境中仍苦苦支撑，并在大后方西南、西北地区还有所发展。当然，教育同样成为国民党搞反共、闹摩擦、压制民主与控制思想的工具。

2. 导师制

答：抗战时期，为了进一步控制学生，强化学校的训育制度，教育部规定在中等以上的学校推行导师制，即中学以上学校每一年级学生分成若干组，由校长指定专任教师一人为导师，学校设主任导师或训育主任一人，总领全校训导。导师对学生的思想、行为、学业和身体均应体察，做详细记录，按月报告训导处和家长。抗战后，训育制度加强，1939年教育部颁布的《训育纲要》是最为集中体现国民党训育思想的纲领性文件。

3. 学校西迁

答：抗日战争时期，为保存国家教育实力，国民政府将沿海地区不少著名大学西迁，使高等教育的根基不仅得以保存，还获得了一定发展。一些著名大学经过合并，使各自的优良传统和学科优势得以发扬和互补，形成新的特色，如由北京大学、清华大学、南开大学合并组成的西南联合大学；国立北平大学、国立北平师范大学和国立北洋工学院迁往陕西汉中，成立西北联合大学。还有其他大学迁往西南。所有这些措施，保障了高等教育的发展态势，学校和学生数量比战前有较大的增长。

二、简答题

1. 简述国民政府时期的大学院和大学区制。

答：1927年6月，国民党中央执行委员会仿照法国教育行政制度，中央设"中华民国大学院"主管全国教育，地方试行大学区，取代民国以来中央政府设教育部、各省设教育厅的教育行政制度。国民政府任命蔡元培为大学院院长，大学院为全国最高学术教育机关，隶属国民政府，管理全国学术和教育行政事宜。

与此同时，国民政府规定全国各地按教育、经济、交通等状况划分为若干个大学区，每区设大学1所，大学设校长1人负责大学区内一切学术和教育行政事务。大学区下设高等教育处、普通教育处、扩充教育处等。大学区的最高审议机构是评议会，由大学校长教授、中学校长教员、小学校长教师、教育团体等组成。

评价：大学区制是蔡元培独立教育思想的体现，目的是要促进教育与学术相结合，实现教育行政机构学术化，摆脱腐败官僚的支配，事权统一，实现教育决策与实施民主化。但在专制独裁统治的政治形势下，在经济极端落后的情况下，大学院与大学区制在实行一年以后不了了之。

无法实施的原因：第一，理想过高，期望学术领导行政，使教育行政学术化，反而使学术机关官僚化，效率低下。原本是让大学区制保障教育的独立性，但事实证明大学区的教育反而易于卷入政治漩涡。第二，忽视中小学实际需要，削减中小学教育经费，导致中小学居于附庸地位，而招致中小学界激烈反对。大学院和大学区制是一次忽略中国国情的失败的教育管理改革实践。

2. 简述抗日战争前后国民教育的发展状况。

答：从国民政府时期到抗日战争爆发，直至抗战胜利，在这个特殊的历史阶段，教育发展状况很复杂，各级各类教育因自身的基础和所面临的环境不同，发展情况各不相同。

（1）初等教育：抗战前的1927—1937年，是初等教育的稳定和发展时期，一方面国民政府以"三民主义"为旗号，加强了对初等教育的控制；另一方面教育建设实行法制化，给予教育发展一定的保障，民国初等教育于此时基本定型；抗战期间，由于国民党提出"抗战建国"的口号，初等教育在时局动荡中仍能维持一定发展；抗战胜利后，国民党悍然发动全面内战，国民教育的实施受到扼杀，初等教育也同样走向衰败。

（2）中等教育：抗战前，民国政府通过一系列中等教育法规的颁布，保证了中等教育的发展。发展主要体现在中等教育内部结构的调整，而非数量的增加。抗战期间，由于国民党采取"抗战救国"方针,中学数量增长较快。抗战胜利后,全国中学的数量达到最高点,并且对综合中学进行改革,将师范部、职业部分离出来,这样来适应中学实际发展的需要,发挥各种教育的功能。

(3) 高等教育:国民政府时期的高等教育,前十年可以说是稳步发展、逐步定型的。抗日战争爆发后的一段时期里开始受挫,学校西迁,或改私立大学为国立。但到抗战胜利后,大学学校和学生数量都达到新的高点。

3. 简述南京国民政府时期"战时须作平时看"的教育方针。

答:抗日战争爆发后的1937年8月,国民政府提出"战时须作平时看"的教育方针,颁布了"一切仍以维持正常教育"为主旨的《总动员时督导教育工作办法纲领》,一方面采取了一些战时的教育应急措施,另一方面强调维持正常的教育和管理秩序。

该方针的主要内容:①在战争期间,学校的课程、学制、学校秩序和教育经费都需要以平时为准;②为了适应抗战的需要和符合战时的环境,要对教材做适当的修改,推行战时教材,为抗战培养人才;③进一步加强思想政治教育和传统文化教育,教育学术应坚定"三民主义"信仰。

该方针的意义:这一方针政策是一项具有长远见识的重要决策,它既顾及了教育为抗战服务的近期任务,也考虑了教育为战后国家建设和发展服务的远期目标,使得教育事业在艰苦的战争环境中仍苦苦支撑,并在大后方西南、西北地区还有所发展。也因为国民党强调"教育目的与政治目的的一贯",教育同样成为国民党搞反共、闹摩擦、压制民主与控制思想的工具。

4. 简述南京国民政府时期教育方针与教育宗旨的变迁。

答:南京国民政府的教育方针与宗旨经历了从"党化教育""三民主义"教育到"战时须作平时看"的三个阶段。

(1) "党化教育":1927年国民政府阐述了"党化教育"的含义,即把教育方针建立在国民党的根本政策之下,按国民党的"党义"和政策的精神重新改组学校课程,不仅造就了各种专门人才,尤其要使学生走出学校后都能做党的工作。从本质上看,"党化教育"是为一党专制服务的,目的在于强化国民党对学校教育的控制。

(2) "三民主义"教育:1929年,国民政府正式公布了"三民主义"教育宗旨。"三民主义"教育宗旨的实质还是国民党借此控制教育,使"三民主义"教育宗旨完全背叛了孙中山提出的新三民主义的反帝、反封建的革命目标,而成为反共、反对民族民主革命和为建立国民党独裁统治服务的手段。事实上"三民主义"教育宗旨是维护和粉饰专制统治的工具。

(3) "战时须作平时看":抗日战争爆发后,国民政府提出"战时须作平时看"的教育方针,颁布了"一切仍以维持正常教育"为主旨,一方面采取了一些战时的教育应急措施,另一方面强调维持正常的教育和管理秩序。这一方针政策是一项具有长远见识的重要决策,它既顾及了教育为抗战服务的近期任务,也考虑了教育为战后国家建设和发展服务的远期目标。当然,教育同样成为国民党搞反共、闹摩擦、压制民主与控制思想的工具。

5. 简述南京国民政府的训育制度。

答:南京国民政府为控制学校教育,通过建立训育制度对各级各类学校实施严格管理。

(1) 具体措施:第一,设置训育主任和训育人员,专事考察学生的思想、言论和行动,开始在全国中小学实行训育制度;第二,教育部规定中等以上的学校推行导师制,即中学以上学校每一年级学生分成若干组,由校长指定专任教师一人为导师,学校设主任导师或训育主任一人,总领全校训导,导师对学生的思想、行为、学业和身体,均应体察,做详细记录,按月报告训导处和家长;第三,抗战后,教育部颁布的《训育纲要》是最为集中体现国民党训育思想的纲领性文件。

(2)评价:南京国民政府统治时期所建立的学校训育制度,虽然也有一些道德教育的价值,但主要是帮助国民党实施其独裁统治,并强调封建道德观念,因此是倒退的。

6. 简述"戊辰学制"的特点。

答:南京国民政府成立后,蔡元培等再次修改了学制,即形成了"戊辰学制"。"戊辰学制"分组织和系统两部分。第一部分提出了七项原则:①根据本国国情;②适应民生需要;③提高教育效率;④提高学科标准;⑤谋个性之发展;⑥使教育易于普及;⑦留地方伸缩之可能。第二部分为学校系统,基本框架与1922年"新学制"没有太大的变化。

"戊辰学制"突出特点有:①使占人口80%以上的不识字儿童和成年人受到一定教育,较为重视义务教育和成人补习教育;②为提高民族文化程度,中等教育和高等教育的工作重心定为整理充实,求质量的提高,而不单求数量的增加;③为适应20世纪30年代经济的增长,政府的教育决策明显倾向于职业教育,使职业教育得到一定的发展。

三、分析论述题

简述南京国民政府成立后采取的学校管理措施。

答:南京国民政府为了加强对教育的控制,实行了一系列的学校管理措施。

(1)训育制度。国民党政府为控制学校教育,通过建立训育制度对各级各类学校实施严格管理。设置训育主任和训育人员,专事考察学生的思想、言论和行动,开始在全国中小学实行训育制度。中等以上的学校推行导师制,《训育纲要》是最为集中体现国民党训育思想的纲领性文件。

(2)中小学校的童子军训练。为了严格控制学校和学生,作为对学生训育的组成部分,国民政府在小学和初中实行童子军训练,用管理军营的办法管理学校,用管理军队的办法管理学生,目的是养成儿童、青少年的绝对服从意识和统一的行动习惯,培养团体主义精神和军事知识技能。

(3)高中以上学生的军训。在国难当头之时,由于抗战的需要,对高中生和大学生进行国防教育和一定的军事训练,能够增加学生的爱国情感和民族责任心。然而,国民党却使其逐步变为控制高中以上学校和学生的手段,变为为专制独裁统治服务的工具。

(4)颁布课程标准,实行教科书审查制度。为了从教育内容方面管理和控制学校,南京国民政府通过教育部制定和颁发的一系列有关法令,严格规范和统一全国学校的课程与教科书。课程标准方面,要进行课程重组,使其与党化教育保持一致,同时也体现教育学和科学原则。教科书审查制度要求教科书在使用一段时期后须重新审核认定。这明确了以国民党的党纲、党义和"三民主义"为审查教科书的标准。

(5)实行毕业会考。国民政府实行民国期间中小学生的毕业会考制度。主要在中学举行,后来在师范学校和大学里都要举行会考制度。虽然客观上对整顿各地各校的教学水平和教学质量有一定的作用,但它的政治意图是对学校和学生进行严格管理、有效控制。至今,人们对会考制度的说法褒贬不一,但是当时的学生持坚决的反对态度。

第十一章　中国共产党领导下的教育

◇ 应试题库 ◇

一、名词解释

1. 农民运动讲习所　　2. 工农教育　　3. 干部教育
4. 抗大　　　　　　　5. 民办公助　　6. 陕北公学

二、简答题

1. 简述"民族的、科学的、大众的"文化教育方针。
2. 简述"抗大"的教育情况。
3. 阐述革命根据地和解放区教育体制的构成特点及作用。
4. 简述李大钊的教育思想。
5. 简述恽代英的教育思想。
6. 解放区的高等教育是如何发展的？

三、分析论述题

1. 论述抗日战争时期中国共产党的教育方针。
2. 论述革命根据地教育的基本经验。

◇ 应试解析 ◇

一、名词解释

1. 农民运动讲习所

答：农民运动讲习所是国共合作时期培养农民运动干部的学校，也是全国农民运动研究中心，主要由彭湃、毛泽东主持。广州和中央农民运动讲习所先后培养了一千多名农运干部，为此后十年的土地革命播下了火种。

2. 工农教育

答：中国共产党成立后，始终重视工农教育，将其作为开展革命的有力武器。党的工农教育围绕提高工农政治觉悟和文化水平的目标展开，而教育形式则多是因地制宜、灵活多样。在工人运动方面，共产党员深入厂矿企业开展职工教育，如北方最早创办的工人教育机构是长辛店劳动补习学校。在农民运动方面，广大党员深入农村，组织和教育农民开展斗争，各地办起农民补习学校，编写了一批农村教材，宣传革命。农民教育的蓬勃开展推进了农民运动，为后来中国共产党领导的农村革命根据地的教育事业奠定了基础。

3. 干部教育

答：中国共产党诞生后，始终清醒地认识到人民的革命斗争需要坚强有力的干部来率领，因此十分重视自身干部队伍的建设。"干部教育第一"政策的提出是出于民族解放战争的需要、根据地文化教育的实际状况和为党的未来事业发展作准备，来培训在职的干部，以及培养一批年轻有为的人来做政治工作和军事工作的干部。主要的形式是在职培训初、高级干部。中国人民抗日军政大学就是杰出的干部教育学校。

4. 抗大

答：中国人民抗日军政大学简称"抗大"，是在中国共产党和毛泽东直接领导和关心下创建和发展起来的一所培养抗日军政干部的学校，是抗日根据地干部学校的典型。前身是红军大学，抗战胜利后，总校干部赴东北组建东北军政大学。"抗大"的教育方针是"坚定不移的政治方向，艰苦奋斗的工作作风，加上机动灵活的战略战术"。"抗大"的校训是"团结、紧张、严肃、活泼"。"抗大"的学风是"理论联系实际"。

5. 民办公助

答：在共产党的群众教育中，根据地创造性地采取了"民办公助"的政策，即发动社会和民间的力量来共同办教育。一般来说是民间自办学校，政府给予一部分资金或者指导，以此来帮助所办学校的发展。民办公助后来成为根据地教育的重要经验。民办公助既要充分发挥民间办学的积极性，充分尊重民众对学校学制、教育内容的需求，同时，也强调通过公助的形式加强对学校的指导和管理。

6. 陕北公学

答：陕北公学简称"陕公"，创办于1937年，是抗日战争时期中国共产党创办的一所具有统一战线性质的干部学校。其办学目的是培养成千上万的革命干部，满足抗日民族解放战争的需要。成仿吾为陕北公学第一任校长兼党组书记。陕北公学实行党团领导下的校长负责制，直属中央组织部，由中央宣传部领导，是中国共产党中央部门直接领导创办的一所革命大学。

二、简答题

1. 简述"民族的、科学的、大众的"文化教育方针。

答：毛泽东指出："民族的、科学的、大众的文化，就是人民大众反帝反封建的文化，就是新民主主义的文化，就是中华民族的新文化。"这既是文化的方针，也是教育的方针。

所谓"民族的"，是指新民主主义教育是反对帝国主义压迫，主张中华民族的独立和尊严，带有民族特性的教育。它不一概排除外国教育，也不"全盘西化"，而是取其精华，弃其糟粕。具有民族的形式和特点，并与新民主主义的内容相结合，即为新民主主义的教育。

所谓"科学的"，是指新民主主义教育反对一切封建、迷信思想，主张实事求是，主张客观真理，主张理论与实践统一。它坚持辩证唯物主义，对中国古代和近代教育既不一概否定，也不因循守旧，而是剔除封建糟粕，吸取其民主性精华。

所谓"大众的"，是指新民主主义教育是为全民族90%以上的工农劳苦民众服务的，并逐渐成为他们的教育，因而又是民主的。它把革命干部和群众的教育互相区别与联系，把普及和提高互相区别与联系，是人民大众的有力武器，是革命总战线中一条必要和重要的战线。

2. 简述"抗大"的教育情况。

答：中国人民抗日军政大学简称"抗大"，是在中国共产党和毛泽东直接领导和关心下创建和发展起来的一所培养抗日军政干部的学校，是抗日根据地干部学校的典型，培养了大批军政干部人才。

（1）"抗大"的校训是"团结、紧张、严肃、活泼"。

（2）"抗大"的教育方针："坚定不移的政治方向，艰苦奋斗的工作作风，加上机动灵活的战略战术，便一定能够驱逐日本帝国主义，建立自由解放的新中国。"所谓"坚定不移的政治方向"，是指在中国共产党领导下，以人民战争的形式，打败日本帝国主义，建立人民民主的新中国；"艰苦奋斗的工作作风"，是指生活上的艰苦朴素，工作中的刻苦勤奋，理论联系实际，密切联系群众；"机动灵活的战略战术"，是指掌握和运用游击战的方法，与侵略者展开人民战争的持久战。

（3）"抗大"的政治思想教育："抗大"非常重视对学员进行以马克思列宁主义毛泽东思想为核心内容的政治思想教育，并将其作为学校的一门主要课程。同时，开展政治思想教育的途径也多种多样。一是学习理论，提高马克思主义理论水平；二是学习党内斗争的文件，提高党性意识；三是开展群众性的自我教育；四是严格的组织纪律要求。

（4）"抗大"的学风：其最重要的学风传统就是理论联系实际。

（5）"抗大"的教学方法："抗大"创造了一套从实际出发、生动活泼的教学形式与方法。①启发式：具体方法有由近及远，从具体到抽象，注意相互联系，突出重点。②研究式：集体讨论，按照教育计划学习，个人自学和思考研究是主要的形式，教员只是从旁指导。③实验式：较少的课堂讲授，多实地操作，多设置实况演习，使学员善于判断分析，培养随机应变的能力。④"活"的考试：由教员拟定考题，指定参考书目，学员自行准备后进行讨论，吸收补充他人的见解，再结合本人的材料完成答卷，学员互阅试卷。

3. 阐述革命根据地和解放区教育体制的构成特点及作用。

答：革命根据地教育分为干部教育、群众教育和儿童教育三个部分。干部教育的任务是培养和培训革命领导干部及各类专门人才，群众教育的任务是提高广大群众的文化素质和政治觉悟，儿童教育的任务是培养革命事业的接班人。三类教育还有明确的主次之分，即整个教育中成人教育重于儿童教育，成人教育中干部教育重于一般群众教育，干部教育中对在职干部的培训又重于对后继干部的培养。这样的教育结构和重心是由当时革命斗争的需要决定的，其出发点是速见成效。

4. 简述李大钊的教育思想。

答：李大钊是中国共产主义运动的先驱。李大钊关于教育本质问题、工农教育和青年教育的思想，对新民主主义教育思想的形成产生了实际影响。

（1）关于教育本质：李大钊用历史唯物主义说明教育的本质，提醒人们正确认识教育与社会发展的关系。李大钊指出文化教育受经济基础和政治的制约，要改造中国光靠教育本身是不够的，而首先要解决经济基础问题。

（2）工农教育思想：他积极倡导工农大众的教育，认为资产阶级社会不可能有真正平等的教育，广大工农群众应该面对现实，积极争取受教育的机会。他还认识到劳工教育的重要性，因此号召广大有志青年到农村去，根据农民的生活生产实际，对农民进行反帝反封建教育，启发阶级觉悟并进行工农联盟的政治教育。

（3）青年教育思想：他始终关心青年问题，关心青年的教育和成长。中国共产党成立后，他明确指出青年在社会改造中的使命，要求青年运动成为社会变革的先锋，要求青年不仅要树立正确的人生观，而且要磨炼坚强的意志，指导青年走工农结合的道路。

5. 简述恽代英的教育思想。

答：恽代英是中国共产党早期出色的活动家和理论家、杰出的青年运动领导人，同时也是一位教育理论的探索者和教育改革的实践者。

（1）恽代英论述了教育与社会改造的关系。肯定了教育是改造社会的有力工具，但要发挥这一作用，关键要以社会改造的目的和需要来办教育。同时，他批判"教育救国论"，主张把教育放在社会中，把改造教育与改造社会结合起来。

（2）在对教育的改造问题上，恽代英以社会改造为其教育改造的根本目的和依据，提出新教育的构想。他主张实行儿童公育，使儿童一出生就受到良好的教育。中等教育首先应该明确其教育的目的，这样才能培养出符合社会发展的人才。他还提出对中等教育的课程、教科书和教学方法进行改造。

6. 解放区的高等教育是如何发展的？

答：随着解放战争接近尾声，即将开始的大规模经济建设需要大量高级人才，高等教育的整顿和建设就成为解放区教育事业的重要方面。

（1）办"抗大"式训练班。随着解放区的迅速扩大，大量学校被接管，这些学校的师生需要适应解放事业，加强对他们进行思想教育和思想改造。办"抗大"式训练班逐批对知识青年进行短期政治教育。

（2）解放区原有的大学进一步正规化。这主要是出于培养有革命理想与科学技术知识的管理干部和"自己的高级知识分子"的目的，将解放区原有较正规的大学进行正规化，如中国人民大学，成为解放区自己办的正规大学的杰出代表。

（3）创办新大学。随着解放战争战线的南移，东北解放区最先成为稳固的后方，高等教育的大规模整顿和创办新大学，最先从东北开始。

三、分析论述题

1. 论述抗日战争时期中国共产党的教育方针。

答：依据党的"一切为着前线，一切为着打倒日本侵略者和解放中国人民"的总方针，执行了中共中央制定的一系列教育方针政策，如实行抗战教育政策，提倡国防教育，实行文化教育中的统一战线政策，实行教育和生活劳动相结合的方针等，发展了抗日根据地教育。

（1）抗战教育政策：充分反映抗日民主根据地教育改革的历史特点，教育为抗战服务。

（2）"文化工作中的统一战线"政策：与帝国主义文化侵略和封建主义文化残余做斗争。主要表现在：第一，吸收各种社会力量团结到抗战中来，尤其需要依靠知识分子的力量，通过文化教育工作开展支援战争；第二，组织千百万农民群众学习知识，建立各种正规与非正规学校，与封建和迷信做斗争，提高根据地群众的思想觉悟和科学文化水平，从而促进新民主主义教育的实现。

（3）"干部教育第一，国民教育第二"的政策：中国共产党诞生后，始终清醒地认识到人民的革命斗争需要坚强有力的干部来率领，因此十分重视自身干部队伍的建设，明确提出"干部教育第一，国民教育第二"的政策。"干部教育第一"政策的提出是出于民族解放战争的需要、根据地文化教育的实际状况和为党的未来事业发展做准备。

（4）"实行生产劳动"的教育政策："教育与劳动相结合"曾是苏区教育的基本经验之一，抗日根据地要求青年学生和知识分子把学习与生产劳动相结合。一方面是出于抗战的需要；另一方面是出于对青年教育的需要。边学习理论，边参加生产劳动，可以帮助青年了解根据地农村的生产、人民的生活，丰富对理论的理解，坚定信念，增强使命感。

（5）"民办公助"的政策：与干部教育相辅相成的是抗日民主根据地的群众教育。在群众教育中，根据地创造性地采取了"民办公助"的政策。发动社会和民间的力量来共同办教育，后来成为根据地教育的重要经验。"民办公助"既要充分发挥民间办学的积极性，充分尊重民众对学校学制、教育内容的需求，同时，也强调通过公助的形式加强对学校的指导和管理。

2. 论述革命根据地教育的基本经验。

答：中国共产党在战争年代培养了数量巨大的干部，根据地教育的成功经验，也成为中国教育史上一笔宝贵的财富。

（1）教育为政治服务，坚持教育为革命战争和阶级斗争服务。最大的政治是以武装斗争的手段夺取民主革命的胜利，而动员群众投入、支援革命战争，并最大限度地提高人民军队干部战士的觉悟，是中国共产党所面临的中心任务。

（2）新型的教育体制。新型的教育体制包括干部教育、群众教育、儿童教育三部分。

（3）教育与生产劳动、社会政治活动紧密联系。①在教育内容上，紧密联系当时当地的生产和生活实际；②在教育教学的组织形式和时间安排上，注意适应生产需要；③根据地的师生广泛参加各类革命斗争和政治活动。

（4）多种形式的办学途径，依靠群众办学。"以民教民"是当时根据地教育的一个特点。其中"民办公助"的办学形式更是发挥了各个方面的积极性。

（5）教学制度和方式的改革。①缩短学制；②教学紧密联系实际；③注重实效的教学方法，提倡"小先生"制，在干部教育中，多以自学为主，启发、研究、讨论和实际考察相结合。

第十二章 现代教育家的教育探索

◇ 应试题库 ◇

一、名词解释

1. "全人生指导"思想
2. 博士下乡
3. 晓庄学校
4. 山海工学团
5. 小先生制
6. 活教育
7. 定县实验
8. 生活教育（北京师范大学 2012 年真题）

二、简答题

1. 简述黄炎培的职业教育思想的主要内容。
2. 简述梁漱溟的乡村教育理论。
3. 黄炎培提出的职业教育的三大要旨是什么？有何现实意义？
4. 简述陈鹤琴"活教育"的目的及其现实意义。
5. 简述晏阳初的"四大教育"和"三大方式"的主要内容。
6. 简述晏阳初"化农民"和"农民化"的思想。
7. 简述杨贤江对教育本质的论述。
8. 简述杨贤江"全人生指导"思想的基本内容。
9. 简述陈鹤琴的"活教育"思想理论。

三、分析论述题

1. 评述陶行知生活教育理论的基本内容及其现实启示。
2. 评述乡村教育运动产生的历史背景、主要从事者及其活动特点。
3. 论述黄炎培的职业教育思想体系。
4. 根据以下材料回答问题。

材料：二十世纪二三十年代，中国在全国范围内广泛兴起了以改革农村和农民现状为宗旨的乡村教育运动，不少学者纷纷提出自己的主张。晏阳初认为，中国乡村存在四大基本问题，即愚、贫、弱、私。"愚"指大多数人都是文盲；"贫"指人民生活极度贫困；"弱"指缺乏医疗保障，人民健康水平低下；"私"指人民缺乏合作精神和公民意识。梁漱溟则认为，上述问题只是中国社会的表面现象，其深层原因是文化失调。中国文化的根在乡村，解决中国问题必须从乡村建设入手，从中国旧文化里转变出一个新文化来，以创造新文化来救活旧乡村。

问题：请以材料为背景，论述晏阳初和梁漱溟所提出的乡村教育方案，并比较他们关于乡村教育理论的异同。

◆ 应试解析 ◆

一、名词解释

1. "全人生指导"思想

答：马克思主义教育家杨贤江重视和关注青年问题，对青年进行全人生指导。所谓"全人生指导"，就是对青年进行全面关心、教育和引导，使他们成为一个"完成的人"，以适应社会改进之所用。杨贤江的全人生指导思想的核心是教育青年树立正确的人生观，并引导他们走上革命道路。"全人生指导"最重要的原则是提倡自动、自律，培养青年的主动精神，让青年做自己的主人，教育只是居于指导地位，不应包办和强制。该思想对青年的影响很深远。

2. 博士下乡

答：著名教育家晏阳初提出"农民科学化，科学简单化"的平民教育目标，并认为欲"化农民"，须先"农民化"。所谓"农民化"是指知识分子与村民一起劳动和生活，当时人们称为"博士下乡"。只有先明了农民生活的一切，给农民做学徒，彻底地与广大农民打成一片，才能深切地了解农民，懂得他们的需要。所谓"化农民"，即教化农民。

3. 晓庄学校

答：教育家陶行知以培养乡村人民儿童所敬爱的教师为总目标，他提出了"筹募一百万元基金，征集一百万同志，提倡一百万所学校"的口号。1927年，陶行知在南京创办试验乡村师范学校，后改名晓庄学校，确立"生活即教育""社会即学校""教学做合一"的生活教育理论，亲自试验，希望从乡村教育入手改造中国教育的出路。1930年，晓庄学校被查封。

4. 山海工学团

答：1932年，陶行知在上海创办"山海工学团"，提出"工以养生，学以明生，团以保生"，力图将工场、学校、社会打成一片，进一步探索中国教育之路，以达到普及教育的目的。该学团有六个训练内容：军事、生产、科学、识字、民权和生活。教材是陶行知编写的《老少通千字课》。此外，工学团还组织修路、筑堤、赈灾和开办信用社等活动。

5. 小先生制

答：小先生制是陶行知受学生的启发而提出的方法，是为了解决普及教育中师资缺乏、经费匮乏、女子教育困难等问题而提出的。儿童是中国实现普及教育的重要力量，所以提出"小先生制"，即"即知即传"，人人将自己所识的字和所学的文化随时随地教给别人，儿童是这一过程的主要承担者。陶行知认为小孩也能做大事，"小先生"不仅教别人识字、学文化，还教别人做"小先生"，由此知识不断得到推广。小先生制是贫穷国家普及教育最重要的钥匙。

6. 活教育

答：幼儿教育家陈鹤琴提出教师如何"教活书，活教书，教书活"，学生如何"读书活，活读书，读活书"的问题，并在总结自己以往教育实践和思想的基础上，明确提出了

"活教育"主张。活教育思想的教育目的是"做人、做中国人、做现代中国人",课程论上明确提出"大自然、大社会都是活教材",教学论上要求"做中教,做中学,做中求进步"。

7. 定县实验

答:20世纪30年代,我国形成了声势浩大的乡村建设实验运动。由晏阳初主持的中华平民教育促进总会所进行的河北定县乡村平民教育实验,在这场运动中占有举足轻重的地位。晏阳初总结了一套成功的乡村教育经验,这集中表现为"四大教育"和"三大方式"。这一理论打破了狭隘的教育观念,把乡村教育视为与乡村经济、文化、卫生、道德等方面共同进行,学校、家庭、社会相互促进的系统工程。这在中国教育史上是一种创新,直至今天仍有现实意义。

8. 生活教育(北京师范大学2012年真题)

答:"生活教育"是陶行知教育思想的核心,并且陶行知在晓庄学校开展了"生活教育"理论的实践。生活教育理论包含三个方面:首先,生活即教育,指生活含有教育的意义,实际生活是教育的中心。生活决定教育,教育改造生活。其次,社会即学校,指"社会含有学校的意味"和"学校含有社会的意味"。最后,教学做合一是生活,也就是教育法,要求"有教先学"和"有学有教",反对注入式教学法。

二、简答题

1. 简述黄炎培的职业教育思想的主要内容。

答:黄炎培的职业教育思想主要涉及的内容有职业教育的作用、地位、目的和方针几个方面。

(1)职业教育的作用和地位。①职业教育的理论价值:谋个性之发展,为个人谋生之准备,为个人服务社会之准备,为国家及世界增进生产力之准备。②职业教育对当时中国社会的作用:有助于解决中国最急需解决的生计问题。③职业教育在整个教育体制中的地位:黄炎培认为可以概括为"一贯的、整个的、正统的"。

(2)职业教育的目的:"使无业者有业,使有业者乐业"。

(3)职业教育的方针。第一,社会化,职业教育须适应社会需要;第二,科学化,用科学来解决职业教育问题,物质方面的工作和人事方面的工作均需遵循科学原则。

(4)职业教育的教学原则:手脑并用、做学合一、理论与实际并行、知识与技能并重。

(5)职业道德教育:敬业乐群是黄炎培对职业道德教育的总结。

2. 简述梁漱溟的乡村教育理论。

答:乡村教育是梁漱溟乡村建设理论的重要组成部分。所谓乡村建设,是一种力图在保存既有社会的基础上,通过乡村教育的方法,由乡村建设引发社会工商业发展,以实现经济改造和社会改造。梁漱溟的乡村建设和乡村教育理论建筑于他对中国传统文化和社会的分析、中西文化的比较之上。

(1)中国问题的症结:中国文化追求人与人之间真实的妥洽关系的"仁的生活",因此世界文化的未来是中国文化的复兴,而中国问题的解决只有从自身固有的文化中寻找出路。中国的问题就是文化的失调。

(2)如何解决中国的问题:乡村建设。乡村建设是乡村被破坏而激起的乡村自救运动,是重建我们民族和社会的新组织构造的运动。

(3) 乡村建设与乡村教育。

乡村建设与乡村教育是一个问题的两个方面。乡村建设应以乡村教育为方法,而乡村教育需以乡村建设为目标。一方面,解决中国文化失调的主要手段是教育,它的功能在于延续文化而求进步;另一方面,中国社会的改造其实是一个如何以中国固有精神为主吸收西方文化,融合现代文明以求自身文化长进的过程,这是一个教育的过程。所以乡村建设是纳社会运动于教育之中,以教育完成社会改造。

(4) 乡村教育的实施。

① 乡农学校的设立:以教育的力量替代行政的力量。乡农学校分村学和乡学两级。乡农学校的组织结构按农村自然村落及其行政级别形成。组织原则是政、教、养、卫合一,以教统政;学校式教育与社会式教育融合归一。

② 乡农学校的教育内容:所有教育内容强调服务于乡村建设,密切适合农村生产、生活的需要。课程分两大类:一类是各校共有的课程,包括识字、唱歌等普通课程和精神讲话;另一类是各校根据自身生活环境需要而设置的课程。

乡村建设理论和乡村教育思想本质上是中国知识分子通过改造中国农村来改良中国社会的理想,是在探索拯救中国的"第三条道路"。但乡村教育理论否认阶级斗争,体现了其消极的一面。可取之处在于认识到中国问题是农村问题,立足于文化传统来思考中国社会的改造是有识之风,对农村建设有一定的贡献。

3. 黄炎培提出的职业教育的三大要旨是什么?有何现实意义?

答:黄炎培是中国近代民主革命家和教育家。在职业教育方面,他提出了三大要旨,具有重要的现实意义。

(1) 职业教育三大要旨的主要内容。

在职业教育的内涵方面,黄炎培提出了职业教育的三大要旨。其三大要旨的主要内容包括:为个人谋生之准备;为个人服务社会之准备;为世界增进生产力之准备。其中,他将"为个人谋生之准备"放在第一位。黄炎培把"谋生"作为现代职业教育思想的基本出发点。他认为人们只有通过职业教育获得谋生的知识和技能,才能立足于社会,成为促进社会发展的有用人才。而且,通过职业教育使人人爱岗敬业,以职业为荣,社会必然会发达。黄炎培强调从对社会的影响来讲,通过提高国民的职业素质,使学校培养之才无不可用,社会从业者无不得到良好训练,国无不教之民,民无不乐之生。

(2) 职业教育三大要旨的现实意义。

三大要旨的现代职业教育目的理论,是从职业对人与社会的双重意义方面阐述的,即对个人来说,职业教育具有求生存、求发展的意义;对于社会来说,职业教育具有利国富民的意义。

① 职业教育有实现促进个人发展和推动社会进步的双重目的。黄炎培的职业教育目的观体现了社会本位与个人本位的统一,这一点是我们现在应该继续发扬光大的。

② 职业教育要实现学生独立个性与全面发展的统一。黄炎培在他的职业教育目的观上把"谋个性之发展"放在职业教育目的的第一位,这是现代职业教育值得继承和学习的。

③ 职业教育要实现谋生与乐生的结合。职业教育应该把受教育者作为具有完整精神

和独立人格的真正的人来对待，不仅关怀他的物质所需，更主要的是通过对其心灵的呵护，提升其探寻生活意义的能力。

4. 简述陈鹤琴"活教育"的目的及其现实意义。

答：陈鹤琴是中国教育家和儿童心理学家，他的"活教育"理论是其全部教育思想的核心。而"活教育"的目的对当今教育工作更具有重要的现实意义。

（1）"活教育"的目的。

陈鹤琴把"活教育"的目的规定为：做人、做中国人、做现代中国人，甚至提出"要做世界人"。陈鹤琴这一思想的出发点在于：旧教育只重视读书，"活教育"则重视做人。特别是当代国家正处于生死存亡的危机时期，应当思考怎样做人，怎样做一个有骨气的中国人、一个符合现代中国的现代中国人。主要包括以下几个方面的内容。

① 要具备健全的身体。陈鹤琴认为一个人身体的好坏，对于他的道德、学问及从事的事业有很大影响。

② 要有建设的能力。当时中国百业俱废，急切需要的是各种建设，而过去的教育培养的人不重视建设的能力，所以"活教育"重视建设的能力，以便适应国家建设的需要。

③ 要有创造的能力。陈鹤琴认为中国人本来就有很强的创造能力，只是近百年因循守旧不知创造。时至今日，培养儿童的这种创造能力尤为重要。他认为儿童本来就有很强的创造力，只要善于启发诱导、教育和训练，创造能力是可以培养起来的。

④ 要有合作的态度。他认为中国人个性强，喜欢各自为政，不善于合作。所以应当从小训练孩子的合作团结能力，才能使他们成为合格的新中国的主人翁。

⑤ 要有服务的精神。陈鹤琴指出，如果我们训练的儿童，熟悉各种事实和技能，可是不知道怎么去服务，不知怎么帮助别人，那么这种教育可以说是全无意义的。他认为"活教育"的目的就是要教育儿童知道应该帮助别人，知道为大众服务，具备服务的精神。

（2）"活教育"的现实意义。

抗战期间，陈鹤琴提出"做人、做中国人、做现代中国人"的教育目的，体现了他热爱祖国的精神。抗战胜利后，他提出"做人、做中国人、做世界人"，体现了他具有"世界的眼光"。他提出做世界人，要爱国家、爱人类、爱真理。他的"活教育"目的体现了爱国主义的精神，也反映了他具有世界眼光的胸襟，对后世具有重要的现实意义。

① 教育目的的制定要适应中国国情的需要。陈鹤琴在构建中国化的幼儿教育体系中，一直是根据中国国情来吸收国外的思想。

② 教育活动要重视儿童的主体地位。陈鹤琴的"活教育"是针对当时传统教育的弊端提出来的。他的"活教育"重视儿童在学习中的主体地位，重视儿童各种实践能力的培养。

③ 教育活动要重视教育实践的地位。陈鹤琴一贯重视教育实验，他通过在鼓楼幼稚园的一系列实验研究，探索出一条适合我国国情及符合幼儿身心发展特点的中国化幼儿园的发展途径。因此，学习陈鹤琴的重要经验，把陈鹤琴关于幼儿园教育的理论付诸实践并加以发展完善，对当今的教育工作有重要意义。

5. 简述晏阳初的"四大教育"和"三大方式"的主要内容。

答：晏阳初在河北定县开始了自己的乡村教育实验，将中国落后的根源归结为"愚、贫、弱、私"，提出了"四大教育"和"三大方式"。

(1)"四大教育"。

① 以文艺教育攻愚，培养知识力。以文字和教育入手，使人民认识基本文字。首要工作是除净青年文盲，将农村优秀青年组成同学会，使他们成为农村建设的中坚分子。

② 以生计教育攻穷，培养生产力。第一，在农业生产方面，进行选种、园艺、畜牧各类工作，让农民接受最低程度的农业科学知识，以提高生产；第二，在农村经济方面，利用合作方式教育农民，组织合作社、自助社等发展农村经济；第三，在农村工作方面，除改良农民手工业外，还提倡发展其他副业，以充裕其经济生产力。

③ 以卫生教育攻弱，培养强健力。注重大众卫生和健康以及科学医药的设施，建立医疗保健体系，保证农民有科学的治疗机会。

④ 以公民教育攻私，培养团结力。使农民有最基本的公民常识、政治道德，成为地方自治的基础，培养公共心与团结力。在这"四大教育"中，公民教育最为根本。

(2)"三大方式"。

① 学校式教育，以青少年为主要对象，教材以《平民千字课》为主。学校包括初级平民学校、高级平民学校、生计巡回学校，还有改进小学、传习处、公民服务训练班和幼童园。

② 社会式教育，是向一般群众及有组织的农民团体实施教育的一种方式。主要通过平民学校同学会所开展的各项活动进行教育，如成立读书会、演新剧等。

③ 家庭式教育，是对各家庭中不同地位的成员用横向联系的方法组织起来进行教育的一种方式，组织形式主要有家主会、主妇会、少年会等。教学内容选择标准侧重于家庭需要与身份特点，依据家庭中对应的成员进行道德、卫生习惯、家庭预算、妇女保健、生育节制等教育。

6. 简述晏阳初"化农民"和"农民化"的思想。

答："化农民"与"农民化"是晏阳初进行乡村建设实验的目标和途径。晏阳初认为中国社会的根基在农村，最广大的人口是农民，改造中国就要从改造农村开始。晏阳初提出"农民科学化，科学简单化"的平民教育目标，并认为欲"化农民"须先"农民化"。所谓"农民化"，是指知识分子与村民一起劳动和生活，当时人们称之为"博士下乡"，只有先明了农民生活的一切，给农民做学徒，彻底地与广大农民打成一片，才能深切地了解农民，懂得他们的需要。所谓"化农民"，即指实实在在地进行乡村改造，教化农民。

7. 简述杨贤江对教育本质的论述。

答：运用历史唯物主义阐明教育的本质，是杨贤江教育思想的重要内容，也是对当代教育理论的一大贡献。在《新教育大纲》中主要用经济基础和上层建筑的关系原理，对教育的本质进行了论述。重点说明四个问题：

(1) 教育起源于实际生活的需要。杨贤江认为教育起源于生产劳动的需要，它在人类的生产劳动过程中发生与发展起来，是帮助人创造社会生活的一种手段。

(2) 在阶级社会里，教育是社会的上层建筑之一。杨贤江指出，教育是观念形态的劳动领域之一，即社会的上层建筑之一，具有以下特点：①教育将单纯的劳动力转变成为特殊的劳动力；②教育以精神生产内容为内容；③阶级社会的教育是"变质"的，表现为五大特征——"教育与劳动分家""教育权跟着所有权走""教育专为了支配阶级的利益""两种教育权的对立""男女教育的不平等"。

（3）在未来社会里，消除阶级后，教育依然是社会需要的劳动领域之一。

（4）教育由经济、政治决定，对经济和政治也有影响。教育以现实社会经济为基础，并随之发生变化，同时教育也促进经济发展。教育不仅由经济决定，还由政治决定，在一定条件下，甚至教育有率先领导革命和促进革命的作用。

8. 简述杨贤江"全人生指导"思想的基本内容。

答：杨贤江的"全人生指导"思想是基于对当时社会青年普遍存在的一些问题提出来的。

（1）对青年问题的分析。产生青年问题的原因有两方面：一是青年期是身心发生显著而重要变化的时期，身心的急剧变化导致诸多身心问题；二是社会动荡剧变更易导致青年问题。青年问题就是青年生活中所发生的困难或变态，主要有人生观、政治见解、求学、生活态度、职业、社交、家庭、经济、婚姻、生理、常识等方面的问题。

（2）全人生的指导。所谓全人生的指导，就是对青年进行全面关心、教育和引导，即不仅关心他们的文化知识学习，同时对他们生活中各种实际问题给以予确的指点和疏导，使之在德、智、体诸方面都得以健康成长，成为一个"完成的人"，以适应社会改进之所用。

指导青年树立正确的人生观是杨贤江青年教育思想的核心。他提出通过对人类有所贡献来促进人生幸福的目的，主张青年要干预政治，投身革命，认为这在当时是中国社会的出路也是青年的出路，强调青年必须学习，学习是青年的权利与义务。

杨贤江认为完满的青年生活是多方面的，主要包括：第一，健康生活（体育生活），个人生活的资本；第二，劳动生活（职业生活），维持生命和促进文明的要素，是幸福的源泉；第三，公民生活（社会生活），懂得一个人不能离开社会和人群而存在，要处理好团体纪律与个人自由的关系；第四，文化生活（学艺生活），可增添人生趣味，促进社会进步。

最后，杨贤江强调生活的宗旨是：要有强健的体魄和精神，要有工作的知识和技能，要有服务人群的理想和才干，要有丰富的风尚和习惯。这就是杨贤江"全人生指导"思想的基本内容。

9. 简述陈鹤琴的"活教育"思想理论。

答：陈鹤琴是我国著名的教育家，他提出了"活教育"思想，由"活教育"的目的论、课程论和教学论构成。

（1）"活教育"的目的论。

"活教育"的目的是"做人、做中国人、做现代中国人"。做一个人，要热爱人类，热爱真理。做一个中国人，要爱自己的国家与同胞，团结国民，为国家兴旺而努力。对于"做现代中国人"，陈鹤琴则赋予它五方面的要求：第一，"要有健全的身体"；第二，"要有建设的能力"；第三，"要有创造的能力"；第四，"要能够合作"；第五，"要服务"。"活教育"的目的论从抽象的人到具体的现代中国人，表达了陈鹤琴对人的发展、教育与社会变革的追求。

（2）"活教育"的课程论。

陈鹤琴反对传统的将书本看作唯一教育资料的做法，明确提出"大自然、大社会都是活教材"。所谓"活教材"就是指取自大自然、大社会的"直接的书"，即让儿童在与自然、社会的直接接触中，在亲身观察中获取经验和知识。但他并非绝对强调经验，决然否定书本。"活教育"课程追求完整的儿童生活,教学组织形式打破惯常的学科中心体系,采取符合儿童身心发展和生活特点的活动中心和活动单元体系——"五指活动",即儿童健康活动、儿童社会活动、儿童自然活动、儿童文学活动和儿童艺术活动。

(3)"活教育"的教学论。

"做中教,做中学,做中求进步"是"活教育"教学方法的基本原则。"做"是学生学习的基础,也是"活教育"的出发点,它强调的是儿童在学习过程中的主体地位和在活动中直接经验的获取。其鲜明的特点是:第一,强调以"做"为基础,确立学生在教学活动中的主体性;第二,儿童的"做"带有盲目性,需要教师积极正确的引导。

陈鹤琴还归纳出"活教育"教学的四个步骤:实验观察、阅读思考、创作发表、批评研讨。

"活教育"思想是一种有吸收、有改造、有创新的教育思想,吸取杜威实用主义思想,也考虑中国时代背景和国情,对中国现代教育产生重要的影响。

三、分析论述题

1. 评述陶行知生活教育理论的基本内容及其现实启示。

答:生活教育是陶行知教育思想的核心,针对中国的现实,他提出了"生活教育"理论,集中反映了他在教育目的、内容和方法等方面的主张,也反映了陶行知探索适合中国国情的、时代需要的教育理论的努力。

(1)生活教育理论的内涵。"从定义上说,生活教育是给生活以教育,用生活来教育,为生活向前向上的需要而教育。从生活与教育的关系上说,是生活决定教育。从效力上说,教育要通过生活才能发生力量而成为真正的教育。"简言之,生活即教育、社会即学校、教学做合一。

① 生活即教育,是生活教育理论的核心。第一,生活含有教育的意义,主张人们积极投入到生活中;第二,实际生活是教育的中心,教育不能脱离生活,教育要通过生活来进行;第三,生活决定教育,教育改造生活,教育的目的、原则、内容和方法都由生活决定。

② 社会即学校,是生活即教育的具体化。第一,指社会含有学校的意味,因为到处是生活,所以到处是教育,整个社会就像一个教育的场所;第二,指学校含有社会的意味,学校通过与社会生活结合,使学校真正成为社会生活必不可少的组成部分。

③ 教学做合一,这是生活,也就是教育法。第一,要求"在劳力上劳心";第二,教育必须从行动开始,以创造完成;第三,要求"有教先学"和"有学有教";第四,该理念是对注入式教学法的否定,即教育要与实践结合。

这就是陶行知的生活教育理论,归纳起来就是民主的、大众的、科学的、创造的教育。

(2)生活教育理论给我们的启示。

① 教育与生活实践相结合,将书本知识与社会活动相结合,提高学生的行动能力。

② 在教育教学活动中,教师与学生的关系不是固定不变的,而是随活动的开展而发生转换,建立民主平等的师生关系。

③ 拓宽我们的课程资源,多从生活中学习,教科书不应是唯一的课程资源。

④ 在教育教学活动中,要让学生做学习与活动的主人。

虽然，陶行知的生活教育论是在特定时代提出来的，有一定的时代局限性，发展也不是非常完善，但是以上诸点也有很多值得我们学习的地方，尤其是针对当今应试教育的局面，重温生活教育有很大的现实意义。

2. 评述乡村教育运动产生的历史背景、主要从事者及其活动特点。

答：（1）乡村教育运动是指中国20世纪20—30年代以农村为基地开展的各种教育改革和实验活动。①进入20世纪20年代以后，教育界逐步认识到，中国是一个农业人口占绝大多数的国家，中国的命运取决于农村社会的发展，只有通过农村教育改革才能最终带动整个社会的进步；②乡村教育运动的产生和发展也受到了西方教育思想及其教育科学实验方法的影响；③乡村教育运动的出现是中国近现代教育改革的继续和深化；④乡村教育运动的出现也是中国农村社会矛盾极端尖锐化的反映。

（2）影响最大的当属黄炎培的中华职业教育社在江苏、浙江等地开展的农村改进实验，陶行知开展的生活教育实验，晏阳初中华平民教育促进会在河北定县等地开展的平民教育实验，以及梁漱溟等人在山东邹平进行的乡村建设实验活动等。

（3）其共同的活动特点是：①他们都以教育实验为手段，探索教育改革的成功模式，并试图将这种模式推广到全社会；②他们都以农村作为教育改革试验的基地，以农民作为教育的主要对象，并以教育改革带动整个农村社会的发展和进步；③强调教育与社会生活的广泛联系，通过不同的方式将教育的活动和影响渗透到社会生活的各个领域，并根据社会生活的实际需求，安排和设计教育实验的形式和内容。

3. 论述黄炎培的职业教育思想体系。

答：在长期教育实践中，黄炎培逐步形成了完整的职业教育思想体系，要点包括职业教育的地位、目的、方针、教学原则和职业道德教育的基本规范等。

（1）职业教育的作用和地位。

① 职业教育的作用就理论价值而言：谋个性之发展；为个人谋生之准备；为个人服务社会之准备；为国家及世界增进生产力之准备。对当时中国社会的现实作用而言，有助于解决中国最大、最急需解决的生计问题。

② 职业教育在整个教育体制中的地位："一贯的、整个的、正统的"。第一，"一贯的"是应建立起从初级到高级的职业教育系统，并贯彻于全部教育过程和全部职业生涯；第二，"整个的"是不仅学校教育体系应有一个独立的职业教育系统，而且其他各级各类教育也要与职业教育相互沟通；第三，"正统的"是应破除以为升学做准备的普通教育为正统，而以为就业做准备的职业教育为偏系的传统观念。

（2）职业教育的目的："使无业者有业，使有业者乐业"。职业教育帮助社会解决生计问题和失业问题，同时引导人们胜任所职、热爱所职，进而能有所发明创造，造福于社会。

（3）职业教育的方针。

第一，社会化：黄炎培将社会化视为"职业教育机关唯一的生命"，强调职业教育必须适应社会需要，必须与社会沟通。他的职业教育社会化内涵丰富，要求办学宗旨、培养目标、办学组织、办学方式等都要社会化。

第二，科学化：指用科学来解决职业教育问题，包括物质方面的工作和人事方面的工作均需遵循科学原则。前者强调事前调查与实验，事后总结，逐步推广的原则；后者强调把科学管理方法引入职业教育的原则。另外，专门设立科学管理的研究机构。

(4) 职业教育的教学原则：①手脑并用；②做学合一；③理论与实际并行；④知识与技能并重。总之就是知行结合，黄炎培说中国传统教育与社会分为两边，一边是士大夫"死读书老不用手"，一边是劳动者"死用手老不读书"，应该让动手的读书，读书的动手，把读书和做工结合起来。

(5) 职业道德教育：敬业乐群。"敬业"指热爱所业、尽职所业，有为所从事的职业和社会做出贡献的追求；"乐群"指高尚的情操和群体合作的精神。黄炎培认为离开职业道德的培养，职业教育就失去了方向，职业教育的第一要义是"为群服务"。

作为中国近现代职业教育的先行者，黄炎培的教育思想不仅开创和推动了中国的职业教育事业，更具有平民化、实用化、科学化和社会化的特征，丰富了中国的教育理论，对中国20世纪20—30年代的教育产生了巨大影响，对当今职业教育也有重大借鉴意义。

4. 请以材料为背景，论述晏阳初和梁漱溟所提出的乡村教育方案，并比较他们关于乡村教育理论的异同。

答：(1) 二者的乡村教育方案。

晏阳初提出"四大教育"：以文艺教育攻愚，培养知识力；以生计教育攻穷，培养生产力；以卫生教育攻弱，培养强健力；以公民教育攻私，培养团结力。他还提出"三大方式"：学校式教育，以青少年为对象设置初级、高级平民学校和生计巡回学校；社会式教育，以一般群众和农民团体为对象开展读书、演讲等活动；家庭式教育，以家庭中各成员为对象的生活、生产常识教育。

梁漱溟提出建立行政系统和教育机构合一的乡农学校。学校由学众、教员、学董、学长组成；学校按自然村落和行政级别分村学和乡学两级，实行"政教养卫合一""以教统政"，将学校式教育和社会式教育合一；学校课程分两类，一是以知识教育和"精神讲话"为内容的共有课程，二是为各校根据自身生活环境而设置的个别课程。

(2) 二者的异同。

相同点：晏阳初与梁漱溟均注重乡村教育在乡村建设中的作用，并将教育与乡村经济、文化、道德方面结合起来共同建设，在方式上均注意学校教育与社会教育的结合。

不同点：对中国问题的认识不同。晏阳初对中国农村问题的分析更多的是对中国"社会病"具体现象的归结；梁漱溟着力从中国文化寻找中国乡村问题的病因。乡村教育理论和方案设计的指导思想不同。晏阳初更注重乡村具体问题的解决，并引进现代民主意识和西方社会治理模式；梁漱溟则主要借鉴中国古代乡约制度并加以改造，更注重弘扬传统道德。

第三部分　外国教育史

复习提示

外国教育史部分约占考试总分值的 1/5，约 30 分，考查题型有名词解释、简答题和分析论述题。外国教育史是所有考查科目中内容最多、记忆点最琐碎复杂的一个科目。教育思想史指的是人们对教育现象和教育活动的认识过程，主要体现在一些教育家的教育思想中，如裴斯泰洛齐、赫尔巴赫、杜威等的教育思想。教育制度史指的是教育活动、教育行为制度化和法律化的过程，主要体现在相关的教育政策法规当中，如美国的赠地法案、日本的《教育令》等。教育实践史指的是教育活动和现象的改革发展过程，主要体现在各个时期的教育改革和教育实践活动中，如人文主义教育改革、进步主义教育改革等。

第一章 古希腊的教育

◆ 应试题库 ◆

一、名词解释

1. 苏格拉底方法　　2. 学习即回忆　　3. 智者　　4. 学园
5. 《理想国》　　6. 美德即知识

二、简答题

1. 简述智者的教育活动及其在教育史上的贡献。
2. 亚里士多德认为教育应当包括体育、智育、德育，其理论依据是什么？
3. 简要解释苏格拉底的"精神助产术"。
4. 简述古风时代雅典教育的特征。
5. 简述古风时代斯巴达教育的特征。

三、分析论述题

1. 评述苏格拉底的教育思想。
2. 评析亚里士多德教育思想的主要内容。
3. 试论述柏拉图在《理想国》中的教育观。
4. 阐述苏格拉底方法与孔子关于启发式教学的思想，并比较二者的异同。
5. 试比较雅典与斯巴达教育的异同，并简要阐述你从中得到的启示。
6. 简要归纳古希腊在教育上的主要成果。

◆ 应试解析 ◆

一、名词解释

1. 苏格拉底方法

答：苏格拉底方法又称"问答法""产婆术"。苏格拉底在哲学研究和讲学过程中，形成了由讥讽、助产术、归纳和定义四个步骤组成的独特的方法，称为苏格拉底方法。讥讽是就对方的发言不断提出追问，迫使对方自陷矛盾、无词以对，最终承认自己的无知；助产术即帮助对方自己得到问题的答案；归纳即从各种具体事物中找到事物的共性、本质，通过对具体事物的比较寻求"一般"；定义是把个别事物归入一般的概念，得到关于事物的普遍概念。该方法最大的优点是不将现成的结论影响灌输或强加给对方。但该方法也有局限，如受教育者必须有追求真理的愿望和热情；受教育者必须积累了一定的知识。这种方法不能机械地套用于幼年儿童。

2. 学习即回忆

答：柏拉图提出了"学习即回忆"的思想。他说人在出生以前已经获得了一切事物的知识，当灵魂依附于肉体（降生）后，这些已有的知识被遗忘了，人通过接触感性事物，才重新"回忆"起已被遗忘的知识，学习即回忆，这就是柏拉图的"回忆说"。柏拉图强调理性思维，追求共性、本质，这个本来很深刻的哲学见解被他做了唯心主义的解释，他认为思维、共相与外界无关，存在于人的灵魂内部。

3. 智者

答：所谓"智者"，是指在古希腊的古典时代专门以收费授徒为职业的巡回教师。智者云游各地进行讲学，积极参加各城邦政治和文化生活，他们虽没有统一的哲学见解，却形成了共同的思想特征：相对主义、个人主义、感觉主义和怀疑主义。作为西方最早的职业教师，他们对古希腊教育实践和教育理想的发展同样做出了贡献。智者云游讲学，推动文化传播，促进社会流动；智者扩大了教育内容，西方教育史上沿用长达千年之久的"七艺"中的前三艺（文法、修辞、辩证法）就是由智者首先确定下来的；智者还提供了一种新型的教育——政治家或者统治者的预备教育。

4. 学园

答：学园是柏拉图创立的西方最早的高等教育机构，学园共存在了九百多年，影响深远，也成为后世学术机构的统称。学园开设哲学、数学、音乐、天文学等学科，并实行教学与探索思辨相结合、讲授与自由讨论相结合的教育模式，培养了大量人才，成为古希腊的哲学和科学研究中心。

5. 《理想国》

答：《理想国》是古希腊著名教育思想家柏拉图的主要教育著作，被认为是西方教育史上最为重要和伟大的教育著作之一，与卢梭的《爱弥儿》、杜威的《民主主义与教育》一起被誉为西方教育史上的里程碑。柏拉图认为，应把办好教育作为国家的重要职责，教育应由国家集中领导管理，由国家管理、监督一切教育机构，取消私人办学，对全体公民实施强迫教育。

6. 美德即知识

答："美德即知识"由古希腊著名哲学家和教育家苏格拉底提出。苏格拉底认为，知识、智慧和道德具有内在的直接的联系。人行为的善恶，主要取决于是否具有关于道德的知识，只有知道什么是善、什么是恶，人才能趋善避恶，因此，苏格拉底明确指出，"美德就是知识"。从"智德统一"的观点出发，苏格拉底进而提出"德行可教"的主张，即美德是可教的。通过传授知识，发展智慧，就可以培养具有完善道德的人。因此，知识教育是道德教育的主要途径。这个见解可以说是近代教育性教学原则的雏形。在苏格拉底所处的时代，他提出"智德统一"的见解，对于破除贵族阶级道德天赋的理论，是有着明显的进步意义的。但"美德即知识"的观念也是不完善的，忽略了道德的其他方面，如情感、行为等。

二、简答题

1. 简述智者的教育活动及其在教育史上的贡献。

答：所谓"智者"，是指在古希腊的古典时代专门以收费授徒为职业的巡回教师。智者云游各地进行讲学，积极参加各城邦政治和文化生活，他们虽没有统一的哲学见解，却形成了共同的思想特征：相对主义、个人主义、感觉主义和怀疑主义。

智者的教育活动及其在教育史上的贡献主要表现在：

第一，智者云游讲学，推动文化传播，促进社会流动。

第二，智者确立了教育内容和方法。传播文法、修辞、哲学的内容，扩大了教育内容，西方教育史上沿用长达千年之久的"七艺"中的前三艺（文法、修辞、辩证法）就是由智者首先确定下来的。

第三，智者重视道德教育与政治教育，把道德与政治的知识作为主要教育内容，不仅丰富了教育内容，还提供了一种新型的教育——政治家或者统治者的预备教育。

第四，智者不仅直接促进了古希腊教育实践的发展，而且还推动了古希腊教育思想的进一步丰富。作为职业教师，他们明确地意识到教育活动的特殊性，并开始自觉地把教育现象与政治现象、道德现象等相区分。他们把教育过程当作一个运用禀赋进行练习的过程。一方面，他们也明确地意识到，教育与政治、道德具有密切的相互联系，教育在国家生活中具有举足轻重的地位；另一方面，智者反对道德天赋论，强调道德是人人都可拥有的，道德是可以通过学习和练习获得的。

古典时期是古希腊教育发展的黄金时期。以智者的出现为标志，古希腊（尤其是雅典）的教育进入了一个新的发展阶段。

2. 亚里士多德认为教育应当包括体育、智育、德育，其理论依据是什么？

答：亚里士多德是古希腊百科全书式的学者，对西方的教育和教育思想有着深远影响，其中重要的一个贡献就是从灵魂论的组成成分出发，论证了教育应当包含体育、智育和德育三个方面。

亚里士多德将人的灵魂区分为两个部分：理性的部分和非理性的部分。非理性的部分又包括两种成分。所以人的灵魂由三个部分构成，即营养的灵魂、感觉的灵魂和理性的灵魂。这三个部分相对应于植物的灵魂、动物的灵魂和人的生命。当营养的灵魂单独存在时，是属于植物的，如果它还有感觉，则属于动物的灵魂。如果它既是营养的，也是感觉的，同时又是理性的，就是人的灵魂。在灵魂的三部分中，植物的灵魂与理性不相干，动物的灵魂即感觉，只有灵魂的三部分在理性的领导下和谐共存，人才成为人。

灵魂论的教育意义：首先，它说明人也是动物，人的身上也有动物性的东西，它们与生俱来，不承认它们是违反人的本性的，也是做不到的；其次，人又不同于动物，人具有理性，因而在智力上高于动物。能否用理性领导欲望，使欲望服从理性，是人与动物区分的标志。发展人的理性，使人超越于动物的水平，上升为真正的人，这就是教育，特别是德育的任务。

灵魂的三个组成部分的理论为教育的重点，它们为体育、德育、智育提供了人性论上的依据。亚里士多德本人也在这方面做出示范，按照人的自然发展顺序，把人分为三个阶段，并将体育、智育和德育渗透其中。

3. 简要解释苏格拉底的"精神助产术"。

答:"精神助产术"是古希腊著名哲学家、教育家苏格拉底在哲学研究和讲学过程中形成的一种通过不断提出追问,从辩论中弄清问题的独特方法,也称"苏格拉底方法""产婆术"或问答法。

(1)"精神助产术"的含义。苏格拉底在哲学研究和讲学过程中,形成了由讥讽、助产术、归纳和定义四个步骤组成的独特的方法,称为苏格拉底方法。讥讽是就对方的发言不断提出追问,迫使对方自陷矛盾、无词以对,最终承认自己的无知;助产术是帮助对方自己得出问题的答案;归纳即从各种具体事物中找到其共性、本质,通过对具体事物的比较寻求"一般";定义是把个别事物归入一般的概念,得到关于事物的普遍概念。

(2)"精神助产术"的意义。"精神助产术"是苏格拉底探讨伦理哲学的研究方法,也是他的教学方法。"苏格拉底方法"的主要特点是通过学生的对话来获得对事物的认识。

(3)"精神助产术"的优点。该方法不是将现成的结论影响灌输或强加给对方,而是通过探讨和提问的方式,诱导对方认识并承认自己的错误,自然而然地得到正确的结论。

(4)"精神助产术"的局限。它是特定历史条件的产物,要求:①受教育者必须有追求真理的愿望和热情;②受教育者必须就所讨论的问题积累了一定的知识;③谈话的对象是已经有了一定知识基础和推理能力的成年人,这种方法不能机械地套用于幼年儿童。

4. 简述古风时代雅典教育的特征。

答:政治上建立起奴隶主民主政体的雅典,在教育上的特点是:

(1)教育不完全由国家控制,私人讲学盛行。

(2)教育具有阶级性。

(3)教育的目的是培养身心和谐发展的国家公民。身心和谐发展包括:身体健美,具有智慧、勇敢、节制、公正等美德。

(4)不仅重视体育教育,而且重视文化教育。

(5)教育方式同斯巴达相比要温和得多。

(6)轻视女子教育。

(7)教育体制:雅典既有国家教育体制,又有私人教育体制。教育按照年龄阶段划分为不同教育阶段,出现了文法学校和琴弦学校等学校机构。个体20岁时,通过一定的仪式,成为正式公民。

古希腊著名的教育家基本上都是雅典人,他们的教育思想主要反映了雅典的教育实践和教育理想,但是也一定程度上受到斯巴达教育实践的影响。

5. 简述古风时代斯巴达教育的特征。

答:斯巴达的政治是保守的军事贵族寡头统治,在教育上的特点是:

(1)教育由国家控制。

(2)教育具有阶级性。

(3)教育目的是培养英勇果敢的保家卫国的战士。

(4)教育内容只重视军事体育,不重视文化科学知识学习。

(5)教育方法是野蛮训练和鞭笞。

(6)重视女子教育。

(7)斯巴达的教育体制:教育是国家事业,典型特征是军事教育,也是斯巴达治国和维持统一的工具。个体 30 岁时成为公民，有权参加公民大会。

评价：斯巴达人只重视军事体育训练，不重视文化知识的学习，生活方式狭隘，除了军事作战不知其他，这种教育很片面，忽视了个人的发展。

三、分析论述题

1. 评述苏格拉底的教育思想。

答：苏格拉底是古希腊著名的哲学家、教育家，在西方哲学史上开辟了从自然哲学向伦理哲学转变的新阶段。他的一生积极探讨伦理哲学和从事公众教育，从不收取学费，教育对象有教无类，吸引了许多学生，因而得到很多有学问的人的欣赏和尊重，影响了不少人，是西方思想史上对后世有长远影响的第一位教育家。

（1）教育的意义：苏格拉底认为，人天生是有区别的，但不管这种区别有多大，教育可以使人得到改进。不论是天资聪颖的人还是天生比较愚钝的人，都必须勤学苦练，否则好的禀赋会散失。不论身份、地位，对于向他请教的人一律赐教，见到的不合理的事他也上前说教，企图以教育来改变身边的每个人。他认为教育应当被当成一件国家大事，其目的应当是培养治国人才。

（2）智慧即德行：苏格拉底认为培养治国人才最关键的应当是道德。经过对伦理问题的长期探索和总结，苏格拉底提出了"智慧即德行"的著名论点，苏格拉底认为道德不是天生的，正确的行为基于正确的判断，所以教人道德就是教人智慧，教人辨别是非也就是教人道德。智慧即德行的论断有重要的教育实践意义，既然正确的认识可以指导行为，也就是说德行是可教的，后世的教育家便把发展道德意识、道德判断作为德育的重要任务之一。但智慧即德行的观点并不完善。此外，苏格拉底还提出"自制是德行的基础""守法就是正义""身教重于言传"等重要的道德教育观点，并且以身作则，他自己就是高尚道德的典范。

（3）苏格拉底方法：苏格拉底在长期的教育教学实践、哲学研究和讲学过程中，形成了由讥讽、助产术、归纳和定义四个步骤组成的独特的方法，称为苏格拉底方法。讥讽是就对方的发言不断提出追问，迫使对方自陷矛盾、无词以对，最终承认自己的无知；助产术即帮助对方自己得到问题的答案；归纳即从各种具体事物中找到事物的共性、本质，通过对具体事物的比较寻求"一般"；定义是把个别事物归入一般的概念，得到关于事物的普遍概念。

该方法不是将现成的结论影响灌输或强加给对方，而是通过探讨和提问的方式，诱导对方认识并承认自己的错误，自然而然地得到正确的结论。然而，这种方法也存在一定的局限：第一，受教育者必须有追求真理的愿望和热情；第二，受教育者必须就所讨论的问题积累了一定的知识；第三，谈话的对象是已经有了一定知识基础和推理能力的成年人。这种方法不能机械地套用于幼年儿童。

总之，苏格拉底在西方教育史上是一位不可忽略的伟大人物，他把教育放在国家大事的位置上，强调教育与政事的结合；苏格拉底对伦理学的研究是前所未有的，开拓了自然哲学向伦理哲学转变的新纪元，从而为道德教育奠定了更加丰厚的理论基础；苏格拉底不仅总结自己的经验，提出有异于前人的、较为系统的教育理论，而且也在实践中摸索出具有自身特色的教学方法，助产术以其独特的优点影响了后世很久，至今教学领域还很提倡类似这样的启发教学方法。因此，苏格拉底在教育史上的影响是极其深远的，虽然在当时的时代背景下有其难免的弊端，但仍是一份有价值的精神财富。

2. 评析亚里士多德教育思想的主要内容。

答：亚里士多德是古希腊百科全书式的学者，对西方的教育和教育思想有着深远影响。他的教育思想总的看来包含以下三个方面。

（1）吕克昂：亚里士多德于公元前335年创办的哲学学校。学校注重科学研究以及相应的实验和训练，并建有图书馆、实验室和博物馆，是实践亚里士多德教育观念的主要机构。后与学园等合并为雅典大学。

（2）灵魂论：亚里士多德根据其灵魂论提出教育应当包含体育、智育和德育。亚里士多德将人的灵魂区分为两个部分：理性的部分和非理性的部分。非理性的部分又包括两种成分。所以人的灵魂由三个部分构成，即营养的灵魂、感觉的灵魂和理性的灵魂。这三个部分相对应于植物的灵魂、动物的灵魂和人的生命。当营养的灵魂单独存在时，是属于植物的，如果它还有感觉，则属于动物的灵魂。如果它既是营养的，也是感觉的，同时又是理性的，就是人的灵魂。在灵魂的三部分中，植物的灵魂与理性不相干，动物的灵魂即感觉，只有灵魂的三部分在理性的领导下和谐共存，人才成为人。

灵魂论在教育史上有重要意义：首先，它说明人也是动物，人的身上也有动物性的东西，它们与生俱来，否认它们是违反人的本性的，也是做不到的；其次，人又不同于动物，人具有理性，因而高于动物。能否用理性领导欲望，使欲望服从理性，是人与动物区分的标志。但是他认为教育包含德育、智育、体育，这在当时具有极其重要的意义，其影响一直延续至今。

（3）自由教育：自由教育是由亚里士多德总结的古希腊教育传统。它是指对自由公民所施行的，强调通过自由技艺的学习进行非功利的思辨和求知，从而免除无知愚昧，获得各种能力的全面发展，以及身心和谐自由状态的教育。其教学内容为不受任何功利目的影响的自由知识，也称为自由学科（七艺），包括音乐、文法、修辞、几何、算术、天文、逻辑（辩证法）等。自由教育成了西方经典的教育模式之一，对西方教育传统的形成具有重要作用。

亚里士多德的教育思想，较前人更加系统，并且提出许多重要的议题，在世界教育史上产生了极为深远的影响。同时，他也没有把理论停留在纸上，而是运用到自己的实践当中。亚里士多德不同于柏拉图，他认为身体的训练应在智育之前，强调儿童的体育应柔和，避免使孩子变残忍，并要求把音乐列入必修的课程当中；在高等教育方面，提倡教学与科研结合、研究与实验结合、讲授与自由讨论结合，重视孩子的兴趣和家庭的教育作用，积累了完善的教育经验。

3. 试论述柏拉图在《理想国》中的教育观。

答：柏拉图是西方教育史上伟大的教育家，他萌生了探求一个稳定、和谐、正义、不变、完善的理想社会的宏愿，并且希望通过教育实现这一理想，他的这些想法集中体现在其著作《理想国》的教育观中。主要内容包括：

（1）教育目的。理想国中教育的最高目标是培养哲学家兼政治家——哲学王，这种教育贯穿人的整个一生，学习与实际锻炼始终结合。教育的最终目的是促使"灵魂转向"，实际就是看问题的立足点和世界观的转变。教育要培养人从可见世界上升到可知世界，转离变化着的感性世界，看到真理、本质理念，认识最高的理念——善。

(2) 教育作用。柏拉图认为理想国的建立和维持主要通过教育来实施。要通过教育来培养合格的人才，培养执政者、军人、工农商人。教育应该由国家来集中管理，取消私人办学，对全体公民实施强迫教育。其教育观有两个特点：以英才教育为中心，是一种领袖教育，以培养国家领袖为目的；实施考核，层层淘汰，保证少数体、智、德各方面的优秀者成为国家的统治者。

(3) 教育内容。柏拉图充分肯定教育塑造人的作用，系统论述了教育与政治、教育与智力发展的关系。他强调男女平等，提出了广泛的教育内容（算术、几何、天文、音乐）和智者的三艺，合称为"七艺"。另外他还提出了各门学科的作用。

(4) 教育阶段。柏拉图较早提出了理智、情感、心灵、意志等心理的概念范畴，确立了后人的思考范围，同时他重视身心和谐发展。他把哲学王的培养过程分为以下几个阶段。

① 论学前教育。主张教育由国家控制。国家应创办幼儿教育机构，实行儿童公养公育。《理想国》中重视早期教育，认为从小养成的习惯会成为第二天性。柏拉图是"寓学习于游戏"的最早提倡者。公民身份的男女儿童的教育从音乐和故事开始，内容要健康。然后经过2~3年体育训练，锻炼吃苦耐劳勇敢的品格。

② 论普通教育（7~18岁）。普通教育以情感教育为主，重视音乐和体育。6岁以后，男女儿童分别进入国家所办的初等学校，如文法学校、琴弦学校、体操学校学习。学习内容主要以读、写、算、唱歌、音乐为主。柏拉图对于体操和音乐尤其重视。

③ 论高等教育。高等教育分为四个阶段。第一个阶段：意志教育阶段（18~20岁）。以军事训练及"四艺"（算术、几何、天文、音乐）为主。第二阶段：发展智慧阶段（20~30岁）。重点学习辩证法。第三阶段：继续学习（30~35岁）。继续研究哲学，培养国家的重要官吏。第四阶段：哲学王（50岁左右）。个别人需要再经过15年的锻炼，大约到了50岁，经过指挥战争等各种考验，在学识方面，尤其在哲学方面有高深造诣的人，可以成为国家的统治者。

另外，柏拉图认为女子应当和男子受同样的教育，从事同样的职业。

(5) 评价。

优点：体现了国家对教育的重视；教育与政治结合；高度评价教育在人的塑造中的作用；重视体育训练；将算术、几何、天文、音乐理论四门课程（后来成为"四艺"）列入教学科目；第一次提出以考试作为选拔人才的手段之一；强调身心协调发展、男女教育平等；注意早期教育，主张课程与实践相结合，反对强迫学习；以理性指导欲望作为道德教育的中心任务。这些就是《理想国》中教育观的积极因素，对后来西方教育理论的发展产生了长期影响。

缺点：过于强调一致性，用一个刻板的模子塑造人，忽视个性发展；且拒绝改变，认为变革会给国家带来危害。

4. 阐述苏格拉底方法与孔子关于启发式教学的思想，并比较二者的异同。

答：(1) 苏格拉底方法。

又称"问答法""产婆术"。苏格拉底在哲学研究和讲学过程中，形成了由讥讽、助产术、归纳和定义四个步骤组成的独特的方法，称为苏格拉底方法。讥讽是就对方的发言不断提出追问，迫使对方自陷矛盾、无词以对，最终承认自己的无知；助产术即帮助对方自己得到问题的答案；归纳即从各种具体事物中找到事物的共性、本质，通过对具体事物的比较寻求"一般"；定义是把个别事物归入一般的概念，得到关于事物的普遍概念。

(2) 孔子的启发式教学思想。

孔子是世界上最早提出启发式教学的教育家，这一原则主要是解决发挥教师的主导作用和调动学生积极性间的矛盾的。孔子认为不论培养道德还是学习知识，都要建立在学生自觉需要的基础上，充分发挥学生的积极主动性，反对机械学习，提倡启发式教学。

孔子说："不愤不启，不悱不发，举一隅不以三隅反，则不复也。""愤"与"悱"是内在心理状态在外部容色言辞上的表现。就是说，在教学前务必先让学生认真思考，已经思考相当时间但还想不通，然后可以去启发他；虽经思考并已有所领会，但未能以适当的言辞表达出来，此时可以去开导他。教师的启发是在学生思考的基础上进行的，启发之后，应让学生再思考，获得进一步的领会。

(3) 二者异同。

相同点：① 两种教育方法的目的都是启发学生思维。反对灌输知识，反对直接把既定的答案告诉学生，希望学生能在教师的引导下，自己思考，自己推理出答案。

② 都采用了互动式交谈。不论是苏格拉底的助产术，还是孔子的启发式教学，都是教师与学生进行的一系列对话，教师在对话中去启发学生，在交谈的过程中给予学生启示。

③ 讨论的主要内容集中于伦理问题。孔子与苏格拉底都是注重道德的人，他们探讨的问题往往是没有终极答案的，而又值得人们去思考的哲学类问题和道德类问题。

不同点：① 问答次序不同，反映了中西方教育传统的差别。在西方，教育是从心中引出已有知识；而在中国，教育是从外部输入，外部的信息进入人们的视野后，才引导思考。

② 教育顺序不同，苏格拉底强调从特殊到一般，孔子强调从一般到特殊。

③ 教学目的不同，苏格拉底强调探索新知，孔子强调温故知新。

5. 试比较雅典与斯巴达教育的异同，并简要阐述你从中得到的启示。

答：雅典和斯巴达都是古希腊的著名城邦，二者的教育体制既有相同之处，也有各自的特色。

(1) 二者的共同点表现在：①政治上都是奴隶制城邦，教育为奴隶主阶级服务，具有等级性，培养的目标无论是战士还是公民，都是为国家政体服务的；②因时代要求，二者的教育都重视体育，斯巴达是为了征服和奴役土著居民，举国皆兵，雅典为了壮大自己也重视体育教育，对公民进行系统的军事训练；③二者的教育体制都有年龄分期，且比较完善。

(2) 虽然二者存在以上共同点，但是由于经济、政治条件的影响，二者的教育体制也表现出很大的差异，具体表现在以下几个方面。

① 地理环境不同，造成经济、政治的差异。

斯巴达处于伯罗奔尼撒半岛东南部平原，北部是高山，南部是岩石海岸，与外界交通不便，然而境内土壤肥沃，自给自足的农业经济发达。这种经济基础导致斯巴达政治上是保守的军事贵族寡头统治。

雅典三面环海，有优良的港湾和丰富的矿藏，工商业发达，是地中海和黑海地区的贸易中心，这一点较斯巴达要优越许多，在此基础上雅典建立起奴隶制民主政体。这一点直接决定了斯巴达的教育有较强的专制性，而雅典的教育体制民主色彩比较浓厚。

② 不同的政治体制，决定不同的培养目标、内容和方法。

由于斯巴达的政治是军事贵族专制，对内要奴役土著居民，对外要防御外敌，因而其教育目标是培养英勇果敢的保家卫国的战士；相应地其内容只重视军事体育，不重视文化科学知识学习；教育方法是野蛮训练和鞭笞。

雅典在政治上是奴隶制民主政体，教育的民主色彩较重；教育目标是培养身心和谐发展的国家公民，身心和谐发展包括身体健美，具有智慧、勇敢、节制、公正等美德；教育内容上德、智、体比较兼顾，设置了文法、修辞、体操、音乐等各种类型的学校；方法上也比较重视启发诱导。

（3）启示：从上面的分析可以看出，斯巴达的教育建立在农业经济基础上，受专制政体的影响，教育带有强烈的专制色彩，崇尚武力，教育是以为国家服务为核心的；而雅典的教育建立在发达的工商业经济的基础上，在民主政体下，教育注重对国民身心的培养，带有较浓的民主色彩。而事实上，雅典的教育要比斯巴达的更发达，雅典产生了大量著名的教育家，为后世留下许多教育经典。这就启发我们，教育作为意识形态领域，其发展并不是与其他社会因素相孤立的，它受到生产力水平、政治制度的制约和影响，教育的进步、人的和谐发展需要有民主的体制来支撑。

6. 简要归纳古希腊在教育上的主要成果。

答：古希腊作为西方文明的摇篮，在教育上取得了丰富的成果，包括教育实践和教育理论两个方面。

（1）古希腊的教育实践。

① 斯巴达的教育。教育目的是培养英勇果敢的保家卫国的战士；教育内容只重视军事体育，不重视文化科学知识的学习；教育方法是野蛮训练和鞭笞。教育是国家事业，婴儿出生经长老检验，无残疾、体质强健的可由母亲代国家抚养；7岁以后送到国家教育场所接受系统教育直到30岁；30岁成为公民，有权参加公民大会，可以担任官职，战时则参加战斗；60岁解除兵役。

② 雅典的教育。目标是培养身心和谐发展的国家公民。教育体制是婴儿出生后由父亲决定是否养育；7岁以前儿童在家里接受教育，十分重视游戏和玩具的教育作用；7岁以后的男孩子开始接受学校教育；7~12岁的男孩子进入的学校有文法学校和琴弦学校；13岁以后可以到角力学校进行体育训练；16岁以后可以到体育馆接受更为系统的体育训练；18岁接受军事训练，但是国家不统一要求，由青年自己决定。在军事训练中，可以学到一定的航海知识和政治法律知识；20岁，通过一定的仪式，成为正式公民。

（2）古希腊的教育理论。

① 苏格拉底的教育观。苏格拉底提出了真理的普遍性和道德标准的绝对性的主张，他在认识论上的贡献在于恢复了知识的普遍品格。他指出教育的目的就是发展人的智慧，认为美德即知识，教育可以使人的道德完善。他对教育的另一贡献是倡导问答法。这种方法成为西方启发式教学的渊源。

② 柏拉图的教育思想。柏拉图是西方教育史上第一个提出系统教育理论的人，他重视教育的政治意义和作用，提倡智、德、体、美和谐发展的教育，强调早期教育和公共的学前教育，重视女子教育，这都是非常宝贵的教育思想。他的代表作《理想国》成为西方教育思想史上的重要里程碑。

③ 亚里士多德的教育思想。亚里士多德提出灵魂论，强调把体育、德育和智育结合起来，使人得到多方面的和谐发展，主张自由教育。这对后来欧洲文艺复兴时期的教育思想产生了很大影响。

第二章 古罗马的教育

◇ 应试题库 ◇

一、名词解释

《雄辩术原理》

二、简答题

1. 简要介绍古罗马各个时期教育的主要内容、形式和教育目标。
2. 简述古罗马帝国时期教育的特点。
3. 简述西塞罗关于雄辩家教育的思想。

三、分析论述题

论述昆体良的教育思想。

◇ 应试解析 ◇

一、名词解释

《雄辩术原理》

答：昆体良是古罗马著名的教育家、演说家，也是古希腊和古罗马教育理论的集大成者，其代表作《雄辩术原理》，是他二十多年教学工作的总结，这本书是西方最早的论述教育教学问题的著作。其中，就如何培养雄辩家，从教育观、教师观、教学观方面进行了精辟的论述。

二、简答题

1. 简要介绍古罗马各个时期教育的主要内容、形式和教育目标。

答：古罗马教育的发展经历了很长的一个时期，根据国家政局的变动，教育的发展可以分为王政时期、共和时期和帝国时期三个阶段。

（1）王政时期的教育：这一时期，古罗马以农业经济为主，加上征战需要，国家暂时无暇顾及教育的建设，因而这一时期教育以家庭教育为主；教育内容主要是关于农业生产和军事；主要目的是培养农民和军人，为国家的生存服务。

（2）共和时期的教育：共和时期学校教育获得充分的发展，形成了较为完备的教育体制。一是初等学校；二是文法学校。这是为贵族家庭子女设立的比初等教育更高一级的学校，教育内容是希腊文和拉丁文，此外还学地理、历史、数学、自然科学方面的知识。三是修辞学校。比文法学校更高一级，接收文法学校毕业的贵族子弟，培养雄辩家（"演说家"）。教育内容是修辞、逻辑、法律、伦理学、数学、天文学、历史等。因此共和时期的教育主要形式是私立学校教育，其最高目标是培养演说家。

（3）帝国时期的教育：罗马帝国建立后，随着政体和经济的变化，教育也发生相应变化。首先，国家加强了对初等教育的监督和控制，并把私立的文法学校和修辞学校改为国立；其次，把教育的目的定为培养忠于帝国的官吏和顺民；最后，国家决定文法学校和修辞学校教师的任免，提高教师待遇并享有一些特权。这一时期的教育形式主要是国立教育，内容基本与共和时期相同，但出于巩固政权的目的，教育目标主要是培养官吏和顺民。

2. 简述古罗马帝国时期教育的特点。

答：（1）国家建立了统一的教育制度。加强了对初等教育的监督和控制，教师由国家委派，把教师变成国家官吏。把部分私立的文法学校和修辞学校改为国立，以便国家对教育的严格控制。

（2）改变了教育目的。把教育目的定为培养忠于帝国的官吏和顺民，主要有文法学校、高等修辞学校，并出现了拉丁文学校。

（3）承袭了希腊化时期在雅典、君士坦丁堡、亚历山大里亚和罗德等地的大学和高等文化科学学府，培养了一些人才。这时的大学除了继承了希腊化设置的课程之外，还增加了具有罗马特色的学科，如法律学、建筑学等。

（4）提高教师的地位和待遇，改教师的私人选聘为国家委派。

3. 简述西塞罗关于雄辩家教育的思想。

答：西塞罗是罗马共和后期著名的演说家、哲学家、文学家和教育家，代表作《论雄辩家》。

（1）雄辩家的定义：西塞罗认为教育的直接目的是培养雄辩家，他在《论雄辩家》一书中，给雄辩家下了定义，认为雄辩家应当是一个能就目前的任何需要运用语言艺术进行阐述问题，以规定的模式，脱离讲稿，伴以恰当的姿势，得体而审慎地进行演讲的人。

（2）雄辩家教育的内容：要成为合格的雄辩家，必须具备以下三个条件，这些条件就是教育雄辩家的内容。

首先，必须具备广博的知识，只有这样才能打动人心，让别人接受自己的观点。其中伦理学的知识最重要，因为伦理学是一切知识的基础。其次，雄辩家应当具有修辞学方面的特殊修养。因为这样才能把自己广博的知识，通俗、生动地表达出来。最后，雄辩家还应当具有优雅的举止风度。因为身体语言能对演说产生巨大的作用。

（3）雄辩家的培养方法：雄辩家的培养应把练习放在重要的位置上。常用的练习方法有模拟演说、写作等。

（4）关于"人道"的教育思想：西塞罗还提出"人道"的教育主张。所谓人道，是指为人之道。他认为要尽为人之道，必须具备三个方面的条件：①必须充分发挥人之所以为人的特点；②以同情、仁爱、礼让等规范处理人与人之间的关系；③只有具备文化修养的人才能称作人，因为只有他们才能尽为人之道。因此，教育必须高度重视道德品质的培养。

三、分析论述题

论述昆体良的教育思想。

答：昆体良是古罗马著名的教育家、演说家，也是古希腊和古罗马教育理论的集大成者，其代表作《雄辩术原理》是他二十多年教学工作的总结，昆体良的教育思想内容丰富，可以分为三大主要部分。

（1）昆体良的教育观。

与西塞罗一样，昆体良主张教育的目的是要培养道德高尚的雄辩家、演说家。在他看来，雄辩家不仅仅是擅长演说的人，强调德行是雄辩家的首要品质，具有崇高的德行比具有出色的雄辩才能更重要。对于雄辩家来说，才能与德行是相互联系的，因为雄辩的主要任务是要宣传正义和德行，指导人们趋善避恶。因而雄辩家自身的德行很重要，教育的任务应当是培养良好的德行而精于雄辩术的人。

一方面，昆体良充分肯定教育的巨大作用，认为大多数人都具有基本相同的天赋，都能敏捷地学习，真正天生愚笨不可教的人是罕见的；另一方面，他认为，天生的才能只是个人发展的一种可能性，天赋的发展有赖于不断的实践和教育。但是，教育的作用也不是绝对的，教育应当以人的自然本性为基础，教育者应当尊重受教育者的个性差异和年龄差异。

（2）昆体良的教学观。

昆体良的教育思想中最为重要的内容，是他关于教学问题的一系列主张。

① 在课程设置上，他认为专业知识应当建立在广博的知识学习的基础之上，雄辩家的学科应该包括文法、修辞学、音乐、几何、天文学、哲学等。

② 在教学方法上，昆体良提倡启发诱导和提问解答的方法。他指出，教师应当善于回答学生提出的问题，并向那些不发问的学生提问。

③ 劳逸结合原则。昆体良认为教师所传授的知识的深度和分量要适合儿童的天性，符合他们的接受能力。还提出学习与休息交替的教学原则，以防止学生过度疲劳。

④ 班级授课制思想的萌芽。在教学的组织形式方面，昆体良提出了分班教学的思想，主张把学生分成班组，在同一时间，由教师对全班组而不是个别学生进行教学。

（3）昆体良的教师观。

昆体良高度重视教师的作用，认为要做好教育工作，教师是至关重要的。因此教师应当具有全面的素质。

① 教师应当是德才兼备的，既教学生学习基础知识，又教学生做人；② 教师对学生应宽严相济，他应当严肃而不冷酷，和蔼而不纵容；③ 教师对学生的教育应当有耐心，多勉励、少斥责，在实行奖惩时要注意分寸；④ 教师应当懂得教学艺术，教学简明扼要、明白易懂、深入浅出；⑤ 教师要注意到儿童的个体差异，做到因材施教。

昆体良是古罗马时期最为重要的教育家，其教育思想在西欧文艺复兴时期产生了深远影响，成为人文主义思想的重要来源，对夸美纽斯的教育思想也产生了深刻影响。

第三章 西欧中世纪教育

◇ 应试题库 ◇

一、名词解释

1. 骑士教育　　2. 宫廷学校　　3. 城市学校　　4. 昆它布
5. 中世纪大学

二、简答题

1. 简述中世纪基督教教育的形式、机构及教学内容。
2. 简述中世纪教育的总体特征和历史地位。
3. 简述中世纪世俗封建主教育的情况。
4. 简述中世纪城市学校的特点。
5. 简述中世纪城市学校的产生。
6. 古代阿拉伯的教育有何特色？对世界文化教育有何影响？
7. 简述拜占庭教育的特点及其影响。

三、分析论述题

1. 评析中世纪大学产生的原因、主要办学特色及其在历史上的地位。
2. 阐述中世纪大学对西方近代文明的影响。

◇ 应试解析 ◇

一、名词解释

1. 骑士教育

答：骑士教育是中世纪西欧封建社会等级制度的产物，是一种特殊的教育形式，也是中世纪世俗教育的一种主要形式，以培养当时封建制度中骑士阶层的人员为目的。骑士教育是一种特殊的家庭教育形式，无专设的教育机构，无专职的教育人员。骑士教育的主要目标是培养英勇善战、忠君敬主的骑士精神和技能。骑士教育重在灌输服从与效忠统治阶级的思想，训练勇猛作战的各种本领，培养封建统治阶级的忠实保卫者，对文化知识并不重视。这种状况是由当时社会生产和生活水平的低下以及西欧封建社会的阶级关系特点所决定的。

2. 宫廷学校

答：宫廷学校是一种设在欧洲国王的宫廷中，主要培养王公贵族后代的教育机构，是欧洲主要的世俗教育形式。西欧最著名的宫廷学校是由英格兰学者阿尔琴创办的。很多欧洲国家都设有宫廷学校，宫廷学校的发展成为欧洲重要的世俗教育形式。主要学习"七艺"、拉丁语、希腊语。在教学方法上主要采用教会学校盛行的问答法。宫廷学校主要培养封建统治阶级所需要的官吏，由于中世纪早期欧洲社会生活的特点是宗教和世俗封建主往往二者合一，世俗官吏教育自然也具有浓厚的宗教色彩。

3. 城市学校

答：城市学校是应新兴市民阶层需要而产生的，它不是一所学校的名称，而是为新兴市民子弟开办的学校的总称，其种类有行会学校、商会学校（也称基尔特学校）。城市学校在领导权上，大多属于行会和商会。后期，城市学校逐渐由市政当局接管。在内容上，以读、写、算及商业、手工业相关的世俗知识为主；在培养目标上，主要是从事手工业、商业的职业人才。大多为初等学校，但也具有一定的职业训练的性质。所以，城市学校属于世俗性质。城市学校的兴起和发展对处于萌芽阶段的资本主义生产方式的成长起了促进作用。

4. 昆它布

答：昆它布是阿拉伯的一种主要的教育机构，是初级教育场所，通常是教师在家招收少量学生，教简单的读、写，教学内容主要是《古兰经》、语法、诗歌、算术等，教学重背诵。

5. 中世纪大学

答：中世纪大学是12世纪左右兴起的自治的教授和学习中心。一般由一名在某一领域有声望的学者和他的追随者自行组织起来，形成类似于行会的师生团体进行教学和知识交易。它不仅是一种新型的教育组织，更代表了一种新的教育思想和精神；打破了教会对教育的垄断，有利于教育的普及，现代意义上的大学基本上都直接来源于欧洲中世纪大学。但当时教会势力过大，宗教色彩浓厚。

二、简答题

1. 简述中世纪基督教教育的形式、机构及教学内容。

答：（1）中世纪基督教教育的主要形式：随着基督教的发展，大批不是基督教的人也开始涌进教堂，如何把申请入教和刚刚入教的人训练成为合格的教会人员成为教会的一项教育任务，因此，早期基督教教会学校随之发展起来。教会学校一直是基督教教育的主要形式，当时进入教会学校读书的一般是僧侣子弟或世俗封建主贵族子弟。

（2）中世纪基督教教育的主要机构：中世纪早期的教会学校有修道院学校、主教学校和教区学校（堂区学校）。修道院学校是中世纪最典型的教会教育机构；主教学校，设在主教座堂所在地，又叫座堂学校，主教学校性质和水平与僧院学校差不多；教区学校，办在堂区教士所在村落或教堂里面，也叫堂区学校，是由教会举办的面向一般世俗群众的普通学校。

（3）中世纪基督教教育的主要内容：总体上表现为神学化，主要课程是神学和"七艺"。神学包括《圣经》、祈祷文、教会的礼仪等；"七艺"是从古希腊教育内容演变而来的，经基督教改造，为神学服务。

2. 简述中世纪教育的总体特征和历史地位。

答：(1) 中世纪的教育在西方教育史上是一个很有意义的时期，可以说是教育开始从神学向世俗转化的一个过渡关键期，归纳起来，这一时期的教育大致有以下几种特征。

① 最为重要、最为显著的特征是它的宗教化、神学化，表现为其与神学直接相关、为神学服务，且思想家的思考方式也神学化；② 保守性和发展的缓慢性；③ 教育讨论的范围与古希腊、古罗马差异大，古希腊、古罗马始终是探讨少数人的教育、统治者的教育，中世纪无等级区别，更具开放性、普遍性；④ 中世纪时期对教育的认识是未分化的，也就是说教育家对教育的认识往往是与宗教神学、哲学相联系的。

(2) 这些特点中有积极的方面也有消极的方面，应该说积极的部分是占主要的，这一阶段的教育在历史上是一个重要的过渡时期，为后来教育的发展留下很多值得借鉴和可使用的东西。

① 从整体上看，中世纪教育为西方文明的发展留下了大量遗产。② 从教育实践看，它在长期的发展中形成了一个学校系统，其中包括修道院学校、主教学校、堂区学校、中世纪大学等多种类型的教育机构，且形成较严格的教育制度。③ 从教育思想看，中世纪教育也并非一无建树：首先，出于培养信仰考虑，极强调道德教育的重要性，并就德育提出大量见解；其次，中世纪教育家们所提出的关于教学问题的见解包含了一些合理因素；最后，中世纪教育家所推崇的经院哲学的方法虽有种种弊端，但同时也有积极的意义，一方面它有训练思维的作用，另一方面，更重要的是，经院哲学虽然力图调和信仰和理性的矛盾，但却为理性的发展和实践开辟了道路。

3. 简述中世纪世俗封建主教育的情况。

答：中世纪的教育从总体上讲是笼罩在神学的阴影下的，但是这一时期的世俗封建主教育也有了较大的发展，世俗封建主的教育主要有两种形式：宫廷教育和骑士教育。

(1) 宫廷教育：宫廷学校是一种设在国王或贵族宫廷中，主要培养王公贵族后代的教育机构，是欧洲主要的世俗教育形式。西欧最著名的宫廷学校是由英格兰学者阿尔琴创办的，宫廷学校主要培养封建统治阶级所需要的官吏。由于中世纪早期欧洲社会生活的特点是教、俗封建主往往二者合一，世俗官吏教育自然也具有浓厚的宗教色彩。

(2) 骑士教育：骑士教育是中世纪西欧封建社会等级制度的产物，也是一种特殊的家庭教育形式。骑士教育的主要目标是培养英勇善战、忠君敬主的骑士精神和技能。

4. 简述中世纪城市学校的特点。

答：城市学校是应新兴市民阶层需要而产生的，它不是一所学校的名称，而是为新兴市民子弟开办的学校的总称，其种类有行会学校、商会学校（也称基尔特学校）。城市学校作为一种新的学校类型具有一些共同的特点。

(1) 在领导权上，领导权大多属于行会和商会。后期，城市学校逐渐由市政当局接管，市政府决定学费的数目、教师的选聘及儿童入学资格的确定等。

(2) 在内容上，其内容以读、写、算及商业、手工业相关的世俗知识为主。不仅扩大了教学内容，更是要求学习内容为现实服务，以地方语教学，与用拉丁语教学的教会学校形成鲜明对比。

(3) 在培养目标上，主要是培养从事手工业、商业的职业人才。大多为初等学校，但也具有一定的职业训练的性质。

（4）在性质上，城市学校虽然与教会有着千丝万缕的联系，但是基本上属于世俗性质。

总之，城市学校是适应生产的发展、市民阶层的利益需要而出现的新型学校。

5. 简述中世纪城市学校的产生。

答：新兴市民阶级具有本阶级特殊经济利益和政治斗争的需要，这些利益和需要必然反映在教育上。然而，当时的学校教育无论是教会掌控的教会学校，还是为世俗封建主所把持的世俗学校都不能满足这种需要。这就促使城市当局建立了新型的教育机构——城市学校。其产生的原因概括如下：①王权强盛，政治稳定；②经济发展；③手工业发展，产生市民阶层，提出了文化需求；④十字军东征促进文化交流；⑤治疗疾病的要求促进了以医学为重点的中世纪大学的产生。

与中世纪其他世俗教育机构不同，中世纪的城市学校大多是由城市当局或行会组织负责开办和进行管理的。首先，更具有世俗教育的特点；其次，城市学校比较强调职业和技术的培训；再次，虽然宗教教育仍然是所有城市学校的重要教学内容，但是其地位受到明显的削弱；最后，城市学校教学水平也比较低。

6. 古代阿拉伯的教育有何特色？对世界文化教育有何影响？

答：（1）古代阿拉伯教育的特色。①阿拉伯的教育具有尊师重教、教育机会均等的特点；②教学组织形式多样，神学与实用课程并存；③多方筹集教育资金以保证发展教育的物质条件等；④开明的文化教育政策。

（2）影响：阿拉伯人在7世纪兴起之初，其文化教育是非常落后的。但是在历史上比较短的时间里，竟然后来居上，建立起"一种融合了犹太文化、古希腊-古罗马文化和波斯-美索不达米亚文化传统的混合文明"，使自己在文化科学上的成就达到了引人注目的高峰，这在很大程度上得益于阿拉伯国家推行了一种比较开明的文化教育政策。他们对被征服地区人民的宗教信仰和文化教育采取了比较宽容的态度，并鼓励学术研究。因此，阿拉伯人就能在集成东西方文化成果的基础上迅速发展自己的文化与教育。

阿拉伯人教育发展迅速，在数学、天文学、医学、哲学和文学方面都做出了杰出的贡献。如阿拉伯的伟大数学家穆罕默德·伊本·穆萨（即花剌子密，约780—850年）创立了代数。他编写的《积分方程计算法》于12世纪传到西欧，一直到16世纪还是大学使用的教材。通过他的著作，西方才懂得了使用阿拉伯数字等。

7. 简述拜占庭教育的特点及其影响。

答：（1）拜占庭教育直接继承了古希腊和古罗马的文化教育遗产。

（2）存在着因世俗生活需要而得到发展的世俗教育体系。

（3）教会的文化教育体系与世俗的文化教育体系长期并存。

（4）除教主外，所有的教士均可结婚，这一点对教会教育的内容和方式也有影响。

拜占庭教育起到了保存和传播古希腊、古罗马文化的作用。拜占庭文化教育对东欧的影响很大。863年，拜占庭的宗教活动家美多德和西里尔发明了斯拉夫字母，开始把教会书籍翻译成斯拉夫文，也用斯拉夫语进行礼拜仪式。988年，基辅罗斯大公弗拉基米尔在拜占庭接受了基督教育，并将它定为国教，开始在罗斯设立学校。

拜占庭文化教育对西欧的影响也很大。在很长的时间里，拜占庭与西欧特别是意大利保持着经济联系。拜占庭文明对意大利的文艺复兴起了推动作用，对阿拉伯的教育发展也有很大影响。

三、分析论述题

1. 评析中世纪大学产生的原因、主要办学特色及其在历史上的地位。

答：新兴市民阶层成为社会发展的主要推动力量后，追求新学问成为一种时尚，中世纪大学应运而生。最初的中世纪大学是一种自治的教授和学习中心。一般由一名（或数名）在某一领域有声望的学者和他的追随者自行组织起来，形成类似于行会的团体进行教学和知识传授。

（1）中世纪大学产生的原因。

第一，城市发展的需要。西欧封建制度进入发展的鼎盛时期之后，王权日渐强固，社会趋于稳定，农业生产稳步上升，手工业逐渐成为专门的职业。同时王权与教会的斗争更加激烈，市民之间的商业诉讼也不断增多。这一切都需要法律知识，此外疾病的防治需要医药知识。

第二，东方文化的影响。十字军东征使许多已经销声匿迹的古希腊、古罗马时期的经典著作被重新发现，与穆斯林的经典著作、科技一同被带到西欧，与欧洲传统的人文主义学科一起，开创了中世纪后期的学术复兴，加强了不同文化之间的交流。

这两方面原因导致传统的宫廷学校和骑士教育已不能满足这种需要，新的教育机构和形式开始出现。其中中世纪大学最为引人注意。

（2）中世纪大学的主要办学特色。

① 教育目的：中世纪大学的基本目的是进行职业训练，培养社会所需的专业人才。

② 领导体制：中世纪大学按领导体制可分为两种，"学生"大学与"先生"大学。前者由学生主管教务，教授的选聘、学费的数额、学期的期限和授课时数等，均由学生决定；后者由教师掌管校务，学校诸事均由教师决定。

③ 学位制度：中世纪大学已有学位制度，学生修完大学课程，经考试合格，可得"硕士""博士"学位。

④ 课程设置：大学的课程开始并不固定，后趋向统一，应社会需求分文、法、神、医四科进行学习。

⑤ 教学方法：讲演和辩论。讲演包括宣读和解释权威性教材。辩论也都从书本出发，结论是现成的。辩论有利于训练学生的逻辑推理能力，但是脱离实际。

⑥ 自治：中世纪大学从最初形成就表现出自治的特点，即学校的事务基本由学校自行管理。中世纪大学具有一些自己的特权，比如大学师生免税、免服兵役等。

此外，中世纪大学还有一个特点就是，与教会间有着复杂的关系。一般教会史学家认为中世纪大学的出现是教会的功绩，这种看法虽然不无道理，但显然夸大了教会对人类发展的贡献。中世纪大学是西欧社会发展到特定阶段的产物，教会自身不具备创造大学的能力。由于中世纪的社会性质，中世纪大学以后逐渐被教会所控制，但其体制、特点影响深远，是近代西方大学的直接渊源。在现代西方大学高等教育的不少方面，我们都能清楚地看到中世纪大学所具有的文化精神和教育特征。

（3）中世纪大学的历史地位。

中世纪大学的产生，虽然有其明显的局限性。但是应该肯定，中世纪大学的出现奠定了现代大学的办学基础，为高等教育发展做出了贡献，具有非常重要的历史意义。

第一，它树立了学术自由、探求真理的典范。中世纪大学的出现，尤其是中世纪大学拥有极强的自主权，推行学术自由，鼓励学者和学生探求真理，为人类文化的发展做出了巨大贡献。现代大学成为先进文化的聚集地，与中世纪大学在社会系统中奠定的地位是分不开的。

第二，形成了学术中心，推动了思想和学术的发展。中世纪大学推行学术自由，汇集了大量学者，在对学生进行教育的过程中，传播了社会文化，直接成为传承文化的桥梁；追求真理，促进了社会思想和科学的发展，使大学成了社会学术中心。

第三，为后期大学发展提供了许多有意义的办学实践经验。早期中世纪大学形成了初步的学科划分和学位制度。比如学科划分制度，这种按照职业划分的教学和组织形式一直影响着现代大学。再比如学位制度，现代各国高等教育的学位制度虽然存在一些差别，但都直接源于中世纪大学。现代意义上的三级学位制度直接起源于英国大学，英国大学深受巴黎大学的影响，引入学位的概念，后来，英国的学位制度被移植到美国。19世纪后，随着美国研究生教育的出现和对世界高等教育的影响，大部分国家和地区按照美国模式建立了现代意义的学位制度。

2. 阐述中世纪大学对西方近代文明的影响。

答：（1）中世纪大学奠定了现代大学的基础，这应该是欧洲中世纪大学最直接的影响。在中世纪，大学虽然没有形成完整、严密的组织和机构，但现代大学的组织系统却与中世纪大学有着直接的历史联系。

（2）大学的形成对中世纪的城市发展也起到了极大的推动作用。一方面，它刺激了城市的贸易；另一方面，大学（特别是波伦亚大学等著名大学）使所在城市的影响不断扩大，这样就能进一步吸收新的居民，而在当时，居民人数的多少是衡量城市繁荣程度的标志之一。此外，大学在城市生活中的地位也不断加强。

（3）从历史发展的角度来看，中世纪大学更为重要的作用在于它既打破了过去由个人进行大部分高深学问探究的传统，是继城市学校之后，对教会在教育和学术上的垄断权力的又一次更为猛烈的冲击。中世纪大学的建立打破了这种传统，使学术研究成为团体的事业，促进了学术交流，使学术交流经常化，并日益广泛。

（4）大学的诞生使知识更为世俗化，改变了教会垄断教育的状况。尽管中世纪早期受到教育的或者说仅仅是会识字的人都只是少数，尽管教育状况还很糟糕，但大学的产生推动了知识的传播及其世俗化，使得西欧社会的学术生活和中世纪教育的传统都发生了意义深远的变革。

（5）学术自由和大学自治成为后世大学为争取自身独立自主地位的文化资本和精神寄托，对后世影响深远。这两个概念都是中世纪大学的遗产，也是现代大学孜孜不倦追求的目标。中世纪大学在教学内容、学生入学条件、招生标准以及教师的职责和权利等方面有自己的选择和决定权。也就是说，这种自治主要是相对于大学内部的组织和结构而言的。

（6）中世纪大学的开放性和国际性播撒下文明的种子，使得后来欧洲的发展居于世界领先水平。中世纪大学有着十分突出的开放性和国际性，以拉丁文为通用语言，互相之间有着必要的思想、学术和情感交流，同时也不拘于一门一派，而是形成一种求知求学的学习共同体。中世纪大学这种国际化的风气为近代直至现代的大学所追求和提倡。

第四章 文艺复兴时期的教育

◆ 应试题库 ◆

一、名词解释

1. 维多里诺   2. 弗吉里奥   3. 人文主义教育

二、简答题

简述人文主义教育思想的基本特征。

三、分析论述题

1. 论述人文主义教育的影响。
2. 论述人文主义教育、新教教育、基督教教育三者的冲突与融合。

◆ 应试解析 ◆

一、名词解释

1. 维多里诺

答：维多里诺是文艺复兴时期影响较大的人文主义教育家，他创办的宫廷学校"快乐之家"，成为当时欧洲最好的宫廷学校和欧洲大陆人文学校的范例，被认为是人文主义学校的发源地。维多里诺的主要贡献包括以下几方面：倡导"自由教育"，培养全人；开设以古典语文为中心、内容十分广泛的人文主义课程；发展了新的教学方法体系；维多里诺强调尊重儿童的身心特征和个性差异，提倡启发学生的学习兴趣和主动性；主张发展儿童的个性和特长，反对惩戒，禁止体罚。

2. 弗吉里奥

答：弗吉里奥是率先表达文艺复兴教育思想的人。他的主要观点是主张对青年实施通才教育以培养身心全面发展的人。在教育方法上，他认为必须使所学的科目适合学生的个人爱好和年龄；在教育内容方面，他推崇三门科目，分别是历史、伦理学（道德哲学）和雄辩术，认为这三门学科最能体现人文主义精神。

3. 人文主义教育

答：文艺复兴作为一场意识形态的文化革命运动，在教育上也有许多主张。主要的教育特征是：人本主义、古典主义、世俗性、宗教性、贵族性。从其思想主张和特征我们可以发现，人文主义教育既有进步性也有落后性，由于时代的局限它不可能摆脱其封建性和宗教性的特点，但是它扫荡了中世纪教育的阴霾，展露出了新时代教育的新信息，开创了欧洲的教育先河。

二、简答题

简述人文主义教育思想的基本特征。

答：文艺复兴运动是公元14世纪初期到17世纪中叶欧洲新兴资产阶级在意识形态领域向封建主义和基督教神学体系发动的一场伟大的文化革命运动，人文主义是这场运动的旗帜，在教育方面人文主义具有以下特征。

第一，人本主义。人文主义教育在目标上注重个性发展，在教学方法上反对禁欲主义，尊重儿童天性，坚信通过教育这种后天的力量，可以重塑个人、改造社会和自然，这些都表现出人本主义的内涵，人的力量、人的价值被充分肯定。

第二，古典主义。人文主义教育思想吸收了许多古人的见解，人文主义教育实践尤其是课程设置亦具有古典性质，但非纯粹"复古"，而是古为今用，在当时是一种进步。

第三，世俗性。不论从教育目的还是从课程设置等方面看，人文主义教育充溢着浓厚的世俗精神，关注人道而非神道，更关注今生而非来世，与中世纪的教育有巨大区别。

第四，宗教性。人文主义教育仍具有宗教性，几乎所有的人文主义教育家都信仰上帝，他们虽然抨击天主教会的弊端，但不反对宗教，更不打算消灭宗教，他们希望以世俗和人文精神改造中世纪陈腐专横的宗教性，以造就一种更富世俗色彩和人性色彩的宗教性。

第五，贵族性。这是由文艺复兴运动（并非大众运动）的性质决定的，人文主义教育的对象主要是上层子弟；教育的形式多为宫廷教育和家庭教育而非大众教育；教育的目的主要是培养上层人物，如君主、侍臣、绅士等。

三、分析论述题

1. 论述人文主义教育的影响。

答：文艺复兴运动是公元14世纪初期到17世纪中叶欧洲新兴资产阶级在意识形态领域里，借用被复兴的古希腊和古罗马的古典文化向封建主义和基督教神学体系发动的一场伟大的文化革命运动。文艺复兴不仅仅是为了复兴古典文化，更主要的是新兴资产阶级新文化对古代文化的继承、利用和发展，是以古托今。

人文主义则是文艺复兴这场运动高举的大旗，是文艺复兴时代不同国家、不同领域、不同时期的巨人们所共同拥有的世界观。对世界的主要影响在于：

（1）教育内容发生变化。对古希腊和古罗马的热情使其知识和学科成为教学主要内容，导致了美育和体育复兴并关注自然知识的学习。

（2）教育职能发生变化。从训练、束缚自己服从上帝到使人更好地欣赏、创造和履行上帝赋予人的职责。

（3）教育价值观发生变化。重新发现人，重新确立了人的地位，强调人性的高贵，复兴了古希腊的个人主义价值观。

（4）复兴了古典的教育理想。形成了全面和谐发展的完人的教育观念，从中世纪培养教士的目标转向文艺复兴培养绅士的目标。

（5）复兴了自由教育的传统。教育推崇理性，复兴古希腊的自由教育。

（6）兴起了自然主义教育思想。用自然来取代《圣经》作为引证，按照人的天性来生活，按照人的需求和本性来设置课程，尊重受教育者的兴趣、爱好、欲望和天性，出现了直观、游戏、野外活动等教育新方法。

（7）出现了新道德教育观。以原罪论为中心的道德教育已开始解体。人道主义、乐观、积极向上、热爱自由、追求平等和合理的享乐等新的道德观在人文主义的学校中开始取代天主教会的道德观。尊重儿童，反对体罚，已成为某些教育家的强烈要求。

（8）教育与劳动相结合及共产主义的教育思想。在某些空想社会主义教育思想中，首次提出教育与生产劳动相结合的思想以及成人教育的思想。人文主义者莫尔和康帕内拉还提出共产主义的理论以及所实行的教育制度。

（9）建立了新型的人文主义教育机构。

（10）促进了大学的改造和发展。

（11）教育理论不断丰富。

（12）推动了教育世俗化的历史进程。

2. 论述人文主义教育、新教教育、基督教教育三者的冲突与融合。

答：人文主义教育、新教教育、基督教教育三种教育势力之间既冲突又相互融会吸收。相同之中蕴含不同。

相同点：

（1）宗教性。都信仰上帝，但是程度不同。人文主义教育有宗教性，也同时带有异教因素。新教教育和基督教教育都是宗教教育，都反对人文主义教育中的一些异教倾向。宗教改革运动带有宗教性和世俗性的双重目的，也同时"压制了人文主义运动的种种世俗倾向"。而基督教教育则是希望恢复到宗教性更强的中世纪。

（2）重视古典人文学科。各个教育都以古典人文学科作为课程的主干。

（3）教育教学管理方面都逐渐取消体罚，注意身心的全面发展，都出现并逐步完善班级年级制。

（4）世俗性增强。人文主义教育倡导的是一种肤浅的世俗性，局限于社会上层，并未影响到社会生活的各个层面。反对宗教腐败但赞同基督教。新教改革压制人文主义运动的世俗倾向，客观上却是世俗精神的大弘扬，教育与世俗生活结合紧密，世俗性知识比重加大，自然科学进入课堂。可以说宗教改革带来的世俗性是一种深刻的、有广泛社会基础的世俗性。在这种基础上建立起的教育是一种真正充溢着近代世俗精神的新教育。

不同点：

（1）人文主义教育具有贵族性，新教教育具有较强的群众性和普及性。基督教也具有贵族性，但是出于控制社会精英的政治目的而重视上层社会子女的教育。而人文主义者将古典知识作为贵族阶级自身的高级享受。

（2）这三种教育的根本差异在于它们所服务的对象不同。新教教育为新教服务，基督教教育为基督教服务。

影响：

（1）尽管宗教改革是人文主义引发的，但是宗教改革对近代教育转折的历史意义远远高于人文主义，为西方教育近代化走向国家化、世俗化和普及化历程拉开了序幕。

（2）教育的总体发展产生了重大变化，这种转折标志着世俗性近代教育从根本上取代了宗教性的中世纪教育，标志着教育迈进近代化。

第五章 宗教改革时期的教育

◇ 应试题库 ◇

一、名词解释

耶稣会学校

二、简答题

1. 简述宗教改革时期路德派的教育主张。
2. 简述耶稣会学校的教学方法。

三、分析论述题

宗教改革时期的新教教育有何特点？

◇ 应试解析 ◇

一、名词解释

耶稣会学校

答：耶稣会学校即耶稣会设立的学校，耶稣会是16世纪天主教会为了对抗宗教改革而成立的一个反改革的组织，1534年由西班牙神学家罗耀拉创立于巴黎。耶稣会学校具有以下特点：①教学内容上，除托马斯·阿奎那的神学外，也开设拉丁文与希腊文等课程；重视逻辑学与修辞学；重视体育。②教学方法上，推崇记忆，重复是学习之母；实行严格的教师选拔制度；实行严密的管理制度，鼓励学生相互监督告密；组织辩论会，激励学生学习。虽然在各个方面都有明显的进步和体现人文色彩，一定程度上促进了教育的发展，但其主要目的是恢复宗教的统治地位，是逆历史潮流的。

二、简答题

1. 简述宗教改革时期路德派的教育主张。

答：中世纪时期教育上一个很大的特点就是教育权归罗马天主教会所有，国家无法掌握教育权，宗教改革起源于德国，发起者是威登堡大学神学教授马丁·路德。

路德在宗教改革中提出的主张就是把教会置于国家权力之下办教育。

（1）教育作用：教育既有使人虔信上帝的宗教性，又有维护国家安全、兴旺和发展人的世俗性的目的。兴办教育不仅利于教会，也利于国家。

（2）教育原则：①国家掌握教育权，建立包含初等、中等、高等教育在内的国家教育体系；②国家推广普及义务教育（后来他为了培养教会和国家未来的领袖，把注意力转移到中等和高等教育上）。

（3）教育内容：以《圣经》为主要科目，也学习读、写、算、历史、音乐和体育等。

（4）教学方法：以直观的教学方法，满足儿童求知和活动的兴趣，主张废除体罚。

2. 简述耶稣会学校的教学方法。

答：耶稣会设立的学校称为耶稣会学校，耶稣会教育的特点就是用人文主义精神来改革学校和教学。

耶稣会的教学方法富有成效。采用了寄宿制和全日制，学生依成绩分班，采取班级授课方式，教师在教学中采用讲授、阅读、写作、背诵、辩论、练习等多种方式，学校提倡温和的纪律、爱的管理，强调师生间的亲密关系，很少使用体罚。

三、分析论述题

宗教改革时期的新教教育有何特点？

答：新教教育主要表现在路德派和加尔文派的实践。

路德派的教育特点是把教会置于国家权力之下办教育。他们主张：①国家应重视教育，掌握教育权；②国家应推行普及义务教育；③重视各类教育的发展；④重视学校教育和教学的管理。

与路德派不同的是，加尔文派认为教会是上帝在人间的代表，国家应当从属于教会，是教会的工具，所有人民的教育都应由教会负责，教育本质上是宗教性的。其教育改革特点在于：①注重为人的发展提供规范化、理性化的环境，强调教会、国家、学校、家庭的一体化；②重视各级各类学校的发展，强调学校教育的系统化。

新教教育的共同特点有：

（1）从教育思想的具体内容看，有"旧"有"新"。"旧"表现在：教育的宗教化目的，以宗教为核心的教育内容，以培养宗教领袖为目标之一的教育体制；"新"表现在：教育的世俗化目的，强迫义务教育，国家对教育实行管理、职业训练。

（2）从教育思想的基本倾向来看，中世纪的信仰主义和文艺复兴时期的人文主义并存。

（3）从教育认识论来看，神学的思维方式和理性的思维方式并存。

（4）从新教教育思想的影响看，兼具积极性和消极性。积极意义在于推动新教国家的教育发展；消极意义在于阻碍了文艺复兴开创的教育世俗化趋势，使宗教教育继续在欧美流行，随着其合法化，产生新的形式主义。

第六章　欧美主要国家和日本的教育发展

◇ 应试题库 ◇

一、名词解释

1. 泛爱学校
2. 公学
3. 贝尔-兰卡斯特制（北京师范大学 2012 年真题）（陕西师范大学 2011 年真题）
4. 美国公立学校运动
5. 《莫雷尔法案》
6. 实科中学
7. 帝国大学
8. 柏林大学
9. 统一学校运动
10. 《初等教育法》（东北师范大学 2011 年真题）
11. 《学制令》（东北师范大学 2012 年真题）

二、简答题

1. 简述英国的《初等教育法》。
2. 简述英国的《1944 年教育法》。
3. 简述英国《1988 年教育改革法》的主要内容。
4. 简述《费里教育法》的内容。
5. 简述《郎之万-瓦隆教育改革方案》的主要内容。
6. 请介绍洪堡对德国教育的改革及其影响。
7. 简述《改组和统一公立普通学校教育的总纲计划》。
8. 俄国彼得一世在教育领域是怎样进行改革的？
9. 简述苏俄的《统一劳动学校规程》。
10. 简述美国的初级学院运动的意义。
11. 简述美国《国防教育法》。
12. 简述美国《国家处于危险之中：教育改革势在必行》的影响。
13. 日本明治维新时期的教育是如何改革的？

三、分析论述题

1. 论述 19 世纪德国高等教育的发展状况及其启示。

2. 论述英国近现代中等教育方面发生的变化。
3. 试论英国近现代教育的主要特点。
4. 评述美国在第二次世界大战后教育改革的进程及其启示。
5. 论述日本在第二次世界大战后为教育指明了发展方向的法案。
6. 分析总结第二次世界大战后欧洲各国教育改革的基本趋势。
7. 试论述20世纪60年代美国中小学的课程改革。（东北师范大学2011年真题）

◆ 应试解析 ◆

一、名词解释

1. 泛爱学校

答：泛爱学校是在夸美纽斯和法国启蒙学者的教育观影响下出现的新式学校。泛爱学校的创始人是巴西多，泛爱学校采用"适应自然"的教学方式，还儿童以本来面目。教学中注重直观，学生常在游戏、表演、诵读、交谈、心算等活动中学习。学习的内容也十分广泛，本族语和实科知识占有重要地位，还有外语、体育、音乐、舞蹈和农业劳动、手工业劳动等。巴西多还为泛爱学校编出包括多种科学基础知识的《初级读本》。

2. 公学

答：公学是一种私立教学机构，这种学校是由公众团体集资兴办，其教学目的是培养一般公职人员，其学生在公开场所接受教育。它较之一般的文法学校师资及设施条件好、收费更高，是典型的贵族学校。公学的教学质量较高，被称为"英国绅士的摇篮"。最为人称道的是伊顿、温彻斯特、圣保罗等九大公学。公学注重古典语言的学习，同时为适应上层社会交往的需求，也注重体育和军事训练，培养绅士风度。

3. 贝尔-兰卡斯特制（北京师范大学2012年真题）（陕西师范大学2011年真题）

答：贝尔-兰卡斯特制又称导生制。由英国传教士贝尔和兰卡斯特所创。其目的是解决英国近代教育大发展背景下师资匮乏的问题。其基本方法是教师先在学生中选择一些年龄较大、学习成绩好的学生充任导生，教师先对导生进行教学，然后由他们去教其他学生。采用这种教学方式，学生的数额大大增加，在一定程度上缓解了教师奇缺的压力。但采用这种方法不可避免地造成教育质量下降，因此，它最终被人们抛弃。

4. 美国公立学校运动

答：19世纪初，普及初等教育成为美国迫切需要解决的问题。美国工人阶级掀起了为设立免费公立学校运动的斗争，贺拉斯·曼是运动的主要推动者。公立学校运动主要是指依靠公共税收维持，由公共教育机关管理，面向所有公众的免费的义务教育运动。主要特点是建立地方税收制度，兴办公立小学；颁布义务教育法，实行强制入学；采用免费教育的手段促进普及义务教育运动的开展。

5. 《莫雷尔法案》

答：1862年，林肯总统批准了议员莫雷尔提议的《莫雷尔法案》。该法案规定，联邦政府按各州在国会的议员人数，拨给每位议员三万英亩土地，各州应将赠地收入开办或资助农业和机械工艺学院，又称赠地学院。赠地学院的诞生及发展确立了农业与工艺学科及与之相关的应用科学研究在美国高等学校中的地位；促进了美国高等教育的民主化和大众化；打破了美国联邦政府不过问教育的传统，高等学校与联邦政府的关系进入了一个新时期。

6. 实科中学

答：实科中学产生于18世纪初的德国，随着工商业的发展和城市生活的日渐丰富，使得实科教育兴起，出现了少数的实科中学。在19世纪德国中等教育的改革中，实科中学得以迅速发展，其主要职责在于传授自然科学和历史科学知识，1832年得到了政府认可。实科学校为平民子弟提供了受教育的机会，也为社会培养了一批实用人才，推动了经济和科学技术的发展，但大学对实科中学的毕业生却有一定的限制，阻碍了它向高层次延伸。

7. 帝国大学

答：帝国大学是掌管全国教育行政最高权力的部门。1806年，拿破仑在教育上设立了帝国大学。帝国大学的总监为最高长官，由皇帝亲自任命。1808年3月，拿破仑颁布《帝国大学令》规定法国的教育要培养忠于帝国、忠于皇帝的公民。同时规定仍要把天主教作为法国学校教育的思想基础，它使中央集权的教育制度合法化。

8. 柏林大学

答：柏林大学在1809年由普鲁士王国内务部文教总管洪堡负责筹建。为了使它成为德国科学和艺术的中心，柏林大学采用了新的办学思路：具有充分的自治权；教授和学生有研究和学习的自由；聘请既有学术造诣又有高超教学技能的教授；重视学术研究和培养学生的研究能力。柏林大学既促进了德国教育的发展，也为世界其他国家高等教育的发展提供了典范，例如我国蔡元培对北大的改革。

9. 统一学校运动

答：1919年，法国"新大学同志会"在批判双轨制教育的斗争中提出了建立统一学校的主张，要求建立统一的学校，以实现教育的民主化。统一学校主要解决两个问题：民主教育和择优录取。法国很快掀起了"统一学校运动"，法国教育部长让·泽逐步实现初级中学教育的统一，有力地冲击了双轨制。这一运动扩大了中产阶级和劳动阶级子女接受教育的权利，促进了法国教育民主化的进程。

10.《初等教育法》（东北师范大学2011年真题）

答：19世纪下半期，随着英国工业革命的完成，普及义务教育的问题成为社会关注的主要问题。1870年，英国政府颁布了《初等教育法》。法案的主要内容：（1）国家对教育有补助权和监督权；（2）将全国划分为若干个学区，设学校委员会管理地方教育；（3）对5~12岁儿童实施强迫性初等教育；（4）在没有学校的地方，允许私人在一年内设校，过期由地方委员会设立公立学校；（5）学校中世俗科目与宗教科目分离。该法案的颁布，标志着英国国民初等教育制度正式形成。从此，英国出现了公、私立学校并存的双轨制局面。

11.《学制令》（东北师范大学2012年真题）

答：《学制令》是日本明治维新之后由文部省颁布的一项规定学制的法令，在确立教育领导体制的基础上，建立全国的学校教育体制。规定全国实行中央集权式的大学区制，全国分为8个大学区，各设一所大学，每个大学区分为32个中学区，各设一所中学，每个中学区分为 210 个小学学区，各设一所小学。《学制令》加强了日本的中央集权式教育领导体制。

二、简答题

1. 简述英国的《初等教育法》。

答：19 世纪下半期，随着英国工业革命的完成，普及义务教育的问题成为社会关注的主要问题。1870 年，英国政府颁布了《初等教育法》（又称《福斯特法案》）。法案主要内容：①国家对教育有补助权和监督权；②将全国划分为数千个学区，设学校委员会管理地方教育；③对 5~12 岁儿童实施强迫性初等教育；④在没有学校的地方，允许私人在一年内设校，过期者由地方委员会设立公立学校；⑤学校中世俗科目与宗教科目分离。

该法案的颁布，标志着英国国民初等教育制度的正式形成。从此，英国出现了公、私立学校并存的双轨制局面。

2. 简述英国的《1944 年教育法》。

答：第二次世界大战期间，"人人受中等教育"的观念深入人心，而英国的实际与此有较大差距，继而颁布了《1944 年教育法》，也称《巴特勒教育法》。

主要内容：①加强国家对教育的控制和领导，设立教育部，统一领导全国的教育；②加强地方教育行政管理权限，设立由初等教育、中等教育和继续教育组成的公共教育系统；③实施 5~15 岁的义务教育，同时地方教育当局应向义务教育超龄者提供全日制教育和业余教育；④法案还提出了宗教教育、师范教育和高等教育改革等要求。

影响和意义：《1944 年教育法》是英国教育制度发展史上一个极其重要的法令，形成了中央与地方相结合，以地方为主的管理方式；也形成了初、中等和继续教育相衔接的教育制度，扩大国民受教育机会，对英国战后教育发展的基本方针和政策产生了重要的影响。

3. 简述英国《1988 年教育改革法》的主要内容。

答：1988 年英国通过了教育大臣贝克提交的教育改革法案，称为《1988 年教育改革法》。法案主要是关于普通中小学教育的改革问题，但也涉及高等教育、职业技术教育、教育管理、教育经费等多方面问题。

主要内容：①实施全国统一课程，确定在 5~16 岁的义务教育阶段开设三类课程（核心课程、基础课程和附加课程）；②建立与课程相联系的考试制度，规定在义务教育阶段，学生要参加四次（7 岁、11 岁、14 岁、16 岁）考试；③改革学校管理体制，实施"摆脱选择"政策，原地方教育当局管理的所有中学及规模较大的小学，在多数家长要求下可以摆脱地方当局的控制，直接接受中央教育机构的指导，还赋予家长为子女自由选择学校的权利；④规定建立一种新型的城市技术学校；⑤在高等教育的管理和经费预算方面规定：第一，废除高等教育的双重制，多科技术学院和其他学院将脱离地方教育当局的管辖，成为独立机构，取得和大学同等的法律地位；第二，中央政府加强对高等教育的控制。

《1988 年教育改革法》是英国教育史上一部里程碑式的教育改革法案，它强化了中央集权式的教育管理体制。

4. 简述《费里教育法》的内容。

答：1881 年和 1882 年，法国的费里提出两项教育法案。确立了国民教育义务、免费、世俗化三项原则,而且将这些原则的贯彻实施予以具体化:①6~13岁为法定义务教育年龄,接受家庭教育的儿童必须自第三年起每年到学校接受一次检查,对不送儿童入学的家长给予罚款;②免除公立幼儿园及初等学校的学杂费,免除师范学校的学费与膳食、住宿费用;③取消公立学校的宗教课,改设道德与公民教育课。

总之,费里法案体现了法国教育义务、免费和世俗化的三原则,为法国国民教育的发展奠定了基础。

5. 简述《郎之万-瓦隆教育改革方案》的主要内容。

答:第二次世界大战结束,法国议会组建了教育改革委员会,任命郎之万为主席,瓦隆为副主席。该委员会在1947年正式向议会提交《郎之万-瓦隆教育改革方案》,以现代化和民主化为目标。

主要内容:①提出了战后法国教育改革的6项基本原则,具体为:社会公正原则;社会上的一切工作价值平等;人人都有接受完备教育的权利;加强专门教育的同时,适当注意普通教育;各级教育实行免费;加强师资培养,提高教师地位。②实施6~18岁的免费义务教育,主要通过基础教育阶段(6~11岁)、方向指导阶段(基础教育后四年:12~15岁)和决定阶段(学术型、技术型和艺徒制学校:16~18岁)进行,其中学术型学校结业的学生可以进入一年制大学预科接受教育,然后进入高等学校学习。③此外,方案还对教育中注意学生的特点、采取小组教学、鼓励学生的创造性和责任感等提出了要求。

在战后初期的历史条件下,该教育改革方案虽然没有实施,但提供了战后法国教育改革的重要依据,对法国教育的发展产生了重要的影响。

6. 请介绍洪堡对德国教育的改革。

答:19世纪是德国社会和教育进行变革和发展的时期,其间在教育改革中发挥重要作用的是洪堡,当时他任普鲁士内务部文教总管,根据新人文主义教育思想制定了包括学制、课程、教法、考试、学校管理和师资在内的一系列的改革方案。

(1) 在初等教育上,他认为初等教育的目的是发展学生的理性,陶冶学生的道德情操,培养学生的宗教感情,为进一步的学习做准备。

(2) 在中等教育上,编制了教学计划,以拉丁文、希腊文、德文和数学为主课,重视历史、地理和自然科学的教学。

(3) 在高等教育上,洪堡提出了学术自由原则、教学与研究相结合原则。还创办了柏林大学,这是19世纪对德国教育最有影响的事,对后来欧美高等教育发展也产生重大影响。洪堡认为,国家不能让大学仅仅为眼前利益服务,把大学看成高等古典语文学校或古典专科学校,而应从长远利益考虑,使大学在学术研究上不断提高,从而为国家发展创造更广阔的前景。从这一指导思想出发,创建了柏林大学,旨在使它成为德国科学和艺术的中心。为了实现这一理想,柏林大学采用了新的办学思路:①柏林大学具有充分的自治权,教授和学生有研究和学习的自由;②聘请既有学术造诣又有高超教学技能的教授;③重视学术研究和培养学生的研究能力。

7. 简述《改组和统一公立普通学校教育的总纲计划》。

答:第二次世界大战结束后的最初的十几年间,联邦德国主要是恢复教育事业,根本无法采取大规模的教育改革措施。直到20世纪50年代末至60年代初,联邦德国才开始实施重大的教育改革。

1959年，联邦德国进行了教育改革，公布了《改组和统一公立普通学校教育的总纲计划》，简称《总纲计划》。《总纲计划》主要探讨如何改进普通初等和中等教育问题，没有涉及高等教育。在初等教育上，建议所有儿童均应接受四年制的基础学校教育，然后再接受两年的促进阶段教育。在中等教育上，建议设置三种中学：主要学校、实科学校和高级中学，分别培养不同层次的人才。《总纲计划》既保留了德国传统的等级性，又适应了战后德国社会劳动分工对学校培养人才规格和档次的不同要求。

8. 俄国彼得一世在教育领域是怎样进行改革的？

答：17世纪中叶以前的几个世纪里，俄国的初等教育进展缓慢，沙皇彼得一世执政期间，引进了西欧的科学技术。其在教育领域的主要改革措施是：

① 创建实科性质的学校，特别是有关军事技术的专门学校，如炮兵学校、数学及航海学校、语言学校、外科医学校、工程学校、矿业学校等，在这些学校中一般先学习读、写、算，然后学习专业技术。

② 在初等义务教育方面，彼得一世下令开办俄语学校、计算学校，并把各地开办学校的责任委于当地教会。

③ 创办科学院，以培养高级人才，科学院分为数学研究、自然研究、文科研究三大部分。

彼得一世的改革对俄国社会和教育的近代化具有一定的推动作用。但由于改革是自上而下进行的，缺乏直接的动力，因而彼得一世去世后改革陷入停滞。

9. 简述苏俄的《统一劳动学校规程》。

答：1918年，苏俄国家教育委员会正式公布了《统一劳动学校规程》。

内容：①所有的儿童都应进同一类型的学校，而且都有权利沿着这个阶梯升入高一级的学校学习；强调"新学校应当是劳动的"，并且把劳动列入学校课程，使学生通过劳动能"积极地、灵活地、创造性地去认识世界"。②统一劳动学校分为两个阶段：第一级学校招收8~13岁的儿童，学习期限5年；第二级学校招收13~17岁的少年和青年，学习期限4年。两级学校均是免费的，并且是相互衔接的。这显然是试图实现普及义务教育的目标，但这在当时的条件下是无法完全做到的。

实践：由于在贯彻上述学制过程中，往往把"统一"混同于"划一"，并且用劳动生产代替教学过程，结果使统一劳动学校制度同经济和文化发展的矛盾日益突出，因此，从1919年开始便不得不建立各种过渡性质的学校来补充。

评价：《统一劳动学校规程》取消了一切必要的、合理的教学制度，取消了教学计划，完全废除考试和家庭作业，错误地解释了教师的作用，过高地估计了劳动在学校生活中的地位，宣称"生产劳动应当成为学校生活的基础"等。虽然它存在严重的缺点和错误，但毕竟是苏俄教育史上第一个重要的教育立法。其意义在于：①在世界教育史上第一次贯彻了非宗教的、真正民主的、社会主义的教育原则；②尖锐地批判了旧学校的形式主义、脱离生活实际的倾向，要求把教育与生产劳动紧密地结合起来；③强调全面发展儿童个性，充分发挥儿童学习的主动性和创造性等。这一切不仅对苏联教育教学工作的发展起过积极的作用，而且在国外也引起了强烈的反响。

10. 简述美国的初级学院运动的意义。

答：初级学院是一种从中等教育向高等教育过渡的教育，招收高中毕业生，学制两年，课程设置多样，办学形式灵活，学生毕业后可以直接就业，也可以转入四年制大学的三年级继续学习。19世纪末至20世纪初兴起的初级学院运动，创立了一种全新的教育形式，有力地促进了美国高等教育的普及和发展。

初级学院运动的意义：

（1）初级学院满足了希望进大学继续学习的人数迅速增加的要求，也提供了一些学生为谋生和就业接受一定职业教育的机会。因此，初级学院产生伊始，便受到了学生的欢迎。当然，初级学院也有不利之处，例如，初级学院的学业标准没有四年制大学或学院那样严格，上初级学院的学生缺少离家生活的成长经验等。

（2）美国初级学院运动的产生和发展，是美国高等教育大众化和民主化进程的产物，适应了美国社会政治、经济和文化发展的需要，成为美国高等教育的重要组成部分，构成了美国高等教育体系中的一个重要层次。第二次世界大战以后，美国的初级学院得到更快发展，并影响到其他发达国家，有力地推动了高等教育的普及。

11. 简述美国《国防教育法》。

答：进入20世纪50年代以后，随着国际形势的发展，美国又面临改革。1957年，苏联卫星上天后，改革教育的呼声就更为强烈。1958年，美国国会颁布《国防教育法》。其主要内容有：①加强普通学校的自然科学、数学和现代外语（即"新三艺"）的教学；②加强职业技术教育；③强调"天才教育"；④增拨大量教育经费，作为对各级学校的财政援助。

《国防教育法》旨在改变美国教育水平的落后状况，使美国教育能够适应现代科学技术的发展和满足国际竞争的需要，它的颁布有利于美国教育的发展，有利于教育质量的提高，有利于科技人才的培养。

12. 简述美国《国家处于危险之中：教育改革势在必行》的影响。

答：20世纪80年代初期，美国中小学教育质量问题成为社会关注的中心。1983年，美国中小学教育质量调查委员会提出题为《国家处于危险之中：教育改革势在必行》的报告。这个报告也是美国战后第三次课程改革的开端，旨在提高教育质量。

影响：该报告对美国教育产生了很大的影响，主要表现在以下三个方面：第一，恢复和确立了学术性学科在中学课程结构中的主体地位；第二，加强了课程结构的统一性，对所有学生提出了严格的共同要求；第三，增强了公众对教育的信心，重新激发了公众对教育的关注和资助。但是，该运动又引起了一些新的问题，例如，因过分强调标准化的测试成绩，导致忽视学生个性的培养；因教学要求过于统一，导致缺乏灵活性；因强调提高教育标准和要求，使潜在的辍学人数迅速增加。

13. 日本明治维新时期的教育是如何改革的？

答：1868年，日本建立了大地主和大资产阶级联合执政的天皇明治政府，实施了一系列的改革政策，史称"明治维新"，其中也包括对教育的改革。

（1）改革的指导思想是："文明开化"和"和魂洋才"。

（2）改革的主要内容是：①建立中央集权式的教育管理体制。1871年，日本在中央设立文部省，主管全国的文化教育事业；1872年颁布《学制令》，在确立教育领导体制的基础上，建立全国的学校教育体制，规定全国实行中央集权式的大学区制。②普及初等义务教育。③中学分为寻常中学和高等中学两类，分别承担就业和升学的任务。④努力发展高等教育，建立东京大学，后改成东京帝国大学，此外重要的大学还有福泽谕吉创办的庆应义塾（后改为庆应大学）和大卫重信创办的早稻田大学，明治政府不惜重金聘请西方国家的技术专家和教师来日本工作，并派留学生出国留学。⑤建立完善的师范教育制度，发展职业教育。

总之，日本通过改革，使得封建教育向近代资本主义教育转变，建立并完善了学制，普及了初等义务教育，发展了中等和高等教育，为日本的发展做出了贡献，提高了日本国民文化水平。

三、分析论述题

1. 论述 19 世纪德国高等教育的发展状况及其启示。

答：19 世纪德国高等教育的发展最有影响的是 1810 年洪堡创建了柏林大学。柏林大学是在民族丧失独立、经济十分困难的情况下建立的，可以说一开始人们就寄予它民族振兴的愿望。创办人洪堡认为，国家不能使大学仅仅为他的眼前利益服务，把大学看成高等古典语文学校或古典专科学校，而应从长远利益考虑，使大学在学术研究上不断提高，从而为国家发展创造更广阔的前景。他从这样的思想出发，去创建柏林大学。

柏林大学的办学思路是：①柏林大学具有充分的自治权，教授和学生有研究和学习的自由；②聘请既有学术造诣又有高超教学技能的教授；③重视学术研究和培养学生的研究能力。从学术自由原则、教学与研究相结合原则可见，柏林大学的办学宗旨使它成为德国科学和艺术的中心。此后，德国出现了一些按照柏林大学精神建立或整顿的大学。至今，德国的高等学府依然保留了自主、自由、深刻的思想以及严谨的学风等优良的传统。

根据经济的发展需求，德国在 19 世纪还建立了与大学功能不同的高等工业学校或其他专业性学院，为经济建设培养专门人才。从此，奠定了德国两种不同类型的高等教育机构的基础。

德国高等教育的发展给我们的启示。

（1）大学是研究高深学问的地方，自由、自主、自治是大学最基本的要求，也是最高贵的品质。任何一个国家，高等教育的发展，都应该或者说必须把自由、自主、自治看作办学原则。纵观世界各国著名学府，都体现了自由、自主、自治的特点，尤其是学术自由。凡是压制大学自由气息的国家，都会禁锢一个国家思想的发展与进步，造成一个国家的落后，因为高等教育现在有为社会服务的功能，高等教育的所有理念，都会直接影响社会。一个民主的国家必然会有自由、自主、自治的高等学府。我国北京大学在蔡元培的改革下，也正是在主张自由的理念下，才诞生出了新的北京大学。自由、自主、自治将是各国人民建设高等学府的原则和宗旨。

（2）加强高等职业教育的发展，这是各国经济发展的需要。德国的职业教育很发达，在 19 世纪时，德国意识到发展职业教育的重要性，所以积极开办高等工业学校或其他专业性学院，培养经济建设人才。这在我国也有借鉴的必要，我们应该向德国学习，大力发展两种不同类型的高等教育机构。

2. 论述英国近现代中等教育方面发生的变化。

答：近代英国由于国家经济、政治发生巨大的改变，教育上的改革也很频繁，在这种环境下，中等教育得到很大发展，具体表现在以下几个方面。

(1)《巴尔福教育法》颁布后，英国政府各地方教育部门改建和新建了许多中等学校，但第一次世界大战后，英国经济的发展导致人们对中等教育的需求越来越大，中等教育需要改革，当时的改革有三种意见：一是坚持实行双轨制，维持初、中等教育的分离；二是用选拔制，从初等学校选最合适的儿童进中等学校；三是主张单轨制，即所有人同时升入中等学校。为此，政府任命哈多为主席，对此问题进行调查，他们提出了《哈多报告》，强调教育是一个连续过程，可分小学、中学两个阶段，提出了初等教育终点和初等教育后的分流，这对英国教育有重要影响。

(2) 1938年，为适应战后经济发展对技术人才的需要，英国政府又提出以改革中等教育为中心的《斯宾斯报告》，根据初级技术学校增加的实施，把《哈多报告》的双轨改变成三轨，使技术中学成为中等教育的一部分。

(3) 第二次世界大战期间，"人人受中等教育"的观念深入人心，而英国的实际与此有较大差距，中等教育继续改革。《巴特勒教育法》，也称《1944年教育法》，由英国教育委员会主席巴特勒提出。有关中等教育的主要内容有：加强地方教育行政管理权限，设立由初等教育、中等教育和继续教育组成的公共教育系统。《巴特勒教育法》是英国教育制度发展史上一个极其重要的法令，形成了初、中等教育和继续教育衔接的教育制度，扩大国民受教育机会，对英国战后教育发展的基本方针和政策产生了重要的影响。

(4) 综合中学运动：20世纪60—70年代，英国教育改革的重点主要在中等教育方面。《巴特勒教育法》实施后，英国形成了由文法学校、技术中学和现代中学组成的中等教育结构，但各种中学质量、标准差异较大。

3. 试论英国近现代教育的主要特点。

答：英国近现代教育呈现出了不同于其他国家的特点，表现在以下几个方面。

(1) 在教育行政管理体制上，英国形成了地方与中央相结合的管理体制，并且中央政府不断通过法案加强中央集权。19世纪以前，英国政府对教育的干预很少，国民教育的权力集中在教会手中。随着社会的发展，19世纪初，资产阶级为了维护自己的利益，不断要求国家加强对教育的管理，1870年的《初等教育法》，首先加强了国家对初等教育的控制，建立公立初等教育体系。20世纪初，《巴尔福教育法》的颁布，促成了英国政府教育委员会和地方教育当局的结合，形成了以地方教育当局为主体的英国教育管理体制，对后来英国教育管理体制和中等教育的发展有重要的影响。1944年的《巴特勒教育法》加强国家对教育的控制和领导，设立教育部，统一领导全国的教育，形成了中央地方相结合、以地方为主的管理方式，这是英国教育制度发展史上一个极其重要的法令。《1988年教育改革法》再次改革学校管理体制，实施"摆脱选择"政策。原地方教育当局管理的所有中学及规模较大的小学，直接接受中央教育机构的管理；还赋予家长为子女自由选择学校的权利等，这些措施进一步强化了中央集权式的教育管理体制。

(2) 初等教育方面，不断普及和发展初等教育，提高初等教育的质量，努力消除双轨制。19世纪上半叶，英国初等教育主要由宗教团体和慈善机构办理，但教育质量低劣。1870年的《初等教育法》，实施强迫性初等教育，标志着英国的国民教育制度正式形成。从此，英国出现了公、私立学校并存的双轨制局面。1944年的《巴特勒教育法》中，设立由初等教育、中等教育和继续教育组成的公共教育系统；实施5～15岁的义务教育，同时地方教育当局应向义务教育超龄者提供全日制教育和业余教育。这个法案形成了初、中等教育和继续教育衔接的教育制度，扩大国民受教育机会。1988年的《1988年教育改革法》，实施全国统一课程，确定在5～16岁的义务教育阶段开设三类课程（核心课程、基础课程和附加课程）；建立与课程相联系的考试制度，规定在义务教育阶段，学生要参加四次考试，家长还有可以为子女自由选择学校的权利。这些都是在为消除双轨制所做的。

（3）中等教育方面，消除双轨制，改革教育内容是中等教育发展的主要特点。19世纪，英国的中等教育只有贵族子弟才能享受，古典教育占重要地位。20世纪初，《哈多报告》主张通过一次性考试把中等教育分成两部分，文法学校和现代中学。在以后的教育改革中，英国逐渐向分支型学制过渡，建立综合中学，改变不平等的双轨制。在教育内容上，实科知识逐渐占据上风，学校中两种教育内容并存，并争夺地位。

（4）高等教育方面，高等教育的改革，使更多人可以享受高等教育，加强了大学服务社会的功能，推动英国高等教育的发展。《1988年教育改革法》中，中央政府又对高等教育加强了控制，比如采取相应的措施：中央对高等教育的管理和经费预算做出了新的规定，废除了高等教育的双重制，多科技术学院和其他学院将脱离地方教育当局的管辖，成为独立机构，取得和大学同等的法人地位。

4. 评述美国在第二次世界大战后教育改革的进程及其启示。

答：进程：

（1）20世纪50年代——《国防教育法》。苏联卫星上天后，改革教育的呼声就更为强烈。1958年，美国国会颁布《国防教育法》。其主要内容有：①加强普通学校的自然科学、数学和现代外语（即"新三艺"）的教学；②加强职业技术教育；③强调"天才教育"；④增拨大量教育经费。它的颁布有利于教育质量的提高，有利于科技人才的培养。

（2）20世纪60年代——《中小学教育法》。①提出了中小学的教育目标；②要求政府拨款奖励推动黑人、白人学生合校的工作；③制定了一系列对处境不利的儿童的教育措施和帮助政策。该法案对于中小学教育质量的提高和教育公平的实现具有重要作用。

（3）20世纪70年代——生计教育和返回基础教育运动。生计教育的实质是以职业教育和劳动教育为核心的适应瞬息万变的社会的教育。"返回基础"教育运动主要是针对中小学校出现知识教学和基本技能训练薄弱的问题。

（4）20世纪80年代——《国家处于危险之中：教育改革势在必行》。内容是：①建议加强中学五门"新基础课"（数学、英语、自然科学、社会科学、计算机课程）；②提高教育标准和要求；③通过加强课堂管理等措施；④改进教师的培养，提高教师的专业训练标准、地位和待遇；⑤各级政府加强对教育改革的领导和实施。这些内容旨在提高教育质量。该报告对美国教育产生了很大的影响，但是，该运动又引起了一些新的问题，如忽视学生的个性培养，缺乏灵活性等。

启示：

（1）教育改革要从本国实际出发。所有这些法案和运动都说明，美国的改革紧紧围绕着本国的实际情况，使改革能够取得显著成效。

（2）我们应该发扬中庸之道。我国在教育改革中，应该继续发挥中庸的思想，取传统和现代教育思想各自之长，并融于现代教育之中。

（3）积极向美国学习。我国也要结合自己的国情，积极向美国学习，学习他们的优长之处。

(4) 实现终身教育的理念。终身教育理念已经是各国教育共同发展的趋势。美国正在积极地实践。我们也要重视终身教育，大力发展终身教育。

(5) 注意美国教育的缺陷。美国的教育改革有急功近利的色彩，且太过频繁，导致一些理论与实践相脱离，教育具有滞后性。所以我们在教育改革中要结合本国的文化特点和思想观念，在稳妥中前行。

5. 论述日本在第二次世界大战后为教育指明了发展方向的法案。

答：1947年，日本国会公布了《教育基本法》和《学校教育法》两个重要的教育法案，否定了第二次世界大战时军国主义教育政策，为第二次世界大战后的教育指明了发展方向。这两个法案标志着第二次世界大战后日本教育改革的开端。

《教育基本法》的主要精神包括：①确定教育必须以陶冶人格为目标，培养和平国家及社会的建设者，使受教育者成为爱好和平、正义和真理、尊重个人价值、注重劳动与责任、充满独立自主精神、身心健康的国民；②全体国民接受九年义务教育；③尊重学术自主；④政治教育是培养有理智的国民，不搞党派宣传；⑤国立、公立学校禁止宗教教育；⑥教育机会均等，男女同校；⑦教师要完成自己的使命，应受到社会尊重，保证教师享有良好的待遇；⑧家庭教育和社会教育也应得到鼓励和发展。《教育基本法》所提出的教育目标，与第二次世界大战前法西斯军国主义教育政策截然不同，对第二次世界大战后日本教育发展有积极意义，所以这一文件被视为日本教育史上划时代的教育文献。

与《教育基本法》配套的《学校教育法》主要内容如下：①废除中央集权制，实行地方分权；②采用"六三三四"制单轨学制，延长义务教育年限至9年，教科书要符合教育目标的精神；③高级中学以施行普通教育和专门教育为目的，分为单科制和综合制；④将原来多种类型的高等教育机构统一成为单一类型的大学；大学以学术为中心，传授和研究更高深的学问，培养学生研究和实验的能力；在大学基础上设研究生院。《学校教育法》还对教员、校长、教育经费、教育行政管理以及幼儿园教育、特殊教育等作了一些规定。该法案是《教育基本法》的具体化，它使第二次世界大战后日本教育系统有了法律保障。但有些条款还不完善，后来又经过多次修订和补充。

6. 分析总结第二次世界大战后欧洲各国教育改革的基本趋势。

答：处在国际大环境下的各个国家在特定的历史时期，教育改革都会出现一些大体上相似的举措或政策，都有一些共同的趋势。第二次世界大战后，世界暂时进入一个相对和平的历史时期，并且各国开始在经济、军事等领域展开一轮新的竞争，欧洲各国竞相开始教育改革，经总结可以发现，这些国家的教育发展大体上都具有以下几个特征。

(1) 积极普及义务教育。经过长期的较量，各国都意识到发展教育的重要性，这一时期各国竞相颁布普及义务教育的法案，并且把义务教育的年限不断延长。例如英国的《巴特勒教育法》、法国的《教育改革法》、德国的《汉堡协定》等，都是以此为主要内容的法案。

(2) 大力发展职业技术教育。各国都意识到职业技术教育的重要性，纷纷颁布有关的法令，把职业教育作为战后教育建设的一个重要方面。例如，1906年，美国成立"全国职业教育促进会"，其目的在于制定一个能对全国的职业教育提供财政补助的法律，通过了《史密斯—休斯法》，决定由联邦政府拨款补助各州大力发展大学程度以下的职业教育；联邦政府与各州合作，提供工业、农业、商业和家政等方面科目的师资训练；在公立学校设立职业科，把传统的专为升学服务的中学改为兼具升学和就业的综合中学。法国也通过了《哈比法案》，把职业教育的建设作为教育改革的重点。其他国家也先后实施这样的决策，可见大力发展职业教育也是战后各国教育改革的一个突出特色。

（3）重视师范教育的建设。师范教育的建设也开始受到各国重视，好几个国家都对师范教育的发展做出了规定。例如英国的《巴特勒教育法》提出加强师范教育建设；美国《国家在危机中：教育改革势在必行》特地强调改进教师的培养，提高教师的专业训练标准、地位和待遇等。

（4）对中小学进行课程改革。对学校尤其是中小学进行课程改革，也是这一时期各国教育改革的共同趋向。例如英国1988年制定的课程改革、法国中学的课程改革等，都反映了各国对学生在基础学科、科学和实用知识方面的期望。

（5）高等教育渐渐成为发展的重心。随着各国教育体制的逐渐完善，教育发展的重点也渐渐由低往高上升，高等教育中的课程领域逐渐拓宽，专业设置日益完善，其教育对象也越来越普及，最有代表性的就是英国创办的"开放大学"，以成人为教育对象，反映了社会对终身教育的需求，成为战后欧洲各国教育发展的一个重要趋势。

（6）教育管理体制的改革越来越有各自的特色。对教育管理体制的改革永远是教育改革不可缺少的一部分，各国不断地在改变，在这个过程中各自总结了许多经验，也根据自身的特色形成了各不相同的管理体制。例如英国原本是中央、地方两级管理，《巴特勒教育法》则开始加强中央对教育的控制权；法国则体现出教育权下放的趋势。可见，各国在根据实际情况的基础上开始取长补短。

以上这些，就是第二次世界大战后，各国教育改革表现出来的一些共同趋势，其中义务教育年限的延长、职业教育的加强是最明显的两个方面。体现了第二次世界大战后的整个国际环境对知识、科技的需求非常急切，教育成为决定一国国际地位的重要因素。因而，发展教育事业是一个国家在国际竞争中能否成功的重要决定因素。

7. 试论述20世纪60年代美国中小学的课程改革。（东北师范大学2011年真题）

答：20世纪60年代的美国教育改革主要体现在三个方面：一是中小学的课程改革；二是继续解决教育机会不平等的问题；三是发展高等教育，提高高等教育的质量。

在中小学课程改革方面，心理学家布鲁纳发表了名为《教育过程》的报告；为了解决教育机会不平等的问题，美国通过了《中小学教育法》；高等教育方面则有《高等教育设施法》，其精神实质与《国家教育法》一致，强调培养科技人才，增加对高等教育院校的拨款，更新高校教学与科研设施，提高学生贷款和奖金额度，改革课程和教学，提高教学质量，这些内容促进了美国高等教育的迅速发展。其中，最重要的就是《中小学教育法》，20世纪60年代，美国的教育改革集中在中小学课程改革和改善教育机会不平等问题上。1965年，通过了《中小学教育法》。法案的主要内容包括：（1）提出了中小学的教育目标，指出小学生更应加强文化教育，为将来接受专业教育打好基础；中学的目标则应是为培养未来的学者、专家打基础，学会钻研科学的方法。（2）要求政府拨款奖励推动黑人、白人学生合校的工作，规定凡自动而认真合并的学校可以领取大量的补助费。（3）制定了一系列针对处境不利的儿童的教育措施和帮助政策。该法案对于中小学教育质量的提高和教育公平的实现具有重要作用。

第七章 欧美教育思想的发展——夸美纽斯、洛克、卢梭与裴斯泰洛齐的思想

◇ 应试题库 ◇

一、名词解释

1. 泛智学校 2. 绅士教育 3. 白板说 4. 自然后果法
5. 《教育漫话》 6. 要素教育论

二、简答题

1. 简述夸美纽斯关于教育目的的观点。
2. 简述夸美纽斯关于教育作用的观点。
3. 简述夸美纽斯教育适应自然的原则的内涵和意义。
4. 简述夸美纽斯的"泛智"原则。
5. 简述夸美纽斯的教育管理思想。
6. 简述夸美纽斯建立全国统一学制的设想。
7. 简述裴斯泰洛齐教育心理学化的思想。
8. 裴斯泰洛齐是怎样实践教育与生产劳动相结合的思想的？
9. 简述夸美纽斯的班级授课制思想。

三、分析论述题

1. 请阐述夸美纽斯的教育思想及其历史地位。（湖南师范大学2011年真题）
2. 试述裴斯泰洛齐的要素教育思想。
3. 述评卢梭的自然主义教育思想。（湖南师范大学2011年真题）
4. 卢梭既提出了自然教育思想，又提出了公民教育思想，二者是否矛盾，为什么？
5. 根据以下材料回答问题。

材料：

我们差不多找不出一块模糊的镜子模糊到了完全反映不出任何影像的田地，我们差不多找不出一块粗糙的板子粗糙到了完全不能刻上什么东西的地步。并且，假如镜子是被灰尘或斑点弄污了，便得把镜子先弄干净，假如木板粗糙，便得把木板先磨光，那时它们便能实践它们的功用了。同样，假如教员肯充分卖力气，人们是可以琢磨好的……愈是迟钝孱弱，他便愈加需要帮助，使他能尽量摆脱粗犷和愚蠢。

——《大教学论》

问题：请结合材料分析夸美纽斯的教育作用论。

◇ 应试解析 ◇

一、名词解释

1. 泛智学校

答：捷克伟大的教育家夸美纽斯提出了著名的"泛智论"。所谓"泛智"就是一种百科全书式的能为一切人所掌握的各种自然和社会知识大全。"把一切事物教给一切人类"是"泛智论"的集中体现。夸美纽斯强调："希望有一种智慧学校，而且是全面智慧的学校，即泛智学校，也就是泛智工场。在那里，人人均可接受教育，在那里可以学当前和将来生活所需要的一切学科，并且学得十分完善。"这就是夸美纽斯所谓的泛智学校。泛智学校是实行泛智思想的场所，实行一种周全的百科全书式的教育。在泛智学校里，采用班级授课制，实行学年制，编写统一的"泛智"教材。泛智学校也是面向所有人的学校。

2. 绅士教育

答：洛克所倡导的绅士教育是一种资产阶级贵族化的教育，主张把贵族子弟培养成为身体强健、举止优雅，有德行、智慧和才干的教育家。这种教育只能通过家庭教育来进行。在教育内容上，对贵族子弟实行体育、德育和智育。洛克的绅士教育思想以其世俗化、功利性为显著特点。

3. 白板说

答：洛克反对天赋观念论，提出了白板说和经验主义的观念论，认为人出生后心灵如同一块白板，一切知识是建立在由外部而来的感官经验之上的。白板说是洛克教育思想的主要理论基础。

4. 自然后果法

答：教育家卢梭在自然教育思想中提到了自然后果法，并用自然后果法对儿童进行道德教育。所谓自然后果法，即让儿童承担由于自己的过失招致的后果，从而自觉纠正错误行为，在儿童发生错误之前并不去提醒儿童，在错误发生后，儿童自然知道这么做是错的，儿童会自己悔悟，自己改正。

5.《教育漫话》

答：《教育漫话》是1693年出版的一本教育著作，作者是英国哲学家洛克。集中反映了欧洲文艺复兴时期新兴资产阶级的教育观。本书以"绅士教育"为主题，分为体育保健、道德教育、智育（包括学问、知识和技能）三个部分，阐明了如何才能培养出符合时代需要的、有理性、有德行、有才干的绅士或者有开拓精神的事业家。

6. 要素教育论

答：要素教育论是裴斯泰洛齐基于教育心理学化理论对初等教育内容和方法的重要论述。基本思想是认为初等学校的各种教育都应从最简单的、为儿童所能接受的"要素"开始，然后逐渐转到日益复杂的要素，以便循序地渐进促进儿童各种天赋能力和力量的全面、和谐发展。要素教育理论体现在其初等教育的理论和实践上，主要包括体育、德育和智育。

二、简答题

1. 简述夸美纽斯关于教育目的的观点。

答：夸美纽斯认为教育目的主要在于两个方面。一方面，从宗教世界观出发，夸美纽斯认为人生的最终目的是达到"永生"，现世的生活只是"永生"的准备，因此，教育的目的也应是人为来世生活做好准备，这是他的宗教性的教育目的；另一方面，关于现实的教育目的，是为现实的人生服务，培养具有"学问、德行、虔信"的人，通过教育要使人认识世界上的一切事物，以便享受现实的幸福，并为"永生"做准备。这种现实性是他的民主主义思想的反映。

2. 简述夸美纽斯关于教育作用的观点。

答：夸美纽斯高度评价教育的作用。第一，教育是改造社会、建设国家的手段。这一见解是有意义的，但是他把教育当作"人类得救"的主要手段，过分夸大了教育的作用；第二，夸美纽斯高度评价教育对人的作用。在他看来，人都是有一定天赋的，而这些天赋发展得如何，关键在于教育；第三，不同等级的人接受教育的目的不同；第四，教育对宗教有很大的作用。教育可以培养人的学问、道德和虔信的种子，从而使人步入天堂。

3. 简述夸美纽斯教育适应自然原则的内涵和意义。

答：教育适应自然原则是夸美纽斯整个教育理论体系的一条根本的指导性原则，它贯穿于《大教学论》的始终。

主要内容：

（1）教育适应自然原则的中心思想是教育应当服从"普遍秩序"，即教育必须遵循自然界的普遍规律（客观规律）。实际上有两层意思：一是教育工作有规律可循，教育者应当遵循其规律；二是教育者在教育过程中应当探求教育的规律。人类的教育活动必须与自然界的普遍规律相适应。他认为旧学校的根本错误是它违背了"自然"。

（2）根据人的自然本性和年龄特征进行教育是教育适应自然原则的另一个重要内容。夸美纽斯认为各级学校要根据学生的年龄以及已有的知识循序渐进地教学。

意义：夸美纽斯虽然没有完全抛弃引证《圣经》的做法，但是在教育研究和教育实践中，它能够引证自然界的普遍规律，来说明和论证自己的教育主张，并努力把以往零散的教育经验上升为系统化的教育理论。他的这一做法已经把教育理论研究从神学束缚中解放出来，迈向科学的道路，实现了教育理论的突破性进展。当然，他引证自然，采用与自然或社会现象类比的方法，来论述教育问题，不免存在片面性。

4. 简述夸美纽斯的"泛智"原则。

答："泛智"思想是夸美纽斯教育体系中又一指导原则，也是其教育理论的核心，是他从事教育实践和研究教育理论的出发点和归宿。所谓"泛智"，用夸美纽斯的话来说，就是"把一切事物教给一切人类"。它包含着两个方面内容：①教育内容泛智化，掌握对于人类来说必需的一切知识。夸美纽斯对几乎以《圣经》为唯一教育内容的旧教育极为不满，指出在那些学校学习的学生都没有受到周全的教育。他认为人们所受的教育应当是周全的，要"学会一切现世与来生所必需的事项"。②教育对象普及化。夸美纽斯指责当时的学校只是为富人、贵人设立的，穷人、贱人被排斥在校门之外。他要求学校向全体人民敞开大门，不论富贵贫贱，一切男女青年都应进学校学习。

5. 简述夸美纽斯的教育管理思想。

答：（1）为了便于管理全国学校，使所有儿童都有上学机会，夸美纽斯主张建立全国统一学制。他把儿童从出生到青年分为四个阶段，每个阶段六年，设有与之相适应的学校。每个家庭应当有所母育学校，每个村落应当有所国语学校，每个城市应当有所文科中学，每个王国或每个省应当有所大学。

（2）同时他强调国家对教育的管理职权，认为国家应该设立督学，对全国的教育进行监督，保证教育得到统一发展。督学的职责包括：培训教育管理者，管理各级学校人员，检查学校工作，监督学校规章的执行，指导社会和家庭教育。他是最早提倡国家设置督学的教育家。

（3）另外他还严格规定校长、教师、学生的职责，强调规章制度和纪律的作用。

夸美纽斯这种建立全国统一的既分段又连贯的学校制度，并加强国家管理的思想，对后世影响很大，各国的普及教育及公立学校制度正是在此基础上逐步发展起来的。

6. 简述夸美纽斯建立全国统一学制的设想。

答：夸美纽斯对中世纪学校工作缺乏计划性和个别教学极为不满，提出实行学年制和班级授课制。所谓学年制，就是所有公立学校在一年之中只招一次学生，秋季始业，同时开学，同时放假。一学年分四个学季，四次节假日。学校工作应按年、月、日、时安排妥切。学年结束时，通过考试同时升级。

为了便于管理全国学校，使所有儿童都有上学机会，夸美纽斯主张建立全国统一学制，他把儿童从出生到青年分为四个阶段，每个阶段六年，设有与之相适应的学校。

第一阶段：0～6岁——婴儿期——母育学校。

第二阶段：6～12岁——儿童期——国语学校。

第三阶段：12～18岁——少年期——拉丁语学校。

第四阶段：18～24岁——青年期——大学与旅行。

母育学校。每个家庭应当是一所母育学校，母亲是主要的教师。母育学校的主要任务是保护和发展幼儿的身体健康，给予初步的知识、道德和宗教的教育，为培养成为身心和谐发展的人打下基础。

夸美纽斯基于"泛智"思想，第一次提出了统一的学校体系，打破了封建教育的等级限制，是西方教育发展史上的一次重大进步，也是夸美纽斯的巨大贡献。

7. 简述裴斯泰洛齐教育心理学化的思想。

答：在世界教育史上，裴斯泰洛齐是第一个明确提出"教育心理学化"口号的教育家。他确信存在一种人的基本心理规律，教育心理学化就是要找到这种规律，把教育提高到科学的水平，教育科学应该建立在人的心理活动规律的基础上。专制主义、经院主义的弊端就在于不符合儿童的本性，用不合适的灌输法教育儿童，是应当根除的。教育心理学化具体要求是：

（1）教育目的的心理学化。教育要适应儿童心理的发展，将教育的目的和教育的理论指导置于儿童本性发展的自然法则的基础上。

（2）教学内容心理学化。教学内容的选择和编制要适合儿童的学习心理规律。据此，他提出了要素教育理论。

（3）教学原则和教学方法的心理学化。教学程序和学生的认识过程协调，循序渐进。

(4) 教育者要适应儿童的心理，调动儿童学习的主动性，让儿童成为自己的教育者。

裴斯泰洛齐的教育心理学化思想对 19 世纪欧洲教育心理学化的思潮产生了重大的影响。

8. 裴斯泰洛齐是怎样实践教育与生产劳动相结合的思想的？

答：裴斯泰洛齐是西方教育史上第一个将这一思想付诸实践的教育家，并在自己的实践活动中推动和发展这一思想。

（1）初步实验——新庄"贫儿之家"时期。裴斯泰洛齐认为这是帮助未能进学校接受教育的农村贫民子弟提高劳动能力、学会谋生本能、改善生活状况的最好途径。这时的实践只是一种单纯的、机械的外部结合，教学与劳动间无内在意义的联系。

（2）成功实验——斯坦兹孤儿院时期。这次实验明确地把学习与手工劳动，学校与工场相联系，意味着更有意识地将教育与生产劳动相结合视为探讨新教育的一个重要方面。以安排学习为主，参加手工劳动为辅，但又强调二者的联系与结合。重视学习基础性文化知识，掌握基本的手工劳动技能。深信教育与生产劳动结合时培养人的重大教育意义，并认为这是基于教育心理学化的教育途径。

（3）评价。

① 主要反映资本主义工场手工业时代对教育与生产劳动之间的关系的新要求。

② 在一定程度上看到了教育与生产劳动相结合对人的和谐发展和社会改造的重要意义。

③ 由于时代限制，未能真正找到教育与生产劳动相结合的内在联系，更未能做出全面的历史分析。

④ 把教育与生产劳动相结合思想付诸实践，并在理论认识上加以发展，在教育史上做出重要贡献。

9. 简述夸美纽斯的班级授课制思想。

答：为了克服当时学校教育中家庭教育式的个别教学的弊端，以及为普及教育服务，夸美纽斯大力提倡班级授课制。他所说的班级授课，就是把不同年龄、不同知识水平的儿童，分成不同年级，通过班组进行教学。

班级授课制的具体设想包括：①根据儿童年龄及知识水平分成不同班级，每个班级一个教室，由一个教师对一个班的学生同时授课；②把全班学生分成若干小组，每组十人，委托一个优秀学生做他们的组长，协助教师管理学生，考查学业；③为每个班级制订统一的教学计划，编写统一的教材，规定统一的作息时间，使每年、每月、每日、每时的教学都有计划地进行。

班级授课制具有极大的优越性：①它扩大了教育对象，有利于普及教育；②教师面对众多的学生，工作兴趣大增，工作热情高涨，从而能够促进学生学习的积极性；③在学生方面，大群的同窗在一起，可以互相激励，互相帮助。

当然班级授课制也有缺点，比如班级授课制中无法照顾到每个学生的发展。但是直到今天，班级授课制仍是各国的基本教学组织形式。

三、分析论述题

1. 请阐述夸美纽斯的教育思想及其历史地位。（湖南师范大学 2011 年真题）

答：夸美纽斯是 17 世纪捷克的伟大爱国者、教育改革家和教育理论家，是欧洲从封建社会向资本主义过渡时期的伟大教育家。他的代表作《大教学论》的问世，标志着教育学成为独立的学科。

夸美纽斯的教育思想主要如下：

（1）教育目的：夸美纽斯认为，一方面，教育的目的也应是人为来世生活做好准备；另一方面，教育要使人认识世界上的一切事物，以便享受现实的幸福，并为"永生"做准备。

（2）教育作用：首先，教育是改造社会、建设国家的手段。其次，人都是有一定天赋的，而这些天赋发展得如何，关键在于教育。

（3）教育原则：教育如此重要，因而进行正确的教育也是很重要的，为此，夸美纽斯提出了教育必须遵守的两大重要原则，即教育适应自然原则，以及教育的"泛智"原则。

（4）普及教育与泛智学校：依据前面的教育原则，夸美纽斯强调普及教育的思想，以及广泛建立泛智学校，泛智学校是对泛智思想的集中体现和具体实行。

（5）统一学制以及管理实施：为了便于管理全国学校，使所有儿童都有上学机会，夸美纽斯主张建立全国统一学制，他把儿童从出生到青年分为四个阶段，每个阶段六年，设有与之相适应的学校。他是最早提倡国家设置督学的教育家。另外他还严格规定校长、教师、学生的职责，强调规章制度和纪律的作用。

（6）学年制与班级授课制：夸美纽斯还有一个巨大的贡献就是主张实施学年制和班级授课制。所谓学年制，就是所有公立学校在一年之中只招一次学生，秋季始业，同时开学，同时放假。一学年分四个学季，四次节假日。学校工作应按年、月、日、时安排妥切。学年结束时，通过考试同时升级。所谓班级授课制，就是把不同年龄、不同知识水平的儿童，分成不同年级，通过班组进行教学。

夸美纽斯在教育史上的地位：

（1）夸美纽斯是一位伟大的教育理论家和实践家，同时又是一位多产的教育著作家。他撰写的《母育学校》可以说是西方教育史上的第一本学前教育学著作，《大教学论》是西方第一本独立形态的教育学著作。

（2）夸美纽斯提倡普及教育思想，教育适应自然原则的提出，充分显示了他的民主主义和人道主义的教育思想。在历史上第一次系统地总结了教学原则，他的教学理论包含了大量宝贵的教学经验，在一定程度上反映了教学工作的客观性、规律性，具有普遍的指导意义。

（3）夸美纽斯论述了教育的作用，试图让所有的人都接受高等教育，制定了学制和班级授课制，编写了教科书，他的很多思想在教育领域都有开拓性的意义，尤其是在教育理论方面，奠定了近代教育理论的基础。

（4）但是夸美纽斯的思想中也存在着一些缺陷，主要是因为认识和时代的局限性，导致其教育思想中带有严重的宗教性，对科学知识的认识也不够准确。整体来讲，夸美纽斯教育思想是经院哲学和17世纪机械唯物主义相结合的产物。

2. 试述裴斯泰洛齐的要素教育思想。

答：裴斯泰洛齐是瑞士著名的民主主义教育家。要素教育就是教育心理学化的一个具体做法。为了使更多的人能够接受教育，也为了让更多的人和家庭能够进行教育，裴斯泰洛齐经过长期的摸索和试验，终于找到了一种简单易行的教育方法，形成了自己独具特色的要素教育思想。

按照裴斯泰洛齐的观点，任何事物都是由最基本的要素构成的，儿童掌握了这些要素就能够很好地学习。教育也应从最基本、最简单的要素开始，由易到难，循序渐进，适合儿童的接受能力。裴斯泰洛齐详细论述了智育、德育、体育及劳动教育中的要素问题。

（1）智育。儿童智力的最初萌芽是对事物的感觉和观察能力，这种能力的萌芽与眼前事物的最基本、最简单的外部特征相统一，这就是事物的数目、形状、名称。儿童要认识这三个要素，必须具备相应的三种能力，即确定事物数量的计算能力，区分事物形状的测量能力，表达事物数、形及名称的语言能力。培养这三种能力的学科是算数、几何与语文。

（2）体育。体力的萌芽在于儿童身体各关节的活动，因而关节活动是体育最基本的要素。劳动与身体运动是分不开的，通过这些动作训练也可以锻炼儿童的劳动技能。

（3）道德教育。道德教育的最基本的要素是爱，而儿童的爱最初表现为对母亲的爱，即对母亲的深厚感情，然后由爱母亲扩展到爱父亲、爱家人、爱周围的人，乃至爱全人类。德育是整个裴斯泰洛齐教育思想的核心。

这就是裴斯泰洛齐关于要素教育的思想，他也把这种思想运用到具体的实践中。裴斯泰洛齐从要素教育观点出发，分析了小学各门学科的教学方法，在长期的教育实践基础上，形成了独特的教学方法。

3. 述评卢梭的自然主义教育思想。（湖南师范大学 2011 年真题）

答：（1）自然教育的基本含义：自然教育理论是卢梭教育思想的主体，自然教育的核心是"归于自然"。

① 善良的天性存在于纯洁的自然状态中，教育要顺应人的自然本性。

② 儿童受到自然的教育、人为的教育、事物的教育三方面的影响。只有这三方面的教育相配合并趋于自然的目标，才能使儿童享受到良好的教育。

③ 要求教育遵循自然天性，即发挥儿童在自身成长中的主动性，主张"消极教育"。

（2）自然教育的培养目标：自然教育的目的是培养"自然人"，即完全自由成长、身心调和发达、能自食其力、不受传统束缚、能够适应社会生活的一代新人。

（3）自然教育的方法原则：①正确看待儿童，这是自然教育的一个必要前提；②给儿童以充分的自由：遵循自然天性的教育。成人不干预、不灌输、不压制，让儿童遵循自然而率性发展。

（4）自然教育的实施。

根据年龄阶段的分期，卢梭提出，教育者要按照学生的不同年龄特点进行教育。

第一阶段，在婴儿期（0～2岁），主要是进行体育。

第二阶段，在儿童期（2～12岁），又称"理智睡眠期"，主要进行儿童感官的训练并继续发展身体。可以用"自然后果法"对儿童进行道德教育。

第三阶段，在少年期（12～15岁），主要进行智育和劳动教育。

第四阶段，在青年期（15～20岁），主要是进行道德教育。

（5）对自然教育的评价：卢梭的教育思想的基本内容是高度尊重儿童的天性，倡导的是自然主义和儿童本位主义的教育观，是现代教育思想的重要来源。他系统地论述了自然主义的教育思路，提倡行善论，反对封建社会对人性的压制，具有历史进步意义。在教育目的上主张培养身心和谐发展的"自然人"，反映了对人的发展的合理要求。

卢梭还详细地分析了不同时期学生身心发展的特点，并据此探讨了教育内容。卢梭论证了自然主义教育的内容和方法。如他分析了儿童身体健康教育；重视感觉教育的价值，并论述了感觉教育的要求和方法；反对古典主义和教条主义，倡导人民学习真实和有用的知识；反对填鸭式的教育，提倡启发式的教育；主张直观教学；反对向儿童灌输道德教条，要求养成符合自然发展的品德等。这些观点在前人的基础上有所发展，也反映了近代教育的发展方向。

卢梭的教育学说包含着相当激进的思想，充满了新兴资产阶级自由、平等和博爱的精神，在法国大革命的前夜，具有解放思想的重要意义。

有人称，卢梭在教育界发动了一场哥白尼式的大革命，他把儿童放在教育过程的中心，认为儿童有一种潜在的发展可能，而教育为儿童提供的优良环境，使这种可能性的实现更有希望。同时卢梭奠定了实用主义哲学和进步教育的理论基础，对欧美教育产生了深远影响。虽说卢梭为教育的发展做出了突出贡献，但是他本身也是一位备受争议的教育家，其教育思想也有不足之处：对儿童的天性过于理想化，过分强调儿童在活动中的自然成长，忽视社会的影响和人类文化传统的教育作用；过高估计儿童的直接经验，忽视学习系统的书本知识。

4. 卢梭既提出了自然教育思想，又提出了公民教育思想，二者是否矛盾，为什么？

答：卢梭的这两种思想并不矛盾。

卢梭在《爱弥儿》中所表达的自然主义教育思想，是在封建制度发生危机、资产阶级革命的时代已经来临，但封建专制尚未倒台的政治前提下提出的革命性主张。他反对培养国家公民，主张培养"自然人"；反对儿童阅读书本，主张儿童亲身活动；反对国家的学校教育制度，提倡实施家庭教师教育；反对压制、灌输，主张给儿童以自由。这只是卢梭教育思想的一个方面。

但是，如果资产阶级建立起了自由、民主、博爱的新社会，那么进行公民教育就可以实现。卢梭是一个对新的社会制度充满幻想的思想家。当他在设想新制度建立后的教育问题时，就特别主张建立国家教育制度和培养良好的国家公民。

可见，自然教育是在封建社会里进行的教育，公民教育是在新社会中进行的教育，在新社会里，教育的主要承担者和实施者就是国家。二者进行的时间不同。

再者，卢梭所说的自然人具有以下特征。①自然人是独立自主的人，他能独立体现出自己的价值；而公民的一切依赖于专制社会，便失去了自身的独特价值。②在自然的秩序中，所有的人都是平等的；而社会之中，公民是有等级的。③自然人又是自由人，他是无所不宜、无所不能的；而国家公民在社会中常常是某种专业化的职业人，他被囿于自己的职业而失去自由。④自然人还是自食其力的人，他靠自己的劳动所得为生；而公民中有一批则依靠他人劳动成果为生，这样的自然人也就是资本主义社会里生活的新公民。二者在根本目的上也不冲突。

5. 请结合材料分析夸美纽斯的教育作用论。

答：夸美纽斯高度重视教育的社会功能以及教育在人的发展中所发挥的功能。一方面，夸美纽斯把教育看作改良社会的手段；另一方面，他从多个角度论述了教育对于人的发展的重要作用。

夸美纽斯对于教育在人的发展中所发挥的作用给予了更高的评价。他认为只要通过教育，任何人的德行和才智都能得到发展。夸美纽斯还分析了人之所以可接受教育的原因：人具有许多接受教育的基础，人的智慧是无穷的。夸美纽斯不仅认为人有接受教育的可能性，还认为人必须接受教育，因为人的能力只有通过教育才能得到发展。夸美纽斯认为，一般人的先天素质差异不大，都有领悟事物的能力；对于天资愚笨的人接受教育更加刻不容缓，通过教育和刻苦学习，天资愚笨的人甚至可能胜过天资较好的人。

第八章 欧美教育思想的发展——赫尔巴特、福禄培尔、斯宾塞与马克思、恩格斯的教育思想

◆ 应试题库 ◆

一、名词解释

1. 恩物 2. 幼儿园 3. 生活准备说

二、简答题

1. 什么是教育性教学原则？
2. 赫尔巴特提出的作为其教育理论的伦理学基础的五种道德观念是什么？
3. 简述福禄培尔的教育顺应自然的思想。
4. 简述恩物与作业的区别与联系。
5. 简述斯宾塞的知识价值说。

三、分析论述题

1. 论述赫尔巴特的课程理论。（华东师范大学 2011 年真题）
2. 简述赫尔巴特的教学形式阶段理论。（安徽师范大学 2011 年真题）（湖南师范大学 2011 年真题）
3. 马克思和恩格斯是怎样论述教育与生产劳动相结合的重要意义的？

◆ 应试解析 ◆

一、名词解释

1. 恩物

答：福禄培尔建立了一个以活动与游戏为主要特征的幼儿园课程体系，包括游戏与歌谣、恩物、作业等。所谓恩物，是福禄培尔创造的一套供儿童使用的教学用品，其中真正的恩物应当满足三个条件：①能使儿童理解周围世界，又能表达他对客观世界的认识；②每种恩物包含前面的恩物，并应预示后继的恩物；③每种恩物本身表现为完整的有秩序的统一的观念——整体由部分组成，部分可形成有序的整体。

2. 幼儿园

答：福禄培尔是世界上最早创办了幼儿园的教育家，他认为幼儿园是家庭教育的补

充,是完善教育必不可少的条件。幼儿园工作的任务是通过各种游戏和活动,培养儿童的社会态度和民族美德,使他们认识自然与人类,发展他们的智力与体力以及做事或生产的技能和技巧,尤其是运用知识与实践的能力,从而为下一个阶段的发展做好准备。幼儿园既是幼儿教育机构,又是幼儿师资培训机构、幼儿教育宣传机构和幼儿教育研究机构。

3. 生活准备说

答：斯宾塞提出了"什么知识最有价值"这一问题,并将评价知识价值的标准定义为对生活、生产和个人发展的作用,知识对生活的作用越大则价值越大。根据这个标准,斯宾塞确定了教育的目的是"为完满生活做准备",从而反对古典主义不实用的知识和教育。斯宾塞根据上述理论,通过划定知识的价值高低来选择课程,从而形成了其独特的课程理论。

二、简答题

1. 什么是教育性教学原则？

答：教育性教学原则是德国教育家、心理学家赫尔巴特提出来的,依据心理学和伦理学的广泛研究,他认为,知识与道德有内在联系。人只有认识了道德规范,才能产生符合道德规范的行为。愚蠢的人是不可能有德行的。因而教育性教学的含义就是教育（道德教育）通过而且只有通过教学才能真正产生实际作用,教学是道德教育的基本途径。

对于如何做到通过教学进行道德教育的问题,赫尔巴特认为,首先要求教学的目的与整个道德教育的最高目的保持一致,即养成德行；其次,为实现这个目的,要设立一个近的目标,即培养"多方面的兴趣"。

在赫尔巴特以前,教育家往往把教学和德育分开,规定各自不同的任务,赫尔巴特的贡献在于,阐明了二者之间的联系,使德育获得了坚实的基础。但是他把教学完全从属于教育,具有机械论倾向。

2. 赫尔巴特提出的作为其教育理论的伦理学基础的五种道德观念是什么？

答：赫尔巴特的教育理论以伦理学为重要基础。在他的教育思想中,伦理学主要起着价值规范的作用,即为教育目的和基本方向的确立提供依据。伦理学的基本内容之一是他提出的五种道德观念,即内心自由、完善、仁慈、正义和公平。

(1) 内心自由指的是一个人有了正确的思想或者说对真善美具有了明确的认识,就能够自觉地依照道德规范行事,使自己的行为符合理性的原则。

(2) 完善指人调节自己的意志、作出判断的一种尺度。赫尔巴特强调人必须有衡量道德的标准。

(3) 仁慈是指一种绝对的善,它要求人无私地为他人谋福利,与人为善,从而使自己的意志与他人的意志协调统一。

(4) 正义的观念也就是守法的观念,它要求避免不同意志之间的冲突,并且按照人们自愿达成的协议（或法律）解决冲突。

(5) 公平与报偿是指当人故意作祟时予以应有的惩罚,即善有善报,恶有恶报。

3. 简述福禄培尔的教育顺应自然的思想。

答：德国教育家福禄培尔在万物有神论的思想基础上,提出了顺应自然的原则。福禄培尔所谓的"自然"主要有两层含义：一方面是指大自然；另一方面是指儿童的天性,即儿童的生理和心理特点。在论述教育顺应自然时，自然主要指后者。但是，福禄培尔并没有绝对否认强制性、干预性的教育。他的教育顺应自然思想是建立在性善论的基础上的，可见，福禄培尔顺应自然的原则是具有宗教色彩的。

4. 简述恩物与作业的区别与联系。

答：福禄培尔建立起一个以活动和游戏为主要特征的幼儿园课程体系，恩物与作业是其中两个主要的活动。

（1）恩物：真正的恩物应当满足三个条件：①能使儿童理解周围世界，又能表达他对客观世界的认识；②每种恩物包含前面的恩物，并应预示后继的恩物；③每种恩物本身表现为完整的有秩序的统一的观念——整体由部分组成，部分可形成有序的整体。

（2）作业：作业是福禄培尔为幼儿园确定的一种教育活动形式，通过作业对幼儿进行初步的教学。作业种类很多，积极有益的作业源于自动的原则。

（3）恩物与作业有区别、有联系。

恩物与作业既相互联系，又相互区别。一方面，恩物和作业是相互连接的幼儿游戏的两种形式，是儿童认识自然、社会、满足其内心冲动的必要的手段；另一方面，二者的区别则在于以下几点。第一，从儿童活动次序来看，恩物在前、作业在后。恩物为作业的开展提供基础，作业是幼儿利用恩物进行游戏后的更高发展阶段；第二，从活动的材料看，恩物的材料是固定的，作业的材料是可以改变的；第三，从性质来看，恩物是活动的材料。作业既包括活动，也包括活动的材料；第四，从儿童的内心需要来看，恩物主要反映模仿的本能，作用在于接受或吸收，而作业主要反映创造的本能，作用在于发表和表现。

5. 简述斯宾塞的知识价值说。

答：斯宾塞主张什么知识最有价值，我们在教育中就应该教给学生什么知识。最重要的问题不在于某些知识有无价值，而在于它的比较价值。这个比较的尺度就是他提出的知识价值论。他认为科学的知识最有价值。学科是否重要是与生活、生产和个人的发展相关联的，为此，他把人类生活的几种主要活动加以分类。它们可以自然排列成：①直接有助于自我保全的活动；②获得生活必需品从而间接有助于自我保全的活动；③目的在于抚养和教育子女的活动；④与维持正常的社会和政治关系有关的活动；⑤在生活中的闲暇时间可用于满足爱好和各种感情的活动。这些知识是有比较价值的，是教育中应该教给学生的知识。

三、分析论述题

1. 论述赫尔巴特的课程理论。（华东师范大学 2011 年真题）

答：赫尔巴特的课程理论主要包括三个方面的主张：

（1）第一个基本主张是课程内容的选择必须与儿童的经验和兴趣相一致。

① 经验：儿童在日常生活中获得的经验是教学活动赖以进行的基础。但儿童早期的经验并不是完美无缺的，而是分散、杂乱的，需要教学加以补充和整理。反映在教材中则为直观教材。

② 兴趣：兴趣存在于经验之中。因此，只有与儿童经验相联系的内容，才能引起儿童浓厚的兴趣。它能使儿童保持意识的警觉状态，从而更好地接受教材。

③ 兴趣课程体系。赫尔巴特把多种多样的兴趣分为两大类：经验的兴趣和同情的兴

趣。其中经验的兴趣包括经验的、思辨的、审美的；同情的兴趣包括同情的、社会的和宗教的。各种经验、兴趣对应开设的课程，如对应经验的兴趣，应该开设自然、物理、化学、地理等课程。

(2) 第二个基本主张是根据统觉的研究得出的。

新的观念和知识总是在原有的理智背景中形成的，是以原有观念和知识为基础产生的。从这里推理出，课程的安排应当使儿童能够不断地从熟悉的材料逐步过渡到密切相关但还不熟悉的材料。据此，赫尔巴特提出了"相关"与"集中"的课程设计原则。

(3) 第三个主张则是：课程应与儿童的发展相呼应。

文化纪元理论是儿童课程选择和设计的基础。文化纪元理论认为，在人类历史的早期，感觉在人的认识中起主导地位。以后，想象逐渐发展起来，人类的想象力在诗与神话中得到了完美的体现。最后，当理性发展起来时，人类就进入到成年。不同时代的文化成果集中反映了人类认识的不同发展水平。儿童个性和认识的发展重复了种族发展的过程。

2. 简述赫尔巴特的教学形式阶段理论。（安徽师范大学 2011 年真题）（湖南师范大学 2011 年真题）

答：赫尔巴特教育理论的各个部分中对后世影响最大的是他的教学形式阶段论。要理解赫尔巴特的教学形式阶段论，首先有必要了解他的"专心"和"审思"这两个概念。所谓"专心"，是指在某一时间内只专心研究某一个东西而不考虑其他东西。所谓"审思"，是指把一个又一个"专心"活动统一起来。

赫尔巴特认为兴趣活动可以分为四个阶段：注意、期待、要求、行动。在此基础上，他提出了教学形式阶段论：教师应采取符合学生心理活动规律的教学程序，有计划、有步骤地进行教学。他把教学过程分成四个连续的阶段。

一是明了，指教师讲解新教材时，把教材分解为许多部分展示给学生，方便学生领悟和掌握。这时，学生的心理处于"静止的专心"状态，其兴趣阶段是注意，教师适合用叙述的方法传授知识。

二是联想，指通过师生谈话把新旧观念结合起来。教学的任务是把前一阶段教师所提示的新观念和学生意识中原有的旧观念结合起来。这时，学生的心理表现为"动态的专心"。其兴趣阶段发展到"期待"新的知识；教师的任务是与学生交流，自由交谈是联想的最好方法。

三是系统，指在教师指导下寻找结论和规则，使观念系统化，形成概念。这时，学生的心理处于"静止的审思"状态，兴趣活动处于要求阶段，教师要运用综合的方法，使知识系统化。

四是方法，指通过练习把所学知识应用于实际，以检查学生对新知识的理解是否正确。这时学生的心理表现为"动态的审思"。其兴趣点在于进行学习行动，教学方法主要是让学生做作业、写文章与修改等，对知识进行运用。

3. 马克思和恩格斯是怎样论述教育与生产劳动相结合的重要意义的？

答：(1) 教育与生产劳动相结合不仅是提高社会生产力的一种方法，而且是造就全面发展的人的唯一方法，是改造现代社会的最强有力的手段之一。

(2) 由于大工业的本质需要尽可能多方面发展的工人，于是客观上，一方面要求将生产劳动与教育结合起来，使工人尽可能接受到适应劳动职能转变的教育；另一方面要求将教育与生产劳动相结合，以培养能多方面发展的劳动者。

（3）由于机器大工业生产是建立在现代科学技术基础上的，这就为通过科学这一中介，将教育与生产劳动有机地结合提供了基础。

（4）综合技术教育，使儿童和少年了解生产各个过程的基本原理，同时使他们获得运用各种生产的最简单的工具的技能，为教育与生产劳动相结合提供了重要的"纽带"。

教育与生产劳动相结合尽管是现代社会发展的客观要求，但在资本主义社会，这种"结合"不可能不受到资本主义基本经济规律的制约。因此，只有彻底变革旧的生产方式，在合理的社会制度下，才能实现生产劳动与教育相结合，实现人的全面发展。

第九章 欧美教育思想的发展——19世纪末至20世纪前期的教育思潮和教育实验

◇ 应试题库 ◇

一、名词解释

1. 葛雷制
2. 道尔顿制
3. 设计教学法
4. 进步教育协会
5. 昆西教学法
6. 新教育运动

二、简答题

1. 请简要介绍新教育运动的形成与发展过程。
2. 简述凯兴斯泰纳的"公民教育理论"。
3. 简述凯兴斯泰纳的"劳作学校理论"。
4. 简述进步主义教育运动的始末。
5. 简述实验教育学。

三、分析论述题

1. 试论述蒙台梭利的教育思想。
2. 试比较欧洲新教育运动与美国进步教育运动。

◇ 应试解析 ◇

一、名词解释

1. 葛雷制

答：葛雷制是美国教育家沃特在葛雷市公立学校担任督学时所推行的一种进步主义性质的教学制度。以杜威的基本思想为依据，把学校分为四个部分：体育运动场、教室、工厂和商店、礼堂。以具有社会性质的作业为学校的课程，并把课程也分成四个方面：学术工作，科学、工艺和家政，团体活动以及体育和游戏。因此，葛雷制学校也被称作"工读游戏学校"。葛雷制还将全校学生一分为二：一部分在教室上课，另一部分则在体育场、图书馆、工厂、商店以及其他场所活动，上下午对调，废除寒暑假和星期日，昼夜开放。葛雷制曾被认为是美国进步教育运动中最卓越的例子。

2. 道尔顿制

答：道尔顿制是美国进步主义教育家帕克赫斯特针对班级授课制的弊端而提出的一种

个别教学制度。在学校里废除课堂教学，废除课程表和年级制，代之以"公约"或合同式的学习。学生以公约的形式确定自己应完成的各项学习任务，然后学生根据自己的需要自学，不强求全体一致。将各教室改为各科作业室或实验室。道尔顿制的两个重要原则是自由与合作。道尔顿制存在的主要问题是过于强调个别差异，对教师要求过高，以及在实施时易导致放任自流；并且将教室完全改为实验室也不太实际。

3. 设计教学法

答：设计教学法是由美国进步主义教育家克伯屈提出的一种新的教育方法。他将"设计教学法"定义为在社会环境中进行的有目的的活动，重视教学活动的社会和道德因素。强调有目的的活动是设计教学法的核心，儿童自动的、自发的、有目的的学习是设计教学法的本质。设计教学法放弃固定的课程体制，取消分科教学与现有的教科书，将设计教学分成四种类型：第一，生产者的设计；第二，消费者的设计；第三，问题的设计；第四，练习的设计。设计教学法有四个步骤：决定目的、制定计划、实施计划和评判结果。在这个过程中，他强调教师的指导和决定作用，但实行则以学生为主。设计教学法充分发挥了儿童的主动性和积极性，但是由于强调根据儿童的经验组织教学，设计教学法实施的结果必然导致系统知识学习的削弱。

4. 进步教育协会

答：进步教育协会是在19世纪末至20世纪50年代的美国进步主义教育运动发展的背景下产生的。1919年，安那波利斯海军学院的一位教师科布发起建立进步教育发展协会，后改称为进步教育协会，并随着进步教育运动的发展而不断发展。1944年美国的进步教育运动进入衰落阶段，同年更名为"美国教育联谊会"，成为欧洲新教育联谊会的一个分会。1953年恢复了原名，但已经没有实际意义。1955年协会解散。1957年，《进步教育》杂志停办，标志着美国教育史上一个时代的结束。

5. 昆西教学法

答：昆西教学法是美国进步主义教育家帕克倡导的一种教学方法，帕克在昆西市的教育革新措施以"昆西教学法"或"昆西制度"著称。其主要特征是：第一，强调儿童应处于学校教育的中心；第二，重视学校的社会功能，强调学校应成为理想的家庭、完善的社区和民主政治的雏形，在促进民主制度的发展方面发挥巨大作用；第三，主张学校课程应尽可能与实践活动相联系；第四，强调培养儿童自我探索和创造的精神。

6. 新教育运动

答：新教育运动亦称"新学校运动"，是指19世纪末至20世纪初在欧洲兴起的教育改革运动。它始于19世纪80年代末的英国，以后扩充到欧洲其他国家。初期以建立在教育目的、内容、方法上不同于传统学校的新学校作为新教育的"实验室"为其特征（考生可以适当展开）。第一次世界大战以后，在教育实践不断推广的基础上，新教育理论进一步发展。第二次世界大战以后，新教育运动逐步走向衰落。

二、简答题

1. 请简要介绍新教育运动的形成与发展过程。

答："新教育运动"亦称"新学校运动"，是指19世纪末至20世纪初在欧洲兴起的教育改革运动。主要内容是在教育目的、内容、方法上建立与旧式的传统学校完全不同的新学校。

(1) 开始：1889年，英国人雷迪在英格兰创办了欧洲第一所新学校——阿博茨霍尔姆乡村寄宿学校，标志着新教育运动的开始。

(2) 推广：1898年，法国新教育拥护者德莫林仿照雷迪的做法，在法国开办了罗歇斯学校。德国教育家利茨也在同年开办了同类学校，称为"乡村教育之家"。利茨认为教育应包括品格教育、宗教道德教育、身心官能力量的发展、公民教育、民族文化教育，使儿童在身体、精神、宗教、道德、知识、情感诸方面都能均衡发展。

(3) 形成：此后在比利时、瑞士、意大利都相继开办了各种形式的新学校，在欧洲逐渐形成广泛的新学校运动。

(4) 新教育运动的特点：新学校大多设在乡村或大城市的郊区，周围环境幽静，风景优美，设备优良，采用家庭式教育管理方式。新学校重视体育、手工、园艺活动，以此培养学生的观察能力、审美能力和独创精神；在教学内容上重视现代人文科学与自然科学课程；在教学方法上，反对体罚，重视儿童兴趣与思维能力的发展；在道德教育上，向儿童灌输资产阶级民主、合作的观念，培养儿童的责任心和进取心。

(5) 高潮：随着新学校在欧洲各国的建立，1912年在瑞士成立国际新教育联盟。1919年，联盟主席瑞士教育家费里埃尔撰文总结新学校的基本经验与理论原则，共30条，成为新教育理论体系的基础。1921年法国的加雷市成立新教育联谊会，出版《新时期的教育》杂志，宣传新教育理论。

(6) 终结：新教育运动传入美国后，因与当时进步主义教育思想基本相通，从而形成与传统教育对垒的更大势头。1966年，新教育联谊会改名"世界教育联谊会"，标志着新教育运动作为一场运动的终结。

2. 简述凯兴斯泰纳的"公民教育理论"。

答：凯兴斯泰纳是德国教育家，是欧美流行的劳作教育思潮的代表人物和推动者。

关于国家职能的思想是凯兴斯泰纳公民教育理论的政治基础，他强调国家有着双重任务：①维护国家内在与外在的安全以及公民的身心健康；②向伦理化社会发展，逐步实现人道国家的理想。

凯兴斯泰纳认为，培养有用的国家公民是国家公立学校的目的，也是一切教育的目的。公民教育的中心内容是通过个人的完善来实现为国家服务的目的。关于公民教育的对象，他认为是"所有阶级都需要这样的公民教育"，特别强调对农民和女子的公民教育，认为忽视对这两者的教育是现代教育制度的两大缺点。

3. 简述凯兴斯泰纳的"劳作学校理论"。

答：在凯兴斯泰纳的教育理论体系中，劳作学校理论既是公民教育理论的有机组成部分，又是一个相对独立的部分。他主张，为实现公民教育的目的，必须将德国的国民学校由"书本学校"改造成"劳作学校"，并强调公民教育、职业教育和劳作学校的关系是目的、手段和机构的关系，它们是"三位一体"的。

劳作学校的三项任务：①帮助学生将来能在国家组织团体中担任一种工作或职务，即"职业陶冶的准备"，这是劳作学校的基本任务；②"职业陶冶的伦理化"，要求把自己的任务看作慎重的公事，不仅为自己，更为社会进步去做，把职业陶冶与性格陶冶相结合；③"团体的伦理化"要求学生在个人伦理化的基础上，将学生组成工作团体，培养其互助互爱、团结工作的精神。

如果完成以上任务，就要对人进行性格陶冶，具体措施是：①把"劳作教学"列为独立科目；②改革传统科目教学，摒除灌输，重视逻辑思维的训练；③以团体工作为原则，发展利他主义，关注社会利益。

4. 简述进步主义教育运动的始末。

答：进步主义教育运动是19世纪末美国出现的教育革新运动，其"实验室"主要是美国的公立学校。相对于欧洲"新教育"来说，进步主义教育更关心普通民众的教育，更强调教育与社会生活的联系，更重视在实践中学习，更注重学校的民主化问题。

进步主义教育运动的发展大致经历了四个阶段。

（1）兴起：19世纪末，帕克创造了"昆西教学法"。赖斯在揭露美国学校弊端，引起人们关心教育的变革方面做出贡献，引发全国对传统教育的批判。后来，杜威创办芝加哥实验学校，在他影响下许多进步教育实验以各种形式展开。

（2）成型：第一次世界大战后，美国公立教育成为世界教育先锋，美国许多社区和学校表示愿意试验新方法。普及进步教育的时机成熟，1924年，协会创办《进步教育》杂志。

（3）转折：这一时期，进步主义教育本身日益专业化，哥伦比亚大学师范学院成为进步主义教育运动的中心。然而，由于运动专业化，失去了公众的理解和支持，同时，进步主义教育运动内部出现分化。1929年的大萧条严重影响了美国进步主义教育运动的发展，大萧条加剧了进步主义教育的分裂，改造主义正是这种分化的产物。1941年，美国卷入第二次世界大战，进步主义教育进入尾声，失去感召力。

（4）衰落：1944年，美国的进步主义教育运动进入衰落阶段，进步主义教育协会更名为"美国教育联谊会"，成为欧洲新教育联谊会的一个分会。1955年，协会解散。1957年，《进步教育》杂志停办，标志着美国教育史上一个时代的结束。

5. 简述实验教育学。

答：实验教育学是19世纪末至20世纪初兴起的用自然科学的实验法研究儿童发展及其与教育关系的理论。主要代表人物是德国教育学家和心理学家梅伊曼、拉伊等。

实验教育学的主要观点：①认为以赫尔巴特为代表的用思辨的方法建立起来的旧教育学缺乏科学性，与实际严重脱节，不能很好地解决教育实践中的问题；②强调实验教育学是以实验的方法为基础的新的独立科学，教育实验与心理实验是有差别的，心理实验是在实验室进行，教育实验则是在教学时间和学校环境中进行；③认为实验教育学必须借助相关学科，采用实验、统计、比较的方法探索研究。

评价：实验教育学强调的定量研究成为20世纪教育学研究的一个基本范式，在近百年来得到广泛的应用和发展，极大地推动了教育科学的发展。但实验教育学也有一定的局限性，比如其片面强调儿童的生物性，过分考虑教育的自然科学化，忽视了社会因素；把实验方法推崇到极致，将其视为教育研究的唯一方法，忽视了社会科学与自然科学之间的差异，简单地照搬自然科学的方法，使该研究具有片面性。

三、分析论述题

1. 试论述蒙台梭利的教育思想。

答：蒙台梭利是20世纪杰出的幼儿教育家，也是西方教育史上与福禄培尔齐名的两大幼儿教育家之一。其幼儿教育思想有以下几个方面。

（1）论幼儿的发展。蒙台梭利重视环境对儿童的影响，强调创造一种适合儿童身心发展的环境是进行自由教育的必要条件。她重视儿童心理的发展，认为儿童的心理发展存在四个显著的特点：其一，具有独特的心理胚胎期；其二，心理具有吸引力；其三，发展具有敏感期；其四，发展具有阶段性，分别为个性形成阶段（0～6岁）、增长学识和艺术才能阶段（6～12岁）、青春期阶段（12～18岁）。她认为教育的基本任务是使每个儿童的潜能在一个有准备的环境里得到自由的发展，使之成为一个自由独立的人，在儿童的自由发展中要处理好自由、纪律、工作的关系。

（2）论自由、纪律与工作。蒙台梭利认为，儿童的生命潜力是通过自发的冲动表现出来的，这种冲动的外在表现就是儿童的自由活动。真正科学的教育基本原则是给学生以自由，即允许儿童按其本性个别地、自发地表现。同时，儿童也是要守纪律的。在她看来，真正的纪律对于儿童来说必须是主动的，只能建立在自由活动的基础上。另外，工作是人类的本能与人性的特征，幼儿时期的各种感觉练习以及日常生活技能的练习等自发的活动，都是工作。工作可起中介作用，将教育中根本对立的两个概念——"自由"与"纪律"有机地联系与统一起来。

（3）幼儿教育的内容。要使儿童自由发展，主要应对儿童进行三方面的训练：①感官教育；②初步的知识教育，即读写算的练习；③实际生活练习。

（4）蒙台梭利强调生物目的和社会目的的统一，将教师、儿童和有准备的环境三个要素结合。有准备的环境是一个真实的环境，为儿童身心发展提供所需要的活动练习，是一个充满自由、营养、快乐与便利的环境。具体标准是：①有规律、有秩序的生活环境；②提供有吸引力的、实用的设备和用具；③允许儿童独立活动、自然表现，使儿童意识到自己的力量；④丰富儿童的生活印象；⑤促进儿童智力的发展；⑥培养儿童的社会性行为。

（5）评价：蒙台梭利继承和改造了裴斯泰洛齐和福禄培尔等教育家的思想，应用当时的医学、生理学、实验心理学知识，结合自己的实验，形成了自己的教育理论和方法体系。她的方法强调儿童有选择活动的自由，相信儿童有自我教育和自我约束的能力，重视儿童早期的智力发展，所有这些都是对当时盛行的传统教育的有力挑战，推动了20世纪初蓬勃兴起的新教育运动。

2. 试比较欧洲新教育运动与美国进步教育运动。

答："新教育运动"亦称"新学校运动"，是指19世纪末至20世纪初在欧洲兴起的教育改革运动。主要内容是在教育目的、内容、方法上建立与旧式的传统学校完全不同的新学校。第二次世界大战以后，新教育运动逐步走向衰落。

进步教育运动是19世纪末美国出现的教育革新运动，其发展大致经历了四个阶段：兴起、成型、转折和衰落。

欧洲的新教育运动与美国的进步教育运动相比，二者的发生发展既存在共同之处，又具有不同的特征，主要表现在以下几个方面。

（1）二者的共同之处。

① 都是社会发展到一定阶段的产物。

欧洲新教育运动和美国进步教育运动都是社会发展到一定历史阶段的产物，是当时社会经济、政治和文化发展要求的结果，是对当时欧美国家经济、政治以及科学文化等方面发展和变化的一个综合反映。他们首先是欧美社会改革运动的重要组成部分。

② 都强调对儿童天性的尊重与保护。

欧洲新教育运动和美国的进步教育运动，都非常重视儿童在教育过程中的主体地位，认为儿童先天具有善性和自我发展的能力，因而不再把儿童视为强制的行为对象；重视儿童研究和教育调查，并运用定性研究和定量研究结合、思辨与经验结合，以及比较和测量等新方法，力图使教育研究科学化；重视儿童的创造性活动、社会合作活动和劳动在儿童身心发展中的作用。这些思想在很大程度上构成了西方现代教育理论的最初形态。

（2）二者的不同之处。

① 与欧洲的新教育运动相比，美国进步教育运动更加强调教育与现实生活的联系，更强调教育在社会进步中的作用。

进步教育运动是作为美国进步主义运动的一部分开展的。进步主义运动是19世纪末在美国兴起的广泛的社会改良运动，旨在反对工业社会的政治经济弊病。进步主义者力求同时改革教育和社会事务。他们揭露公立学校中存在的各种严重问题，试图通过改革使学校教育适应美国社会的新的需要。而新教育运动思想则更加侧重儿童个人的发展。

② 美国进步主义教育更具有民主化的特征。相对于欧洲新教育运动中建立的新学校而言，进步教育运动的实验室主要是美国的公立学校。

英国教育家雷迪创办乡村寄宿学校，标志着新教育运动开始。这所学校被视为欧洲新学校的典范。之后，许多教育家纷纷效仿，开办不同于传统学校的新学校作为新教育运动的实验室。这些乡村寄宿学校的共同特点是费用昂贵，主要以有激进思想的上层社会和高收入阶层的少数学龄儿童为对象，因而规模一般很小，并且独立于国家教育制度之外。美国进步教育运动以公立学校为实验室，更关心普通民众的教育，更强调与社会生活的联系，更重视从实践中学习，更注意学校的民主化问题。

第十章 欧美教育思想的发展——杜威的教育思想

◇ 应试题库 ◇

一、名词解释

1. 反省思维五步法　　2. 教育即生长　　3. 教育即生活

二、简答题

1. 简述杜威关于"教育的本质"的思想。
2. 简述杜威的教育目的理论。
3. 简述杜威关于课程与教材的思想。
4. 简述杜威关于思维与教学方法的内容。
5. 简述杜威关于道德教育的内容。
6. 简述杜威教育思想的影响。

三、分析论述题

1. 请评析杜威的实用主义教育思想。
2. 试述陶行知"生活即教育"和杜威"教育即生活"的基本内涵，并比较其异同。

◇ 应试解析 ◇

一、名词解释

1. 反省思维五步法

答：杜威提出教学的首要任务是培养灵敏、缜密而透彻的思维习惯。"思维五步法"就是体现他的这一教学思想的重要方法。反省思维是"一种对于一切问题反复而严正地、持续地思考的过程"，是"从现有事实，联想到其他事实，而以二者的实在关系作为信念根据的一种过程"。反省思维就是"思维五步法"的哲学依据，主要有五步：感到困难（经验情景），明确困难（产生问题），寻找解决方法（必要的观察），推理分析（展开思考），观察实验（检验思考）。

2. 教育即生长

答：教育即生长是美国著名教育家杜威提出的关于教育本质的论述的主要内容之一。

杜威认为，当时的学校无视儿童天性，他提出"教育即生长"的根本目的在于将儿童从被动的、被压抑的状态下解放出来。生长论要求尊重儿童，使一切教育和教学适合于儿童的心理发展水平和兴趣、需要的要求。但是这种尊重绝非放任自流。他认为儿童充分生长便是民主主义的要求，实质上是在提倡一种新的儿童发展观和教育观。

3. 教育即生活

答：教育即生活是美国著名教育家杜威提出的关于教育本质的论述的主要内容之一。杜威认为，教育既然是一种生长的过程，那么生长过程是在生活中进行的，因此指出教育即生活。学校是社会生活的一种形式，由此出发，杜威引申出"学校即社会"，意在使学校生活成为一种经过选择、净化的理想社会生活，代表社会生活的活动性课程的引入是使学校与社会生活相联系的基本保证。

二、简答题

1. 简述杜威关于"教育的本质"的思想。

答：在杜威看来，教育的本质就是：教育即生长、教育即生活、教育即经验的持续不断的改造。

（1）教育即生长。杜威认为，儿童的心理发展基本上是以本能为核心的情绪、冲动、智慧等天生机能不断开展、生长的过程，教育的目的就是促进这种本能的生长。杜威批判传统教育不考虑儿童的心理特点，压抑儿童的个性，置儿童于被动地位等弊端，主张教育要重视儿童自身的能力和主动精神，这在当时是很有实践意义的。它不仅击中了传统教育的一个要害，同时也阐明了学生在教育、教学过程中应具有主动地位这一规律性问题。

（2）教育即生活。在杜威看来，一切事物的存在都是人与环境相互作用产生的，人不能脱离环境，学校也不能脱离眼前的生活。因此，教育即生活本身，而不是为未来的生活做准备。一旦把教育看作是为儿童的未来生活做准备，就必然教以成人的经验、责任和权利，而忽视了儿童自身的需要和兴趣。他认为必须把教育与儿童的眼前生活融为一体，教儿童学会适应眼前的生活环境，这才是教育的本质所在。

根据"教育即生活"，杜威又提出了一个基本的教育原则——"学校即社会"，明确提出应把学校创造为一个小型的社会，使"每个学校都成为一种雏形的社会生活，以反映大社会生活的各种类型的作业进行活动"，从而培养能够适应现实生活的人。

（3）教育即经验的持续不断的改造。这种改造或改组，既能增加经验的意义，又能提高后来经验进程的能力。他把教育视为从已知经验到未知经验的连续过程，这种过程不是教给儿童既有的科学知识，而是让他们在活动中不断增加经验。经验的获得离不开儿童的亲身活动，由此杜威又提出了另一个教育基本原则——"从做中学"，他认为这是教学的中心原则。

2. 简述杜威的教育目的理论。

答：杜威认为教育的目的就是"教育即生长"，也叫作教育无目的论。

（1）教育是一种过程，除这一过程自身发展以外，教育是没有外在目的的。他认为由儿童的本能、冲动、兴趣所决定的具体教育过程，即"生长"，就是教育的目的，而由社会、政治需要所决定的教育目标则是"教育过程以外"的目的，杜威指责这是一种外在的、虚伪的目的。杜威不是一般的教育无目的论者，他反对那种普遍性的终极目的，而强调教育过程中教育者与受教育者心中的具体目的。当然，只强调教育过程而抛开社会影响来讲教育目的，是片面的。

(2) 教育的社会性目的是民主，为社会进步服务，为民主制度完善服务。杜威认为，过程以内的目的并不否定教育的社会作用和社会目的。相反，杜威认为教育是社会进步和社会改革的基本方法，学校是社会进步和改革的最基本、最有效的工具，而教育的社会目的就是改造社会、完善民主。民主不仅是教育的目的，也是教育的要求。

3. 简述杜威关于课程与教材的思想。

答：(1) 批判传统课程。杜威强烈反对传统教育所使用的以既有知识为中心的课程和教材。他认为传统课程在智育方面极度贫乏，教材中充斥着许多呆板而枯燥无味的东西。杜威指出，把那些"早已准备好了的教材"强加给儿童，是"违反儿童的天性"的，多种多样的学科课程只会将儿童统一的生活经验加以割裂和肢解，从而阻滞了儿童的成长。

(2) 教材心理学化。杜威认为教材应该和儿童充满活力的经验相联系，根据这些原则，他提出"教材心理化"，儿童获取的知识应当估计儿童的心理水平，在课程中占中心地位的应是各种形式的活动作业，让儿童从做中学。

(3) 从做中学。对于教学和课程，杜威的基本原则是"从做中学"，他把这一原则贯穿于教学过程、教学方法、课程、教学组织形式等各个方面。杜威认为，应为学生建立良好的环境，使学生"由做事而学习"，在做中习得经验，从而掌握知识，发展思维能力。

(4) 评价：杜威的这些观点在当时学校课程严重脱离社会实际和儿童身心发展条件的情况下是有积极作用的。但是他将传统的学科课程一概否定，仅仅满足于活动课程和个人的经验，这是不科学的，这种做法最终导致了美国教育质量的落后。他的活动课程似乎不能代表社会生活，尤其是现代工业生活的基本类型；这些科目能否最有效地激起学生的兴趣尚需探讨，并非所有的系统知识都可以还原为直接经验；组织原则的贯彻存在困难。

4. 简述杜威关于思维与教学方法的内容。

答：(1) 在教学方法和课程上，杜威提倡"从做中学"，在思维方法上他提倡反省思维。学生能对某个经验情境中的问题进行反复的、严肃的、持续不断的思考，其功能在于求得一个新情境，把困难解决、疑虑排除。

(2) 杜威非常重视学校对学生优良思维习惯的培养，他认为学校所做的一切都是为了培养学生的思维能力。他特别强调思维在经验中的重要作用，认为凡"有意义的经验"都是在思维的活动中进行的。思维包括五个步骤：在疑难的情境中感觉到某种问题需要解决的暗示；明确需要解决的问题是什么；提出解决问题的种种假设；推断每个阶段所含的结果，确定哪个假设能够解决这个问题；在行动中检验假设，从而解决疑难问题，取得直接经验。在此基础上，杜威把思维的五个步骤在教学过程中展开，形成了教学的五个步骤：第一，疑难的情景；第二，确定疑难所在；第三，提出解决问题的种种假设；第四，推断哪个假设能解决这个困难；第五，验证该假设。

(3) 优点：杜威强调在教学中要重视学生的主动性和创造性，使学生主动地活动、积极地思维，并注意学生的兴趣与需要，这是很有见地的，为"发现法"这一教学方法奠定了基础。

(4) 不足：过于重视活动，忽视了系统知识的传授，简化了认知的途径，泛化了问题意识，在实践中也存在诸多影响教育质量的问题。

5. 简述杜威关于道德教育的内容。

答：（1）杜威认为道德教育的任务是协调个人与社会的关系，他强调人与人之间的合作，而不是无情的竞争，落实到教育上，杜威则特别强调培养儿童的合作精神，要求学校作为一个真正的合作社去培养公民；他也重视人的理智的作用。

（2）杜威认为道德教育的目的就是要培育出"时代的新人"。这种人不会因追逐个人私利而不顾公利，也并不会头脑僵化、固守陈规而对变动的社会熟视无睹。

（3）道德教育应该是社会性的。道德教育应该在社会性的情境中进行，而不是停留在口头说教。道德教育应该有社会性的情境、社会性的内容和社会性的目的。学校生活、教材、教法是道德教育的重要途径。

（4）关于道德教育的方法，道德教育若要取得成效，就必须建立在学生的本能冲动和道德认识、道德情感的基础上。若漠视这些心理条件，道德行为可能会变成机械的模仿或外在的服从。对于社会的道德要求，应顾及学生的心理能力。

6. 简述杜威教育思想的影响。

答：杜威教育思想深刻地影响了20世纪上半叶美国的教育理论和教育实践，他针对传统学校中死板教学的种种弊端，提出了不少合理的见解，对后来美国出现的许多教学制度与方法亦有重大作用。杜威的教育思想不仅在美国产生了巨大影响，而且影响力遍及世界各国。但由于杜威的教育理论过于强调以儿童为中心，轻视系统理论知识的传授，曾导致学校教育质量的下降，其理论也因此受到批评。

杜威教育思想的影响可归纳为以下几点。①强调知行合一，将教学中"死的知识"变为"活的知识"。②教育是人与环境的交互作用的观点是内发论和外铄论的超越和突破。③教育即生长和生活的观点从心理学角度探讨了教育的本质，将教育的本质概括为教育即生活、教育即生长、教育即经验的持续不断的改造。④教育即经验是从认识论的角度探讨教育的本质，解决知识、经验的获得以及心理与社会、过程与目的的协调问题。⑤教育即生活、学校即社会是从社会的角度出发将个人与社会统一起来，将学校的生活和学生的生活经验联系起来，解决教育与社会的脱节问题。⑥教材心理学化，适合学生经验的心理发展，而不是逻辑顺序。⑦教学方法的科学化和探究精神使科学精神成为教学的重要组成部分。⑧教学专业化，提高教育学的学科地位，增强学术性，在其影响下教育专业机构大量设立。⑨杜威具有世界性影响，其教育理论对世界教育进程的推进起了巨大作用，对日本、中国、土耳其、苏联、墨西哥等国有直接影响。⑩杜威的理论中过于强调儿童中心、活动中心、经验中心，这使得教育实践忽视了系统知识的传授，并引发了自由和纪律、师生关系等诸多矛盾。另外，根据经验和教材心理学化原则编写新型教材的设想过于理想化，难以实现。

三、分析论述题

1. 请评析杜威的实用主义教育思想。

答：杜威是美国著名的哲学家、教育学家、心理学家和社会学家。他的思想对美国乃至世界教育的发展产生了深远的影响。其中以他的实用主义教育思想最为典型，内容如下：

（1）教育的本质：教育即生长，教育即生活，教育即经验的持续不断的改造。

① 教育即生长。教育的目的就是促进儿童本能的生长，明确提出了以儿童为教育中心的主张。

②教育即生活。在杜威看来，教育即是生活本身，他提出了一个基本的教育原则——"学校即社会"，明确提出应把学校创造为一个小型的社会，从而培养能够适应现实生活的人。

③教育即经验的持续不断的改造。他把教育视为从已知经验到未知经验的连续过程，经验的获得离不开儿童的亲身活动，由此杜威又提出了另一个教育基本原则——"从做中学"，他认为这是教学的中心原则。

评价：杜威的这些观点有利于使教育融入生活，对传统教育形成冲击，但是把获得主观经验作为教学的唯一目的，忽视了系统知识的传授。

（2）教育的目的：教育无目的论。

杜威提出，教育是一种过程，除这一过程自身发展以外，教育是没有外在目的的。他认为由儿童的本能、冲动、兴趣所决定的具体教育过程，即"生长"，就是教育的目的。

评价：杜威反对那种普遍性的终极目的，而强调教育过程中教育者与受教育者心中的具体目的，但他却很难把教育的内在目的与教育的社会性目的统一起来。

（3）课程与教材。

①批判传统课程。他认为传统课程在智育方面极度贫乏，教材中充斥着许多呆板而枯燥无味的东西，阻滞了儿童的生长。

②教材心理学化。儿童获取的知识应当估计儿童的心理水平，在课程中占中心地位的应是各种形式的活动作业，让儿童从做中学。

③从做中学。杜威认为，应为学生建立良好的环境，使学生"由做事而学习"，在"做"中习得经验，从而掌握知识，发展思维能力。

评价：教材心理学化使我们的课程编写更有科学依据，"从做中学"对于传统的静坐学习也是有启发和进步意义的，但是他只强调直接经验，忽视了间接经验的学习。

（4）思维与教学方法。

在教学方法和课程上杜威提倡"从做中学"，在思维方法上他提倡反省思维，意思是对某个经验情境中的问题进行反复的、严肃的、持续不断的思考，其功能在于求得一个新情境，把困难解决、疑虑排除。

评价：杜威非常重视学校对学生优良思维习惯的培养，他认为学校所做的一切都是为了培养学生的思维能力。但是，把整个教学过程完全建立在学生带有盲目的、摸索性的"做"的基础上，这是不科学的。

综上所述，杜威的教育思想始终是围绕着"儿童中心"，以"从做中学"的方式开展的，提倡教育的实用性，强调教育的实行，固然有很大的积极意义。然而，以上分析中关于杜威思想的一些不足和矛盾也是值得我们深思的。

2. 试述陶行知"生活即教育"和杜威"教育即生活"的基本内涵，并比较其异同。

答：（1）陶行知"生活即教育"的内涵。

①生活含有教育的意义。"教育的根本意义是生活之变化，生活无时不变即生活无时不含有教育的意义"，所以主张人们积极投入到生活中，在生活的矛盾和斗争中向前、向上。②实际生活是教育的中心。生活和教育是同一回事，是同一个过程，教育不能脱离生活，教育要通过生活来进行，其方法和内容都要根据生活的需要来选择。③生活决定教育，教育改造生活。教育的目的、原则、内容和方法都由生活决定。教育的作用是使人天

天改造、天天进步、天天往好的路上走。

(2) 杜威"教育即生活"的内涵。

杜威从教育与社会生活的关系这一角度提出教育的本质即生活。在杜威看来，一切事物的存在都是人与环境相互作用产生的，人不能脱离环境，学校也不能脱离眼前的生活。因此，教育是生活本身，而不是为未来的生活作准备，一旦把教育看作是为儿童的未来生活作准备，必然教以成人的经验、责任和权利，而忽视了儿童自身的需要和兴趣。①教育是生活的过程，学校是社会生活的一种形式；②学校生活要与儿童自己的生活相吻合；③学校生活应与学校以外的社会生活相吻合。

(3) 两者比较。

共同之处在于：强调教育与生活的联系、学校与社会的联系。陶行知师从杜威，他与杜威都注意到了教育不能脱离生活本身，学校与社会生活不可分离，重视了现实生活的教育，才是合理的教育。

不同之处在于：①理论的社会背景和历史影响不同。杜威所处的社会状态是资本主义社会已经高度发展，而美国又是一个崇尚个性、强调实用文化的国家。西方近代以来所形成的受机器大生产体制影响的强调整齐划一的教育模式已存在问题，由此决定了杜威对教育的新理解和新设想。陶行知所处的社会状态是，一方面，由于中国社会处在由农业社会向工业社会转变的过程中，经济和政治水平低下，中国广大民众缺少教育机会；另一方面，中国经过半个世纪学习西方所建设的新教育，却又存在脱离社会生活发展、脱离儿童发展的缺陷，由此决定了陶行知在吸收包括杜威在内的西方当代教育思想，并加以改造，而提出适应中国实际的主张。杜威和陶行知两人的其他教育思想是由这一基本点推演而来的。这也是进行比较二者教育思想的出发点。

② 对"生活"的理解不同，陶行知强调的是现实社会生活，他基于中国社会当时的状况，以及当时教育脱离实际的国情，提出生活即教育，在生活中接受教育，实际生活需要什么，教育就为了生活的需要确定教育的内容和教育方法。杜威则强调的是体现社会精神的学校生活和儿童生活，体现社会的民主，体现学生对生活的探索与热爱，体现学生的主体性，这些是社会要求人应该有的精神，也就是我们教育应该给予学生的内容与精神。

③ 对教育的理解不同，陶行知强调的是社会意义上的教育，经济不发达的国家，难以办好学校教育，陶行知就把教育的重任交给了生活本身，让人们在生活中受启发；杜威强调的是学校教育，杜威希望学校教育更加贴近生活需要和实际，贴近儿童当前的生活。

第十一章 欧美教育思想的发展——现代欧美教育思潮

◇ 应试题库 ◇

一、名词解释

1. 改造主义教育
2. 要素主义教育（中山大学 2010 年真题）
3. 永恒主义教育（华东师范大学 2010 年真题）

二、简答题

1. 简述结构主义教育理论的主要观点。
2. 简述现代人本主义思潮的主要观点。

三、分析论述题

1. 试分析改造主义教育理论，并说明教育对于社会改造的可能性与必要性。
2. 终身教育理念的提出，对现代教育的发展带来了什么影响？

◇ 应试解析 ◇

一、名词解释

1. 改造主义教育

答：改造主义教育在 20 世纪 30 年代从实用主义和进步教育中分化出来，布拉梅尔德是其代表人物。改造主义教育的理论主要分为五个方面：①教育应该以改造社会为目标；②教育要重视培养"社会一致"的精神；③强调行为科学对整个教育工作的指导意义；④教学应该以社会问题为中心；⑤教师应进行民主的、劝说的教育。

2. 要素主义教育（中山大学 2010 年真题）

答：要素主义教育的发起者、主要代表人物是巴格莱，还有后期的科南特和里科弗。要素主义教育主张：①把人类文化的"共同要素"作为学校教育的核心；②教学过程是一个训练智慧的过程。强调传统的心智训练，传授整个人生的知识；③强调学生在学习上必须努力和专心。在教育教学过程中，不能把学生的自由当作手段，而应当作目的与结果；④强调教师在教育和教学中的核心地位。

由于忽视学生自己的兴趣和身心特点以及能力水平，片面强调系统的、学术性的基本知识学习，加上所编教材脱离学校教育实际，20世纪70年代起要素主义教育逐渐失去优势地位。

3. 永恒主义教育（华东师范大学 2010 年真题）

答：永恒主义是新传统教育流派中的一支，是作为与进步主义教育的对立面而出现的，是具有传统教育特色的新的教育思潮，永恒主义教育的主要代表人物有美国的赫钦斯、法国的阿兰等人。从整体上看，它把学生的学习限于古典著作，也并未提出新的价值判断标准。作为一种教育哲学思想的永恒主义教育在教育理论上有一定影响，但在教育实践中的影响范围不大，主要局限于大学和上层知识界中的少数人群。永恒主义教育思潮遭到了许多人的批判，其思想和做法脱离了现实社会。

二、简答题

1. 简述结构主义教育理论的主要观点。

答：认知心理学的代表人物是瑞士的皮亚杰。20世纪60年代，布鲁纳把儿童认知结构发展理论应用到教学和课程改革上，创立了结构主义教育理论。

（1）强调教育和教学应重视学生的智能发展。

（2）注重教授各门学科知识的基本结构。

（3）主张学科基础的早期学习。

（4）提倡"发现学习法"。

（5）教师是结构教学中的主要辅助者。

他把认知发展与教育统一起来，为心理学研究和教育研究的互相协作提供了一个范例，提出了一些值得研究的问题，对西方课程论影响很大。

2. 简述现代人本主义思潮的主要观点。

答：20世纪70年代后在美国盛行的以人本主义心理学为理论基础的一种现代教育思潮，试图通过挖掘人类理智与情感诸方面的整体潜力来确立人的价值，代表人物是美国的马斯洛、罗杰斯。

（1）强调教育的目标是培养完整的人。教育的目的就是人的自我实现、完美人性的形成以及人的潜能的充分发展。这种人是具有整体性、动态性和创造性人格特征的自我实现的人。

（2）主张课程人本化。他们提出"一体化"课程，主张课程内容应建立在学生需要、生长的自然模式和个性特征的基础上，体现出思维、情感和行动之间的相互渗透和相互作用。

（3）学校应该创造自由的心理气氛。

在学校中影响学校气氛的因素有三个：教师和管理者；人与人之间的关系；学习过程。应提倡以人为中心的教学、非指导性教学、自由学习和自我学习。

积极方面：注重人的整体发展，强调认知和情感两方面在教育过程中的作用，主张学校应形成最佳的学习气氛，充分发挥和实现人的各种潜能，给教育理论带来观念上的革新。

不足：立足于人性的发展，过分强调了个人的价值观和个人的自我实现，简单地把个体的潜能实现与个体的社会价值画上等号，从而忽视了社会环境和学校教育对个体发展的影响。

三、分析论述题

1. 试分析改造主义教育理论，并说明教育对于社会改造的可能性与必要性。

答：改造主义教育是在20世纪30年代从实用主义教育和进步教育中分化出来的，到20世纪50年代形成一种独立的教育思想。其代表人物是布拉梅尔德等。

改造主义的主要观点是：教育应以改造社会为目标；教育要培养"社会一致"的精神；强调行为科学对整个教育工作的指导意义；教学上应以社会问题为中心；教师应进行民主的、劝说的教育。

改造主义教育思潮的观点提醒我们，教育对社会的改造未必起决定性的作用，却是可能且必要的。改造主义教育的主要目的是要通过改造过去教育中的弊病来达到改造社会的目的，达到一种"社会一致"的精神。通过改造教育来达到社会的目的，其实这里的问题核心是教育功能。并不是所有的教育都能促进社会的发展，只有与当时的社会发展相适应的教育才可能促进社会的发展。教育起到的是促进、推动的作用。

2. 终身教育理念的提出，对现代教育的发展带来了什么影响？

答：（1）终身教育思潮产生于20世纪50年代中期的法国，20世纪60年代后在世界范围内得到广泛的传播。主要代表人物为朗格朗，其撰写的《终身教育引论》被公认为终身教育思想的代表作，主要观点有：

终身教育有其特定的含义：它包括教育的各个方面、各项内容，从人出生的那一刻起一直到生命终结为止不间断地发展，也包括了教育发展过程中的各个阶段之间紧密而有机的内在联系。

① 终身教育是现代社会的需要，基本特点是连续性和整体性。

② 终身教育没有固定的内容和方法，任务是学会学习。

③ 终身教育是未来教育发展的战略，它对实现教育机会均等和建立学习化社会有积极意义。

（2）终身教育理论自20世纪60年代兴起之后，在教育领域中引发了一场广泛而深刻的革命。终身教育已经成为建设学习型社会的象征。《终身教育引论》曾被译为多国文字广为流传，20世纪70年代之后，许多国家把终身教育作为教育改革和发展的战略重点。大多国家都意识到经济的发展迫使人们必须要实践终身学习的理念，这是一种活到老、学到老的思想，促使人们一生不断地学习与知识更新，以适应社会的发展，增强个体生活的幸福感。终身教育对于一个国家而言是提高全民族进步的重要理念，对提升全体国民的文化素质和能力有着重要的贡献。所以，现代社会里很多国家开展的老年大学、成人教育以及各种社会教育、强调自学、建立学习型社会等，都是实践终身教育理念的有效方式，终身教育理念正在被世界各国积极实践着。

第十二章 欧美教育思想的发展——苏联教育思想

◆ 应试题库 ◆

一、名词解释

1. 平行教育影响
2. （苏霍姆林斯基的）个性全面和谐发展

二、简答题

1. 简述马卡连柯的纪律教育思想。
2. 简述凯洛夫《教育学》中的教学原则。
3. 简述凯洛夫关于教学过程本质的论述。

三、分析论述题

1. 论述马卡连柯的集体主义教育思想。
2. 论述赞科夫的发展教学理论。
3. 论述苏霍姆林斯基的教育理论。

◆ 应试解析 ◆

一、名词解释

1. 平行教育影响

答：马卡连柯提出平行教育影响，指出集体教育的核心思想是"通过集体、在集体中、为了集体"，即教育工作的对象是集体，教育的主要方式是集体教育，教师对集体和集体中的每一个成员的影响是同时的，教师和整个班集体对每个成员的影响是同时的，这就是平行教育影响。

2. （苏霍姆林斯基的）个性全面和谐发展

答：所谓个性全面和谐发展，就是人在品行上以及同他人的相互关系上的道德纯洁，它意味着体魄的完美、审美需求和趣味的丰富及社会和个人兴趣的多样。苏霍姆林斯基关于个性全面和谐发展的观点是他的个性全面和谐发展教育思想和实践活动的基石，也是他的全部教育理论和教育实践活动的起点和终点。苏霍姆林斯基认为，个性全面和谐发展教育由体育、德育、智育、劳动教育和美育组成。

【注意】本题既可以从教育学原理方面作答,也可以从外国教育史方面答苏霍姆林斯基的思想。考生如果从教育学原理方面作答的话,记得提一下苏霍姆林斯基是该思想的代表人物。

二、简答题

1. 简述马卡连柯的纪律教育思想。

答:马卡连柯认为纪律、纪律教育和集体、集体教育密不可分,纪律是达到集体目的的最好方式,也是良好集体的外部表现形式。

马卡连柯认为在旧社会、旧学校采用的纪律是一种压(强)制性的纪律。在社会主义社会里,纪律再不是技术上的东西,而是道德的范畴,从纪律教育的角度来看,就是要求教育必须培养和形成学生自觉的纪律。

马卡连柯认为良好的纪律是通过正确合理的教育产生的。要实施法律,进行纪律教育,必须对学生提出积极热忱而又毋庸置疑的要求,而要求本身就包含着对被要求者的真诚广泛的尊重。

要求既是纪律教育的基础,又是纪律教育不可缺少的因素和方法。马卡连柯认为,诱导(如赠物、奖励等)、督促(如暗示、微笑、说服式、幽默态度等)、威胁(如提交大会评断等),也都是实现纪律教育所不可缺少的因素和方法。

2. 简述凯洛夫《教育学》中的教学原则。

答:根据教学过程的基本环节,凯洛夫提出了五条指导教学工作的原则,即直观性原则、自觉性与积极性原则、巩固性原则、系统性与连贯性原则、通俗性与可接受性原则。

(1) 直观性原则:只有在学生知觉具体事物的基础上才能形成观念和概念。

(2) 学生自觉性与积极性的原则:旨在保证儿童的积极思维,将通过直观所得的形象和所知觉的具体事物在意识中加工,对物体及其特征进行分析、比较、对照,从对它们的概括中得出规律,形成概念。

(3) 巩固性教学原则:巩固即把知识保持在记忆中,当必要时,能够想起这些知识并以它作为凭借。

(4) 系统性和连贯性的教学原则:为了保证学生知识的系统性和连贯性,需要按照严格的逻辑联系编写的教学大纲与教材;其次,老师必须负责系统和连贯地讲述他们所教的学科;第三,要求学生进行系统地学习,使自己巩固地、完整地掌握知识、技能与技巧的体系。

(5) 教学的通俗性与可接受性原则:必须使教材的范围、复杂程度与深度符合该年级儿童的年龄特征,顾及学生的知识水平、领会科学问题达到的程度及智力水平。

3. 简述凯洛夫关于教学过程本质的论述。

答:凯洛夫在辩证唯物主义认识论的基础上论述了教学过程的本质问题。他认为,教学的本质首先是教师在学生自觉与自动的参与下,以知识、技能和熟练技巧的体系武装学生的过程,但教师还担负着以科学原理和共产主义世界观武装学生与有计划地发展学生智力、培养学生道德品质的任务。

教学过程的特点:第一,通过教学使学生获得前人已有的知识;第二,在教师领导下获得对现实的认识;第三,一定要巩固知识;第四,教学要包括发展儿童德、智、体的工作。

教学过程六环节：①使学生感知具体事物并在此基础上形成印象；②分清事物之间的各种关系；③形成概念；④掌握事实和概括性的工作；⑤养成熟练的技能和技巧；⑥在实践中检验知识，把学到的知识应运于各种课业。

三、分析论述题

1. 论述马卡连柯的集体主义教育思想。

答：集体教育是马卡连柯教育理论的重要组成部分。他的集体教育理论可以概括为"在集体中、通过集体、为了集体"的教育体系。马卡连柯认为，集体首先是在有共同目的、劳动和斗争的前提下，把人们团结起来的社会有机体。只有在社会主义条件下，才可能有真正的集体。集体主义教育的原则如下：

(1) 尊重与要求相结合原则。有人曾问马卡连柯，他的教育经验的本质是什么，马卡连柯回答说，"要尽量多地要求一个人，也要尽可能多地尊重一个人"。在他看来，要求与尊重是一回事。

(2) 平行教育影响原则。马卡连柯认为，集体与个人两者关系密切，教育个人和教育集体既可以同时作为教育目的，个人和集体又可以同时作为教育对象。他说："每当我们给个人一种影响的时候，而这影响必定同时应当是给予集体的一种影响。相反地，每当我们涉及集体的时候，同时也应当成为对于组成集体的每一个人的教育。"马卡连柯后来用"平行教育影响"来概括他的上述思想，强调教育个人与教育集体的活动应同时进行，每一项针对集体开展的教育活动应收到既教育集体又教育个人的效果。

(3) 前景教育原则。马卡连柯认为，集体的生命活力在于不停滞的前进。马卡连柯要求教师不断地向集体提出新的奋斗目标来刺激集体的活力。这种新的目标就是前景，是人们对美好前途的希望。

此外，马卡连柯还很重视优良的作风和传统对于美化集体和巩固集体所具有的重要意义。

2. 论述赞科夫的发展教学理论。

答：赞科夫认为"教学要在学生的一般发展上取得尽可能大的效果"，目的是促进学生"理想的一般发展"。这里的一般发展是对特殊发展而言，也有别于智力发展。它包括智力、道德情感、意志的发展、身体的发育等各个方面。其理论主要内容如下：

(1) 以高难度进行教学。以高难度进行教学，旨在引起学生的思考，促进学生特殊的心理活动过程，重点并不是在于无限的难度。该原则在理论中起决定性作用。

(2) 以高速度进行教学。要求教学不断引导学生向前运动，不断用各方面的内容丰富学生的智慧，为学生越来越深入地理解所学知识创造条件。

(3) 理论知识起主导作用。他把教学内容的重心转移到学科的知识结构上，可以加快学生思维发展过程，促进心理机能的早日完善。

(4) 使学生理解学习过程。即让学生通过自己的智力活动去探索获得知识的方法和途径，掌握学习过程的特点和规律。

(5) 使班上全体学生（包括最差的学生）都得到一般发展。这条原则是前面四条原则的总结，是大面积提高教学质量的有力保证。他认为要解决学生学习差的问题，要增强学生的学习信心，培养他们的求知欲，发展他们所缺乏的心理品质。

综上所述，以上五条原则是相互联系、不可分割的。以这五条原则为重要标志的实验教学论体系，是赞科夫首创的苏联发展性教学的第一例完整体系。这一体系揭示了教学的结构与学生的发展进程之间的因果联系，提出了在教学实践中促进儿童的一般发展原则和具体途径。但是，赞科夫把他的新体系与"传统教学论和教学法"截然对立起来，以革新派自居，这是欠妥的。

3. 论述苏霍姆林斯基的教育理论。

答：苏霍姆林斯基是"二战"后苏联最有影响力的教育家，他形成了独具特色的教学思想体系，其中最著名的是个性全面和谐发展的教育理论。

（1）个性全面和谐发展的含义。

苏霍姆林斯基从马克思主义关于人的全面发展理论出发，创造性地将"全面发展""和谐发展""个性发展"融合在一起，提出个性全面和谐发展教育思想，并将其作为学校教育的理想和目标。在他看来，所谓个性全面和谐发展，即意味着人在品行上以及同他人相互关系上的道德纯洁，意味着体魄的完美、审美需求和趣味的丰富及社会和个人兴趣的多样。

一个个性全面和谐发展的人，是社会物质生产领域和精神生活领域中的创造者；是物质和精神财富的享用者；是有道德和文化素养的人，是人类文化财富的鉴赏者和细心的保护者；是积极的社会活动者、公民；是树立于崇高道德基础之上的新家庭的建立者。

苏霍姆林斯基关于个性全面和谐发展的观点是他的个性全面和谐发展教育思想和实践活动的基石，也是他的全部教育理论和教育实践活动的起点和终点。

（2）个性全面和谐发展教育的途径：实施和谐教育。所谓和谐教育就是使人们认识和理解客观世界和自我实现的活动相结合。苏霍姆林斯基和谐教育思想与过去片面强调学习间接知识、强调课堂教学和教师主导作用的教学和教育理论完全不同，他主张教育与创造性劳动结合，课堂教学与课外、校外教育结合，教育与自我教育结合。

（3）个性全面和谐发展教育的内容。

苏霍姆林斯基认为，个性全面和谐发展教育由体育、德育、智育、劳动教育和美育组成。

① 体育。苏霍姆林斯基十分重视身体健康发展在个性全面和谐发展中的作用，把体育看作健康的重要因素，看作是生活活力的源泉。

② 德育。苏霍姆林斯基指出，和谐全面发展的核心是高尚的道德。因此，在个性全面和谐发展教育中，德育应当居于首位。道德教育应当及早开始，道德教育应当培养青少年良好的道德习惯；道德教育应当培养学生高尚的道德情感；道德教育应当以帮助学生确立道德信念为目标。

③ 智育。智育包括获取知识、形成科学世界观，发展认识和创造能力，养成脑力劳动的技能，培养对脑力劳动的兴趣和要求，以及对不断充实科学知识和运用科学知识于实践的兴趣和要求。

④ 劳动教育。他认为，劳动教育任务就是要让劳动渗入学生的精神生活中去，使学生在少年时期和青少年早期就对劳动产生兴趣并热爱它。

⑤ 美育。美育的第一步是要培养学生感知和领会美的能力，在感知美的基础上还要培养学生创造美的能力。

第四部分　教育心理学

复习提示

教育心理学是心理学的一个分支学科，是研究教育中教与学的各种心理活动及其发展变化、有效促进的机制和规律的科学，在考试中约占 30 分。从考纲内容来看，本学科共有十章内容，分四个部分：第一部分为概述；第二部分介绍学习理论；第三部分分别从知识、技能、策略、问题解决四个角度来阐述教育心理学；第四部分讲品德发展与心理健康。考生复习时要厘清各个部分之间的逻辑关系，确立整体观念。

第一章 教育心理学概述

◆ 应试题库 ◆

一、名词解释

教育心理学

二、简答题

1. 简述教育心理学的发展概况。
2. 教育心理学的研究对象是什么?
3. 教育心理学的研究任务是什么?
4. 教育心理学目前的发展存在哪些问题?
5. 简述教育心理学的研究趋势。

◆ 应试解析 ◆

一、名词解释

教育心理学

答:教育心理学是研究学校教育、教学情境中主体的各种心理活动及其发展变化、有效促进的机制和规律的科学。教育心理学的研究对象是教育教学情境中师生教与学相互作用的心理过程、教与学过程中的心理现象。教育心理学有双重任务,理论上,教育心理学承担着心理学科理论在教育领域中得以向纵深发展的任务;实践上,教育心理学承担着根据学生的学习及其规律,去设计教育体制、改革教育体制、优化教育系统,以提高教育效能的任务。

二、简答题

1. 简述教育心理学的发展概况。

答:(1)教育心理学的起源。随着19世纪资本主义市场经济的形成、政治经济的发展,普及教育的改革相继在世界范围内展开。如瑞士教育家裴斯泰洛齐提出"教育心理学化运动""教育要依靠心理学"。其中,美国心理学家桑代克出版了《教育心理学》,它的出版标志着教育心理学的诞生。

（2）教育心理学的发展阶段。20世纪20—50年代，教育心理学汲取儿童心理学和心理测量方面的研究成果，大大扩充了自己的内容。有关儿童的个性和社会适应以及生理卫生问题也进入了教育心理学领域。20世纪50年代，程序教学和机器教学兴起，同时信息论的思想为许多心理学家所接受。

（3）成熟与完善阶段。从20世纪60年代至今，很多人重视教育心理学理论与教育教学实际结合，强调为学校教育服务，发起了课程改革运动。如人本主义心理学家罗杰斯提出了以学生为中心的主张。

至此，教育心理学作为一门独立学科，理论体系已经基本形成，成为心理学科中一个较大的分支，研究成果无数，对实践的作用也越来越明显。

2. 教育心理学的研究对象是什么？

答：教育心理学是研究学校教育、教学情境中主体的各种心理活动及其发展变化、有效促进的机制和规律的科学。

教育心理学的研究对象是教育教学情境中师生教与学相互作用的心理过程、教与学过程中的心理现象。第一，它反映了教育心理学的研究对象的特殊性。因为教育中包括师生双方的活动，不仅有学生的学，也有教师的教。教育心理学首先要研究学生如何有效地学习，同时又要研究教师如何指导学生有效地学习。第二，这里提到研究教与学的基本心理规律，便于使教育心理学与学科心理学有明确的区分。

3. 教育心理学的研究任务是什么？

答：教育心理学是研究学校教育、教学情境中主体的各种心理活动及其发展变化、有效促进的机制和规律的科学。其研究任务具体表现在两个方面。

首先，教育心理学作为心理学科的根本任务在于：研究、揭示教育系统中学生学习的性质、特点、类型及各种学习的过程与条件，同时承担着整个心理学科理论在教育领域中得以向纵深发展的任务。

其次，教育心理学作为一门教育学科的根本任务在于：研究如何根据学生的学习及其规律，去设计教育体制、改革教育体制、优化教育系统，以提高教育效能、加速人才培养的任务。

这两个任务中一个是理论建设任务，一个是实践指导任务。需要说明的是，这两个方面的任务是彼此统一、互相促进的。

4. 教育心理学目前的发展存在哪些问题？

答：教育心理学目前存在的问题主要有：

（1）研究对象不明确，意见分歧大。

（2）传统的教育心理学的内容庞杂，体系零乱。

（3）教育心理学与邻近学科的关系不明。

（4）研究方法有待改进。

5. 简述教育心理学的研究趋势。

答：（1）在研究内容和研究领域方面，向纵深发展。

（2）在研究方法上，呈现多元趋势。

（3）在学科体系上，由庞杂零散逐渐走向系统和完善。

（4）在研究视角上，向综合化和跨学科发展。

（5）在学习观上，重视学习者的主体性，突出学习过程中主动加工、高级思维和探究性活动，越来越重视学习者的社会文化互动。

（6）强调研究的国际化和本土化。

第二章 心理发展与教育

◆ 应试题库 ◆

一、名词解释

1. 心理发展　　　2. 认知　　　　　3. 人格　　　　　4. 社会性发展
5. 亲社会行为　　6. 认知方式差异　7. 图式　　　　　8. 物体守恒性
9. 最近发展区　　10. 场独立型　　　11. 场依存型

二、简答题

1. 概述皮亚杰认知发展阶段理论的主要内容。
2. 什么是高级心理机能？它是如何产生的？
3. 什么是"最近发展区"？
4. 简述能力发展的个体差异。
5. 评价科尔伯格的道德发展理论。
6. 简述认知发展的一般规律。
7. 简述人格发展的一般规律与教育。
8. 从场独立型和场依存型的教育谈谈认知差异。

三、分析论述题

1. 试述皮亚杰的认知发展理论，并说明认知发展理论对我们的教育教学工作有哪些重要启示。
2. 简述科尔伯格的道德发展阶段论的主要内容。
3. 认知发展的理论很多，主要有皮亚杰的认知发展阶段论以及维果茨基的社会文化历史理论，不管是怎样的理论，都说明了认知发展与教育有密切的关系，请谈谈认知理论对教育的启示。
4. 述评埃里克森的人格发展八阶段论。
5. 述评维果茨基的文化历史发展理论以及教学与认知发展的关系。

◆ 应试解析 ◆

一、名词解释

1. 心理发展

答：心理发展是指个体从胚胎期经由出生、成熟、衰老一直到死亡的整个生命过程中所发生的持续而稳定的内在心理变化过程。心理发展反映的是个体心理随年龄增长而出现的持续稳定的一系列变化过程，主要包括认知发展和人格发展两大方面。

2. 认知

答：认知是个体在认识事物过程中所表现出的感知、记忆和思维等活动，认知发展是指儿童在心理上表征世界、思考世界的方式的发展。认知活动包括感知、记忆、思维、想象、言语和注意等心理因素。构成认知活动的各种因素的发展是多层次的和不同步的，因此，认知的发展要经历一个由浅入深、多阶段和多种水平的发展过程。教育工作者必须研究认知发展的规律，并按规律来进行教育，才能取得最佳的效果。

3. 人格

答：在心理学上，人格指的是构成一个人的思想、情感及行为的特有统合模式，这个独特的模式包括了一个人区别于他人的稳定而统一的心理品质。人格是个非常复杂的系统，既受先天的影响，也受环境和教育的巨大作用，它具有一定的稳定性，一旦成型就很难改变，我们尤其要注意家庭及早期经验对个体人格发展的影响。培养个体的良好个性，更改个体的不良习惯，为个体提供良好的榜样以及健康的成长环境，是促进个体人格健康发展的关键所在。

4. 社会性发展

答：个体在发展过程中获得自身的个性和社会性。人的社会性指个体在特定的社会文化环境中，学习和掌握知识、技能、语言、规范、价值观等社会文化行为方式和人格特征，以便适应社会，或者说是适应群体生活的特性。所谓社会性发展即个体在社会生活中不断社会化的过程；个体能更好地适应社会，并积极作用于社会，创造新文化的过程；个体能更好地习得社会中的标准、规范、价值和所期望的行为的过程；个体的社会性发展是一个持续终身的过程。

5. 亲社会行为

答：亲社会行为又叫积极的社会行为，它是指人们表现出来的一些有益的行为。人们在共同的社会生活中经常会表现出类似这样的行为，比如帮助、分享、合作、安慰、捐赠、同情、关心、谦让、互助等，心理学家把这一类行为称为亲社会行为。亲社会行为是人与人之间在交往过程中维护良好关系的重要基础，对个体一生的发展意义重大。

6. 认知方式差异

答：认知方式是心理层面上的学习风格成分，指学生在加工信息时所习惯采用的不同方式。即个体在认知活动中所显示出来的独特而稳定的认知风格，是个体所偏爱的信息加工方式。每个人都有自己独特的认知方式，于是就形成了人们的认知方式差异，如场独立型和场依存型。

7. 图式

答：皮亚杰提出了人们积极建构知识的途径，即同化和顺应。首先，人们以图式的方式储存知识，图式是儿童对环境进行适应的认知结构。人们先天已有简单的图式，在后天的环境和教育之下又不断地增加和丰富自己的图式。一般来说，人们通过同化和顺应来完善图式。

8. 物体守恒性

答：这一概念出自皮亚杰的认知发展阶段理论，他认为孩子在具体运算阶段将获得物体守恒性的概念。守恒是指事物不论其形态如何变化，其物质总量是恒定不变的。在具体运算阶段，儿童不会就单独的维度来判断事物的多寡，他们能凭借具体事物或从具体事物中获得的表象进行逻辑思维和群集运算，从而有了物体守恒的概念。但这一阶段儿童的思维仍需要具体事物的支持。

9. 最近发展区

答：最近发展区是由苏联维果茨基提出的关于教学和发展关系的一个论述，主要是指学习主体现有的解决问题的能力与在他人帮助下解决问题的能力之间的差距。为此，在确定儿童发展水平及其教学时必须考虑儿童的这两种发展水平。在这个意义上，维果茨基认为教学"创造着"学生的发展，他主张教学应当走在儿童现有发展水平的前面，教学可以带动发展。（本章简答第三题与这道题考查同一知识点，本知识点用名词解释来考查更好）

10. 场独立型

答：场依存型和场独立型这两个概念源于美国心理学家赫尔曼·威特金，这是依据人在知觉时是否受环境信息的影响所做的分类。场独立型的人，不受或很少受环境因素的影响，基本上倾向于依赖内在的参照（主体感觉）；场独立型的人，在数学与自然学科方面更为擅长；场独立型的人，在内在动机作用下学习时，常常会产生更好的学习效果。

11. 场依存型

答：依据人在知觉时是否受环境信息的影响分为场依存型和场独立型。场依存型的人，易受环境的影响，基本上倾向于依赖外在的参照（身外的客观事物）；场依存型的人，对人文学科和社会学科更感兴趣，注意学习环境的社会性，易于接受别人的暗示，他们学习的努力程度往往受外在因素的影响。

二、简答题

1. 概述皮亚杰认知发展阶段理论的主要内容。

答：皮亚杰认为，在个体从出生到成熟的发展过程中，认知结构在与环境的相互作用中不断重构，从而表现出具有不同质的不同阶段。据此，他把人的发展分为四个阶段：

（1）感知运动阶段（0~2岁）。这一阶段的认知活动，主要是通过探索感知与运动之间的关系来获得动作经验，主要特点是：①一般从对事物的被动反应发展到主动的探究；②认识事物的顺序是从认识自己的身体到探究外界事物；③儿童渐渐获得了客体永恒性，即当某一客体从儿童视野中消失时，儿童知道该客体并非不存在了，而在此之前，儿童往往认为不在眼前的事物便是不存在了。本阶段儿童还不能用语言和抽象符号为事物命名。

（2）前运算阶段（2~7岁）。运算是指内部的智力或操作。这一阶段儿童的特点是：①他们认为外界的一切事物都是有生命的，即所谓的泛灵论，他们还不能很好地把自己与外部世界区分开来；②他们认为其他的所有人跟自己都有相同的感受，表现为不为他人着想，一切以自我为中心；③他们的认知活动具有相对具体性，还不能进行抽象的运算思维，此时他们的思维具有不可逆性和刻板性等特点；④儿童尚未获得物体守恒的概念，他们不知道事物不论其形态如何变化，其物质总量是恒定不变的。

（3）具体运算阶段（7~11岁）。这一阶段儿童的认知结构已发生了重组和改善，思维具有一定的弹性，思维可以逆转，儿童已经获得了长度、体积、重量和面积等守恒的概念。但这一阶段儿童的思维仍需要具体事物的支持。儿童还不能进行抽象思维。

（4）形式运算阶段（11～16岁）。这一阶段儿童的思维已超越了对具体的可感知的事物的依赖，儿童的思维是以命题形式进行的，并能发现命题之间的关系；能够根据逻辑推理、归纳或演绎的方式来解决问题；能理解符号的意义、隐喻和直喻，能做一定的概括，其思维发展水平已接近成人的水平。

2. 什么是高级心理机能？它是如何产生的？

答：高级心理机能是苏联心理学家维果茨基提出来的，他在其文化历史发展理论中说明了人的高级心理机能的社会历史发生问题。

维果茨基区分了人的两种心理机能：一种是作为动物进化结果的低级心理机能，这是个体早期以直接的方式与外界相互作用时表现出来的特征，如基本的知觉加工和自动化过程；另一种则是作为历史发展结果的高级心理机能，即以符号系统为中介的心理机能，如记忆的精细加工。正是高级心理机能，使得人类心理在本质上区别于动物。在个体心理发展的过程中，这两种机能是融合在一起的。高级心理机能的实质是以心理工具为中介，受到社会历史发展规律的制约。

3. 什么是"最近发展区"？

答："最近发展区"是维果茨基在说明教学和发展的关系时提出来的，他认为"儿童的教学可定义为人为的发展"。所谓"最近发展区"的思想，就是认为教学必须要考虑儿童已达到的水平并走在儿童发展的前面。为此，在确定儿童发展水平及其教学时，必须考虑儿童的两种发展水平：一种是儿童现有的发展水平；另一种是在借助成人的指导的情况下可以达到的解决问题的水平，或是借助于他人的启发帮助可以达到的较高水平。这两者之间的差距，就是"最近发展区"。从这个意义上，维果茨基认为教学"创造着"学生的发展。他主张教学应当走在儿童现有发展水平的前面，教学可以带动发展。

根据"最近发展区"的思想，教学的作用表现在两个方面，一方面它决定着儿童发展的内容、水平、速度等，另一方面也创造着最近发展区。如果从教学内容到教学方法上都能不仅考虑到儿童现有的发展水平，而且能根据儿童的最近发展区给儿童提出更高的发展要求，就会更有利于儿童的发展。

4. 简述能力发展的个体差异。

答：个体在成长过程中因受遗传与环境的交互影响，使不同个体之间在身心特征上显示了彼此不同的现象，这就是个体差异。

（1）能力在发展水平上存在高低的差异。能力在全人口中表现为正态分布：两头小，中间大。智力的高度发展叫智力超常或天才，智力发展低于一般人的水平叫智力低下或智力落后，中间分成不同的层次。

（2）能力在表现，即充分发挥上存在早晚的差异。有些人的能力表现较早，年轻时就显露出卓越的才华，这叫"人才早熟"。还有一种情况叫作"大器晚成"，这是指智力的充分发挥在较晚的年龄才表现出来。

（3）结构的差异。能力有各种各样的成分，它们可以按不同的方式结合起来。由于能力的不同结合，构成了结构上的差异。

（4）能力在性别上也表现出差异，不过这种性别差异并未表现在一般智力因素上，而是反映在特殊智力的因素中。比如在数学能力、言语表达能力和空间能力上就表现出男女差异。

5. 评价科尔伯格的道德发展理论。

答：科尔伯格的关于道德发展理论的研究是根据美国的社会情况做出的划分。他向我们勾画了道德发展是一种连续变化的过程。科尔伯格认为，这些发展顺序是一定的、不可颠倒的，各个阶段的时间长短是不相等的。同时，关于个体的道德发展水平，有些人可能只停留在前习俗水平或者习俗水平上，而永远达不到超习俗水平的阶段。

该理论的意义在于发现了人类道德发展的两大规律：由他律到自律和循序渐进，并且提出道德教育必须配合儿童心理的发展。理论不足之处在于强调的是道德认知，而不是道德行为，因而不能作为学校实施道德教育的根据。

6. 简述认知发展的一般规律。

答：认知是个体在认识事物过程中所表现出的感知、记忆和思维等活动，认知发展是指儿童在心理上表征世界、思考世界的方式的发展。认知发展一般遵循以下规律：

（1）认知活动从简单、具体不断向复杂、抽象发展。儿童最初只有非常简单的、具体的反射活动。随着年龄的增长，认知活动越来越复杂、越来越抽象。

（2）认知活动从无意向有意发展。儿童最初的认知活动是不自觉的、无意识的，之后逐渐向有意识的心理活动方向发展，出现有意注意、有意记忆等。

（3）认知活动从笼统向分化发展。儿童最初的认知活动是笼统而不分化的，发展的趋势是从混沌到分化和明确。

这就要求教师在教学过程中应充分尊重学生的认知发展规律，运用合理的方法，从易到难，提高学生的感知、理解和记忆，从而提高学生的学习效率。

7. 简述人格发展的一般规律与教育。

答：在心理学上，人格指的是构成一个人的思想、情感及行为的特有统合模式，这个独特的模式包括了一个人区别于他人的稳定而统一的心理品质。

（1）人格发展具有以下规律：

① 连续性和阶段性并存。从人的一生来看，个体人格的发展是连续不断的，但是，具体到某个阶段，又有其各自的规定性，体现出阶段性的特点。

② 发展具有定向性和顺序性。在正常的发展条件下，个体人格的发展总是指向一定的方向并遵循一定的先后顺序，而且这种顺序是不可逆的，也不可逾越。

③ 发展表现出不平衡性。人格发展的不平衡性主要表现在发展的不同阶段、不同方面，在发展的速度、到达某一水平的时间以及最终达到的高度等方面都表现出多样化的发展模式。

④ 发展的共同性和个别性差异。一般来说，个体的人格发展总要经历一定的共同发展基本阶段，但又没有任何两个个体的发展是完全一样的。

（2）关于人格发展的教育：从以上分析可以看出，人格是个非常复杂的系统，既受先天的影响，也受到环境和教育的巨大作用。它具有一定的稳定性，一旦成型，就很难改变，尤其要注意家庭及早期经验对个体人格发展的影响；培养个体的良好个性，更改个体的不良习惯，为个体提供良好的榜样以及健康的成长环境，是促进个体人格健康发展的关键。

8. 从场独立型和场依存型的教育谈谈认知差异。

答：场独立型和场依存型是依据人在知觉时是否受环境信息的影响所做的分类。

（1）具有场独立认知方式的人，在对客观事物做判断时，常常利用自己内部的参照，不易受外在因素影响和干扰；具有场依存认知方式的人，对物体的知觉倾向于以外部参照作为信息加工的依据，难以摆脱环境因素的影响，他们的态度和自我知觉更易受周围的人们，特别是权威人士的影响和干扰，所以他们善于察言观色，注意并记忆言语信息中的社会内容。

(2) 在学习内容上，场独立型学生一般偏爱自然学科、数学，且成绩较好，两者呈显著正相关，他们的学习动机往往以内在动机为主。场依存型学生一般较偏爱社会学科，他们的学习更多地依赖于外在反馈，他们对人比对物更感兴趣。场独立型者善于运用分析的知觉方式；而场依存型者则偏爱非分析的、笼统的或整体的知觉方式，他们难以从复杂的情境中区分事物的若干要素或组成部分。

(3) 在学习方法上，场独立型与场依存型学生对教学方法也有不同偏好。场独立型学生易于给无结构的材料提供结构，比较易于适应结构不严密的教学方法。反之，场依存型学生喜欢有严密结构的教学，因为他们需要教师提供外来结构，需要教师的明确指导与讲解。因此，在教学方法上要做到因材施教，扬长避短。

三、分析论述题

1. 试述皮亚杰的认知发展理论，并说明认知发展理论对我们的教育教学工作有哪些重要启示。

答：皮亚杰的认知发展理论以智力发展理论为重点，涉及智力发展的影响因素、阶段特点和智力的本质等。

皮亚杰的认知发展理论认为，儿童是主动的，儿童的行为是先天的遗传结构与外界环境相互作用的结果。儿童正是在先天遗传结构或图式的基础上，经过不断的同化、顺应和平衡而获得物理经验和数理逻辑经验，不断形成新的认知结构，促进智力的发展。

皮亚杰认为，影响儿童智力发展的因素有四个：成熟、经验、社会互动和平衡作用。其中成熟是认知发展的必要条件，而非充分条件。智力是否得到发展，还要看后天的环境因素的作用。经验只有经过同化，才能进入儿童的认知结构，形成新的发展。社会互动泛指文化对儿童认知发展的影响。平衡作用是一种内在的自我调节系统，负责协调成熟、经验和社会互动。它是个体与外界相互调适的状态，是矛盾与冲突的解决，是认知发展的必经历程。

皮亚杰将儿童认知或智力发展分为四个阶段：感知运动阶段（0～2岁）、前运算阶段（2～7岁）、具体运算阶段（7～11岁）、形式运算阶段（11～16岁）。

皮亚杰的认知发展理论对学前教育与课程的重要启示主要表现在：

(1) 教育的目的在于发展学生的认知结构，培养创造力和批判力。

(2) 课程设计应依据儿童认知发展阶段特点。要注意以下几点：①课程内容不应明显超出儿童认知发展的阶段；②所设计的课程应具有衔接性；③设计课程应本着循序渐进的原则，由具体到抽象。

(3) 课程组织与实施时应注意的方面：①多创设可供幼儿活动的物质环境；②充分利用图画、图表等辅助阅读，激发幼儿学习的兴趣；③重视语言教学的功能。

(4) 重视游戏和活动，促进幼儿智力发展。

(5) 培养幼儿互助、合作、互尊等品质，发展幼儿的社会性。

(6) 正确运用认知冲突原理，强调自我调节的平衡作用，发展幼儿的自我调节能力。
(7) 课程设计应依据儿童认知发展阶段的特点。

2. 简述科尔伯格的道德发展阶段论的主要内容。

答：根据对"道德两难"问题的回答，科尔伯格把人的道德判断分为三个水平，每个水平又各包括两个阶段。于是，提出了三水平六阶段品德发展理论。

(1) 前习俗水平（0~9岁）。这个水平的主要特征是，儿童的道德观念是纯外在的，儿童是为了免受惩罚或获得奖励而顺从权威人物规定的行为准则的。这一水平包括两个阶段：

第一阶段：惩罚和服从取向。该阶段的儿童根据行为的后果来判断行为是好是坏及其严重程度。他们服从权威或规则只是为了避免处罚。

第二阶段：朴素的享乐主义或功利主义取向。该阶段的儿童为了获得奖赏或满足个人需要而遵从准则，偶尔也包括满足他人需要的行动。他们认为如果行为者最终得益，那么为别人效劳就是对的。

(2) 习俗水平（9~15岁）。他们能顺从现有的社会秩序，而且有维持这种秩序的内在欲望，规则已被内化，自己感到是正确的。因此，行为价值是根据遵守那些维护社会秩序的规则所达到的程度。这一水平包括两个阶段：

第三阶段：好孩子取向。这一阶段的儿童尊重大多数人的意见和惯常的角色行为，避免非议以赢得赞赏，重视顺从和做好孩子。

第四阶段：权威和维持社会现有秩序取向。这个阶段的儿童注意的中心是维护社会秩序，认为每个人都应当承担社会的义务和职责。判断某一行为的好坏，要看他是否符合维护社会秩序的准则。

(3) 后习俗水平（15岁以后）。这一水平又称"原则水平"，它的特点是道德行为由共同承担的社会责任和普遍的道德准则支配，道德标准已被内化为他们自己内部的道德命令了。这一水平包括两个阶段：

第五阶段：社会契约和法律取向。这一阶段的道德推理具有灵活性。他们认为法律是为了使人们能和睦相处，如果法律不符合人们的需要，可以通过共同协商和民主的程序加以改变，认为反映大多数人意愿或最大社会福利的行为就是道德行为。

第六阶段：良心或普遍的道德原则取向。他们认为应运用适合各种情况的道德准则和普遍的公正原则作为道德判断的根据。背离了一个人自选的道德标准或原则就会产生内疚或自我谴责感。

3. 认知发展的理论很多，主要有皮亚杰的认知发展阶段论以及维果茨基的社会文化历史理论，不管是怎样的理论，都说明了认知发展与教育有密切的关系，请谈谈认知理论对教育的启示。

答：认知理论对教育的启示主要有：

(1) 教学要适应儿童的认知发展水平。

教学要考虑儿童不同发展阶段的认知特点，根据不同阶段儿童的特点采用不同的教学方法和措施。一方面，根据小学生认知发展的具体、直觉水平进行教学。小学生认知发展的局限性使他们凭借具体的实际经验来理解定义性概念以及这些概念之间的关系，因此，教师要运用适合他们特点的语言来描述科学的概念和原理，以便于他们理解。另一方面，要根据中学生认知发展抽象水平占优势的特点进行教学。这一阶段，学生可以省去具体的实践经验而直接理解新的抽象概念，因此教师可以主要用定义性概念的方式进行教学。当然，必要的时候也要辅以适当的具体例子，以帮助学生理解。

（2）教学应引导并促进学生的认知发展。

虽然说儿童的认知发展具有一定的规律性，教学必须充分考虑这些特点和规律，适应儿童的认知发展水平，但是，教学不只是消极被动地适应，它可以主动促进儿童认知的发展。维果茨基的认知发展理论中所提出的"最近发展区"的概念，恰恰阐明了这种可能性，即我们可以通过教学，将儿童的最佳发展区水平转化为儿童能独立解决问题的水平，同时再开辟新的发展区。维果茨基认为"教学应当走在发展前面"，其含义是教学的重要任务是创造最近发展区。如此循环往复，促进儿童认知的发展。因此，我们要采用合理的教学方法，对学生进行有效的指导，教给学生有组织的、结构化的陈述性知识，自动化的智慧技能以及高效的认知策略，促进学生认知水平的发展。

（3）学习是主动建构的过程。

知识是学习者经过同化、顺应建构起来的经验体系。我们要树立新的知识观、学习观，学生自身也要积极地参加活动，促进自身的发展。

4. 述评埃里克森的人格发展八阶段论。

答：埃里克森把发展看作一个经过一系列阶段的过程，根据每个阶段不同的目标、任务和冲突，把人的心理发展分为八个阶段：

（1）信任对怀疑（0～1.5岁）。如果本阶段的婴儿得到较好的抚养，并与父母建立了良好的亲子关系，儿童将对周围世界产生信任感，否则将产生怀疑和不安。

（2）自主对羞怯（1.5～3岁）。这一阶段中的儿童开始表现出自我控制的需要与倾向，他们能凭自己的力量做越来越多的事情，渴望自主，也开始认识到自我照料的责任感。

（3）主动感对内疚感（3～6、7岁）。本阶段的危机就在于儿童既要保持对活动的热情，又要控制那些有危险或可能会被禁止的活动。

（4）勤奋感对自卑感（6、7岁～12岁）。本阶段儿童开始进入学校学习，儿童的社交经验和任务完成的成功经验，助长了儿童的胜任感。同时其中的困难和挫折则导致了自卑感。

（5）角色同一性对角色混乱（12～18岁）。个体开始体会到自我概念问题的困扰，体验着角色同一与角色混乱的冲突。

（6）友爱亲密对孤独（18～30岁）。个体如能在人际交往中建立正常的人与人之间的友好关系，可形成一种亲密感。如果害怕被他人占有和不愿与人分享便会陷入孤独中。

（7）繁殖对停滞（30～60岁）。本阶段个体面临抚养下一代的任务，并把下一代看作自己能力的延伸。反之，则陷入自我专注，对他人及后代感情冷漠以至于颓废消极。

（8）完美无憾对悲观绝望（60岁以后）。这一时期巩固自己的自我感觉并完全接受自我，意味着个体获得了自我完满感；相反，没有获得完满感的个体将陷入绝望，害怕死亡。

评价：埃里克森把发展看作一个经过一系列阶段的过程，在每一阶段的发展中，个体均面临一个发展危机，因此有人称他的理论为发展危机论。这种理论有许多值得肯定的方面，兼顾社会因素和文化因素，不是只在意识心理发展的某一方面，而是考察各方面的关系；不是只研究某一年龄段，而是涉及人的一生。但是，由于受弗洛伊德的影响，其理论有过分强调本能而相对忽视人的意识、理智等高级心理过程在发展中的作用的倾向，其发展阶段的划分以及每一阶段中主要矛盾的确定是否合理，是否适合不同文化背景下的人的发展实际，均需进一步的研究、验证。

5. 述评维果茨基的文化历史发展理论以及教学与认知发展的关系。

答：苏联心理学家维果茨基从历史唯物主义的观点出发，首次注意到了社会以及文化对人类心理的影响，提出了文化历史发展理论。

（1）文化历史发展理论。

维果茨基区分了两种心理机能：一种是作为动物进化结果的低级心理机能；另一种则是作为历史发展结果的高级心理机能，这使得人类本质上区别于动物。维果茨基认为，人的思维与智力是在活动中发展起来的，是各种活动、社会性相互作用不断内化的结果。儿童的高级心理机能是在与他人的交往中发展起来的，发展的情况取决于他们学习的方式和内容。他认为，人的高级心理活动起源于社会的交互作用。

（2）心理发展的本质。

心理发展的本质是个体在环境与教育的影响下，从低级逐渐向高级机能转化的过程，有四个主要的表现：①随意机能的不断发展。②抽象-概括机能的提高。③各种心理机能之间的关系不断变化、重组，形成间接的、以符号为中介的心理结构。④心理活动的个性化。个性的形成是高级心理机能发展的重要标志。

（3）儿童心理发展的原因。

①心理机能的发展是起源于社会文化历史的发展，受社会规律的制约；②从个体发展来看，儿童在与成人交往过程中，在低级的心理机能的基础上形成了各种新质的心理机能；③高级心理机能是外部活动不断内化的结果。

（4）教学与认知发展的关系。

① 教学的含义。他提出教学有广义与狭义之分，广义的教学指儿童通过活动和交往掌握精神生产的手段，它带有自发的性质。狭义的教学指有目的、有计划进行的一种交际形式，它创造着儿童心理的发展。

② 最近发展区。儿童的现有水平与经过他人帮助可以达到的较高水平之间的差距，就是"最近发展区"。教学的作用表现在两个方面，它一方面决定着儿童发展的内容、水平、速度等，另一方面也创造着最近发展区。如果从教学内容到教学方法上都不仅考虑到儿童现有的发展水平，而且能根据儿童的最近发展区给儿童提出更高的发展要求，这更有利于儿童的发展。

③ 教学要走在发展的前面。教学必须要考虑儿童已达到的水平并要走在儿童现有发展水平的前面。

④ 学习存在最佳期。儿童学习任何内容时，都存在最佳年龄。

⑤ 认知发展的"内化"学说。在儿童认知发展的内化过程中，儿童的语言直接促进了高级心理机能的发展。

总之，维果茨基关于儿童心理的发展问题，可以归纳为一句话：教育不等于发展，且不受限于发展，在一定范围内教育可以促进发展。

第三章 学习及其理论

◆ 应试题库 ◆

一、名词解释

1. 学习   2. 接受学习   3. 有意义学习   4. 移情理解
5. 先行组织者 6. 探究性学习   7. 支架式教学   8. 泛化与分化
9. 负强化   10. 发现法   11. 生成性学习   12. 长时记忆
13. 自我强化 14. 移情   15. 建构主义教学理论（陕西师范大学 2012 年真题）
16. 经典条件反射（华南师范大学 2011 年真题）

二、简答题

1. 简述桑代克的学习理论。
2. 巴甫洛夫在其经典性条件作用说中提出了哪些学习规律？
3. 简述社会建构主义的主要学习观点。
4. 简述罗杰斯的非指导性教学的主要特点。
5. 比较正强化、负强化、惩罚与奖励之间的异同。
6. 应答性行为和操作性行为有什么不同？
7. 简述逃避条件作用与回避条件作用的异同。
8. 在采用行为矫正法处理学生违规行为问题时应该注意哪些问题？
9. 说明发现式教学法的优缺点。
10. 按照布鲁纳的观点，对一门学科的学习包含哪些过程？
11. 按照布鲁纳的观点，学习学科的基本结构的必要性有哪些？
12. 接受学习和发现学习的区别是什么？
13. 简述行为矫正的原理和基本程序。
14. 奥苏伯尔的有意义学习的条件是什么？
15. 加涅从信息加工的观点出发把学习过程分为哪些基本阶段？
16. 激进建构主义的原则是什么？
17. 简述人本主义学习理论对当前教育的启示。
18. 简述奥苏伯尔的先行组织者策略。（华东师范大学 2012 年真题）

三、分析论述题

1. 有人说："现在是建构主义学习理论的时代了，结构主义学习理论落后了。"请评述这种观点。

2. 论述加涅的信息加工学习理论。
3. 比较奥苏伯尔与罗杰斯的有意义学习的观点。
4. 试述建构主义学习理论的基本观点，并说说其对实际教育有怎样的指导作用。
5. 比较布鲁纳的认知-发现说与奥苏伯尔的有意义接受说。
6. 请根据行为主义理论，分析儿童攻击行为的形成，并给出有效的干预建议。
7. 论述班杜拉的观察学习理论以及对教学的启示。
8. 根据以下材料回答问题。

材料：案例教学法是指以案例为教学平台，用法律事件提供的环境进行情景教学，让学生通过自己对法律事件的阅读和分析，在群体讨论中甚至作为某个角色进入特定的法律情景，以培养其推理和解决问题的能力为基本目的，使学生通过归纳或演绎的方法实现或掌握蕴含于其中的法学理论的一种方法。

问题：请用人本主义学习理论对材料进行分析。

◆ 应试解析 ◆

一、名词解释

1. 学习

答：长期以来心理学对学习的含义有种种界说，但最为人们广泛接受的是，学习是凭借经验所引起的行为或思维的相对持久的变化过程。现代心理学家一般认为，学习有广义和狭义之分。广义的学习指人和动物在生活中获得经验，并由经验引起较为持久的适应性变化；狭义的学习专指学生在学校里的学习，是学习的一种特殊形式，即学生在教师指导下，有目的、有计划、有组织、有步骤地获得知识、形成技能、培养才智的过程。

2. 接受学习

答：奥苏伯尔认为接受学习是教师通过直接呈现或传授知识及其意义，学生通过新旧知识之间的相互作用来获得新知识的过程。学生的学习主要表现为接受学习，是通过教师的传授来接受事物意义的过程。在奥苏伯尔的观点中，接受学习分为有意义学习和机械学习，通常人们所批判的接受学习实际上是一种无意义的灌输式教学，而奥苏伯尔强调的是有意义的接受学习。

3. 有意义学习

答：奥苏伯尔提出的有意义学习是针对机械学习而言的，是指在学习知识的过程中，将符号所代表的新知识与学习者认知结构中已有的适当观念建立实质性的和非人为的联系的过程。所谓实质性的联系是指符号所代表的新知识观念能与学习者已有认知结构中的表象、概念、命题建立内在联系；非人为的联系是指符号所代表的新知识与认知结构中的表象建立的符合逻辑关系的联系。奥苏伯尔强调新旧知识之间的联系。

罗杰斯也提出了自己的有意义学习的概念，他指出有意义学习，不仅仅是一种增长知识的学习，而且是一种与每个人的经验融合在一起的学习，是一种使个体的行为、态度、个性以及在未来选择行动方针时发生重大变化的学习。罗杰斯强调的是学习内容与个人之间的关系。

4. 移情理解

答：咨询者要能站在来访者的角度去体验来访者的思想、情感和行为，并把体验到的这种情感、价值传达给来访者，使来访者意识到他的情感、思想和行为受到咨询者的关注，使来访者有被人听到和理解之感。罗杰斯将此称为"移情理解"。

5. 先行组织者

答：奥苏伯尔提出了"先行组织者"的教学策略，即先于学习任务本身呈现的一种引导性材料，它的抽象、概括和综合水平高于学习任务，并且与认知结构中原有的概念和新的学习任务相关联。其目的在于为新的学习任务和旧知识之间搭建一座桥梁，为新的学习任务提供概念上的固着点，增加新旧知识之间的可辨别性，以促进学习的迁移。"组织者"不仅可以是先行的，也可以放在学习材料之后呈现。

先行组织者主要包括陈述性组织者和比较性组织者两种。前者的目的在于为新的知识提供最适当的类属者；后者是比较新材料与已有认知结构中相类似的材料，目的在于增强新旧知识的可辨别性。

6. 探究性学习

答：探究性学习是认知建构主义者们认为的最典型的一种教学应用，是指学习者通过发现问题和解决问题而建构知识的过程。研究表明，以问题为中心的探究性学习有利于帮助学生提高灵活应用知识的能力，形成有效的问题解决和推理策略，并发展学生自主学习的能力。

7. 支架式教学

答：支架式教学是社会建构主义者提出的一种教学应用。指教师或其他助学者和学习者共同完成某种活动，为学习者提供某种外部支持，帮助他们完成独自无法完成的任务。而随着活动的进行，逐渐减少外部支持，直到最后完全由学生独立完成任务为止。

8. 泛化与分化

答：心理学家巴甫洛夫在经典性条件作用的实验中，提出了泛化与分化的概念。条件作用的泛化指条件作用一旦建立，那些与原来刺激相似的新刺激也可能唤起反应。例如在狗分泌唾液的实验中，用500赫兹的音调与进食相结合来建立唾液分泌条件作用。在实验的初期阶段，许多其他音调同样可以引起唾液分泌条件作用，只不过它们跟500赫兹的音调差别越大，所引起的条件作用效应就越小。泛化是指对类似的事物做出相同的反应，而分化是只对特定刺激给予强化，而对引起条件作用泛化的类似刺激不予强化，这样，条件作用就可得到分化，类似的不相同的刺激就可以得到辨别。例如，当狗对类似响铃的声音也产生条件作用时，却不给它肉，几次之后，狗就发现这种声音与响铃有区别，不再产生对它的条件反应。

9. 负强化

答：负强化是指当某种刺激在有机体环境中消失或减少时，反应概率增加，这种刺激便是负强化，即消极强化。比如，当学生表现不好，受到学校或教师的处罚，一旦处罚解除，这时对学生也会产生一种表现不好的刺激，这种刺激就是消极强化。

10. 发现法

答：布鲁纳认为"发现是教育儿童的主要手段"，学生掌握学科基本结构的最好方法是发现法。发现法就是"用自己的头脑获得知识的一切形式"。学生在学习情境中通过自己的探索来寻找获得问题答案的学习方式。教学不应当使学生处于被动地接受知识的状态，而应让"学生自己把事物整理就绪，使自己成为发现者"。教师的作用在于帮助学生形成一种能够独立研究的情境，而不是提供现成的知识。

11. 生成性学习

答：生成性学习是指学习者通过主动生成信息的意义而进行的学习，意义的生成是通过长时记忆中的知识与新信息之间复杂的相互作用而实现的。

12. 长时记忆

答：长时记忆是指永久性的信息存贮，一般能保持多年甚至终身。它的信息主要来自短时记忆阶段加以复述的内容，也有由于印象深刻一次形成的。长时记忆的容量是无限的，它的信息是以有组织的状态被贮存起来的。有词语和表象两种信息组织方式，即言语编码和表象编码。依照所贮存的信息类型还可将长时记忆分为情景记忆和语义记忆。

13. 自我强化

答：自我强化是由美国心理学家班杜拉提出的社会学习的重要理论，是指学习者根据一定的评价标准进行自我评价和自我监督，来强化相应的学习行为。

14. 移情

答：罗杰斯首先提出将来访者中心疗法运用于学习理论。移情指咨询者要能站在来访者的角度去体验来访者的思想、情感和行为，并把体验到的这种情感、价值传达给来访者，使来访者意识到他的情感、思想和行为受到咨询者的关注，使来访者有被人倾听和理解之感。

15. 建构主义教学理论（陕西师范大学 2012 年真题）

答：建构主义者认为知识是主观的，是每个人主动建构的结果。所以，建构主义者提出了自己的一套教学理论，该理论的主张如下：①知识观。知识是人对客观现实的一种解释、假设，是不断发展的，并不是问题的最终答案。②学习观。学习是在社会文化背景下，通过人与物、人与人的互动，主动建构意义的过程，而不是直接接受现成结论的过程。③学生观。强调学生已有的知识经验、认知结构、兴趣、需要等对意义建构的影响，强调学生是学习主体。④教学观。教师帮助学生从现有知识经验出发，在真实情境中通过操作、对话、协作等进行意义建构。

16. 经典条件反射（华南师范大学 2011 年真题）

答：经典条件反射（又称巴甫洛夫条件反射），是指一个刺激和另一个带有奖赏或惩罚的无条件刺激多次联结后，可使个体学会在单独呈现该刺激时，也能引发类似无条件刺激的条件反应。经典条件反射最著名的实验是巴甫洛夫的狗的唾液条件反射。经典条件反射具有获得、消退、恢复、泛化四个特征。以经典条件反射理论为基础的行为治疗方法主要包括厌恶疗法和系统脱敏疗法。

二、简答题

1. 简述桑代克的学习理论。

答：桑代克认为，学习的实质在于形成刺激-反应联结。他认为，人和动物遵循同样的学习规律；学习的过程是盲目的尝试与错误的渐进过程；学习遵循三条重要的学习原则。

(1) 准备律：指学习者在学习开始时的预备定势。当某一刺激与某一反应准备联结时，给予联结就引起学习者的满意，反之就会引起烦恼。

(2) 练习律：指一个学会了的反应的重复将增加刺激与反应之间的联结。也就是S-R联结被练习和使用得越多，就变得越来越强；反之，变得越来越弱。在桑代克后来的著作中，他修改了这一规律，因为他发现没有奖励的练习是无效的，联结只有通过有奖励的练习才能增强。

(3) 效果律：桑代克的效果律表明，如果一个动作跟随着情境中一个满意的变化，在类似的情境中这个动作重复的可能性将增加；但是，如果跟随的是一个不满意的变化，这个行为重复的可能性将减少。据此，桑代克得出：奖励是影响学习的主要因素。奖励就是令人感到愉快的或可能需要进行强化的物品、刺激或后果。在桑代克后来的著作中，他取消效果律中消极的或令人烦恼的部分，因为他发现惩罚并不一定削弱联结，其效果并非与奖励相对。

2. 巴甫洛夫在其经典性条件作用说中提出了哪些学习规律？

答：巴甫洛夫是俄国生理学家，是最早提出经典性条件作用的人，通过狗分泌唾液的实验，他得出条件作用的一些重要规律，并引入教育心理学的研究中，可将其学习规律归纳如下：

(1) 习得、强化、消退。有机体对条件刺激和无条件刺激之间的联系的获得阶段称为条件作用的习得阶段。该阶段必须将条件刺激和无条件刺激同时或近于同时地多次呈现，才能建立这种联系，这就是条件作用的习得。这种条件刺激与无条件刺激在时间上的结合就称为强化，强化的次数越多，条件作用就越巩固。如果反应行为得不到无条件刺激的强化，即使重复条件刺激，有机体原先建立起的条件作用也将会减弱并且消失，这被称为条件作用的消退。

(2) 泛化。指条件作用一旦建立，那些与原来刺激相似的新刺激也可能唤起反应，这被称为条件作用的泛化。

(3) 分化（辨别）。分化是与泛化互补的过程。只对特定刺激给予强化，而对引起条件作用泛化的类似刺激不予强化，这样，条件作用就可得到分化，类似的不相同的刺激就可以得到辨别。

(4) 高级条件作用。由一个已经条件化了的刺激来使另外一个中性刺激条件化的过程，叫作高级条件作用。

3. 简述社会建构主义的主要学习观点。

答：社会建构主义是以维果茨基的理论为基础的建构主义，以鲍尔斯菲尔德和库伯为代表。他们认为，世界是客观存在的，对每个认识世界的个体来说是共通的。知识是在人类社会范围里建构起来的，又不断地被改造，以尽可能与世界本来的面目一致，尽管永远达不到一致。另外，他们也认为学习是个体建构自己的知识和理解世界的过程。学习者在自己的日常生活、交往和游戏等活动中，形成大量的个体经验，这叫"自下而上的知识"。而在人类的社会实践活动中则形成了公共文化知识，在个体的学习中，这种知识首先以语言符号的形式出现，由概括向具体经验领域发展，所以也可称为"自上而下的知识"。

4. 简述罗杰斯的非指导性教学的主要特点。

答：罗杰斯将他的"以人为中心"的治疗方法移植到教学过程中，提出了"以学生为中心"的"非指导性"教学的理论与策略。"非指导性"教学的基本原则是强调教师在教学中的作用不是要教给学生知识，而是要为学生提供信任、安全的学习氛围，鼓励学生充分发挥自我实现潜能，自动自发地进行学习，教师要遵守以下原则：

（1）教师要以真诚、关怀和理解的态度对待学生的情感和兴趣，并为学生创造一种良好的学习氛围。

（2）学习的决策由师生共同参与完成，学生单独或协同制定学习方案，并对其后果分担责任。

（3）学习班集体的着眼点应放在促进学习过程的发展上，学习内容退居第二位。

（4）课程安排是无结构的，主要从事自由讨论。

（5）教师是一个非强制的知识资源，在学生提问时要提供有价值的帮助，并鼓励学生也把个人的知识和经验纳入这种资源中，形成"滚雪球效应"。

（6）自律是学习达到目的的必备条件，学生必须把自律看作自己的责任。

（7）学习评估主要由学生自己做。

（8）促使学习以一种更快的速度更加深刻地进行，并渗透到学生广泛的生活和行为中去。

5. 比较正强化、负强化、惩罚与奖励之间的异同。

答：斯金纳强调强化的概念。强化是指增强反应率的效果，根据强化的目的和性质将强化划分为正强化与负强化（或称为积极强化与消极强化）。正强化是通过呈现令人愉快的刺激来增加行为反应频率的过程，其中令人愉快的刺激包括给予奖励、表扬等；而负强化则是指通过消除厌恶刺激来增加反应频率的过程。不论是呈现令人愉快的刺激还是令人厌恶的刺激（即强化物），强化的结果都是反应频率的增加。

惩罚是给予反应者厌恶刺激或消除愉悦刺激，以降低行为发生频率的过程。惩罚的目的是为了降低行为发生的频率，其结果会导致行为发生的频率在短期内降低。

由此可见，正强化和负强化都会导致行为发生频率的变化，不同的是，二者使用的手段不同，正强化是给予愉悦刺激，而负强化则是消除厌恶刺激。奖励是正强化物的一种；惩罚是强化的对立，目的是降低行为的发生率，手段可以是给予厌恶刺激或消除愉悦刺激。

6. 应答性行为和操作性行为有什么不同？

答：斯金纳认为人和动物的行为有两类：应答性行为和操作性行为。应答性行为是由已知的刺激引起的，有机体被动地对环境做出反应，例如风吹眨眼；操作性行为则不与任何特定刺激相联系，是有机体自发做出的随意反应，这些反应由于受到强化而成为在特定情境中随意的或有目的的操作。

它们的区别有如下几点：

（1）经典性条件作用进行的是应答性行为，操作性条件作用进行的是操作性行为。经典性条件作用的反应是诱发的；操作性条件作用的反应是自发的。

（2）应答性行为是在条件刺激与无条件刺激相匹配下进行的，而操作性行为需要及时的强化使行为得以巩固。

（3）应答性行为只有对特定刺激才能产生反应，而操作性行为不需要特定的刺激，却重在对自发的行为进行多次的强化。

7. 简述逃避条件作用与回避条件作用的异同。

答：斯金纳提出强化理论后，认为强化分为正、负强化，负强化包括两种形式，逃避条件作用和回避条件作用。

逃避条件作用：当厌恶刺激或不愉快的情境出现时，有机体做出某种反应，从而逃避了厌恶刺激或不愉快情境，该反应在以后的类似情境中发生的概率增加。

回避条件作用：当预示厌恶刺激或不愉快情境即将出现的信号呈现时，有机体自发地做出某种反应，从而避免了厌恶刺激或不愉快情境的出现，则该反应在以后的类似情境中发生的概率也会增加。

二者的异同：两者都是消极强化的条件作用类型，但是两者有着明显的差别。在逃避条件作用中，厌恶刺激已经发生了，个体已经遭受到这种痛苦；在回避条件作用中，厌恶刺激还没发生，有机体事先做出反应回避了它的发生，所以并没有遭到厌恶刺激的攻击。"防患于未然"就属于回避条件作用。回避条件作用是在逃避条件作用的基础上建立的。

8. 在采用行为矫正法处理学生违规行为问题时应该注意哪些问题？

答：行为矫正的原理是有机体自发做出的操作性行为与其随后出现的行为结果之间的相倚关系，控制着该行为在以后发生的概率。即通过操作性条件作用或消退的原理来消除个体在某种情境下的不适当行为或不良习惯。

我们应注意的问题有：①确定行为目标；②建立目标行为的基线水平；③选择强化物；④必要时确定惩罚与惩罚标准；⑤实施行为矫正程序，观察目标行为并与基线水平做比较；⑥减少强化频率。

9. 说明发现式教学法的优缺点。

答：布鲁纳认为"发现是教育儿童的主要手段"，学生掌握学科基本结构的最好方法是发现法。发现法就是学生在学习情境中通过自己的探索来寻找获得问题答案的学习方式。教学不应当使学生处于被动地接受知识的状态，而应该让学生自己把事物整理就绪，使自己成为发现者。教师的作用在于帮助学生形成一种能够独立研究的情境，而不是提供现成的知识。

优点：发现式教学法有利于激发学生的好奇心及探索未知事物的兴趣，有利于调动学生的内部动机和学习的积极性，最大限度地为学生提供自由回旋的余地，并有利于学生创造性、批判性思维的发展。

缺点：忽视了学生学习的特点，歪曲了接受学习的本意；同时对发现学习的界定缺乏科学性和严密性；而且发现学习比较浪费时间，不能保证学习的水平。因此，发现学习应该根据教材的性质和学生的特点来灵活安排。

10. 按照布鲁纳的观点，对一门学科的学习包含哪些过程？

答：布鲁纳认为，学习一门学科的最终目的是构建学生良好的认知结构，而构建良好的认知结构常常需要经过获得、转换和评价三个过程。

（1）新知识的获得。学习是一个认知的过程，学习活动首先是新知识的获得过程，这种新知识可能是学生以前知识的精炼，或者和学生以前的知识相违背。不管新旧知识的关系如何，通过新知识的获得都会使已有的知识进一步提高。

（2）知识的转化。学习涉及知识的转化，通过转化，新获得的知识以不同的方式转化为另外的形式，以适应新的任务，从而学到更多的知识。

(3) 知识的评价。评价是对知识转化的一种检查，通过评价，可以核对我们处理知识的方法是否适合新的任务，运用得是否合理。因此，知识的评价通常包含对知识的合理性进行判断。

11. 按照布鲁纳的观点，学习学科的基本结构的必要性有哪些？

答：布鲁纳从以下四个方面论述了学习学科的基本结构的必要性。

(1) 懂得基本原理使得学科的知识更容易理解。他列举了物理学、数学学习中的例子，然后指出不仅在物理、数学中是这样，而且在社会学和文学中也完全是这样。把学科的基本原理弄懂了，其他特殊课题就能解决好。

(2) 从人类的记忆看，他说"除非把一件件事情放进构造得好的模型里，否则很快就会忘记。详细的资料是靠表达它的简化方式来保存在记忆里的。学习普遍的或基本的原理的目的，就在于保证记忆不会全部丧失，而遗留下来的东西将使我们在需要的时候把一件件事情重新构思起来。高明的理论不仅是现在用以理解现象的工具，而且也是明天用以回忆那个现象的工具"。"获得的知识，如果没有完满的结构把它们联在一起，则多半是会被遗忘的知识。一串不连贯的论据在记忆中仅有短促得可怜的寿命。"

(3) 领会基本原理和观念，是通向适当的"训练迁移"的大道。布鲁纳认为，理解最基本的原理和结构的意义就在于把事物作为普遍的事情的特例去理解，不仅学习特定的事物，还学习适合于理解可能遇见的其他类似事物的模式。这些模式就是迁移的基础，它能进一步激发智慧。

(4) 对教材结构和基本原理的理解，能够缩小"高级"知识和"初级"知识之间的间隙。布鲁纳主张在一门课程的教学进展中，应反复地提及这些基本观念，直到学生掌握了与这些基本观念相伴随的完全形式性的体系为止。

12. 接受学习和发现学习的区别是什么？

答：(1) 侧重点不同：接受学习强调现成知识的掌握；发现学习则强调探究过程。

(2) 呈现学习材料的方式不同：在接受学习中，教师把学习内容直接呈现给学生；在发现学习中，教师只呈现一些提示性的线索。

(3) 学习的心理过程不同：在接受学习中，学生只需直接把现在的知识加以内化，纳入认知结构中；在发现学习中，学生必须先通过自己的探究活动归纳结论，再把结论归纳到认知结构之中。

(4) 教师所起的作用不同：在接受学习中，教师起主导、控制的作用；在发现学习中，教师只起指导作用，而不控制具体的学习过程。

13. 简述行为矫正的原理和基本程序。

答：(1) 原理：有机体自发做出的操作性行为与其随后出现的行为结果之间的相倚关系，控制着该行为在以后发生的概率，即通过操作性条件作用或消退的原理来消除个体在某种情境下的不适当行为或不良习惯。

(2) 基本程序：①确定目标行为；②建立目标行为的基线水平；③选择强化物；④必要时，确定惩罚与惩罚标准；⑤实施行为矫正程序，观察目标行为并与基线水平作比较；⑥减少强化频率。

14. 奥苏伯尔的有意义学习的条件是什么？

答：所谓有意义学习就是将符号所代表的新知识和学生认知结构中已有的适当观念建

立非人为的和实质性的联系。否则，就只是机械学习。

有意义学习的产生既受客观条件（学习材料的性质）的影响，也受主观条件（学习者自身因素）的影响。

（1）从客观条件看，有意义学习的材料本身必须是能够与学生认知结构中的有关知识建立起实质性和非人为性的联系。也就是说：①材料必须具有逻辑意义，学生可以从心理上理解；②材料应该是在学生学习能力范围之内的，符合学生的心理年龄特征和知识水平。

（2）从主观条件看，主要包括三点：①学习者要具备有意义学习的倾向性。简单地说，学生必须通过理解，通过新旧知识之间的相互作用去获得这些知识，而不是死记硬背；②学习者认知结构中必须具有适当的知识基础；③学习者必须积极主动地使具有潜在意义的新知识与认知结构中有关的旧知识发生相互作用，加强对新知识的理解，使认知结构或旧知识得到改善，使新知识获得实际意义。这种相互作用越充分，越有利于掌握新知识。使新知识获得实际的意义，也就是使其具有个人的心理意义，把外在的知识变成学生自己的知识。

15. 加涅从信息加工的观点出发把学习过程分为哪些基本阶段？

答：加涅认为学习的过程就是一个信息加工的过程，教学的艺术就在于学习阶段与教学事件的匹配。加涅将教学分为八个阶段。

（1）动机阶段：有效的学习必须要有学习动机，这是整个学习的开始阶段。教学要引起学习者的兴趣，以激发学生的学习动机，使之产生学习的期望。

（2）领会阶段：学习者的主要心理活动是注意、选择性的知觉。因此，教师应该采取各种手段来引起学生的注意，使学生把注意力集中在与学习目标有关的刺激上。

（3）习得阶段：习得阶段是对新获得的刺激进行直接编码后储存在短时记忆里，然后对它们再进一步编码加工后转入到长时记忆中。

（4）保持阶段：学生习得的信息经过复述、强化后，以语义编码的形式进入长时记忆的贮存阶段。

（5）回忆阶段：学生习得的信息要通过作业表现出来，信息的提取是其中必需的一环。

（6）概括阶段：教师希望学生能把学到的知识运用到各种类似的情境中，以达到举一反三的目的。

（7）作业阶段：即反应生成阶段。这一阶段教师的任务是提供各种形式的作业，使学习者有机会表现他们的操作活动。

（8）反馈阶段：学生通过作业的完成可以了解到自己的学习是否达到了预期目标。这时教师给予适当的反馈，让学生及时知道自己学习的结果，这样可以强化他们的学习动机。

16. 激进建构主义的原则是什么？

答：激进建构主义有两条基本原则：①知识不是通过感觉或交流而被个体被动接受的，而是由认知主体积极建构的，这种建构通过新旧经验互相作用而实现；②认识的机能是适应自己的经验世界，帮助组织自己的经验世界，而不是去发现本体论意义上的现实。

17. 简述人本主义学习理论对当前教育的启示。

答：人本主义学习理论十分重视对学习者高层次学习动机的激发，强调充分发展学习者的潜能和积极向上的自我概念、价值和态度体系，从而使得学习者能够充分发挥他们的人格作用。

人本主义学习理论的应用主要表现在以下几个方面：

(1) 重视学习者的内心世界。人本主义学习理论重视教育者对学生内在的心理世界的了解，以顺应学生的兴趣、需要、经验以及个别差异等，达到开发学生的潜能，激起其认知与情感的作用；重视创造力、认知、动机、情感等心理方面对行为的制约作用，这对教育事业的革新与进步是具有积极意义的。

(2) 对学生的本质持积极乐观的态度。人本主义心理学家把人类能否适应当代世界的加速变化，以及解决种种社会矛盾的一个决定因素归之于能否教育好一代新人。他们提倡教育目标应该指向学生个人的创造性、目的和意义，是培养积极愉快、适应时代变化的心理健康的人。这种观点对我国当前素质教育目标的制定，具有积极的借鉴作用。

(3) 对教师的态度定势与教学风格的重视。人本主义心理学家在重视学生个别差异与自我概念的同时也重视师生关系、课堂气氛即群体动力的作用，特别是促使教师更加重视与研究那些涉及人际关系与人际感情的问题，诸如自我概念与自我尊重、气氛因素及学生对新的学习的知觉方式的调节、学习能力的获得、持续学习等问题；促使教师从学生的外部行为理解其内在的动因等。这无疑促进了教师心理的理论研究，对完善教师的态度定势与教学风格具有十分重要的意义。

18. 简述奥苏伯尔的先行组织者策略。（华东师范大学 2012 年真题）

答：(1) 含义：奥苏伯尔提出了"先行组织者"教学策略，即先于学习任务本身呈现的一种引导性材料，它的抽象、概括和综合水平高于学习任务，并且与认知结构中原有的观念和新的学习任务相关联。其目的在于在新的学习任务和旧知识之间搭建一座桥梁，为新的学习任务提供观念上的固着点，增加新旧知识之间的可辨别性，以促进学习的迁移。"组织者"不仅可以是先行的，也可以放在学习材料之后呈现。

(2) 分类：先行组织者主要包括陈述性组织者和比较性组织者两种。前者的目的在于为新的学习提供最适当的类属者；后者是比较新材料与已有认知结构中相类似的材料，目的在于增强新旧知识的可辨别性。

(3) 例如，学生将要学习"地形"方面的新材料，陈述性组织者就设计为："地形是由各种各样特殊形状的大小陆地构成的总和。"其中，"陆地"是学生已经掌握了的上位概念，其抽象和概括性高于新概念"地形"，而"地形"又高于将要学习的正式材料"山脉""高原""平原"等。学生事先学习这个组织者之后，便将这些高度抽象、概括化的概念移植进认知结构中。例如，学生学习了"动作技能"的有关材料后，就学习"智力技能"这个新材料，学生有可能混淆这两个概念，这时我们应该设计一个比较组织者，可以设计为"智力技能和动作技能一样，练习越多就越熟练，所不同的是前者为内化动作，后者为外化动作"。

三、分析论述题

1. 有人说："现在是建构主义学习理论的时代了，结构主义学习理论落后了。"请评述这种观点。

答：在评述观点之前，我们应该了解结构主义和建构主义学习理论各自的特色：

(1) 结构主义学习理论的代表人物布鲁纳从认知心理学的观点出发，对学生的学习、动机以及教学等方面进行了全面阐述。

① 学习观。学习的实质在于主动地形成认知结构。学习者不是被动地接受知识，而是主动地获取知识；学习包括获得、转化和评价三个过程；学习任何一门学科的最终目的是构建学生良好的认知结构。

② 结构教学观。他主张教学的最终目标是促进对学科结构的一般理解。他把学科的基本结构放在设计课程和编写教材的中心地位，成为教学的中心，教师是学生学习的指导者、设计者。

③ 发现学习法。发现就是用自己的头脑获得知识的一切形式。学生在学习情境中通过自己的探索来寻找获得问题答案的学习方式。

(2) 建构主义学习理论。

① 知识观。人类知识只是对客观世界的一种解释、一种假设，它不是最终的答案。学生的书本知识就是一种对现实世界较为可靠的假设，而不是最可靠的解释。

② 学习观。教师是学生学习的帮助者、合作者。学生不是被动的信息接受者，学习是在师生共同的活动中，教师通过提供帮助和支持，使学生主动地建构自己知识经验的过程。

③ 教学观。教学要重视学生的已有知识经验，要重视学生对各种现象的理解，要倾听学生的意见，引导学生对知识的处理和转换，引导学生对知识的应用。

(3) 比较二者的异同。

① 相同点：都主张学生的主动学习。结构主义主张学生积极、主动地去学习，去吸收书本上的知识；建构主义则强调学生主动构建自己的知识经验。

② 不同点：建构主义更强调学生主动性的"度"和"面"，即要把学生的主动性发挥到什么程度，要把这种主动性渗透到学习过程的哪些方面，而不在于是否强调学生的主动性。

(4) 对二者的评价。

建构主义强调学生的先前经验，反对绝对的"真理"，批判传统的书本知识至上、"标准答案"等情况的弊端，对教师角色的定位非常有助于发展学生的自我探索能力。但会导致优秀文化、真理就无法得到普遍的认同和肯定，并且在这种模式教学下，学生很难掌握完整的、系统的知识，难保学习的片面性或走许多弯路。

结构主义则刚好弥补了建构主义的这些问题，但结构主义在注重学生先前经验、发挥学生主动性、提倡学生主导方面做得较差，不允许学生有个性化的想法，设定标准答案等是结构教学带来的弊端。

综上所述，题干中的观点不正确。我们要认真分析各自的优缺点，合理地把握运用各种理论中有益于我们教育教学发展的观念。

2. 论述加涅的信息加工学习理论。

答：(1) 学习的信息加工模式。以电子计算机工作的原理为背景，结合人对信息加工的特点，加涅提出信息加工的学习模式的三大系统：信息的三级加工系统、执行控制系统和期望系统。以下是对三大系统的论述。

信息加工的三大系统：瞬时记忆、短时记忆和长时记忆。加涅认为，当外界刺激作用于感受器，感受器将这些物理信息转换为神经信息，进入感觉登记，信息在这阶段保持很短的时间，一部分遗忘，一部分通过注意或选择性知觉进入短时记忆，经过复述和组块化策略对信息进行编码，经过编码的信息进入长时记忆。当需要使用信息时，经过检索提取信息。被提取的信息可通过反应发生器直接反应，也可以回到短时记忆进行编码后再到发生反应器。在这个过程中，期望事项是指人对信息加工所想要达到的目标，主要指动机系统；执行控制系统相当于加涅所说的认知策略。

（2）学习阶段及教学设计。

加涅把学习看成一个精确的信息加工的过程，学习与教学相互独立又相互对应。一个完整的学习过程是由动机阶段、领会阶段、习得阶段、保持阶段、回忆阶段、概括阶段、作业阶段、反馈阶段这八个阶段的系列组成的。有效的教学要求教师根据学习的内部条件，创设或安排适当的外部条件，促进学生有效学习，以实现预期的教学目标。加涅的理论存在一个很大的缺陷：只单纯强调原有知识经验在新信息的编码表征中的作用，忽略了新经验对原有知识经验的影响。

3. 比较奥苏伯尔与罗杰斯的有意义学习的观点。

答：奥苏伯尔根据学习进行的方式将学习划分为接受学习和发现学习；根据学习材料与学习者原有认知结构的关系将学习划分为有意义学习和机械学习。其中，有意义学习是指将符号所代表的新知识与学习者认知结构中原有的适当观念建立非人为的和实质的联系。非人为的联系是指这种联系不是任意的或人为强加的，是新知识和原有的认知结构中的有关观念建立的某种合理的或逻辑基础上的联系；实质的联系是指新旧知识之间的联系是非字面的，是建立在具有逻辑关系基础上的联系，是一种内在的联系。

罗杰斯根据学习内容将学习划分为认知学习和经验学习；根据学习对学习者的个人意义将学习划分为无意义学习和有意义学习。他认为有意义学习不仅能增长知识，还与个体的经验融合在一起，能使个体的行为、态度、个性及未来选择行动方针发生重大变化，有意义学习等同于经验的学习；而认知学习只涉及心智，不涉及感情或个人意义，是一种"在颈部以上发生的学习"，与人的完善发展无关，因而是一种无意义的学习。

两者虽然都强调有意义学习，但后者关注学习内容与个人之间的关系，而前者强调新旧知识之间的联系，只涉及心智而不涉及个人意义。按照罗杰斯的划分，奥苏伯尔的有意义学习是一种认知学习，等同于无意义学习，而他的有意义学习则是一种经验的学习。

4. 试述建构主义学习理论的基本观点，并说说其对实际教育有怎样的指导作用。

答：建构主义学习理论的基本观点有：

（1）知识观：该理论强调，知识并不是对现实的准确表征，它只是一种解释、一种假设，并不是问题的最终答案。它认为科学只是包含真理性，但不是绝对正确的最终答案，而只是对现实的一种更可能的正确解释，这些知识在被个体接受之前，对个体来说毫无权威可言，学生对知识的"接受"只能靠他们自己的建构来完成，以他们自己的经验、信念为背景来分析知识的合理性。学生的学习不仅是对新知识的理解，而且是对新知识的分析、检验和批判。所以学习知识不能满足于教条式的掌握，而是需要不断深化，把握它在具体情境中的复杂变化，使学习走向"思维中的具体"。

（2）学习观：建构主义认为，学习不是知识由教师向学生的传递，而是学生建构自己的知识的过程，学生不是被动的信息接收者，而是意义的主动建构者，这种建构不可能由其他人代替。

(3) 学生观：建构主义者强调，学生并不是空着脑袋走进教室的。当问题呈现在面前时，他们往往也可以基于相关的经验，靠他们的认识能力，形成对问题的某种解释，而且这种解释是从他们的经验背景出发而推出的合乎逻辑的假设。

在具体的教学过程中，要注意把儿童现有的知识经验作为新知识的生长点。避免将教学仅仅看成知识的传递，而要将其视为知识处理和转换的过程。

5. 比较布鲁纳的认知-发现说与奥苏伯尔的有意义接受说。

答：(1) 布鲁纳认知-发现说的主要观点：

① 认知学习观。a. 布鲁纳认为学习的实质是主动地形成认知结构。b. 学习包含着三个几乎同时发生的过程：获得、转换和评价。

② 结构教学观。a. 教学的目的在于理解学科的基本结构，教学的目标是促进学生对学科基本结构的理解。b. 教学原则：动机原则、结构原则、程序原则和强化原则。

③ 提倡发现学习法。学生在教学过程中是一个积极的探究者，他们在教师提供的学习情境中，独立探究、主动思考并获得知识。

(2) 奥苏伯尔有意义接受学说的主要观点：

① 强调有意义学习。有意义学习是指学习者将符号所代表的新知识与其原有认知结构中已有的适当的观念建立起非人为的、实质性联系的过程。

② 强调接受学习。奥苏伯尔认为学习的主要方式是接受而不是发现。他提出接受学习也可以是有意义的，不认为发现学习和有意义学习、接受学习和机械学习是一一对应的。

③ 认知同化理论。奥苏伯尔将人们的认知过程归纳为上位学习、下位学习和并列学习三种，人们通过这三种学习来组织知识结构。

④ 先行组织者策略。先于学习任务本身呈现一种引导性材料，其抽象、概括和综合水平高于学习任务，且与认知结构中原有观念和学习任务相关，从而为新的学习任务提供观念上的固着点，促进学习的迁移。

(3) 两种观点的比较：

① 不同点：a. 强调的学习方式不同。布鲁纳强调发现学习，而奥苏伯尔强调接受学习；b. 强调的学习过程不同。布鲁纳主张从特殊到一般，而奥苏伯尔强调从一般到特殊的认识过程。

② 相同点：两个理论虽然强调的侧重点不同，但是都强调学生认知结构的作用，强调学生的主观能动作用，重视学生认知结构的重建。

6. 请根据行为主义理论，分析儿童攻击行为的形成，并给出有效的干预建议。

答：(1) 攻击行为的形成。

儿童的攻击行为的习得在很大程度上是观察学习的结果。根据班杜拉的观察学习理论，观察学习过程包括注意、保持、动作再现和动机四个子过程的影响。

影响注意过程的因素主要有榜样行为的特性、榜样的特征、观察者的特征。个体在儿童期容易受到影视作品尤其是动画片中角色特点及其行为的影响；同时，父母是儿童行为的启蒙者，父母也是儿童行为的榜样，所以父母的言行也在影响儿童的行为。如果影视作品中的角色或父母的攻击行为被儿童注意到，这些影视人物和父母可能会成为儿童攻击行为的学习榜样。

儿童在观察到榜样的攻击行为后，用符号将其加以表征，存储在自己的记忆系统中，当现实生活中出现类似的情境时，儿童将再现其记忆中的行为。

儿童的攻击行为可能受到榜样的替代强化、外部强化或自我强化。如儿童观察到榜样的攻击行为可以惩治坏人、可以从别人那里夺取自己想要的东西等，就可以对儿童的攻击行为起到替代强化的作用。儿童自己通过攻击他人得到物质奖励、引起关注，或者获得自我满足感和成就感等，也可强化儿童的攻击行为。

(2) 攻击行为的干预。

① 减少提示线索。提示线索是指引发个体行为的刺激。在攻击行为的干预中，可以减少儿童与攻击工具的接触，如拿走儿童的玩具枪、玩具剑等。

② 榜样示范。为儿童树立友好行为的示范，而减少其与攻击行为相关人物接触的机会。如让儿童多与友善的同伴接触，在儿童面前夸奖行为友善的儿童，劝说家长在儿童面前不要表现攻击行为，减少儿童接触暴力影视节目等。

③ 剥夺儿童攻击行为的强化物。如剥夺儿童通过攻击同伴得到的玩具、引发的关注等，以消退其攻击行为。

④ 惩罚。惩罚并不是指体罚，而是通过批评教育，让儿童意识到错误的行为以及行为的不良后果。

⑤ 塑造儿童友善行为。设定友善行为的级别，以攻击行为上限，如身体攻击→言语攻击→攻击行为频率下降→开始对同伴表示友好（如微笑等）→在竞争中能够通过协商来处理矛盾冲突等。每当儿童攻击行为水平下降，或出现友善行为时，给予物质（如玩具）和精神奖励（如表扬、夸奖等），以强化其行为的改善。

7. 论述班杜拉的观察学习理论以及对教学的启示。

答：班杜拉认为人们可以通过观察他人的行为以及行为的后果而间接地产生学习，班杜拉称这种学习为观察学习。他的实验发现儿童通过观察别人对待充气娃娃的态度而习得相应行为。

(1) 班杜拉的实验结论。人类大多数的行为都是通过观察习得的，这个学习过程受注意、保持、动作再现和动机四个子过程的影响。

① 注意过程：调节着观察者对示范活动的探索与知觉；②保持过程：使得学习者把瞬间的经验转变为符号概念，形成内部表征，这一过程有赖于表象系统、语言系统，有时还有动作演练；③动作再现过程：以内部表征为指导，做出反应；④动机过程：决定所习得的行为中哪一种将被表现出来。

(2) 班杜拉把习得与行为表现相区分，动机过程包括外部强化、替代强化和自我强化。

① 如果按照榜样行为行动会导致有价值的结果，而不会导致无奖励或惩罚的后果，人们倾向于展现这一行为。这是一种外部强化。

② 观察到榜样行为的后果，与自己直接体验到的后果，是以同样的方式影响观察者的行为表现的，即学习者的行为表现是受替代强化影响的。

③ 自我强化是指人们能够自发地预测自己行为的结果，并依靠信息反馈进行自我评价和调节。

(3) 对教学的启示。该理论在实际德育工作中有很多启发意义。例如，教师应该注意为学生提供良好的学习资源和借鉴的榜样，引导学生学习和保持榜样行为，并为学生创造再现榜样行为的机会，对良好的行为给予及时的表扬和鼓励，对错误的行为则给予批评和教育，适时强化。观察学习理论较多地应用于品德与规范的学习，在实施过程中应该注意以下问题：

① 选择适当的榜样行为并反复示范榜样行为；②给学生提供再现行为的机会，并促使学生不断进行自我调整；③及时表扬良好行为，还要促进自我强化。此外，要重视榜样的作用，消除社会环境中的不良榜样行为。

8. 请用人本主义学习理论对材料进行分析。

答：（1）人本主义学习的内涵。

① 学习观：有意义的自由学习。

罗杰斯认为，教学的目标在于促进学习，因此学习并非教师强迫学生学习枯燥的教材，而是在好奇心的驱使下去吸收任何有趣的知识，是一种自由的学习。他认为学习主要有两种类型，认知学习和经验学习，学习的方式也有两种，有意义学习和无意义学习，并认为认知学习和无意义学习、经验学习和有意义学习是完全一致的。

② 教学观：非指导性教学。

罗杰斯认为，人类本来就有学习的潜能，就应以学习者为中心，充分发挥他们的潜在能力。要为学生提供学习资源，建构真实情境，提倡做中学，鼓励学生自由探索，强调学习过程中学生的主体地位，教师是学生学习的促进者；强调学习过程不仅是学习者获得知识的过程，而且是学习方法和健全人格的过程。

（2）材料中如何体现人本主义学习理论的特点。

案例教学法是符合人本主义学习理论的。案例教学充分调动了学生学习的潜能，即能够使每个学生所具有的学习、发现知识的潜能释放出来。它培养学生探索新知识、敢于面对挑战、运用所学解决实际问题的能力。设计案例教学，要注意以下几点：①案例能够充分体现所应完成的教学知识点；②具有一定的趣味性，和学生有一定的联系，让学生感兴趣；③案例教学可以采用模拟法庭的形式，让学生进入到真实的角色和情境中；④充分运用实践方式，接触到真实的事件和法律案件程序运作。

第四章　学习动机

◇ 应试题库 ◇

一、名词解释

1. 学习动机　　2. 自我提高内驱力　　3. 自我效能感
4. 内部动机与外部动机　　5. 归因维度

二、简答题

1. 简述学习动机的强化理论的主要内容。
2. 简述马斯洛的需要层次论及其对学习动机的解释。
3. 什么是期望-价值论？
4. 简述班杜拉的自我效能感及其意义。
5. 如何培养和激发学生的学习动机？
6. 简述学习动机的作用。
7. 动机与需要、诱因的关系如何？
8. 附属内驱力具有的条件是什么？
9. 课堂上激发和维持学习动机的前提条件是什么？
10. 教师在实施奖励的过程中应注意哪些问题？

三、论述分析题

1. 归因理论是如何解释人的归因对学习动机的影响的？
2. 根据你所学的学习动机理论的知识，谈谈你对培养和激发学生的学习动机的建议。
3. 学习动机的自我价值理论对我们教育工作者有何启示？
4. 课堂教学应该尽可能地增强学生学习的内部动机，怎样才能增强学生的内部动机呢？试述增强学生内部动机的几点建议。
5. 根据以下材料回答问题。

材料：张老师刚接手新的初中班级，班上有个叫张海的男孩让老师头疼，经了解张海幼年时父母离异，一直与奶奶生活，他学习习惯不好，上课经常开小差或睡觉，基础知识比较薄弱，但又好高骛远，基础题不会做，偏要做附加题。老师督促他多做练习，他以"自己笨，不会做"为借口。

问题：
（1）请用学习动机理论分析材料中的内容。
（2）请结合材料简述影响学习动机的因素。

◇ 应试解析 ◇

一、名词解释

1. 学习动机

答：学习动机是激发个体进行学习活动，维持已引起的学习活动，并使个体的学习活动朝向一定的学习目标的一种动力倾向。

2. 自我提高内驱力

答：根据学习动机影响学生学业成就的不同，奥苏伯尔将学习动机分为认知驱动力、自我提高内驱力、附属内驱力。其中，自我提高驱动力是个体因自己的学业成就而赢得相应的地位的需要，即把学业看成是赢得地位和自尊的根源，属于一种外部动机。

3. 自我效能感

答：自我效能感指人们对自己是否能够成功地进行某一成就行为的主观判断。这一概念是班杜拉最早提出的。自我效能感主要受到以下四个因素的影响。(1) 直接经验。学习者的亲身经验对效能感的影响最大，成功的经验会提高自我效能感，反之，会降低自我效能感。(2) 替代性经验。学习者通过观察别人的成败，会间接影响自我效能感。(3) 言语说服。这种方法效果不持久。(4) 情绪的唤起。情绪和生理状态也影响自我效能感，高度的情绪唤起、紧张的生理状态会妨碍行为操作，降低对成功的预期水准。

4. 内部动机与外部动机

答：根据学习动机的动力来源，可以分为内部动机和外部动机。内部动机是指由个体内在的需要引起的动机，例如具有内部动机的学生是为了获得知识去学习；外部动机是指个体由外部诱因所引起的动机，例如，有的学生学习是为了得到奖励，避免惩罚，或者为了取悦家长教师等。内部动机可以使学生有效、长期地进行学校中的学习活动，具有内部动机的学生渴望获得有关的知识经验，具有自主性、自发性。具有外部动机的学生的学习具有诱发性、被动性，他们对学习内容本身的兴趣较低。

5. 归因维度

答：根据韦纳的归因理论，在寻找自己成败的原因时，人们通常将导致自己成败的因素分为能力高低、努力程度、任务难易、运气好坏、身心状态和外界环境六个因素，这六个因素可归为三个维度，即内部归因和外部归因，稳定性归因和不稳定性归因，可控制归因和不可控归因。（考生如果写不出定义可以根据已学的知识作答）

二、简答题

1. 简述学习动机的强化理论的主要内容。

答：学习动机的强化理论是由联结主义学习理论家提出来的，他们不仅用强化来解释学习的发生，而且用它来解释动机的产生。联结主义心理学家用 S-R 的公式来解释人的行为，认为动机是由外部刺激引起的一种对行为的冲动力量，并特别重视用强化来说明动机的引起与作用。在他们看来，人的某种学习行为倾向完全取决于先前的学习行为与刺激因强化而建立起来的稳固联系，强化可以使人在学习过程中增加某种反应重复可能性的力量。与此相应，联结学习理论的中心是刺激与反应之间的联结，而不断地强化则可以使这种联结得到加强和巩固。按照这种观点，任何学习行为都是为了某种报偿。因此，在学习活动中，采取各种外部手段如奖赏、评分、竞赛等，可以激发学生的学习动机，引起相应的学习行为。

2. 简述马斯洛的需要层次论及其对学习动机的解释。

答：需要层次论是人本主义心理学在动机领域中的体现，美国心理学家马斯洛是这一理论的提出者。

马斯洛认为，人的基本需要有五种，它们由低到高依次排列成一定的层次，即生理的需要、安全的需要、归属与爱的需要、尊重的需要和自我实现的需要。在人的需要层次中，最基本的是生理的需要；之后是安全的需要（如生活安定、不焦虑）；这之后是归属与爱的需要，即个体要求与他人建立感情；再后来是尊重的需要，包括自尊和受他人尊重。这些低一级的需要满足后，人就进入自我实现的需要。自我实现作为最高级的需要，有两层含义：完整和丰满的人性的实现以及个人潜能或特性的实现。人们进行学习，就是为了自我实现，因此，可以说自我实现是一种重要的学习动机。

马斯洛认为，各种需要不仅有高低层次之分，也有先后顺序，低层需要满足了，才会产生高层需要。最后一种自我实现的需要属于成长的需要，其特点在于永不满足。

需要层次论说明，在某种程度上学生缺乏学习动机可能是由于某种缺失性需要没有得到充分满足而且引起的。如家境贫寒，温饱不能满足；父母离异，归属与爱的需要不能满足；教师过于严厉，尊重的需要不能满足。这些因素会成为学生学习和自我实现的主要障碍。所以，教师不仅要关心学生的学习，也应该关心学生的生活和情感，以排除影响学习的一切干扰因素。

3. 什么是期望-价值论？

答：心理学家阿特金森提出期望-价值论，也叫成就动机理论，认为在学习动机上成就动机对人的影响最大，个人的学习动机可以分为两个部分，其一是力求成功的意向，其二是避免失败的意向。如果一个人对获得成功的需要大于避免失败的需要，他就敢于冒险，在这一过程中，一定次数的失败，反而会强化他们去解决问题的愿望；而如果太容易成功，反而会削弱学生的动机。这种人属于高成就动机者。相反，如果一个学生对失败的担心大于获得成就的动机，那么，他就有可能因失败而灰心，因成功而得到鼓励。这种学生在选择任务时倾向于选择非常容易或者非常难的任务，因为前者容易成功，而后者即使失败了也可以有借口挽回面子。

成就动机的水平与完成学业任务的质量关系密切。高成就动机者内在动机强，即使失败也能坚持，且把原因归为自己努力不够。避免失败的学生相反，不够自信，如果成功他们认为是运气，如果失败他们认为是自己能力不足。

这种动机理论把人的情感和认识统一起来，可以说是对传统的一种突破，但是发展不是很完善。

4. 简述班杜拉的自我效能感及其意义。

答：自我效能感是指人们对自己是否能够成功地进行某一成就行为的主观判断。这一概念是由班杜拉最早提出的。

班杜拉在他的动机理论中指出，人的行为受行为的结果因素与先行因素的影响。行为的结果因素就是通常所说的强化，但他对强化的看法与传统的行为主义对强化的看法不同。他认为，在学习中没有强化也能获得有关的信息，形成新的行为。而强化能激发和维持行为的动机以控制和调节人的行为。因此，他认为行为的出现不是由于随后的强化，而是由于人认识了行为与强化之间的依赖关系后对下一步强化的期望。

班杜拉等人的研究还指出，自我效能感具有下述功能：①决定人们对活动的选择及对该活动的坚持性；②影响人们在困难面前的态度；③影响新行为的获得和习得行为的表现；④影响活动时的情绪。

自我效能感理论克服了传统心理学重行轻欲、重知轻情的倾向，日益把人的需要、认知、情感结合起来研究人的动机，具有极大的科学价值。但仍然没有形成一个比较完整的、统一的理论框架。

5. 如何培养和激发学生的学习动机？

答：(1) 创设问题情境，实施启发式教学。根据成就动机理论，当问题的难度系数为50%时，挑战性与胜任力同在，最容易激发学生的学习动机。

(2) 根据作业难度，恰当控制动机水平。学习动机与学习效果并不是总成正比的，根据耶克斯-多德森定律，最佳的动机水平与作业难度密切相关。对于简单、容易的任务，尽量让学生集中注意力、紧张一些；对于复杂、困难的任务，则要尽量创造轻松自由的气氛。

(3) 充分利用反馈信息，给予恰当的评定和反馈。一方面可以调整学习活动，另一方面可以增强学习动机。不恰当的评定会有消极的作用，如使学生过分关注结果、抑制内在动机等。因此，在评定时应该注意：要用评定表示进步的快慢，根据学生的个别差异加上恰当的评语。

(4) 妥善进行奖惩，维护内部学习动机。在使用中应注意三条原理：奖励能激发动机，惩罚则不能；滥用外部奖励会破坏内部动机；奖惩影响成就目标的形成。表扬应该针对学生的具体行为，而不是整个人；态度要真诚；要强调学生的努力。

(5) 合理设置课堂环境，妥善处理竞争与合作。

(6) 坚持以内部动机作用为主，外部动机作用为辅。

(7) 适当地进行归因训练，促使学生继续努力。指导学生进行积极的成败归因，有时候积极比正确更重要，尤其是差生，引导其将失败归因于努力程度不足，而不是能力不足。

(8) 注意学生的个别差异，因材施教。

(9) 注意内外部动机的相互补充，相辅相成。

(10) 加强自我效能感。引起和增强学生的自我效能感，有利于培养学习动机，我们要做好三方面：直接经验训练；间接经验训练；说服教育。

6. 简述学习动机的作用。

答：(1) 定向作用。使个体的学习行为朝向具体的目标，使个体为达到目标而努力。

(2) 激发和维持作用。

(3) 调节作用。动机决定了何种结果可以得到强化，进而调整和改善学习行为。(如：如果学生的动机是取悦家长，那家长的表扬就可以强化他的积极学习的行为)

(4) 提高信息加工的水平。具有学习动机的学生注意力更集中，更倾向采取多种途径完成任务。研究还表明具有学习动机的学生更倾向进行有意义学习，而不是停在机械的水平上。

7. 动机与需要、诱因的关系如何？

答：阿特金森的期望-价值理论中提到了成就动机强度由成就需要、期望水平和诱因价值三者共同决定。学习需要是学生追求学业成就的心理倾向，是社会、学校和家庭对学生的客观要求在学生头脑中的主观反映，是学习动机的基础；诱因是指与学习需要相联系的外界刺激物，诱因吸引学生进行定向的学习活动，以达到一定的学习目标，从而使需要得到满足。

关系：学生的学习行为往往取决于需要和动机之间的相互作用。没有学习的需要就不会通过学习活动去追求一定的学习目标；反过来，没有学习行为的目标或诱因，学生就不会产生某种特定的需要。当学生达到了某种学习目标，满足了相应的需要后，相应的学习动机就会有所削弱。

8. 附属内驱力具有的条件是什么？

答：附属内驱力指个体为了保持长者们（如教师、家长）或集体的赞许或认可，表现出把工作做好的一种需要。它具有这样三个条件：第一，学生与长者在情感上具有依附性。第二，学生从长者方面得到的赞许或认可能够使他们获得一种派生的地位。所谓派生地位，不是由他本身的成就水平决定的，而是从他所自居和效法的某个人或某些人不断给予的赞许或认可中引申出来的。第三，享受到这种派生乐趣的人，会有意识地使自己的行为符合长者的标准和期望，借以获得并保持长者的赞许，这种赞许往往会使一个人的地位更加确定和稳固。

9. 课堂上激发和维持学习动机的前提条件是什么？

答：（1）教师应善于管理课堂，维持课堂纪律，使正常的教学活动不受到纪律不良学生的干扰。

（2）教师必须与学生建立正常的师生关系，教师需要有耐心、公正、友善，使学生感受到爱和归属感。

（3）布置给学生的任务，必须是学生既能胜任，又具有一定难度的，太易和太难的任务不能调动学生的学习积极性。

（4）学习任务必须是真实的，也就是说对学生有一定的实际意义。

10. 教师在实施奖励的过程中应注意哪些问题？

答：（1）确立正确的奖励标准。考试分数的高低能够反映出学生学习的效果，但教师不能只依据分数的高低对学生进行奖励。

（2）注意奖励的有效性。教师在教学过程中经常对学生进行各种奖励，这些奖励有些是有效的，能够激发学生的学习动机，有些可能是无效的，不能激发学生的学习动机。

（3）注意奖励的方式。运用奖励重要的不是奖励的数量，而是奖励的方式。不同的学生要使用不同的奖励方式。

三、论述分析题

1. 归因理论是如何解释人的归因对学习动机的影响的？

答：（1）含义：归因是人们对自己或他人活动及其结果的原因所作出的解释和评价。韦纳接受了前人研究提出的观点，认为可以根据"控制点"这一维度把对成就行为的归因划分为内部原因和外部原因，他还提出要增设一个"稳定性"的维度，把行为的原因分成稳定的原因和不稳定的原因。根据"控制点"和"稳定性"两个维度，把成就行为归因于能力、努力、任务难度、运气四个有代表性的原因。

在这四个代表性原因中，能力是稳定的内部因素，努力是不稳定的内部因素，任务难度是稳定的外部因素，运气是不稳定的外部因素。人们往往把自己的成功与失败归结为上述四个原因中的一个或几个，归结为不同的原因会带来相应的心理变化，表现为对下一次成就结果的期待与情感的变化，进而影响以后的成就行为。

（2）影响：韦纳的归因理论认为，一个人解释自己行为结果的原因会反过来激发他的动机，影响他的行为、期望和情感反应。例如，把成功归结为内部原因，会使学生感到满意和自豪；归结为外部原因，会使学生产生惊奇和感激的心情。把失败归于内部原因，会使学生产生内疚和无助感；归于外部原因，会产生愤怒情绪和敌意。把成功归因于稳定因素，会提高学习的积极性；归因于不稳定因素，学习的积极性可能提高，也可能降低。把失败归因于稳定因素，会降低学习的积极性；归因于不稳定因素，则可能提高学习的积极性。因此，这个理论在一定程度上能解释人的归因对学习动机的影响。

2. 根据你所学的学习动机理论的知识，谈谈你对培养和激发学生的学习动机的建议。

答：（1）成就动机的培养。

成就动机的训练过程为六个阶段，意识化—体验化—概念化—练习—迁移—内化。

（2）自我效能感的培养。

引起和增强学生的自我效能感，利于培养学习动机。我们要做好三个方面：直接经验训练；间接经验训练；说服教育。

（3）注意学生的归因倾向，引导学生积极正确地归因。

① 帮助学生了解自己的优点和缺点，并为他们制定切实可行的目标。

② 改变他们的归因倾向，帮助他们将失败归因于缺乏努力，而不是缺乏能力，使他们明白"只要付出努力便会成功"的道理。

③ 教学生学会安排完成他们的计划，并对学生的每一个学习行为给予及时的反馈。

3. 学习动机的自我价值理论对我们教育工作者有何启示？

答：科温顿立足于学生的自尊，从实际的角度来解释学生的动机问题，提出了自我价值理论。该理论认为，人天生就有维护自尊和自我价值感的需要，当一个人的自尊和自我价值感受到威胁时，他就需要采取各种措施来维护，保持自我的价值感和能力感。

（1）自我价值论的基本观点。

① 自我价值感是个人追求成功的内在动力，个体为了体现自己能干，喜欢找高难度的挑战；② 个人把成功看作是能力的展现，而不是努力的结果；③ 成功如果难以追求，则以逃避失败来维持自我价值；④ 学生对能力与努力的归因随年纪而转移，当年龄渐大后，他们开始意识到努力的重要性，不再偏执于把一切成就归为能力。

（2）自我价值论在教育上的启示。

自我价值论的意义在于把指导学生认识学习目的、培养学生学习动机视为学校教育最重要的目的。自我价值理论对教育过程中的很多现象具有独特的解释能力。如对学生努力的态度，学习动机随年龄增长而降低，学习任务的选择，学习目标的选择，对考试的抱怨等都能进行合理的解释。但现实中并不是所有学生都这样，所以该理论的普遍性、代表性不强。

4. 课堂教学应该尽可能地增强学生学习的内部动机，怎样才能增强学生的内部动机呢？试述增强学生内部动机的几点建议。

答：（1）激发学生的学习兴趣。成功的课堂教学始于良好的开端，教师在导入新课以前，重要的是先使学生对新课内容感兴趣，激起学生的求知欲。

（2）保持学生的好奇心。有经验的教师在讲授新课的过程中常常运用各种方法来进一步唤醒并维持学生的好奇心。

（3）运用多种有趣的方式呈现知识。如在课堂教学中有计划地安排幻灯片、录像、演示、专家访谈等多种形式补充教学，往往能起到增强学生学习兴趣的作用。计算机的使用也被证明是增强学生内部动机的有效方法。

（4）将教学目标转化成可达到的学习目标。教学应该将教学目标分成不同的等级和层次，建立一个教学目标系统，使不同能力、不同程度的学生都在此目标系统中找到切合自己情况的、可达到的学习目标，从而使每个学生的成就动机都有机会获得满足。

（5）设法满足学生的各种缺失需要。按照马斯洛的需要层次理论，个人的认知需要是在各种缺失需要满足或基本满足的基础上发展起来的。教师应该了解每个学生所处的需要层次，并设法使其缺失性需要得以满足，以促进其较高级的求知和理解的认知需要的发展。

5.（1）请用学习动机理论分析材料中的内容。

答：①按照马斯洛的层次需要理论，人的基本需要有五种，即生理的需要、安全的需要、归属与爱的需要、尊重的需要、自我实现的需要。在某种程度上，学生缺乏学习动机可能是由于某种缺失性需要无法满足而引起的。材料中张海父母离异，与奶奶生活，他的基本的归属与爱的需要无法满足，更难以去进行自我实现等高一级的需要。

② 按照韦纳的归因理论，人们把成败的原因主要归于六种：能力高低、努力程度、身心状态、任务难易、运气好坏和外界环境。以上六种原因可以分为三个维度：内部归因和外部归因；稳定归因和不稳定归因；可控归因和不可控归因。材料中张海把不去做题练习的原因归结于"自己笨、不会做"等不可控的原因，进一步影响了他的学习动机。

（2）请结合材料简述影响学习动机的因素。

答：①内部因素。

a. 学生的自我需要与目标结构：张海对于成绩提升的需要和目标不够强烈，学习动机强度和水平也就很低。

b. 学生的志向水平和价值观：张海基础薄弱又好高骛远，导致自己平时不能脚踏实地的练习基础题，偏要做附加题。

c. 学生的成熟和年龄特点：张海是一名初中生，正处于身体和心理的发育期，意识不到学习的重要性，因此学习动机较弱。

d. 学生的性格特征和个体差异：张海的性格、气质、兴趣等会影响动机的水平和强度。

e. 学生的焦虑程度：张海对自己成绩不好持漫不经心的态度，感受不到焦虑，而适度的焦虑有利于形成和维持动机的水平和强度。

② 外部因素。

a. 家庭环境和社会环境：家庭的文化背景、精神面貌对学生动机的形成有很大的影响。张海自幼父母离异，家庭破碎，这无疑对他学习动机造成很大的影响。

b. 教师的榜样作用：首先，教师本人是学生学习的榜样；其次，教师的期望也会对学生的动机形成影响；再次，教师是沟通社会、学校的要求和学生成长、形成正确动机的纽带，要善于把各种外部因素和学生的内部因素结合起来。

第五章　知识的学习

◇ 应试题库 ◇

一、名词解释

1. 知识　　　　2. 同化　　　　3. 顺应
4. 迁移　　　　5. 上位学习　　6. 知识表征
7. 概括化理论（东北师范大学 2011 年真题）

二、简答题

1. 分析陈述性知识与程序性知识的异同。
2. 简要介绍迁移的几种类型。
3. 程序性知识获得的机制是什么？
4. 试应用"同化"和"顺应"两个概念，分析知识建构的过程。
5. 遗忘的特点是什么？
6. 请用三种理论来解释遗忘的原因。
7. 如何在教学中促进学生的学习迁移的发生？

三、分析论述题

1. 论述影响知识理解的因素。
2. 如何理解知识的建构过程。
3. 根据以下材料回答问题。

材料：现有的机器学习，特别是深度学习的各种模型，在能充分满足设计时的任务需求之外，往往具备稍加修改就能适用类似任务的能力。这种可能性，就为节省研发资源，以及将大数据机器学习成果转移到小数据、定制化应用等等提供了一个便捷的渠道。类比人类活学活用的智能。比如一个人扎实地学会了蛙泳，只需要稍加练习，也能较快掌握自由泳的技巧；一个人学会了打网球，那么要学习打壁球也非常容易。这种举一反三的能力，既得益于人类的智能，也依赖于学习对象之间的某种类比相似性。

问题：

（1）什么是学习迁移？影响知识迁移的因素有哪些？
（2）我们应该采取哪些措施有效地促进知识迁移？

◇ 应试解析 ◇

一、名词解释

1. 知识

答：关于知识的定义，存在多种争论。一般而言，知识通常在两种意义上使用。从哲学角度看，知识是对客观世界的主观反应，是对事物属性与联系的认识。从心理学角度看，知识分为广义与狭义的。狭义的知识：指能储存在语言文字符号或言语活动中的信息或意义，如各门学科的事实、概念、公式、定理等，不包括技能和策略等调控经验。广义的知识：指个体通过与其环境相互作用后获得的一切信息及其组织。心智技能和认知策略也包含其中，泛指人们所获得的经验。

2. 同化

答：在知识建构过程中，学生需要以原有的知识经验为基础来同化新知识。学生对新信息的理解即使来源于他们原有的知识和经验，他们也必须通过适当的途径在新信息和原有知识经验之间建立适当的联系，才能获得新信息的意义。这种通过将新知识和原有知识经验相联系，从而获得新知识的意义，并把它纳入原有认知结构而引起认知结构发生量变的过程，叫作知识的同化。

3. 顺应

答：随着新知识的同化，原有的知识经验会因为新知识的纳入而发生一定的质变或改组，这就是知识的顺应。当新观念与原有知识可以融洽相处时，新观念的进入可以丰富和充实原有知识。有时，新观念与原有观念会存在一定的偏差，此时新观念的进入会使原有的观念发生一定的调整，以顺应新知识的接纳。

4. 迁移

答：迁移是一种学习对另一种学习的影响，指已经获得的知识、技能，甚至方法和态度对新知识、新技能的影响。这种影响可能是积极的，也可能是消极的。

5. 上位学习

答：奥苏伯尔将学习分为上位学习、下位学习和并列学习。上位学习也叫总括学习，即通过综合归纳获得意义的学习，也就是当认知结构中形成某些概括程度较低的观念时，再去学习在概括程度、综合程度上更高的新知识，这时便产生了上位学习。例如：先有了苹果、香蕉、葡萄等概念，再学习水果这一概念，便产生了上位学习。

6. 知识表征

答：知识的表征是指知识在头脑中存储和转化的方式。现代心理学家认为，陈述性知识主要是以命题、命题网络和图式等方式在头脑中表征的。命题和命题网络是知识表征的重要方式，而且这些命题通常是按一定层次结构进行存储的。程序性知识主要是以产生式和产生式系统进行表征的。

7. 概括化理论（东北师范大学 2011 年真题）

答：概括化理论是早期的知识迁移理论。贾德认为共同成分只是产生迁移的必要条件，而迁移产生的关键在于学习者能够概括出两组活动之间的共同原理；学习者的概括水平越高，迁移的可能性就越大。

二、简答题

1. 分析陈述性知识与程序性知识的异同。

答：陈述性知识关心"是什么"的问题，它是对事件的一种描述，如教育学是关于什么的学问。程序性知识主要关心的是"怎么样""如何去做"的问题，例如，如何驾驶一辆汽车。

陈述性知识与程序性知识是根据表述形式不同对知识进行的分类，二者的差异如下：

（1）陈述性知识是一种静态的知识，它只是对事件的一种描述；程序性知识是一种动态的知识，例如，如何驾驶一辆汽车就包含着许多的过程。

（2）陈述性知识比较容易获得，但是也很容易遗忘；程序性知识比较复杂，获得的过程比较难，但是一旦获得，巩固性比较好，不容易遗忘。

尽管程序性知识与陈述性知识之间存在着许多的不同之处，但它们之间还是存在着相似的地方的。例如，虽然两者在人们长时记忆中的表征特征方面完全不同，但它们都对贮存在人脑中的知识和经验做了同样的表征。并且，这种知识在有限的工作记忆的容量中能够被灵活地运用。例如，在陈述性知识当中，当以命题的形式保留了客观世界在意义上的联系后，有可能使人在工作记忆中以当时想到的为数有限的命题（观念）为线索，不时地从自己的长时记忆网络中提取出与此相关的命题或观念，因此人们由此及彼的联想应当归之于这种观念网络化的形成。同样，对于程序性知识而言，它通过自身的目的流来流畅地控制人的一连串举动，以减轻人的工作记忆的负担。

2. 简要介绍迁移的几种类型。

答：迁移是一种学习对另一种学习的影响，指已经获得的知识、技能，甚至方法和态度对新知识、新技能的影响。根据不同的维度可以把迁移分为以下几种类型：

（1）正迁移与负迁移。从迁移的影响效果方面看，迁移的发生并非总是积极的影响，它既可以是积极的，也可以是消极的。积极的影响通常被称为正迁移，消极的影响通常被称为负迁移。

（2）水平（横向）迁移与垂直迁移。加涅把迁移又分为横向迁移和垂直迁移两种。横向迁移是指个体把已学到的经验推广应用到其他在内容和难度上类似的情境中。而垂直的迁移，是不同难度的两种学习之间的相互影响：一种是已有的较容易的学习对难度较高的学习的影响，往往是对已有的学习进行概括和总结并形成更一般性的方法或原理的结果；另一种是较高层次的学习原则对较低层次的学习的影响，原则的迁移就是由较高层次的学习产生的原则对该原则适合的具体学习情境的迁移。

（3）顺向迁移与逆向迁移。迁移既可以是顺向的，即先前的学习对后来的学习的影响，称为顺向迁移；也可以是逆向的，即后来的学习对先前学习的影响，称为逆向迁移。

（4）自迁移、近迁移与远迁移。根据迁移的范围不同所进行的划分，如果个体所学的经验影响相同情境中的任务操作，则属于自迁移；近迁移即把所学的经验迁移到与原来的学习情景比较相似的情境中（如不同学科间的迁移）；如果个体能将所学的经验用到与原来情境极不相似的情境中，便产生了远迁移（如把课堂知识用到社会实践中）。

3. 程序性知识获得的机制是什么？

答：现代认知心理学运用产生式理论来解释程序性知识获得的心理机制。产生式术语来自计算机，美国心理学创始人西蒙和纽厄尔首次将其用来说明程序性知识的表征和获得机制。他们认为，人和计算机一样，都是物理信号系统，其功能都是操作符号。计算机之所以具有智能，能完成各种运算和解决问题，是由于它储存了一系列"如果……那么……"形式的编码规则。人经过学习，头脑中也储存了一系列的"如果……那么……"形式表示的规则，这种规则就是产生式。

产生式由条件和行动两部分组成，产生式的基本原则是"如果条件是A，那么实施行动B"。即当一个产生式的条件得到满足，则执行该产生式规定的某个行动。解决一个简单的问题需一个产生式，解决一个复杂的问题就需若干个产生式，这些产生式组成产生式系统。所谓产生式系统，就是人所能执行的一组内隐的智力活动。

程序性知识的学习本质就是掌握一个程序。即在长时记忆中形成一个解决问题的产生式系统，以后遇到同样类型的问题，就按这个产生式系统来行动。产生式的提出为程序性知识的教学提供了便于操作的科学依据。

4. 试应用"同化"和"顺应"两个概念，分析知识建构的过程。

答：知识的获得是一个主动建构的过程，而知识的建构是通过新旧知识的同化和顺应而实现的。首先在知识建构过程中，学习者需要以原有的知识经验作为基础来同化新知识。与此同时，随着新知识的同化，原有的知识会因为新知识的加入而发生一定的调整或改组，这就是知识的顺应。当新旧观念融洽相处时，新观念可以丰富、充实原有的知识；当新旧观念对立时，学习者需要改变原有的错误观念，原有的观念会发生更为明显的顺应。同化意味着学习者联系、利用原有知识来获取新概念，它体现了知识发展的连续性和累积性；顺应则意味着新旧知识之间的磨合、协调，体现了知识发展的对立性和改造性。同化新知识是原有知识发生顺应的基础，真正的同化离不开顺应的发生，只有转变原有错误观念，解决新旧知识之间的冲突，才能真正一体化。

5. 遗忘的特点是什么？

答：遗忘是人们记忆知识时的正常现象。它的主要特点有：

（1）保持量的减少。保持量随时间、测量方法、学习程度、材料性质等因素的变化而有所不同。

（2）保持量的增加。儿童在学习后的两三天的保持量会比学习后立即测得的量要多，这种现象叫作记忆的恢复。记忆恢复现象，儿童比成人较普遍，学习较难的材料比学习较易的材料更明显，学习程度较低的材料比学习纯熟的材料更容易看到。

（3）记忆内容变化。保持在头脑中的图形不是原封不动的，也不只是模糊化，而是进一步被加工并发生变化，故事逐渐被缩短和省略，变得更有连贯性、合理化，更符合习惯与价值观。

6. 请用三种理论来解释遗忘的原因。

答：（1）记忆痕迹衰退说。心理学家提出，人们在学习时神经活动引起大脑产生某种变化，并留下各种记忆痕迹，这些记忆痕迹会随着时间的延长而逐渐衰退，只有通过不断的练习，这种学习所留下的记忆痕迹才能继续保持。

（2）材料间的干扰说。这一理论认为，遗忘的发生是由于人们在一种学习之后又去从事其他的学习任务，人们在某时期所学习的材料或所获得的信息之间会发生相互影响，正是这种影响造成了遗忘的发生。

（3）检索困难说。现代信息加工心理学认为，人们所获得的信息是以某种编码形式永久地储存在长时记忆中的，人们一时无法回忆起所需要的信息，并不是遗忘的原因，而是因为难以找到其提取的线索。如果能够通过指导获得提取的线索，这些先前"遗忘"的信息仍然能够找到。

7. 如何在教学中促进学生的学习迁移的发生？

答：迁移是一种学习对另一种学习的影响，指已经获得的知识、技能，甚至方法和态度对新知识、新技能的影响。

（1）促进陈述性知识迁移的措施。①科学编排和呈现教材，促进学生形成良好的认知结构；②重视基础知识的教学，提高学生的概括水平；③注意学习材料的共同性，促进学生知识的综合贯通。

（2）促进程序性知识迁移的措施。

促进智慧技能的迁移，教师应注意以下问题：①帮助学生形成条件化知识，掌握产生式规则；②促进产生式知识的自动化，熟练解决问题；③加强学生的言语表达训练，促使智慧活动内化。

促进学生动作技能的迁移，教师应注意以下问题：①帮助学生理解任务性质和学习情境；②教师的示范与讲解要准确清晰；③加强学生的练习与反馈。

（3）促进认知策略迁移的措施。①培养学生树立正确的学习动机；②丰富学生的知识背景；③根据学生的元认知水平进行策略训练；④制定一套外显的、可以操作的训练技术；⑤变式与练习。

三、分析论述题

1. 论述影响知识理解的因素。

答：一般所说的知识理解主要指学生运用已有的经验、知识去认识事物的种种联系、关系，直至认识其本质、规律的一种逐步深入的思维活动。它是学生掌握知识过程的中心环节。总体分为客观因素和主观因素。

（1）客观因素。

① 感性材料。知识的理解在丰富的、典型的、正确的感性材料和相关经验的基础上才能更好地进行比较、分析、综合、抽象、概括，从而理解事物的本质与规律。

② 学习材料的内容和形式。学习材料的意义、内容的具体程度等因素都会影响学习者对知识的理解。

③ 学习材料表达形式的直观性。如采用实物、模型等一般来说会影响到学习者对知识的理解。

④ 新旧知识的联系。理解以旧知识、旧经验为基础，学生在学习中往往从已有的知识出发，去认识和理解新事物。新旧知识之间的有机联系，能帮助学生理解新知识。

⑤ 概念形成过程中的变式和比较。通过同类事物的比较，有利于帮助学生发现各种变式中同类事物的共同的本质和特点。通过不同类事物的比较，则有助于帮助学生区别不

同类事物之间的本质差异。

⑥知识的系统化。知识的系统化就是理解知识各部分之间的关系，它有利于用完整的知识去理解知识。

（2）主观因素。

①学习者的相关经验。一般来说，学习者经验的丰富程度，以及经验与知识的关系会影响到学习者对知识的理解。

②学习者学习的积极主动性，以及主动理解的意识与方法。这是理解知识的重要前提，毫无疑问，学习者的积极主动性会对知识的理解起着重要的作用。

③学习者的认知结构特征。如认知结构中有没有适当的、起固着作用的观念，以及起固着作用的观念的稳定性和清晰性。

2. 如何理解知识的建构过程。

答：个体获得知识的过程不仅是知识从外到内的传送转移过程，也是学习者建构自己的知识的过程，这种建构活动是通过新信息与原有知识经验之间双向、反复的相互作用而完成的。

在知识建构过程中，学习者需要以原有知识经验为基础来同化新知识。与此同时，随着新知识的同化，原有知识经验会因为新知识的纳入而发生一定的调整或改组，这就是知识的顺应。当新观念与原有知识之间可以融洽相处时，新观念的进入可以丰富、充实原有知识。有时新观念与原有知识之间有一定的偏差，这时，新观念的进入会使原有观念发生轻微的调整；有时新观念会与原有观念之间完全对立，这时，学习者需要转变原有的错误观念，使原有观念发生更为明显的顺应。

同化意味着学习者联系、利用原有知识来获取新观念，它体现了知识发展的连续性和累积性。顺应则意味着新、旧知识之间的磨合、协调，它体现了知识发展的对立性和改造性。知识建构一方面表现为新知识的理解和获得，同时又表现为原有知识的调整改变，同化和顺应作为知识建构的基本机制，是相互依存、不可分割的两部分。

综上所述，知识的建构是通过新、旧知识之间充分的、双向的相互作用而实现的。学习者不是在记忆别人的知识，而是在作为一个思考者建构自己的知识。

3.（1）什么是学习迁移？影响知识迁移的因素有哪些？

答：学习迁移即一种学习对另一种学习的影响。它广泛存在于知识、技能、态度和行为规范的学习中。任何学习都要受到学习者已有知识经验、技能、态度等的影响，只要有学习，就有迁移。迁移是学习的继续和巩固，又是提高和深化学习的条件，学习与迁移不可分割。

影响学习迁移的因素：

客观因素：

①学习材料的相似性。材料中提到学习游泳时由蛙泳到自由泳的学习，因为两种泳姿同属于游泳这项运动，它们的不同属于内部差异，因此具备材料的相似性。

②学习情景的相似性。材料中不管是学习游泳还是学习打球，不同类型的泳姿和不同的球类运动的学习背景都是相同的，游泳池或者球场。

③教师的指导。有无教师的指导也是一个是否能够迁移的重要因素，有些东西自学很难，但经专业人士加以指导便变得稍容易，能更好地促进学习迁移。

主观因素：

① 学习者的分析和概况能力。一个人的分析和概况能力影响他对于所要学习的材料的掌握，从而影响学习迁移。

② 学习者的迁移心向。学习者是否有强烈的想要学习迁移的欲望和动机也会影响学习迁移。

③ 认知策略与元认知。学习者采用何种学习策略对学习迁移发生的快慢成功与否都存在关联。

(2) 我们应该采取哪些措施有效促进知识迁移？

① 精选教材：明确而具体的教学目标可以使学生对与学习目标有关的已有知识形成联想，即有一个先行组织者，会有利于迁移的发生。

② 合理编排教学内容：要注意在各个教学单元相对独立的前提下，体现出各单元和各部分内容之间的内在逻辑联系和前后衔接。

③ 合理处理教学程序：妥善利用新知识与旧知识之间的共同要素。根据共同要素说，两种学习情境若有共同要素，不管学习者是否观察到这种要素的共同性，总有迁移发生。

教授学习方法：一方面，在教学中逐渐引导学生自己总结出概括化的原则，培养和提高其概括总结的能力，充分利用原理的迁移；另一方面，在讲解原理时，要列举最大范围的例子，枚举各种变式，使学生正确把握知识的内涵和外延。另外，帮助学生们掌握概括化的认知策略和元认知策略，有助于学生学会如何学习，从而促进学习和知识的迁移。

第六章 技能的形成

◆ 应试题库 ◆

一、名词解释

1. 技能　　2. 心智技能　　3. 操作技能

二、简答题

1. 技能是一种程序性知识吗？
2. 简述我国心理学家冯忠良的心智技能形成的阶段理论。
3. 简述心智技能的培养方法。
4. 冯忠良认为操作技能的形成包含哪几个阶段？
5. 简述技能的作用。
6. 简述操作技能的训练要求。

三、分析论述题

论述心智技能和操作技能的区别和联系。

◆ 应试解析 ◆

一、名词解释

1. 技能

答：技能就是通过练习而获得的动作方式和动作系统。技能也是一种个体经验，但主要表现为动作执行的经验。技能首先表现为一种活动方式，其次表现出规则性。技能作为活动的方式，一般表现为两种方式：操作活动和心智（智力）活动。

2. 心智技能

答：心智技能指人脑内部借助于内部语言，以简缩的形式对事物的主观表征进行加工、改造的过程，包括感知、记忆、想象和思维等认知因素，其中抽象思维因素占据着最主要的地位，即通过学习而形成的合乎法则的心智活动方式。心智技能具有三个特点：第一，动作对象的观念性；第二，动作执行的内潜性；第三，动作结构的简缩性。

3. 操作技能

答：操作技能是在练习的基础上，由一系列实际动作以合理、完善的程序构成的操作活动方式，即通过学习而形成的合乎法则的操作活动方式。它主要具有三个特点：客观性、外显性和展开性。

二、简答题

1. 技能是一种程序性知识吗？

答：技能是通过练习而获得的动作方式和动作系统，也是一种个体经验，但主要表现为动作执行的经验。技能首先表现为一种活动方式，其次表现出规则性。技能作为活动的方式，有时表现为一种操作活动方式，有时表现为一种心智活动（智力活动）方式。

程序性知识主要反映活动的具体过程和操作步骤，说明做什么和怎么做，是一种实践性知识，主要用于实践操作。

技能是一种活动方式，区别于程序性知识。技能是由一系列动作及其执行方式构成的，属于动作经验，不同于属于认知经验的知识。例如在"拧螺丝"的过程中，程序性知识是说明螺丝如何拧的动作步骤及执行顺序；技能则是实际拧螺丝的动作方式，把这些程序性知识转化成相应的活动方式。

2. 简述我国心理学家冯忠良的心智技能形成的阶段理论。

答：心智技能也称智力技能、认知技能，指人脑内部借助于内部语言，以简缩的形式对事物的主观表征进行加工、改造的过程，包括感知、记忆、想象和思维等认知因素，其中抽象思维因素占据着最主要的地位。我国心理学家冯忠良将心智技能的形成分为三个阶段。

（1）原型定向阶段。这一阶段就是了解心智活动的实践模式，就是儿童知道该做哪些动作和怎样去完成这些动作以及明确活动的方向。这一阶段的任务就是使儿童掌握程序性知识。

（2）原型操作阶段。在该阶段，以外部语言、外显的动作，按照活动模式一步步展开执行。动作的对象是具有一定形式的客体，动作本身是通过一定的机体运动来实现的，对象在动作作用下所发生的变化也是以外显的形式来实现的。学员尚不能摆脱实践模式，而是依赖实践模式进行活动。

（3）原型内化阶段。原型内化即心智活动的实践模式向头脑内部转化，由物质的、外显的、展开的形式变成观念的、内潜的、简缩的形式的过程。

心智技能形成的三阶段理论对于揭示心智技能的实质及其形成规律是非常有益的，对于教学内容的选择、编排，教学活动的实施以及有效地培养心智技能具有重要的指导意义。

3. 简述心智技能的培养方法。

答：（1）形成条件化知识。即在头脑中储存大量的"如果……那么……"的产生式。在学习知识的同时，要把握该知识在什么情况下适用。

（2）促进产生式知识的自动化。认知心理学的研究表明，产生式知识必须通过练习达到十分熟练的程度，甚至达到自动化的程度，才能变成一种心智技能。

（3）加强学生的言语表达训练。言语活动有利于避免学生思维的盲目性，帮助学生寻找到新的、更好的思路，能引发执行功能的控制加工过程，使注意力集中于问题的突出方面或关键的因素，促使问题解决的成功率变高。

(4) 要科学地进行练习。练习是促进陈述性知识向程序性知识转化的必要条件，心智技能要通过练习形成，练习的效率受很多因素和条件制约。

4. 冯忠良认为操作技能的形成包含哪几个阶段？

答：操作技能是在练习的基础上，由一系列实际动作以合理、完善的程序构成的操作活动方式。冯忠良认为，操作技能的形成阶段是：

（1）操作的定向阶段。即了解操作活动的结构，在头脑中建立起操作活动的定向映像的过程。首先要掌握程序性知识。操作定向是操作技能形成过程中的一个重要的环节，准确的定向映像可以有效地调节实际的操作活动，缺乏定向映像的操作活动往往盲目尝试，效率低下。

（2）操作的模仿阶段。这是实际再现出特定的动作方式或行为模式，其实质是将头脑中形成的定向映像以外显的实际动作表现出来。因此，模仿是在定向的基础上进行的，缺乏定向映像的模仿是机械的模仿。

（3）操作的整合阶段。操作的整合即把模仿阶段习得的动作固定下来，并使各动作成分相互结合，成为定型的、一体化的动作。

（4）操作的熟练阶段。操作的熟练是指所形成的动作方式对各种变化的条件具有高度的适应性，动作的执行达到高度的完善化和自动化。操作的熟练是操作技能形成的高级阶段，是通过操作活动方式的概括化、系统化而实现的。

5. 简述技能的作用。

答：技能就是通过练习而获得的动作方式和动作系统。

（1）技能作为合乎法则的活动方式，可以调节和控制动作的进行。技能不仅可以控制动作的顺序，而且可以控制动作的执行方式，使个体的活动表现出稳定性、灵活性，能够适应各种变化了的情境。

（2）技能是获得经验、解决问题、变革现实的前提条件。

（3）技能是能力的构成要素之一，是能力形成和发展的重要基础。

（4）技能还能提高学习效率，使人富有创造性，而且掌握各种技能与个体道德行为、意志、性格的形成具有密切关系。

6. 简述操作技能的训练要求。

答：操作技能的训练必须依据其形成规律，才能加速其形成进程，并促进保持和迁移。有多种因素影响操作技能的学习过程，教学时应充分考虑这些因素，并采用相应的有效措施进行训练。

（1）准确的示范与讲解。①示范者的身份、示范的准确性以及何时给予示范很重要；②通过讲解突出重点，言语讲解要简洁概括，鼓励学生发出声音进行语言描述；③示范与讲解相结合。

（2）必要而适当的练习。①练习量：过度练习是必要的，但不是越多越好，要防止疲劳、错误定型；②练习方式多种多样。

（3）充分而有效的反馈。一是内部反馈，即操作者自身提供的感觉系统的反馈；二是外部反馈，即操作者自身以外的人和事给予的反馈。采用何种反馈应依据任务的性质和学习者的学习进程而定。

（4）建立稳定清晰的动觉映像。动觉是复杂的内部运动知觉，它反映的是身体运动时的各种肌肉活动的特性，如紧张、放松，而不是外部特性。进行专门的动觉训练，可以提高动作的稳定性和清晰性，充分发挥动觉在操作技能学习中的作用。

三、分析论述题

论述心智技能和操作技能的区别和联系。

答：技能就是通过练习而获得的动作方式和动作系统。技能可以分为心智技能和操作技能。心智技能指人脑内部借助于内部语言，以简缩的形式对事物的主观表征进行加工、改造的过程，包括感知、记忆、想象和思维等认知因素，其中抽象思维因素占据着最主要的地位。即通过学习而形成的合乎法则的心智活动方式。操作技能是在练习基础上，由一系列实际动作以合理、完善的程序构成的操作活动方式，即通过学习而形成的合乎法则的操作活动方式。

（1）二者的区别：

① 活动的对象不同。操作技能属于实际操作活动范畴，其对象是物质的、具体的，表现为外显的骨骼和肌肉的操作。心智技能的对象是头脑中的印象，具有主观性和抽象性，是从外部难以察觉的头脑中的思维过程，属于观念范畴。

② 活动的结构不同。操作技能是系列动作的连锁，因而其动作结构必须从实际出发，符合实际，不能省略。而心智技能是借助于内部语言实现的，可以高度省略、高度简缩，甚至觉察不到它的进行。

③ 活动的要求不同。操作技能和心智技能形成的结果都是从不会做到知道如何做，再达到熟能生巧。但操作技能要求学生必须掌握一套"刺激-反应"的联结，而心智技能则要求学习者掌握正确的思维方法，即获得产生式系统。

（2）二者的联系：

① 操作技能经常是心智技能形成的最初依据，心智技能的形成常常是在外部操作技能的基础上，逐步摆脱外部动作而借助于内部语言实现的。

② 心智技能又是外部操作技能的支配者和调节者，复杂的操作技能往往包含认知成分，需要学习者智力活动的参与，手脑并用才能完成。

故操作技能与心智技能是既有区别又有联系的，二者是相互促进的。

第七章 学习策略及其教学

◆ 应试题库 ◆

一、名词解释

1. 学习策略
2. 元认知策略
3. 精细加工策略
4. 编码与组织策略
5. 注意策略
6. 努力管理策略（东北师范大学 2011 年真题）

二、简答题

1. 什么是元认知？元认知的作用有哪些？
2. 学生常常需要鼓励自己不断努力，对此你有什么好的建议？
3. 认知策略学习的特殊性是什么？

三、分析论述题

1. 论述认知策略及其教学。
2. 论述元认知策略及其教学。
3. 试析精细加工策略的内涵及其教学要求。（华东师范大学 2011 年真题）
4. 根据以下材料回答问题。

材料：

如果你问学生学习英语最大的困难是什么？许多学生会说"单词记不住"。这确实是英语学习的拦路虎，虽然许多学生使用了多种记忆策略，可以迅速记住单词，但没过多少时间就忘记了，这时如果使用一些学习策略，就能巩固单词记忆。

策略一：根据艾宾浩斯记忆遗忘曲线，设计出定期复习新旧词汇的计划，并按计划进行默写、记忆，根据遗忘曲线，如果记忆的单词不复习，一天之后忘掉 80%，但只要合理安排复习，就能记住大部分或全部学过的单词。

策略二：随时对所记忆的单词进行监控，如果单词记忆不实行监控，记忆的内容容易忘，学习效果势必再打折扣。

问题：

（1）上述材料体现了哪种学习策略？
（2）请谈谈这一策略在学生学习过程中的重要性。

◇ 应试解析 ◇

一、名词解释

1. 学习策略

答：学习策略是指学习者为了提高学习效率，有目的、有计划地制定的有关学习过程的复杂的方案，它是学习过程中信息加工的方式方法和调控技能的综合。麦基奇把学习策略分为认知策略、元认知策略和资源管理策略。

2. 元认知策略

答：元认知策略是指学生对自己学习过程的有效监控。它使学生警觉自己在注意和理解方面可能出现的问题，以便找出来加以修改。主要有自我计划策略、自我监控策略、自我调节策略、自我评价策略和自我指导策略等。

3. 精细加工策略

答：精细加工策略主要指对学习材料进行深入细致的分析加工，理解其内在的深层意义，促进记忆的学习策略，即通过把新学的信息和已有的知识联系起来，以此来增加新信息的意义。也就是说，我们运用已有的图式和已有的知识使信息合理化。通常，精细加工就是我们所称的记忆方法，如做笔记、加小标题等方法。

4. 编码与组织策略

答：编码与组织策略是将分散的、孤立的知识集合成一个整体并表示出它们之间的关系，形成新的知识结构的一种策略。它具体表现为描述策略、表象策略、归类策略等多种形式。

5. 注意策略

答：注意策略是指学习者学会与掌握将注意指向或集中在所需要的信息上的方法、技巧或规则。它指向学习活动的各个阶段，其主要作用是帮助学习者进行知觉意向，实行自我控制，促进有意义学习。诸如，注意的广阔性训练、稳定性训练、注意分配训练和注意转换训练等，这些训练可以提高学生集中注意的能力，优化他们的注意品质。

6. 努力管理策略（东北师范大学 2011 年真题）

答：努力管理策略是指学习者将成功归因于努力，通过调整心境、自我谈话、坚持不懈、自我强化等方式，激发学习积极性的策略。目的是使学习者能够更有效地将精力用于学习上。具体来讲，主要包括：情绪管理、动机控制、环境管理以及自我强化等策略。系统性的学习大都是需要意志努力的。为了使学生维持自己的意志努力，需要不断地鼓励学生进行自我激励，如激发内在动机、树立为了掌握而学习的信念、自我奖励等。

二、简答题

1. 什么是元认知？元认知的作用有哪些？

答：（1）元认知的含义：在学习的信息加工系统中，存在着一个对信息流动的执行控制过程，它监视和指导认知活动的进行，负责评估学习中的问题，确定用什么学习策略来解决问题，评价所选策略的效果，并且改变策略以提高学习效果。这种执行控制功能的基础就是元认知。元认知是对认知的认知，具体地说，是个人关于自己认知过程的知识以及调节这些过程的能力。

(2) 元认知的作用表现为：

① 元认知可以提高认知活动的效率。元认知是运用自我监视机制确保任务能成功地完成，即知道"何时做""如何做""做什么"，是对认知行为的管理和控制，是主体在进行认知活动的全过程中，将自己正在进行的认知活动作为意识对象，不断地对其进行积极、自觉的监视、控制和调节。

② 元认知的发展可以促进智力的发展。对认知过程的知识和观念与对认知行为的调节和控制，本身就是一种智力活动。

③ 元认知的发展有助于个体发挥主体性。元认知过程包括对目前认知任务的认识、制定认知计划、监视计划的执行以及对认知过程的调整和修改。不发挥主观能动性就不能进行元认知监控。

2. 学生常常需要鼓励自己不断努力，对此你有什么好的建议？

答：学生可以用资源管理策略中的努力管理策略来鼓励自己。系统性的学习大都是需要意志努力的。为了使学生维持自己的意志努力，需要不断的鼓励学生进行自我激励，可以尝试以下这些方法：①激发内在动机；②树立为了掌握而学习的信念；③选择有挑战性的任务；④调节成败的标准；⑤正确认识成败的原因；⑥自我奖励。

3. 认知策略学习的特殊性是什么？

答：认知策略的学习具有不同于一般智慧技能学习的特点：

第一，支配认知策略的规则具有内潜性。根据加涅的学习结果分类，支配智慧技能的规则是对外的，而支配认知策略的规则则是对内的。对外的规则易于通过实物或其他媒体进行演示；而由于人的认知活动潜藏于人脑内部，无法直接观察到，所以难以把支配人的认知活动的规则用演示的方法告诉学生。

第二，支配认知策略的规则具有高度概括性和模糊性。学生要学习的认知策略主要是思维和解决问题的策略。支配这些策略的规则一般具有高度的概括性。支配认知策略的规则的高度概括性也给它带来模糊性。

第三，支配认知策略的规则多数是启发式的。由于这些特点，认知策略的学习一般比智慧技能的学习更加困难，需要接触的例子更多，需要变式练习的机会更多，需要从外界得到更具体的反馈和纠正，需要反省认知的参与。

三、分析论述题

1. 论述认知策略及其教学。

答：认知策略是学习者信息加工的方法和技术。其基本功能有两个：一是对信息进行有效的加工和整理；二是对信息进行分门别类的系统储存。

认知策略包括注意策略、精细加工策略、复述策略和编码与组织策略。

(1) 注意策略。注意策略指的是学习者在学习情境中激活与维持学习心理状态，将注意力集中于有关的学习信息或重要信息上，对学习材料保持高度觉醒和警觉状态的学习策略。它指向学习活动的各个阶段，主要作用是帮助学习者进行知觉定向，实行自我控制，促进有意义的学习。

(2) 精细加工策略。主要指对学习材料进行深入细致的分析加工，理解其内在的深层意义，促进记忆的学习策略，即通过把新学的信息和已有的知识联系起来，以此来增加新信息的意义。也就是说，我们运用已有的图式和已有的知识使信息合理化。

　　(3) 复述策略。复述策略是在工作记忆中为了保持信息，运用内部言语在大脑中重现学习材料或给予某些刺激，以便将注意力维持在学习材料之上。它是信息由短时记忆进入长时记忆的关键。

　　(4) 编码与组织策略。编码与组织策略是用某种结构将学习的内容组织起来，是学习和记忆新信息的重要手段，其方法是将学习材料分成一些小的单元，并把这些小的单元置于适当的类别之中，从而使每项信息和其他相关信息联系在一起。

2. 论述元认知策略及其教学。

　　答：元认知就是对认知的认知。具体来讲，就是个人对自己的认知过程及结果的意识和控制。一方面，元认知来自我们过去的认知活动；另一方面，学生已经形成的元认知又会对他们随后的认知或学习活动产生影响。

　　元认知策略教学应该注意以下几方面：①提高学生元认知学习的意识；②丰富学生关于元认知的知识和体验；③加强对学生元认知操作的指导；④给学生创设和谐、民主的反馈条件；⑤注意引导学生对非智力因素的调控。

3. 试析精细加工策略的内涵及其教学要求。（华东师范大学 2011 年真题）

　　答：所谓精细加工策略，主要指对学习材料进行深入细致的分析加工，理解其内在的深层意义，促进记忆的学习策略，即通过把新学的信息和已有的知识联系起来，来增加新信息的意义。也就是说，我们运用已有的图式和已有的知识使信息合理化。通常精细加工策略就是我们所说的记忆方法。

　　(1) 简单知识的精细加工策略。

　　对于简单的知识，精细加工策略是非常有效的。其中记忆术是一种常用的有效策略。比较流行的精细加工策略有以下几种：①位置记忆法；②首字联词法；③限定词法（即联想法，如马克思的生日：1818年5月5日——马克思一巴掌一巴掌，打得资本主义呜呜呜地哭）；④关键词法；⑤视觉想象；⑥寻找信息间的内在联系，利用信息的多余性。

　　(2) 复杂知识的精细加工策略。

　　对复杂知识进行精细加工，主要通过以下几个方法：

　　① 做笔记。从信息加工的角度来看，做笔记有助于对材料进行编码，同时还具有外部存储的功能，主要包括做笔记摘抄、评注、加标题、写段落概括语以及结构提纲等活动。

　　② 联系生活实际。在学习过程中，教师不仅要帮助学生理解所学知识的意义，更要让学生感受到这些知识的价值，教会学生如何利用这些所学的知识，并将知识迁移到课堂之外的环境中去。

　　③ 利用背景知识。在对复杂信息进行加工时，背景知识有助于把新旧知识联系起来，从而加深对新知识的理解，因此它具有非常重要的作用。

　　④ 此外，还可以用提问策略。

　　在我们的教学中，对于精细加工的教学要求有以下四点：

（1）首先，作为教师要善于运用精细加工策略，这可以提高教师的个体专业化水平，教师的水平提高，教学的水平也会有所上升。同时，老师要把自己精细加工的知识告诉学生。

（2）教师所教授的知识应经过各种精细加工，再呈现给学生，帮助学生理解和记忆知识。这样可以提高教学效率，更好地帮助学生同化和顺应知识。

（3）老师还应该把精细加工策略教给学生，让学生可以自己对知识进行精细加工。

（4）教师应该主动地创设一些问题情境，这些问题的情境就是帮助学生进行精细加工的策略。

4.（1）上述材料体现了哪种学习策略？

答：材料体现了元认知策略。

元认知策略是与认知策略共同起作用的。认知策略是学习必不可少的工具，元认知策略则监控认知策略的运用。包括：

① 计划策略：包括设置学习目标、浏览阅读材料、产生待回答的问题以及分析如何完成学习任务。材料中，根据记忆遗忘理论设计出定期复习单词的计划，并按照计划进行默写、记忆，体现了计划策略。

② 监控策略：它包括领会监控和集中注意。领会监控主要指的是学习者在头脑里有一个领会目标。材料中"随时对所记忆的单词进行监控，如果单词记忆不实行监控，记忆的内容容易忘，学习效果势必再打折扣"体现了这一策略。

③ 调节策略：调节是根据对认知活动结果的检查，如发现问题，则采用相应的补救措施，根据对认知策略的效果的检查，及时调整和调节。材料中"如果记忆的单词不复习，一天之后忘掉80%，但只要合理安排复习，就能记大部分或全部学过的单词"体现了这一策略。

（2）请谈谈这一策略在学生学习过程中的重要性。

① 元认知策略能帮助学生克服学习障碍，完成艰巨的学习任务。缺乏解题技巧和元认知策略是造成学生学习困难的原因之一，经过元认知策略训练的学生更容易综合运用所学过的知识，顺利解决复杂难题。

② 元认知策略能提高学生对知识的感知、记忆和理解水平，保证顺利实现课堂教学目标。研究发现，经过元认知策略训练的学生能够有效记忆、检索、提取和应用知识。

③ 元认知策略能提高学生追求成就动机的倾向。元认知策略丰富了学生的元认知体验，使学生产生自我激励的内在学习动机，增强了学习情绪的自我调节能力，并提高了学生的自信水平。

④ 元认知策略能提高学生的学业成绩。利用元认知策略进行学习的学生比没有利用该策略的学生更容易取得好的测验成绩。

第八章 问题解决能力与创造性的培养

◇ 应试题库 ◇

一、名词解释

1. 问题解决　　2. 创造性思维　　3. 思维定势
4. 功能固着　　5. 酝酿效应
6. 流体智力（东北师范大学 2012 年真题）
7. 多元智力理论（华南师范大学 2011 年真题）

二、简答题

1. 简要评价多元智力理论及其意义。
2. 如何培养问题解决的能力？
3. 简单介绍什么是创造性？创造性的基本结构是什么？
4. 什么是传统智力理论？其一般特征是什么？试举一两个例子。
5. 流体、晶体智力说是谁提出的？其主要观点是什么？
6. 简述影响能力发展的因素。
7. 简述智力三元论。
8. 简述原型启发。
9. 什么是脑激励法？

三、分析论述题

1. 影响问题解决的因素有哪些？
2. 如何培养学生的创造性思维？

◇ 应试解析 ◇

一、名词解释

1. 问题解决

答：问题解决是一种以目标定向搜寻问题空间的认知过程。即利用某些方法和策略，使个人从初始状态的情境达到目标状态的情境的过程。其中原有知识经验和当前问题的组成成分必须重新改组、转换或联合，才能达到既定目标。

2. 创造性思维

答：创造性思维是指用超常规方法，重新组织已有的知识经验，产生新方案和新成果的心理过程，是创造性认知品质的核心。其主要特征有：流畅性、变通性、独特性、综合性和突发性。现在多数研究者认为，创造性思维是一个复合体，它是由多种思维有机组成、协同作用的。首先，创造性思维是发散思维与聚合思维的统一；其次，创造性思维是逻辑思维与非逻辑思维的统一。

3. 思维定势

答：定势是指由先前的活动所形成的并影响后继活动趋势的一种心理准备状态。它在思维活动中表现为一种易于以习惯的方式解决问题的倾向。定势在问题解决中有积极作用，也有消极影响。当问题情境不变时，定势对问题的解决有积极的作用，有利于问题的解决；当问题情境发生了变化时，定势对问题的解决有消极影响，不利于问题的解决。

4. 功能固着

答：功能固着是指个体在解决问题时往往只看到某种事物的通常功能，而看不到事物其他方面可能存在的功能，这是人们长期以来形成的对某些事物的功能或用途的固定看法。功能固着影响人的思维，不利于新假设的提出和问题的解决。

5. 酝酿效应

答：当一个人长期致力于某一问题的解决而又百思不得其解的时候，如果他暂时停下对这个问题的思考而去做别的事情，几小时、几天或几周之后，他可能会忽然想到解决的办法，这就是酝酿效应。酝酿效应实际上就是产生了顿悟，使人们打破了先前不恰当的思路，从一个新的角度思考问题，从而使问题得以解决。例如：小明写毕业论文遇到问题，几天后他参加学术会议得到很多相关的学术信息，并且厘清了思路。

6. 流体智力（东北师范大学 2012 年真题）

答：流体智力是由美国心理学家卡特尔等人提出的，根据智力的不同功能，将智力划分为两种：流体智力和晶体智力。流体智力是指人不依赖于文化和知识背景而学习新事物的能力，如注意力、知识整合力、思维的敏捷性等。从时间上看，流体智力的发展在人的成年期达到顶峰后，就随着年龄的增大而逐步衰退。

7. 多元智力理论（华南师范大学 2011 年真题）

答：美国哈佛大学加德纳提出了多元智力理论，该理论认为在人类的心理能力中，至少应该包括以下 8 种不同的智力：言语智力、数理智力、空间智力、音乐智力、体能智力、社交智力、自知智力和自然智力。这种理论认为，不存在单纯的某种智力和达到目标的唯一方法，每个人都会用自己的方式来发掘各自的大脑资源，这种为达到目的所发挥的各种个人才智才是真正的智力，并造就了人与人之间的不同。

二、简答题

1. 简要评价多元智力理论及其意义。

答：美国哈佛大学教育学院教授霍华德·加德纳提出了多元智力理论，该理论认为在人类的心理能力中，至少应该包括以下 8 种不同的智力：言语智力、数理智力、空间智力、音乐智力、体能智力、社交智力、自知智力和自然智力。这 8 种智力在人体上的不同组合使每个人的智力都有独特的表现方式和特点，因此，很难找到适用于任何人的统一评价标准来评价一个人的聪明程度和智力水平的高低。多元智力理论的意义如下：

（1）多元智力理论有助于形成正确的智力观。真正有效的教育必须认识到智力的广泛性和多样性，并使培养和发展学生的各方面的能力占有同等重要的地位。

（2）多元智力理论有助于转变我们的教学观。我国传统的教学基本上以"教师讲，学生听"为主要形式，辅之以枯燥乏味的"题海战术"，而忽视了不同学科或能力之间在认知活动和方式上的差异。多元智力理论认为，每个人都不同程度地拥有相对独立的八种智力，而且每种智力有其独特的认知发展过程和符号系统。因此，教学方法和手段就应该根据教学对象和教学内容而灵活改变，因材施教。

（3）多元智力理论有助于形成正确的评价观。多元智力理论对传统的标准化智力测验和学生成绩考查提出了严厉的批评。传统的智力测验过分强调语言和数理逻辑方面的能力，只采用纸笔测试的方式，过分强调死记硬背知识，缺乏对学生理解能力、动手能力、应用能力和创造能力的客观考核。因此，传统的智力测验是片面的、有局限的。多元智能理论认为，人的智力不是单一的能力，而是由多种能力构成。因此，学校的评价指标、评价方式也应多元化，并使学校教育从纸笔测试中解放出来，注重对不同人的不同智能的培养。

（4）多元智力理论有助于转变我们的学生观。根据多元智力理论，每个人都有其独特的治理结构和学习方法，所以，对每个学生都采取同样的教材和教法不合理的。多元智力理论为教师们提供了一个积极乐观的学生观，即每个学生都有闪光点和可取之处，教师应从多方面去了解学生的特长，并相应地采取适合其特点的有效方法，使其特长得到充分的发挥。

（5）多元智力理论有助于形成正确的发展观。按照加德纳的观点，学校教育的宗旨应该是开发多种智能并帮助学生发现适合其智能特点的职业和业余爱好，应该让学生在接受学校教育的同时，发现自己至少有一个方面的长处，学生就会热切地追求自身内在的兴趣。

2. 如何培养问题解决的能力？

答：（1）充分利用已有经验，形成知识结构的体系。

（2）分析问题的构成，把握问题解决的规律。问题解决需要一个过程，掌握问题解决的基本程序有利于问题解决。在教学中教给学生一些通用的问题解决的方法和思维策略，会有效地提高他们问题解决的能力。

（3）开展研究性学习，发挥学生的主动性。在教学活动中，教师应注意训练学生发现问题的能力，引导学生进行研究性学习，对问题展开全面分析，使学生的积极主动性在问题解决中得以发挥。

（4）教授问题解决策略，灵活变换问题。帮助学生习得多种解决问题的策略，是培养学生问题解决能力的有效方式，其中启发式策略最能有效地提高解决问题的效率。

（5）允许学生大胆猜想，鼓励实践验证。教师应让学生打开思路，从多种角度提出问题解决的策略，并鼓励学生进行积极的尝试和实验，在实践中验证自己的猜想。

3. 简单介绍什么是创造性？创造性的基本结构是什么？

答：（1）创造性的内涵。

关于创造性的内涵，目前说法不一，综合各种观点，创造性是个体利用一定的内外条件，产生新颖独特、有社会和个人价值产品的能力与相应的人格特征相整合的心理品质。

这种心理品质不是单一的，而是综合的，不是线形的，而是多维的，它包括与创造活动密切联系的认知品质、人格品质和适应性品质。创造性表现于创造活动（过程）之中，其结果以"产品"为标志，其水平以产品的"价值"为标准。

（2）创造性的基本结构。

① 创造性认知品质。创造性认知品质是指创造性心理结构中与认知加工有关的部分，它是创造性心理活动的核心。创造性认知品质主要包括创造性想象、创造性思维、创造性认知策略三个方面。

② 创造性人格品质。创造性人格品质是指富有创造性的人所具有的个性品质，对创造性的发挥起着极其重要的推动作用。它包括创造性动力特征、创造性情意特征和创造性人格特质等，主要表现为创造动机、创造情感和创造意志等。

③ 创造性适应品质。创造性适应品质是指个体在其创造性认知品质和创造性人格品质的基础上，在自己特定年龄阶段所规定的社会生活背景中，通过与社会生活环境的交互作用所表现出来的对外在社会环境进行创造性的操作应对，对内在创造过程进行调适所表现出来的创造性行为倾向。具体表现为创造行为习惯、创造策略和创造技法的掌握运用等。

4. 什么是传统智力理论？其一般特征是什么？试举一两个例子。

答：传统智力理论，以心理测量学为基础，认为智力由因素构成，通过因素分析可以探索这些因素，进而认识智力的内核。许多颇有影响力的智力理论，比如斯皮尔曼的二因素论、瑟斯顿的群因素论、吉尔福德三维结构的多因素理论、卡特尔的三层智力理论等，都从属于这一理论阵营。这些智力理论，虽然在构成智力的因素数目以及层次上存在分歧，但都有一个特征，即承认存在着一个一般的智力。以下以"单因素论"和"二因素论"两个理论为代表：

（1）单因素论。主张智力单因素论的人认为，人与人之间智力上有高低之分，但智力只是一种总的能力。例如，高尔顿、比奈、推孟等人都主张智力是单因素的，他们编制的量表只提供单一分数（智商），只测一种智力。

（2）斯皮尔曼的二因素论。英国心理学家斯皮尔曼提出二因素说，他将人类智力分为两个因素：一个是普遍因素，又称 G 因素，是在不同智力活动中所共有的因素；另一个是特殊因素，又称 S 因素，是在某种特殊的智力活动中所必备的因素。二者相互联系，完成任何作业都需要 G 因素和 S 因素的结合。例如，完成一个算术推理测验需要 G+S1；完成一个语言推理测验需要 G+S2；完成第三种测验则需要 G+S3。由于每种作业都包含各不相同的 S 因素，而 G 因素则始终不变，因此 G 因素是智力结构的基础和关键，各种智力测验就是通过广泛取样而求出 G 因素的。

5. 流体、晶体智力说是谁提出的？其主要观点是什么？

答：流体、晶体智力说是由美国心理学家卡特尔等人提出的。其主要观点是：根据智力的不同功能，将智力划分为流体智力和晶体智力两类。流体智力是指人不依赖于文化和知识背景而学习新事物的能力，如注意力、知识整合力、思维的敏捷性等。晶体智力则是指人后天习得的能力，与文化知识、经验的积累有关，如知识的广度、判断力等。从时间上看，流体智力的发展在人的成年期达到顶峰后，就随着年龄的增大而逐步衰退；而晶体智力的发展自成年后不但不减退，反而会上升。

6. 简述影响能力发展的因素。

答：(1) 遗传的作用。根据双生子研究表明，血缘接近的人在能力发展水平上确实有接近的趋势。

(2) 环境和教育对能力发展与形成的影响。

① 产前环境的影响。产前营养的缺乏或母亲患病、服药等，都会对胎儿的脑细胞发展产生不可逆转的影响，从而影响能力的发展。

② 早期经验的影响。从出生到青少年时期，是个人生长发育的时期，也是能力发展的重要时期。丰富的环境刺激有利于儿童能力的发展。

(3) 实践活动的影响。人的各种能力是在社会实践活动中最终形成起来的。长年累月坚持不懈地参加某种社会实践，相应的能力就能得到高度发展。

(4) 人的主观能动性。一个人具有广泛的兴趣，他的能力就可能得到发展。人感兴趣的方面的能力会得到高度发展。坚强的意志对能力的发展也有重要意义。

7. 简述智力三元论。

答：智力三元论是由斯腾伯格提出的，试图说明更为广泛的智力行为。斯腾伯格认为，一个完备的智力理论必须说明智力的三个方面：即智力的内在成分、智力与经验的关系和智力成分的外部作用，从而提出了智力三元理论。该理论主要包括：

(1) 成分亚理论。认为智力包括三种成分及相应的三种过程，即元成分、操作成分和知识获得成分。元成分是计划、控制和决策的高级执行过程。

(2) 情境亚理论。认为智力是指获得与情境拟合的心理活动。在日常生活中，智力表现为有目的地适应环境、塑造环境和选择新环境的能力。

(3) 经验亚理论。认为智力包括两种能力，一种是处理新任务和新环境时所要求的能力，另一种是信息加工过程自动化的能力。任务、情境和个体三者间存在相互作用。信息加工自动化的能力也是智力的重要成分，人们在进行复杂任务的操作时，需要运用许多操作的过程。只有许多操作自动化后，复杂任务才容易完成。

智力成分亚理论是三元智力理论中最早形成和最为完善的部分，它揭示了智力活动的内部机制。

8. 简述原型启发。

答：启发是指从其他事物或现象中发现解决问题的途径和方法。对解决问题起了启发作用的事物或现象叫原型。原型启发在问题解决过程中具有很大的作用。原型之所以能起到启发作用，是因为原型与要解决的问题之间存在着某些共同点或相似处。通过联想，人们可以从原型中发现某种原理，从而找到解决的新方法。某一事物或现象能否充当原型并起到启发作用，不仅取决于该事物或现象的特点，还取决于解决问题时的心理状态。只有在问题解决者的思维活动处于积极但又不过于紧张的状态时，才容易产生原型启发。所以，原型启发常常发生在酝酿时期。

9. 什么是脑激励法？

答：脑激励法的核心思想是把产生想法和评价这种想法区分开来。其基本做法是，教师先提出问题，然后鼓励学生寻找更多的答案，不必考虑答案是否正确，教师也不做评论，一直到所有可能想到的答案都提出来为止。其原则是尽可能地产生想法，不管这个想法看起来如何片面，只有当所有可能的建议都已经提完，才开始对这些想法进行讨论和评价。在课堂教学中，小组讨论的方式能产生社会心理学家称之为"社会促进"的现象，即当人看到其他人都在完成某任务时，自己也会想更好更快地完成任务，有利于激发学生的创造性思维。

三、分析论述题

1. 影响问题解决的因素有哪些？

答：影响问题解决的因素归纳起来有以下几个方面：

（1）有关的知识经验。有关的知识经验是影响问题解决的个人因素，如果个体有与问题相关的背景知识，则可以促进问题的表征和解答，只有依据有关的知识才能为问题的解决确定方向、选择途径和方法。

（2）个体的智能与动机。①智能：个体的智力水平是影响问题解决的极重要的因素。因为智力中的推理能力、理解力、记忆力、信息加工能力和分析能力等成分都影响着问题解决，也影响到问题解决的方法；②动机：动机是促使人去解决问题的动力因素，对问题解决的思维活动有重要影响。动机的性质和动机的强度会影响问题解决的进程。

（3）问题情境与表征方式。①问题情境：问题情境是指呈现问题的客观情境（刺激模式）。问题情境对问题的解决有重要的影响。第一，情境中物体和事物的空间排列不同，会影响问题的解决；第二，问题情境中的刺激模式与个人的知识结构越接近，问题就越容易解决；第三，问题情境中所包含的物件或事实太少或太多都不利于问题的解决。②表征方式。问题表征是问题解决的一个中心环节，它说明问题在头脑中是如何表现的。问题表征反映着对问题的理解程度，涉及在问题情境中如何抽取有关信息，包括目标是什么、目标和当前状态的关系等。问题表征不同，就会产生不同的解决方案，它直接影响问题解决。如果不能恰当地进行问题表征，就会导致问题解决的失败。

（4）思维定势与功能固着。①思维定势：定势是指由先前的活动所形成的并影响后继活动趋势的一种心理准备状态。它在思维活动中表现为一种易于以习惯的方式解决问题的倾向。定势在问题解决中有积极作用，也有消极影响。②功能固着。功能固着是指个体在解决问题时往往只看到某种事物的通常功能，而看不到它其他方面可能有的功能。

（5）原型启发与酝酿效应。①原型启发：原型启发是指在其他事物或现象中获得的信息对解决当前问题的启发。②酝酿效应：当一个人长期致力于某一问题解决而又百思不得其解的时候，如果他暂时停下对这个问题的思考，转而去做别的事情，几小时、几天或几周之后，他可能会忽然想到解决的办法，这就是酝酿效应。

2. 如何培养学生的创造性思维？

答：创造性是个体利用一定内外条件，产生新颖独特、有社会和个人价值产品的能力与相应的人格特征相整合的心理品质。这种心理品质不是单一的，而是综合的，不是线形的，而是多维的，它包括与创造活动密切联系的认知品质、人格品质和适应性品质。创造性包括创造性的培养，不仅有利于学生充分地实现自我，施展自己的才华，而且有利于培养学生的创新精神。因此，创造性是学校不应忽视的重要培养目标之一。具体来讲，培养学生的创造性应注意以下几个问题：

（1）营造鼓励创造的环境。环境主要包括社会环境、学校教育教学环境和家庭环境几个方面。营造有利于学生创造性发展的学校环境是促进儿童青少年创造性发展的必要条件。首先，应倡导民主式的教育和管理；其次，应改革考试制度，为学生创造宽松的学习环境；再次，应增加自主选择课程的机会和有针对性的课程设计；最后，应为学生提供创造性人物的榜样。

（2）培养创造型的教师队伍。要培养富有创造力的学生则需要创造型教师。首先，要转变教师的教育教学观念，使教师能够多理解并鼓励学生创造；其次，要教给教师必要的创造技法和思维策略；最后，教师应不断学习关于创造性的心理学知识，用心理学的理论指导自己的实践。

（3）发展和培养创造性思维。创造性思维是创造性的核心要素。因此，使学生掌握创造性思维策略以发展其创造性思维能力，将有助于他们创造性的提高。具体的培养策略有：①类比推理能力。根据两个对象间某些相同或相似之处，进而推断他们在其他方面也可能相同或相似的一种思考方法。②对立思考策略。指从和已有事物或问题完全对立的角度来思考，创造性地找到解决问题的方法。③多路思维策略。也是发展创造性思维的重要方法，它要求思考者能从多个不同的角度开放地面对问题，以期获得创造性发展的成果。④综合运用多项思维机制。创造性思维的重要特征就在于通过多种不同思维机制的综合运用，以创造性地解决问题。

（4）开设创造课程，教授创造技法。设置专门的创造性课程，是促进学生创造性发展的一项重要措施。①发散性思维训练课。由于发散性思维在创造力的培养中具有独特的地位，因此在课程计划中设置专门的发散性思维训练课已成为许多国家教育计划的一部分。②自我设计课。学生通过实际的操作活动完成自己的设计，可以充分满足他们异想天开的愿望。③创造发明课。在课堂上，学生像发明家一样动手从事创造活动，可以激发学生的创造积极性，使其创造能力得到发展。

（5）塑造创造性人格。创造力仅仅为创造性的发展提供了潜在的可能性，只有当它与创造性人格特征相结合时，才能使创造性的发展成为现实。培养学生的创造性人格，需要注意以下几个问题：①保护学生的好奇心。研究表明，好奇心与创造性的发展密切相关。②解除学生怕犯错误的恐惧心理。③鼓励学生与创造性比较强的人接触。④培养学生的恒心与毅力。

第九章 社会规范学习与品德发展

◆ 应试题库 ◆

一、名词解释

1. 社会规范学习　　2. 品德不良　　3. 社会规范的认同
4. 道德情感（南京师范大学 2012 年真题）

二、简答题

1. 品德发展的实质是什么？
2. 如何培养学生的道德情感？
3. 导致学生品德不良的原因有哪些？
4. 品德不良学生的转化要经过哪几个阶段？
5. 简述皮亚杰对儿童道德判断发展阶段的划分。
6. 如何养成良好的道德行为习惯？
7. 怎样矫正学生的不良品德？

三、分析论述题

1. 论述社会规范学习的过程，以及各阶段的影响因素。
2. 如何培养学生的道德认知？

◆ 应试解析 ◆

一、名词解释

1. 社会规范学习

答：社会规范学习是指个体接受社会规范，内化社会价值，将规范所确定的外在于主体的行为要求转化为主体内在的行为需要，从而构建主体内部的社会行为调节机制的过程，即社会规范的内化过程。社会规范学习具有情感性、约束性和延迟性等特点。

2. 品德不良

答：品德不良指经常违反道德或犯有严重的道德过错行为。最初的表现是一般的过错行为，这些过错行为虽然在其严重性和稳定性上还没有达到违法的程度，但是如不及时地加以矫正，就会沉积为严重的道德过错，从而酿成了不良品德，甚至走上违法道路。

3. 社会规范的认同

答：社会规范的认同比遵从深入了一层，简单说，它是对自己所认可、仰慕的榜样的遵从、模仿，个体在思想、情感和态度上主动地接受了规范，从而试图与之保持一致，而不单是因为外部压力。认同是规范内化的深入阶段，一般指行为主体在认识、情感与行为上对规范趋于一致，从而产生自愿对规范的遵从现象。

4. 道德情感（南京师范大学 2012 年真题）

答：道德由知（道德认知）、情（道德情感）、意（道德意志）、行（道德行为）组成。其中，道德情感是道德认知转化为道德行为的内在动力，是加深道德认知、形成道德信念、坚定道德意志和巩固道德行为习惯的催化剂。道德情感与品德结构中的知、意、行等因素，各有自己的特点，四者相互联系、相互制约、相互促进，共同推动品德的发展。

二、简答题

1. 品德发展的实质是什么？

答：品德作为个体社会行为的内在调节机制，是合乎社会规范要求的稳定的心理特性，是道德行为产生的内因，又称为德性。其心理结构包括：道德认知、道德情感、道德意志和道德行为。

品德形成发展的实质：通过接受社会规范，执行社会规范，并从行为结果的反馈中强化个体对规范的必要性认识，获得执行规范行为的体验，确立自觉执行规范的动机，从而使品德得以形成和发展。这就是品德发展的实质。具体来说，包括以下几点：

（1）品德发展是社会道德内化为个人品德的过程。品德发展过程就是把外在的社会道德规范内化为个体内在的道德行为观念，进而依据个人的道德价值取向，表现出稳定的道德规范行为的过程。

（2）品德发展是在内部矛盾的推动下，由内外因共同作用的结果。一般认为，品德发展过程的基本矛盾是指教育者依据社会道德向儿童提出的道德要求与儿童道德发展现状之间的矛盾，这一矛盾推动了儿童品德的发展。

（3）品德发展是知、情、意、行协调发展的过程。品德包含道德认知、道德情感、道德意志和道德行为四个基本心理特征。品德发展是这四个因素相互协调、统一的合力发展，其中道德认知是基础，道德情感是动力，道德意识起调控作用，道德行为是前三者的综合表现，也是个体品德发展水平的主要标志。

2. 如何培养学生的道德情感？

答：道德情感是人的道德需要能否得到实现所引起的内心体验，它与道德认知一起，是推动人们产生道德行为或抑制不道德行为的内在动力。

学生道德情感的培养途径和方法主要包括：

（1）丰富学生的有关道德观念，并使这种道德观念与各种情绪体验结合起来。

（2）利用具体生动的形象引起学生道德情感的共鸣。

（3）在具体情感的基础上阐明道德概念、道德理论，使学生的道德体验不断概括、不断深化。

（4）在道德情感的培养中，教师要注意培养学生调控自己情绪的能力，要注意在培养品德时出现的情绪障碍，并设法加以消除这些情绪障碍。

(5) 重视教师情感的感化作用。

(6) 教师应创造一种安全的课堂气氛，学生在这种气氛中可以真诚而坦率地表达他们的观点和决策，真诚地进行情感交流。

教师对学生的情感直接影响着学生道德情感的发展，此外，教师自身的道德情感对学生有着潜移默化的作用。要培养学生高尚的道德情感，教师必须自己具有这种情感，用自己高尚的情操培养学生健康的道德情感。

3. 导致学生品德不良的原因有哪些？

答：导致学生品德不良的原因可以分为主、客观两个方面：

(1) 学生品德不良的客观原因。

① 家庭方面的原因。家庭是学生接受品德教育的启蒙学校，家庭环境中的某些不当教育方法和环境中的某些不良因素，是形成学生不良品德的重要原因。现在家庭教育环境中有四个问题比较突出：第一，养而不教，重养轻教；第二，宠严失度，方法不当；第三，要求不一致，互相抵消；第四，家长生活作风不良，给孩子潜移默化的影响。

② 学校方面的原因。学校是专门培养人的教育机构，学生的品德主要是通过学校教育来培养的。但是，如果教育者思想不端正，教育措施不力，教育方法不当，都可能妨碍学生良好品德的形成和发展，从而造成学生不良品德的蔓延和恶化。现在的学校教育中存在着三个比较突出的问题：第一，只抓升学率；第二，有的教师对学生不能一视同仁；第三，少数教职工的不良品德直接对学生的品德产生了不良影响。

③ 社会方面的原因。随着学生年龄的增长，越来越广泛地接触社会的各个方面，社会对他们的影响也越来越大。从总体来看，我们社会主义的社会环境是有利于学生品德的健康成长的，但是也不能低估那些形形色色的腐朽思想和不正之风对学生产生的侵蚀和影响。

(2) 学生品德不良的主观原因。

① 缺乏正确的道德观念，法制观念淡薄。不良品德的形成与学生道德认识上的错误或无知常有密切的关系。有的学生分不清是非、善恶，甚至以是为非、以非为是。学生不良品德的形成有的是从认知开始的，有的是从情感、意志开始的，有的则是从行动开始的。

② 缺乏道德情感或情感异常。品德不良的学生缺乏道德情感，他们往往是爱憎不分、好恶颠倒。例如，某些学生认为给他们一点便宜的人是"好人"，认为严格要求和管束他们的人可恶。他们同教师、父母和其他一些关心他们的人情感对立，对他们存有戒心，而与他们的"伙伴"却情感相投。

③ 明显的意志薄弱与畸形的意志发展。

4. 品德不良学生的转化要经过哪几个阶段？

答：不良品德学生的转化要经历一个由量变到质变的过程。这个转化过程大体可以划分为醒悟、转变与自新三个阶段。

(1) 醒悟阶段：这是指不良品德的学生开始认识到自己的错误，从而产生改过自新的意向。这一时期，鼓励和支持对学生来说是很重要的精神良药，教师和家长应做好这方面的工作。

(2) 转变阶段：这是指不良品德的学生有了改过自新的意向之后，在行为上发生了一定的转变。这是一种可喜的进步，但必须清醒地认识到这仅仅是开始，在整个转变阶段必然要经过不断的矛盾运动才能最终完成转变，成为一个新人。在不断的矛盾斗争中，有时还会出现反复，即重犯以前的过错。反复的情况也有两种：一是前进中的暂时后退；另一种是教育失败出现的大倒退。

（3）自新阶段：这是指不良品德的学生经过较长时期的转变之后，不再出现反复，而进入到一个新的时期。对那些已经开始转变的青少年要倍加关心和爱护，充分地信任，热情地鼓励，逐步提高要求、不断引导前进，任何歧视与翻旧账的言行都是极为有害的。

5. 简述皮亚杰对儿童道德判断发展阶段的划分。

答：皮亚杰的儿童道德判断分为三个阶段：

（1）前道德判断阶段：皮亚杰认为，道德在5岁以前是"无律期"，以"自我为中心"来考虑问题，还谈不上道德发展。

（2）他律道德阶段：他律期，即接受外部支配的时期，5~8岁。该时期的儿童只注重行为规则，注重行为后果，不考虑行为意向和动机，也称为道德现实主义。

（3）自律道德阶段：自律期，也就是自主期，大约是小学中年级（8、9岁以后），道德发展到这个时期，个体不再盲目服从权威，认识到道德规范的相对性；既考虑行为结果，又考虑行为动机，也称道德相对主义。

6. 如何养成良好的道德行为习惯？

答：道德行为是由一定的道德情境因素引起的，是与个体的道德意识因素相互作用的产物，是一种意志行为，表现出一定的自觉性。

学生的道德行为习惯，是在生活和教育过程中经过反复练习和实践逐步形成的。道德行为的培养主要通过以下几个途径：①激发学生的道德动机；②帮助学生掌握合理的道德行为方式；③帮助学生养成良好的道德行为习惯；④锻炼学生的道德意志。

要使学生通过有意练习来有效地形成道德行为习惯，应当注意以下几点：

①使学生了解有关行为的社会意义和产生自愿练习的意向；②创设按规定的方式统一行动的条件，其中包括集体的监督，使学生了解练习的进步情况和行为的结果，并及时给予强化；③依靠集体舆论或其他教育措施，防止练习中出现不耐烦和偏离目标的现象；④克服不良习惯，在根除学生的不良习惯时要使他们知道坏习惯的害处，增强克服坏习惯的信心，还可以用一些巧妙而机智的方法，如活动替代、合理奖惩、矛盾反应法（在出现引起不合需要的反应的刺激的同时，出现合需要的与前者矛盾的刺激，使之转移到引起合需要的反应）等；⑤创设重复良好行为的情境，让学生坚持有意练习；⑥及时纠正学生的问题行为和不良习惯；⑦合理慎重地使用惩罚；⑧使学生远离犯错误的情境。

7. 怎样矫正学生的不良品德？

答：（1）消除对立情绪，恢复正常的人际关系。只有师生间的关系好转，互相信任，才能有效地矫正学生不良的道德行为。这是矫正不良品德工作中首要的心理问题。

（2）培养他们的自尊心和集体荣誉感。

（3）形成正确的是非观点，增强是非感。

（4）增强与诱因做斗争的力量，巩固新的行为习惯。

（5）正确把握学生心理发展的年龄特征和个别差异。

（6）正确运用奖励与惩罚。

总之，矫正学生不良品德的心理学依据是多种多样的。但关键在于教师对学生的深厚感情和教育机制。教师应当及时发现问题，掌握情况，根据特点耐心教育。

三、分析论述题

1. 论述社会规范学习的过程，以及各阶段的影响因素。

答：社会规范学习指的是个体接受社会规范，内化社会价值，将规范所确定的外在于主体的行为要求转化为主体内在的行为需要，从而建构主体内部的社会行为调节机制的过程，即社会规范的内化过程。其过程是：

（1）社会规范的遵从。

社会规范的遵从一般指行为主体在对别人或团体提出的某种行为要求的依据或必要性缺乏认识，甚至有抵触的认识和情绪时，既不违背也不反抗，仍然遵照执行的一种现象。遵从是规范内化的初级阶段，也是进一步内化的基础，具有一定的盲目性、被动性、工具性和情境性。

该阶段的影响因素有：①群体特征的影响。②外界压力的影响。③个性特征的影响。由于个性的差异，不同个体在相同的群体中，面对相同情境会有不同的表现。

（2）社会规范的认同。

社会规范的认同作为社会规范的一种接受水平，一般指行为主体为了在认识、情感和行为上与规范趋于一致，从而自愿接受社会规范的现象。

该阶段的影响因素有：①榜样的特点。②规范本身的特性。③强化方式。强化对社会规范认同产生的影响，其他主体类似的社会规范认同行为带来的结果同样影响观察主体的认同。

（3）社会规范的内化。

社会规范内化是规范的一种高级接受水平或高度遵从态度，是品德形成的最高阶段。社会规范的内化表现为主体的规范行为的动机是以规范本身的价值信念为基础，其规范行为是由社会规范的价值信念所驱动的。

该阶段的影响因素有：①对规范价值的认知。②对规范价值的情感体验。

2. 如何培养学生的道德认知？

答：道德认知的形成和发展，主要依赖于道德概念的掌握、道德信念的确立和道德评价能力的发展三个阶段。

（1）道德概念的掌握。

道德概念是人对社会道德现象的本质特征和内在联系的反映，是在丰富的道德表象的基础上，通过分析、综合、抽象、概括的思维活动而形成的。道德概念的掌握对道德认知的形成有着十分重要的作用。人只有掌握了道德概念，才能摆脱行为规范的具体情境，在更广泛的范围内调节和支配自己的行动，使之适合社会行为准则的要求。同时，学生掌握道德知识，常常是以道德概念的形式实现的。

掌握道德概念的条件：

第一，道德概念的掌握，有赖于形象的事件和感性的经验。

第二，道德概念的掌握，有赖于道德知识的学习和概括能力的发展。

第三，道德概念的掌握，有赖于理解道德行为规范的社会意义和个人意义。

(2) 道德信念的确立。

道德信念指人们将道德知识作为指导个人行动的基本原则，当人们坚信它并决定为之奋斗时，就产生了道德信念。道德信念不是单纯的一种道德认知，它是坚定的道德观点、强烈的道德情感和顽强的道德意志的"合金"。它一经形成就不会轻易地改变。道德信念是道德动机的高级形式，它可以引起、推动和维持人的道德行动，使人的道德行为表现出坚定性和一贯性。因此，它是道德品质形成中的关键因素。

(3) 道德评价能力的发展。

道德评价指学生根据已掌握的道德规范对已发生的道德行为的是非、善恶进行分析判断的过程。道德评价是一种智力活动的过程，在评价中不断地深化道德认识，增强道德情感的体验，确定合理的行动，为道德行为定向。道德评价起着道德裁判的作用，它有助于道德信念的形成。通过道德评价谴责不道德的思想和行为，褒奖合乎道德的思想行为，可以帮助学生巩固和扩大道德经验，加强对道德概念及其意义的理解，使道德认知成为个人行动的自觉力量。

第十章 心理健康及其教育

◇ 应试题库 ◇

一、名词解释

心理健康

二、简答题

1. 心理健康的标准有哪些？
2. 中小学常见的心理健康问题有哪些？
3. 简述心理健康与心理素质的关系。

三、分析论述题

心理健康教育的途径有哪些？

◇ 应试解析 ◇

一、名词解释

心理健康

答：心理健康是一种良好而持续的心理状态与过程，表现为个人具有生命的活力、积极的内心体验、良好的社会适应，并能有效地发挥个人的身心潜能和积极的社会功能。

二、简答题

1. 心理健康的标准有哪些？

答：心理健康是一种良好而持续的心理状态与过程，表现为个人具有生命的活力、积极的内心体验、良好的社会适应，并能够有效地发挥个人的身心潜能和积极的社会功能。

心理健康有多种指标，而这些指标使心理健康的概念得以具体化。虽然确立心理健康标准的依据各不相同，但总体来看，可以归纳出六条标准：①对现实的有效知觉；②自知、自尊与自我接纳；③自我调控能力；④与人建立亲密关系的能力；⑤人格结构的稳定与协调；⑥生活热情与工作高效率。

2. 中小学常见的心理健康问题有哪些？

答：（1）学习问题，包括厌学、逃学、学习效率低、阅读障碍、考试焦虑、学校恐惧症、注意缺陷与多动障碍等。

(2) 人际关系问题，包括亲子关系、师生关系、友伴关系等问题。

(3) 学校生活适应问题，包括生活自理困难，对学校集体不适应等问题。

(4) 自我概念问题，包括缺乏自知、自信，自我膨胀等问题。

(5) 与青春期性心理有关的问题，包括青春期发育引发的各种情绪困扰、异性交往中的问题、性困惑等。

3. 简述心理健康与心理素质的关系。

答：(1) 从根本上说，心理素质和心理健康都是人的心理现象，但二者处在人的心理现象的两个不同的层面。心理素质是一种稳定的心理品质，而心理健康则是一种积极、良好的心理状态。

(2) 从心理素质的功能来看，心理素质的高低与心理健康的水平有直接关系。一般情况下，心理素质健全且水平高的人，较少产生心理问题，其心理处于健康状态；相反，心理素质不健全或水平低的人，容易产生心理问题，其心理极有可能处于不健康状态。也就是说，心理健康是心理素质健全的功能状态和外显标志之一。

(3) 从心理测量和评定的角度看，心理素质的测量常常包含许多心理健康的指标；而心理健康的测量标准也包含许多心理素质的成分。

(4) 从心理素质的内容要素与功能作用的统一性意义来看，心理健康只是心理素质的表现层面，即功能性层面。大多数研究者都把心理健康看作心理素质的一个重要方面。

从总体上看，心理素质与心理健康的关系是"本"与"标"的关系。心理素质是包含从稳定的内源性心理品质到外显的行为习惯的多层面的组织系统，而心理健康作为外显的表现和心理状态，是心理素质的一种功能性反映。同时，也可通过人的心理健康状况去了解人的心理素质。

三、分析论述题

心理健康教育的途径有哪些？

答：开展心理健康教育的途径和方法多种多样，各学校应该根据自身的实际情况，灵活选择、使用，注意发挥各种方式和途径的综合作用，增强心理健康教育的效果。主要包括：

(1) 专题训练。

专题训练过程一般由"判断鉴别—训练策略—反思体验"三个彼此衔接的基本环节构成。判断鉴别是通过多种形式的心理检测和评估，让学生了解自己某方面心理素质发展的现状，以激发接受训练的积极动机。

(2) 咨询与辅导。

开展心理咨询和心理辅导，是为了对个别存在心理问题或出现心理障碍的学生及时进行认真、耐心、科学的心理辅导，帮助学生解除心理障碍，以便学生在学习、工作与人际关系各个方面作出良好适应。心理辅导的最简单的定义是"助人自助"。

(3) 学科渗透。

学科渗透是指教师在进行常规的学科教学时，自觉地、有意识地运用心理学的理论、方法和技术，让学生在掌握知识、形成能力的同时，完善各种心理品质，这是心理健康教育的主要途径。

附　　录

在 333 教育综合的考试中，个别学校也会考查教育研究方法的知识，其中"范式""行动研究"是容易考查的超纲知识点，请考生加以重视。

一、名词解释

真实验设计（首都师范大学 2011 年真题）

答：真实验设计是教育实验的一种方法，其人为实验性最强，能够随机分派被试，在实验过程中能严格地控制自变量、因变量和无关变量，力求内部效度最高，能够真实准确地反映因果关系，但是实验控制往往过于严格，而影响了外部效度。真实验的实验格式主要有随机分派控制组前后测实验和随机分派控制组后测实验。

二、简答题

1. 简述教育研究范式的发展历程。（首都师范大学 2011 年真题）

答：研究范式是某一专业或学科中共同的信念，这种信念决定了该学科共同的基本观点、基本理论、基本方法以及共同的理论模式和解决问题的框架，从而形成了该学科的一种共同的传统，并为该学科的发展规定了方向。

教育研究范式的三个阶段：（1）哲学思辨阶段；（2）科学实证阶段；（3）人文的研究范式阶段。

2. 简述教育行动研究的内涵及意义。（首都师范大学 2011 年真题）

答：教育行动研究是在教育情境中，教育实践工作的参与者与教育理论研究工作者结合起来解决某一实际问题或提高教师素质的一种方法，是指通过研究真实的学校教育过程与情境，以提高自己的教育行动质量与教育行动效率的研究模式。它一方面旨在提高教育实践者自身的专业判断能力与对教育问题的洞察力；另一方面也为优化教学实践提供具体策略。这种研究的特点是为教育行动而研究、对教育行动的研究和在教育行动中研究。

教育行动研究的意义是：（1）行动研究具有很强的适应性和灵活性；（2）评价的持续性和反馈的及时性；（3）较强的实践性与参与性；（4）有助于提高教师的专业化水平；（5）能够指导教育实践的改进。